住房和城乡建设领域专业人员岗位培训考核系列用书

资料员专业管理实务

（第二版）

江苏省建设教育协会　组织编写

中国建筑工业出版社

图书在版编目（CIP）数据

资料员专业管理实务/江苏省建设教育协会组织编
写. —2版. —北京：中国建筑工业出版社，2016.9（2022.9重印）
住房和城乡建设领域专业人员岗位培训考核系列
用书
ISBN 978-7-112-19949-5

Ⅰ. ①资… Ⅱ. ①江… Ⅲ. ①建筑工程-技术档
案-档案管理-岗位培训-教材 Ⅳ. ①G275.3

中国版本图书馆CIP数据核字（2016）第237495号

　　本书作为《住房和城乡建设领域专业人员岗位培训考核系列用书》中的一本，
依据《建筑与市政工程施工现场专业人员职业标准》JGJ/T 250—2011、《建筑与
市政工程施工现场专业人员考核评价大纲》及全国住房和城乡建设领域专业人员
岗位统一考核评价题库编写。全书共13章，内容包括：建筑工程资料管理相关的
规定和标准，建筑工程竣工验收备案，城建档案管理、施工资料管理及建筑业统
计的基础知识，施工文件档案资料的安全管理，施工文件档案资料管理计划，施
工资料收集台账，施工资料交底，收集、审查与整理施工资料，处理、存储、检
索、传递、追溯、应用施工资料，安全保管施工资料，对施工资料立卷、归档、
验收与移交，施工资料计算机辅助管理平台，应用专业软件进行施工资料的处理。

　　本书既可作为资料员岗位培训考核的指导用书，又可作为施工现场相关专业
人员的实用工具书，也可供职业院校师生和相关专业人员参考使用。

责任编辑：张伯熙　刘　江　岳建光　范业庶
责任校对：王宇枢　刘梦然

住房和城乡建设领域专业人员岗位培训考核系列用书
资料员专业管理实务（第二版）
江苏省建设教育协会　组织编写
*
中国建筑工业出版社出版、发行（北京海淀三里河路9号）
各地新华书店、建筑书店经销
霸州市顺浩图文科技发展有限公司制版
北京建筑工业印刷厂印刷
*
开本：787×1092毫米　1/16　印张：26　字数：628千字
2016年11月第二版　　2022年9月第十二次印刷
定价：**68.00**元
ISBN 978-7-112-19949-5
（28778）

住房和城乡建设领域专业人员岗位培训考核系列用书

编审委员会

主　任：宋如亚

副主任：章小刚　　戴登军　　陈　曦　　曹达双

　　　　漆贯学　　金少军　　高　枫

委　员：王宇旻　　成　宁　　金孝权　　张克纯

　　　　胡本国　　陈从建　　金广谦　　郭清平

　　　　刘清泉　　王建玉　　汪　莹　　马　记

　　　　魏傺燕　　惠文荣　　李如斌　　杨建华

　　　　陈年和　　金　强　　王　飞

3

出版说明

为加强住房和城乡建设领域人才队伍建设，住房和城乡建设部组织编制并颁布实施了《建筑与市政工程施工现场专业人员职业标准》JGJ/T 250—2011（以下简称《职业标准》），随后组织编写了《建筑与市政工程施工现场专业人员考核评价大纲》（以下简称《考核评价大纲》），要求各地参照执行。为贯彻落实《职业标准》和《考核评价大纲》，受江苏省住房和城乡建设厅委托，江苏省建设教育协会组织了具有较高理论水平和丰富实践经验的专家和学者，编写了《住房和城乡建设领域专业人员岗位培训考核系列用书》（以下简称《考核系列用书》），并于2014年9月出版。《考核系列用书》以《职业标准》为指导，紧密结合一线专业人员岗位工作实际，出版后多次重印，受到业内专家和广大工程管理人员的好评，同时也收到了广大读者反馈的意见和建议。

根据住房和城乡建设部要求，2016年起将逐步启用全国住房和城乡建设领域专业人员岗位统一考核评价题库，为保证《考核系列用书》更加贴近部颁《职业标准》和《考核评价大纲》的要求，受江苏省住房和城乡建设厅委托，江苏省建设教育协会组织业内专家和培训老师，在第一版的基础上对《考核系列用书》进行了全面修订，编写了这套《住房和城乡建设领域专业人员岗位培训考核系列用书（第二版）》（以下简称《考核系列用书（第二版）》）。

《考核系列用书（第二版）》全面覆盖了施工员、质量员、资料员、机械员、材料员、劳务员、安全员、标准员等《职业标准》和《考核评价大纲》涉及的岗位（其中，施工员、质量员分为土建施工、装饰装修、设备安装和市政工程四个子专业）。每个岗位结合其职业特点以及培训考核的要求，包括《专业基础知识》、《专业管理实务》和《考试大纲·习题集》三个分册。

《考核系列用书（第二版）》汲取了第一版的优点，并综合考虑第一版使用中发现的问题及反馈的意见、建议，使其更适合培训教学和考生备考的需要。《考核系列用书（第二版）》系统性、针对性较强，通俗易懂，图文并茂，深入浅出，配以考试大纲和习题集，力求做到易学、易懂、易记、易操作。既是相关岗位培训考核的指导用书，又是一线专业岗位人员的实用工具书；既可供建设单位、施工单位及相关高职高专、中职中专学校教学培训使用，又可供相关专业人员自学参考使用。

《考核系列用书（第二版）》在编写过程中，虽然经多次推敲修改，但由于时间仓促，加之编著水平有限，如有疏漏之处，恳请广大读者批评指正（相关意见和建议请发送至JYXH05@163.com），以便我们认真加以修改，不断完善。

本书编写委员会

主　　编：魏傪燕

副 主 编：朱　翔　李　光

编写人员：皮筛成　周双杰　李亚楠

第二版前言

根据住房和城乡建设部的要求，2016 年起将逐步启用全国住房和城乡建设领域专业人员岗位统一考核评价题库，为更好贯彻落实《建筑与市政工程施工现场专业人员职业标准》JGJ/T 250—2011，保证培训教材更加贴近部颁《建筑与市政工程施工现场专业人员考核评价大纲》的要求，受江苏省住房和城乡建设厅委托，江苏省建设教育协会组织业内专家和培训老师，在《住房和城乡建设领域专业人员岗位培训考核系列用书》第一版的基础上进行了全面修订，编写了这套《住房和城乡建设领域专业人员岗位培训考核系列用书（第二版）》（以下简称《考核系列用书（第二版）》），本书为其中的一本。

资料员培训考核用书包括《资料员专业基础知识》（第二版）、《资料员专业管理实务》（第二版）、《资料员考试大纲·习题集》（第二版）三本，反映了国家现行规范、规程、标准，并以资料收集整理、资料归档管理和资料管理应用为主线，不仅涵盖了现场资料管理人员应掌握的通用知识、基础知识、岗位知识和专业技能，还涉及新技术、新设备、新工艺、新材料等方面的知识。本书为《资料员专业管理实务》（第二版）分册，全书共 13 章，内容包括：建筑工程资料管理相关的规定和标准，建筑工程竣工验收备案、城建档案管理、施工资料管理及建筑业统计的基础知识，施工文件档案资料的安全管理，施工文件档案资料管理计划，施工资料收集台账，施工资料交底，收集、审查与整理施工资料，处理、存储、检索、传递、追溯、应用施工资料，安全保管施工资料，施工资料立卷、归档、验收与移交，建立项目施工资料计算机辅助管理平台，应用专业软件进行施工资料的处理。

本书既可作为资料员岗位培训考核的指导用书，又可作为施工现场相关专业人员的实用工具书，也可供职业院校师生和相关专业人员参考使用。

第一版前言

为贯彻落实住房城乡建设领域专业人员新颁职业标准，受江苏省住房和城乡建设厅委托，江苏省建设教育协会组织编写了《住房和城乡建设领域专业人员岗位培训考核系列用书》，本书为其中的一本。

资料员培训考核用书包括《资料员专业基础知识》、《资料员专业管理实务》、《资料员考试大纲·习题集》三本，根据国家现行规范、规程、标准，并以资料收集整理、资料归档管理和资料管理应用为主线，不仅涵盖了现场资料管理人员应掌握的通用知识、基础知识和岗位知识，还涉及新工艺、新材料等方面的知识。

本书为《资料员专业管理实务》分册。全书共分9章，内容包括：施工文件档案资料相关概念；建设单位工程文件档案资料；监理工程文件档案资料；房屋建筑工程施工文件档案资料；市政基础设施施工文件档案资料；施工文件档案资料管理；计算机与资料管理软件；法律与法规；标准与规范。

本书既可作为资料员岗位培训考核的指导用书，又可作为施工现场相关专业人员的实用手册，也可供职业院校师生和相关专业技术人员参考使用。

目　录

第1章　建筑工程资料管理相关的规定和标准

1.1　建筑工程施工质量验收统一标准

1.1.1　建筑工程施工质量验收要求

建筑工程项目实体工程质量主要由工程施工质量决定。根据《建筑工程施工质量验收统一标准》（GB 50300—2013）第3.0.6条，建筑工程施工质量验收要求是：工程质量验收均应在施工单位自检合格的基础上进行；参加工程施工质量验收的各方人员应具备相应的资格；检验批的质量应按主控项目和一般项目验收；对涉及结构安全、节能、环境保护和主要使用功能的试块、试件及材料，应在进场时或施工中按规定进行见证检验；隐蔽工程在隐蔽前应由施工单位通知监理单位进行验收，并应形成验收文件，验收合格后方可继续施工；对涉及结构安全、节能、环境保护和使用功能的重要分部工程应在验收前按规定进行抽样检验；工程的观感质量应由验收人员现场检查，并应共同确认。

建筑工程施工质量验收合格条件是：符合工程勘察、设计文件的规定；符合相关标准和专业验收规范的规定。建筑工程施工质量划分为单位工程、分部工程、分项工程、检验批进行验收。

1. 检验批质量验收

检验批质量验收合格应符合下列规定：

（1）主控项目的质量经抽样检验均应合格。

（2）一般项目的质量经抽样检验合格。当采用计数抽样时，合格点率应符合有关专业验收规范的规定，且不得存在严重缺陷。对于计数抽样的一般项目，正常检验一次、二次抽样按标准判定。

（3）具有完整的施工操作依据、质量验收记录。

2. 分项工程质量验收

分项工程质量验收合格应符合下列规定：

（1）所含检验批的质量均应验收合格。

（2）所含检验批的质量验收记录应完整。

3. 分部工程质量验收

分部工程质量验收合格应符合下列规定：

（1）所含分项工程的质量均应验收合格。

（2）质量控制资料应完整。

（3）有关安全、节能、环境保护和主要使用功能的抽样检验结果应符合相应规定。

（4）观感质量应符合要求。

4. 单位工程质量验收

单位工程质量验收合格应符合下列规定：

（1）所含分部工程的质量均应验收合格。

（2）质量控制资料应完整。

（3）所含分部工程中有关安全、节能、环境保护和主要使用功能的检验资料应完整。

（4）主要使用功能的抽查结果应符合相关专业验收规范的规定。

（5）观感质量应符合要求。

1.1.2　建筑工程施工质量验收的划分

建设工程项目是指经过批准，按照一个总体工程设计进行施工，经济上实行统一核算，行政上具有独立组织形式，实行统一管理的工程基本建设单位，它可以是由一个或若干个具有内在联系的单位工程所组成。如建设一座工厂、一所学校、一个住宅小区和一条公路等。

单位工程是指具有独立的设计文件，竣工后可以独立发挥生产能力或效益的，并构成建设工程项目的组成部分的工程。如工厂中的生产车间、办公楼；学校中的教学楼、食堂等；公路工程中独立设计、独立施工、建成后可以独立交工通车的一个合同段等。单位工程可进一步细分为分部工程、分项工程和检验批，如图1-1所示。

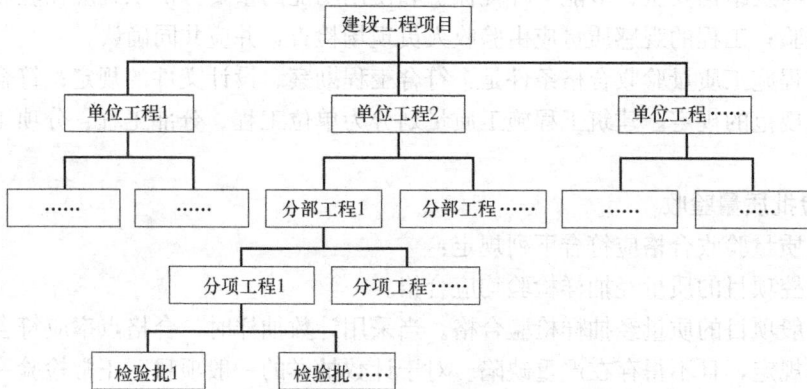

图1-1　房屋建筑与市政基础设施工程项目组成

根据《建筑工程施工质量验收统一标准》（GB 50300—2013），单位（子单位）工程、分部（子分部）工程、分项工程和检验批的划分原则如下：

1. 单位工程的划分原则

（1）具备独立施工条件并能形成独立使用功能的建筑物或构筑物为一个单位工程。

（2）建筑规模较大的单位工程，可将其能形成独立使用功能的部分划分为一个子单位工程。

2. 分部工程的划分原则

（1）按专业性质、工程部位确定。

（2）当分部工程较大或较复杂时，可按材料种类、施工特点、施工程序、专业系统及类别等将分部工程划分为若干子分部工程。

分部（子分部）工程的划分，如表 1-1 所示。

3. 分项工程的划分原则

分项工程可按主要工种、材料、施工工艺、设备类别等进行划分。

分项工程的划分，如表 1-1 所示。

4. 检验批划分原则

检验批可根据施工及质量控制和专业验收需要按工程量、楼层、施工段、变形缝等进行划分。

5. 室外工程划分

可根据专业类别和工程规模按表 1-2 所示划分单位工程、分部工程。

施工前应由施工单位制定分项工程和检验批的划分方案，并由监理单位审核。对于表 1-1 内及相关专业验收规范未涵盖的分项工程和检验批，由建设单位组织监理、施工等单位协商确定。

建筑工程的分部工程、分项工程划分 表 1-1

序号	分部工程	子分部工程	分项工程
1	地基与基础	地基	素土、灰土地基,砂和砂石地基,土工合成材料地基,粉煤灰地基,强夯地基,注浆地基,预压地基,砂石桩复合地基,高压旋喷注浆地基,水泥土搅拌桩地基,土和灰土挤密桩复合地基,水泥粉煤灰碎石桩复合地基,夯实水泥土桩复合地基
		基础	无筋扩展基础,钢筋混凝土扩展基础,筏形与箱形基础,钢结构基础,钢管混凝土结构基础,型钢混凝土结构基础,钢筋混凝土预制桩基础,泥浆护壁成孔灌注桩基础,干作业成孔桩基础,长螺旋钻孔压灌桩基础,沉管灌注桩基础,钢桩基础,锚杆静压桩基础,岩石锚杆基础,沉井与沉箱基础
		基坑支护	灌注桩排桩围护墙,板桩围护墙,咬合桩围护墙,型钢水泥土搅拌墙,土钉墙,地下连续墙,水泥土重力式挡墙,内支撑,锚杆,与主体结构相结合的基坑支护
		地下水控制	降水与排水,回灌
		土方	土方开挖,土方回填,场地平整
		边坡	喷锚支护,挡土墙,边坡开挖
		地下防水	主体结构防水,细部构造防水,特殊施工法结构防水,排水,注浆
2	主体结构	混凝土结构	模板,钢筋,混凝土,预应力,现浇结构,装配式结构
		砌体结构	砖砌体,混凝土小型空心砌块砌体,石砌体,配筋砌体,填充墙砌体
		钢结构	钢结构焊接,紧固件连接,钢零部件加工,钢构件组装及预拼装,单层钢结构安装,多层及高层钢结构安装,钢管结构安装,预应力钢索和膜结构,压型金属板,防腐涂料涂装,防火涂料涂装
		钢管混凝土结构	构件现场拼装,构件安装,钢管焊接,构件连接,钢管内钢筋骨架,混凝土
		型钢混凝土结构	型钢焊接,紧固件连接,型钢与钢筋连接,型钢构件组装及预拼装,型钢安装,模板,混凝土
		铝合金结构	铝合金焊接,紧固件连接,铝合金零部件加工,铝合金构件组装,铝合金构件预拼装,铝合金框架结构安装,铝合金空间网格结构安装,铝合金面板,铝合金幕墙结构安装,防腐处理
		木结构	方木和原木结构,胶合木结构,轻型木结构,木结构的防护

序号	分部工程	子分部工程	分项工程
3	建筑装饰装修	建筑地面	基层铺设,整体面层铺设,板块面层铺设,木、竹面层铺设
		抹灰	一般抹灰,保温层薄抹灰,装饰抹灰,清水砌体勾缝
		外墙防水	外墙砂浆防水,涂膜防水,透气膜防水
		门窗	木门窗安装,金属门窗安装,塑料门窗安装,特种门安装,门窗玻璃安装
		吊顶	整体面层吊顶,板块面层吊顶、格栅吊顶
		轻质隔墙	板材隔墙,骨架隔墙,活动隔墙,玻璃隔墙
		饰面板	石板安装,陶瓷板安装,木板安装,金属板安装,塑料板安装
		饰面砖	外墙饰面砖粘贴,内墙饰面砖粘贴
		幕墙	玻璃幕墙安装,金属幕墙安装,石材幕墙安装,陶板幕墙安装
		涂饰	水性涂料涂饰,溶剂型涂料涂饰,美术涂饰
		裱糊与软包	裱糊,软包
		细部	橱柜制作与安装,窗帘盒和窗台板制作与安装,门窗套制作与安装,护栏和扶手制作与安装,花饰制作与安装
4	屋面	基层与保护	找坡层和找平层,隔汽层,隔离层,保护层
		保温与隔热	板状材料保温层,纤维材料保温层,喷涂硬泡聚氨酯保温层,现浇泡沫混凝土保温层,种植隔热层,架空隔热层,蓄水隔热层
		防水与密封	卷材防水层,涂膜防水层,复合防水层,接缝密封防水
		瓦面与板面	烧结瓦和混凝土瓦铺装,沥青瓦铺装,金属板铺装,玻璃采光顶铺装
		细部构造	檐口,檐沟和天沟,女儿墙和山墙,水落口,变形缝,伸出屋面管道,屋面出入口,反梁过水孔,设施基座,屋脊,屋顶窗
5	建筑给水排水及供暖	室内给水系统	给水管道及配件安装,给水设备安装,室内消火栓系统安装,消防喷淋系统安装,防腐,绝热,管道冲洗、消毒,试验与调试
		室内排水系统	排水管道及配件安装,雨水管道及配件安装,防腐,试验与调试
		室内热水系统	管道及配件安装,辅助设备安装,防腐,绝热,试验与调试
		卫生器具	卫生器具安装,卫生器具给水配件安装,卫生器具排水管道安装,试验与调试
		室内供暖系统	管道及配件安装,辅助设备安装,散热器安装,低温热水地板辐射供暖系统安装,电加热供暖系统安装,燃气红外辐射供暖系统安装,热风供暖系统安装,热计量及调控装置安装,试验与调试,防腐,绝热
		室外给水管网	给水管道安装,室外消火栓系统安装,试验与调试
		室外排水管网	排水管道安装,排水管沟与井池,试验与调试
		室外供热管网	管道及配件安装,系统水压试验,土建结构,防腐,绝热,试验与调试
		建筑饮用水供应系统	管道及配件安装,水处理设备及控制设施安装,防腐,绝热,试验与调试
		建筑中水系统及雨水利用系统	建筑中水系统、雨水利用系统管道及配件安装,水处理设备及控制设施安装,防腐,绝热,试验与调试

序号	分部工程	子分部工程	分项工程
5	建筑给水排水及供暖	游泳池及公共浴池水系统	管道及配件系统安装,水处理设备及控制设施安装,防腐,绝热,试验与调试
		水景喷泉系统	管道系统及配件安装,防腐,绝热,试验与调试
		热源及辅助设备	锅炉安装,辅助设备及管道安装,安全附件安装,换热站安装,防腐,绝热,试验与调试
		监测与控制仪表	检测仪器及仪表安装,试验与调试
6	通风与空调	送风系统	风管与配件制作,部件制作,风管系统安装,风机与空气处理设备安装,风管与设备防腐,旋流风口、岗位送风口、织物(布)风管安装,系统调试
		排风系统	风管与配件制作,部件制作,风管系统安装,风机与空气处理设备安装,风管与设备防腐,吸风罩及其他空气处理设备安装,厨房、卫生间排风系统安装,系统调试
		防排烟系统	风管与配件制作,部件制作,风管系统安装,风机与空气处理设备安装,风管与设备防腐,排烟风阀(口)、常闭正压风口、防火风管安装,系统调试
		除尘系统	风管与配件制作,部件制作,风管系统安装,风机与空气处理设备安装,风管与设备防腐,除尘器与排污设备安装,吸尘罩安装,高温风管绝热,系统调试
		舒适性空调系统	风管与配件制作,部件制作,风管系统安装,风机与空气处理设备安装,风管与设备防腐,组合式空调机组安装,消声器、静电除尘器、换热器、紫外线灭菌器等设备安装,风机盘管、变风量与定风量送风装置、射流喷口等末端设备安装,风管与设备绝热,系统调试
		恒温恒湿空调系统	风管与配件制作,部件制作,风管系统安装,风机与空气处理设备安装,风管与设备防腐,组合式空调机组安装,电加热器、加湿器等设备安装,精密空调机组安装,风管与设备绝热,系统调试
		净化空调系统	风管与配件制作,部件制作,风管系统安装,风机与空气处理设备安装,风管与设备防腐,净化空调机组安装,消声器、静电除尘器、换热器、紫外线灭菌器等设备安装,中、高效过滤器及风机过滤器单元等末端设备清洗及安装,洁净度测试,风管与设备绝热,系统调试
		地下人防通风系统	风管与配件制作,部件制作,风管系统安装,风机与空气处理设备安装,风管与设备防腐,过滤吸收器、防爆波活门、防爆超压排气活门等专用设备安装,系统调试
		真空吸尘系统	风管与配件制作,部件制作,风管系统安装,风机与空气处理设备安装,风管与设备防腐,管道安装,快速接口安装,风机与滤尘设备安装,系统压力试验及调试
		冷凝水系统	管道系统及部件安装,水泵及附属设备安装,管道冲洗,管道、设备防腐,板式热交换器、辐射板及辐射供热、供冷地埋管、热泵机组设备安装,管道、设备绝热,系统压力试验及调试
		空调(冷、热)水系统	管道系统及部件安装,水泵及附属设备安装,管道冲洗,管道、设备防腐,冷却塔与水处理设备安装,防冻伴热设备安装,管道、设备绝热,系统压力试验及调试

序号	分部工程	子分部工程	分项工程
6	通风与空调	冷却水系统	管道系统及部件安装,水泵及附属设备安装,管道冲洗,管道、设备防腐,系统灌水渗漏及排放试验,管道、设备绝热
		土壤源热泵换热系统	管道系统及部件安装,水泵及附属设备安装,管道冲洗,管道、设备防腐,埋地换热系统与管网安装,管道、设备绝热,系统压力试验及调试
		水源热泵换热系统	管道系统及部件安装,水泵及附属设备安装,管道冲洗,管道、设备防腐,地表水源换热管及管网安装,除垢设备安装,管道、设备绝热,系统压力试验及调试
		蓄能系统	管道系统及部件安装,水泵及附属设备安装,管道冲洗,管道、设备防腐,蓄水罐与蓄冰槽、罐安装,管道、设备绝热,系统压力试验及调试
		压缩式制冷(热)设备系统	制冷机组及附属设备安装,管道、设备防腐,制冷剂管道及部件安装,制冷剂灌注,管道、设备绝热,系统压力试验及调试
		吸收式制冷设备系统	制冷机组及附属设备安装,管道、设备防腐,系统真空试验,溴化锂溶液加灌,蒸汽管道系统安装,燃气或燃油设备安装,管道、设备绝热,试验及调试
		多联机(热泵)与空调系统	室外机组安装,室内机组安装,制冷剂管路连接及控制开关安装,风管安装,冷凝水管道安装,制冷剂灌注,系统压力试验及调试
		太阳能供暖空调系统	太阳能集热器安装,其他辅助能源、换热设备安装,蓄能水箱、管道及配件安装,防腐,绝热,低温热水地板辐射采暖系统安装,系统压力试验及调试
		设备自控系统	温度、压力与流量传感器安装,执行机构安装调试,防排烟系统功能测试,自动控制及系统智能控制软件调试
7	建筑电气	室外电气	变压器、箱式变电所安装,成套配电柜、控制柜(屏、台)和动力、照明配电箱(盘)及控制柜安装,梯架、支架、托盘和槽盒安装,导管敷设,电缆敷设,管内穿线和槽盒内敷线,电缆头制作、导线连接和线路绝缘测试,普通灯具安装,专用灯具安装,建筑照明通电试运行,接地装置安装
		变配电室	变压器、箱式变电所安装,成套配电柜、控制柜(屏、台)和动力、照明配电箱(盘)安装,母线槽安装,梯架、支架、托盘和槽盒安装,电缆敷设,电缆头制作、导线连接和线路绝缘测试,接地装置安装,接地干线敷设
		供电干线	电气设备试验和试运行,母线槽安装,梯架、支架、托盘和槽盒安装,导管敷设,电缆敷设,管内穿线和槽盒内敷线,电缆头制作、导线连接和线路绝缘测试,接地干线敷设
		电气动力	成套配电柜、控制柜(屏、台)和动力配电箱(盘)安装,电动机、电加热器及电动执行机构检查接线,电气设备试验和试运行,梯架、支架、托盘和槽盒安装,导管敷设,电缆敷设,管内穿线和槽盒内敷线,电缆头制作、导线连接和线路绝缘测试
		电气照明	成套配电柜、控制柜(屏、台)和照明配电箱(盘)安装,梯架、支架、托盘和槽盒安装,导管敷设,管内穿线和槽盒内敷线,塑料护套线直敷布线,钢索配线,电缆头制作、导线连接和线路绝缘测试,普通灯具安装,专用灯具安装,开关、插座、风扇安装,建筑照明通电试运行
		备用和不间断电源	成套配电柜、控制柜(屏、台)和动力、照明配电箱(盘)安装,柴油发电机组安装,不间断电源装置及应急电源装置安装,母线槽安装,导管敷设,电缆敷设,管内穿线和槽盒内敷线,电缆头制作、导线连接和线路绝缘测试,接地装置安装
		防雷及接地	接地装置安装,防雷引下线及接闪器安装,建筑物等电位连接,浪涌保护器安装

序号	分部工程	子分部工程	分项工程
8	智能建筑	智能化集成系统	设备安装,软件安装,接口及系统调试,试运行
		信息接入系统	安装场地检查
		用户电话交换系统	线缆敷设,设备安装,软件安装,接口及系统调试,试运行
		信息网络系统	计算机网络设备安装,计算机网络软件安装,网络安全设备安装,网络安全软件安装,系统调试,试运行
		综合布线系统	梯架、托盘、槽盒和导管安装,线缆敷设,机柜、机架、配线架安装,信息插座安装,链路或信道测试,软件安装,系统调试,试运行
		移动通信室内信号覆盖系统	安装场地检查
		卫星通信系统	安装场地检查
		有线电视及卫星电视接收系统	梯架、托盘、槽盒和导管安装,线缆敷设,设备安装,软件安装,系统调试,试运行
		公共广播系统	梯架、托盘、槽盒和导管安装,线缆敷设,设备安装,软件安装,系统调试,试运行
		会议系统	梯架、托盘、槽盒和导管安装,线缆敷设,设备安装,软件安装,系统调试,试运行
		信息导引及发布系统	梯架、托盘、槽盒和导管安装,线缆敷设,显示设备安装,机房设备安装,软件安装,系统调试,试运行
		时钟系统	梯架、托盘、槽盒和导管安装,线缆敷设,设备安装,软件安装,系统调试,试运行
		信息化应用系统	梯架、托盘、槽盒和导管安装,线缆敷设,设备安装,软件安装,系统调试,试运行
		建筑设备监控系统	梯架、托盘、槽盒和导管安装,线缆敷设,传感器安装,执行器安装,控制器、箱安装,中央管理工作站和操作分站设备安装,软件安装,系统调试,试运行
		火灾自动报警系统	梯架、托盘、槽盒和导管安装,线缆敷设,探测器类设备安装,控制器类设备安装,其他设备安装,软件安装,系统调试,试运行
		安全技术防范系统	梯架、托盘、槽盒和导管安装,线缆敷设,设备安装,软件安装,系统调试,试运行
		应急响应系统	设备安装,软件安装,系统调试,试运行
		机房	供配电系统,防雷与接地系统,空气调节系统,给水排水系统,综合布线系统,监控与安全防范系统,消防系统,室内装饰装修,电磁屏蔽,系统调试,试运行
		防雷与接地	接地装置,接地线,等电位联结,屏蔽设施,电涌保护器,线缆调试,系统调试,试运行
9	建筑节能	围护系统节能	墙体节能,幕墙节能,门窗节能,屋面节能,地面节能
		供暖空调设备及管网节能	供暖节能,通风与空调设备节能,空调与供暖系统冷热源节能,空调与供暖系统管网节能
		电气动力节能	配电节能,照明节能
		监控系统节能	监测系统节能,控制系统节能
		可再生能源	地源热泵系统节能,太阳能光热系统节能,太阳能光伏节能

序号	分部工程	子分部工程	分项工程
10	电梯	电力驱动的曳引式或强制式电梯	设备进场验收,土建交接检验,驱动主机,导轨,门系统,轿厢,对重,安全部件,悬挂装置,随行电缆,补偿装置,电气装置,整机安装验收
		液压电梯	设备进场验收,土建交接检验,液压系统,导轨,门系统,轿厢,对重,安全部件,悬挂装置,随行电缆,电气装置,整机安装验收
		自动扶梯、自动人行道	设备进场验收,土建交接检验,整机安装验收

室外工程的单位、分部工程划分　　　　　　　　　　　表 1-2

单位工程	子单位工程	分部工程
室外设施	道路	路基、基层、面层,广场与停车场,人行道、人行地道,挡土墙、附属构筑物
	边坡	土石方,挡土墙,支护
附属建筑及室外环境	附属建筑	车棚,围墙,大门,挡土墙
	室外环境	建筑小品,亭台,水景,连廊,花坛,场坪绿化,景观桥

1.1.3　建设工程资料验收程序和组织要求

1. 检验批质量验收程序和组织要求

检验批是工程验收的最小单位,是分项工程乃至整个建筑工程质量验收的基础。检验批的验收由专业监理工程师组织施工单位项目专业质量检查员、专业工长等进行验收。检验批验收的流程如图 1-2 所示。

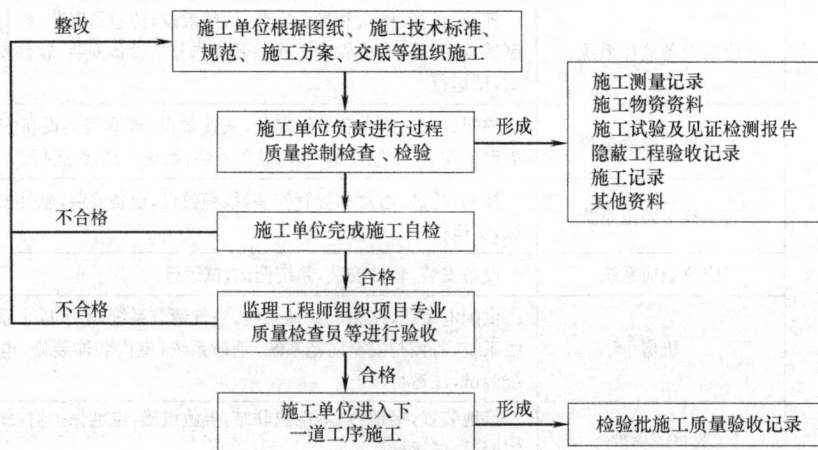

图 1-2　检验批质量验收流程

检验批验收时应进行资料检查和实物检验。资料检查主要是检查从原材料进场到检验批验收和各施工工序的操作依据、质量检查情况以及控制质量的各项管理制度等。实物检查按主控项目和一般项目检查。主控项目是建筑工程中的对安全、节能、环境保护和主要使用功能起决定作用的检验项目,一般项目是除主控项目以外的检验项目,具体按各专业质量验收规范逐项检查验收。

检验批质量验收记录是由施工单位质量检查员根据现场验收检查原始记录填写，并由专业监理工程师和施工单位质量检查员、专业工长在检验批质量验收记录上签字，完成检验批验收，如表1-1所示。检验批质量验收记录包括表名部分及编号、表头部分、验收项目部分、施工单位检查结果、监理单位验收结论等内容。

（1）表名部分及编号的填写

表名根据《建筑工程施工质量验收统一标准》（GB 50300—2013）检验批划分原则，按工程的具体情况进行划分并填写，如混凝土原材料、配合比设计检验批。编号根据《建筑工程资料管理规程》（JGJ/T 185—2009）的要求填写，也可根据所处地区要求的不同进行填写，本书按《房屋建筑与市政基础设施工程档案资料管理规范》（DGJ 32/TJ 143—2012）填写，如TJ4.4.3.1。

（2）表头部分的填写

"单位（子单位）工程名称"按合同文件上的单位工程名称填写，子单位工程写出该部分的具体位置。"分部（子分部）工程名称"、"分项工程名称"根据《建筑工程施工质量验收统一标准》（GB 50300—2013）分部（子分部）工程、分项工程划分原则，按工程的具体情况进行划分并填写，如某框架结构教学楼划分为地基与基础、主体结构、建筑装饰装修、屋面和建筑给水排水及供暖、建筑电气、建筑节能等分部，其中主体结构划分为混凝土结构和砌体结构子分部，混凝土结构子分部划分为模板、钢筋、混凝土和现浇结构等分项。"施工单位"、"分包单位"，填写单位的全称，与合同上公章名称一致。"项目负责人"、"分包单位项目负责人"是合同中指定的项目负责人。"检验批容量"填写检验批的大小。"检验批部位"是指检验批的抽样范围，要标注清楚，如二层①～②轴线砖砌体。"施工依据"填写各专业施工技术规范，有企业标准可填写企业标准名称及编号，没有企业标准可填地方标准，如《江苏省建筑安装工程施工技术操作规程》（DGJ 32/J30—2009）或国家各专业的施工技术规范（正在编制中，并将陆续实施）作为施工操作依据。"验收依据"填写各专业质量验收规范，如《混凝土工程施工验收规范》（GB 50204—2015），若企业标准高于国家标准规定的，应填写企业标准的相关指标，并按此规范进行质量验收。

（3）验收项目的填写

"主控项目"、"一般项目"是"验收依据"中所列的专业质量验收规范中有关验收条款，在制表时就应填写好全部内容。"设计要求及规范规定"是各专业质量验收规范条款的具体要求，由于表格的地方小，有些指标不能将全部内容填写下，所以只将质量指标归纳、简化描述或题目及条文号填写上，作为检查内容提示，以便查对验收规范的原文。"最小/实际抽样数量"填写最小（实际）抽样数量。抽样数量应符合有关专业验收规范规定，当采用计数抽样时，最小抽样数量应符合《建筑工程施工质量验收统一标准》（GB 50300—2013）表3.0.9的要求。"检查记录"填写方法分以下几种情况：对有数量可填的项目，直接填写检查获得的数据；对定性项目，可根据实际检查情况填写；对于包含有混凝土、砂浆强度等级的检验批，在按规定制取试件后，可填写试件编号，待试件试验报告出来后，对检验批进行判定，并在分项工程验收时进一步进行强度评定及验收。

"检查结果"是将"检查记录"所得数据与规范中"主控项目"、"一般项目"的具体"设计要求及规范规定"逐项进行验收，符合验收规范规定的项目，填写"合格"或"符合要求"，对不符合验收规定的项目，可暂不填写，待处理后再验收，但应做标记或直接做出不合格的结论，待返工后再重新验收。

（4）施工单位检查结果填写

"施工单位检查结果"是施工单位以"检查记录"栏内相关记录数据为依据，自行做出质量评定，结论为"合格"或"符合要求"。专业质量检查员逐项检查评定合格，填好表格并写明结论，由专业工长和项目专业质量检查员签字后交监理工程师验收。

（5）监理单位验收结论填写

监理单位应按要求进行抽样复验，并依据自己验收记录中相关数据为依据，独立做出质量评定，而不应以施工单位提供的自检记录为依据。结论为"同意验收"。对不符合验收规定的项目，可暂不填写，待处理后再验收，但应做标记或直接作出不合格的结论，待返工后再重新验收。

2. 分项工程质量验收质量验收程序和组织要求

分项工程的质量检查是在检验批的基础上进行，两者具有相同或相近的性质，只是批量的大小不同而已，将有关的检验批汇集构成分项工程。分项工程质量检查由专业监理工程师组织施工单位项目专业技术负责人等进行检查，并做好记录。分项工程质量验收流程如图 1-3 所示。

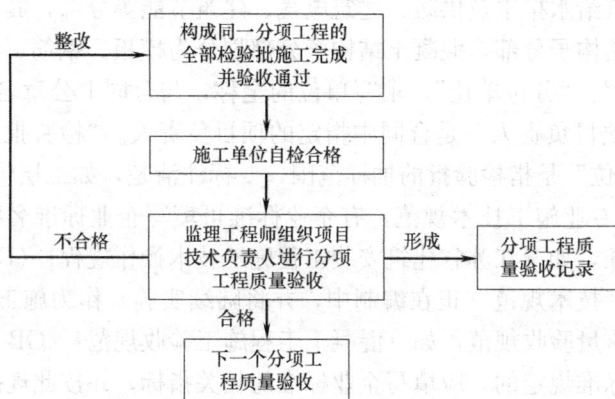

图 1-3 分项工程质量验收流程

分项工程质量验收记录表通常包括表名部分及编号、表头部分，验收项目部分，施工单位检查结果、监理单位验收结论部分等内容，如附表 1-2 所示。

（1）表名部分及编号填写

表名根据《建筑工程施工质量验收统一标准》（GB 50300—2013）分项工程划分原则，按工程的具体情况进行划分并填写。编号根据《建筑工程资料管理规程》（JGJ/T 185—2009）的要求填写，也可根据所处地区要求的不同进行填写，本书按《房屋建筑与市政基础设施工程档案资料管理规范》（DGJ32/TJ143—2012）填写。如 TJ4.4.4。

（2）表头部分填写

"单位（子单位）工程名称"按合同文件上的单位工程名称填写，子单位工程写出该部分的具体位置。"分部（子分部）工程名称"根据《建筑工程施工质量验收统一标准》（GB 50300—2013）分项工程划分原则，按工程的具体情况进行划分并填写。"分项工程数量"是指一个分部（子分部）工程中验收几个分项，如框架结构教学楼的主体结构分部包括混凝土结构子分部和砌体结构子分部，其中混凝土结构子分部包括模板、钢筋、混凝土和现浇结构 4 个分项工程。"检验批数量"是指一个分项工程中验收几个检验批数，如某框架结构教学楼的混凝土子分部中的混凝土分项工程按楼层划分为若干个检验批。"施工单位"、"分包单位"，填写单位的全称，与合同上公章名称相一致。"项目负责人"应是合同中指定的项目负责人，"分包单位项目负责人"应是合同中指定的项目负责人，这些人员由填表人填写，不要本人签字。"分包内容"是指分包单位的工作内容，如墙面抹灰等施工任务。

（3）验收项目部分填写

"检验批的名称"按《建筑工程施工质量验收统一标准》（GB 50300—2013）检验批划分原则，按工程的具体情况进行划分并填写，如混凝土原材料、配合比设计检验批。"检验批容量"填写检验批的大小。"部位和区段"填写检验批验收的具体部位和区段，如一层混凝土原材料、配合比设计检验批。"施工单位检查结果"由施工单位项目专业质量检查员检查填写，交施工单位的项目专业技术负责人检查后给出评价，结论为"合格或符合要求"签字后交监理单位验收。"监理单位验收结论"是监理单位的专业监理工程师对施工单位检查结果进行逐项验收，同意施工单位意见的检查项的结论为"合格"或"符合要求"，对于不同意施工单位意见的检查项，暂不填写，待处理后再验收，但应做标记。"说明"项填写检查时需说明的情况。

施工单位的检查和监理单位的验收中应注意以下几点：检验批是否将整个分项工程覆盖了，是否有漏掉的部位；混凝土、砂浆强度等一些有龄期要求的检验批，到龄期后能否达到规范规定；检验批的资料是按顺序进行了登记整理，是否与所例内容统一。

（4）检查结果和验收结论部分填写

"施工单位检查结果"是施工单位的项目专业技术负责人检查项目专业质量检查员的检查结果和相关施工资料给出评价，结论为"合格"或"符合要求"。"监理单位验收结论"是监理单位的专业监理工程师逐项审查施工单位填报的分项工程质量验收记录和施工资料给出的评价，同意项填写结论"合格"或"符合要求"，不同意项暂不填写，待处理后再验收，但应做标记并说明具体意见。验收结论应注明"同意验收"或"不同意验收的意见"。

3. 分部工程质量验收程序和组织要求

分部工程的验收由总监理工程师组织施工单位项目负责人和项目技术负责人等进行验收，勘察、设计单位项目负责人和施工单位技术、质量部门负责人应参加地基与基础分部工程的验收，设计单位项目负责人和施工单位技术、质量部门负责人应参加主体结构、节能分部工程的验收，并做好记录。分部（子分部）工程质量验收流程如图 1-4 所示。

分部工程质量验收表

分部工程质量验收记录表通常包括表名部分及编号、表头部分、验收项目部分、综合验收结论部分和验收单位部分等内容，如附表 1-3 所示。

（1）表名部分及编号填写

表名根据《建筑工程施工质量验收统一标准》（GB 50300—2013）分部（子分部）工程划分原则，按工程的具体情况进行划分并填写，并与分项工程和检验批中的名称相一

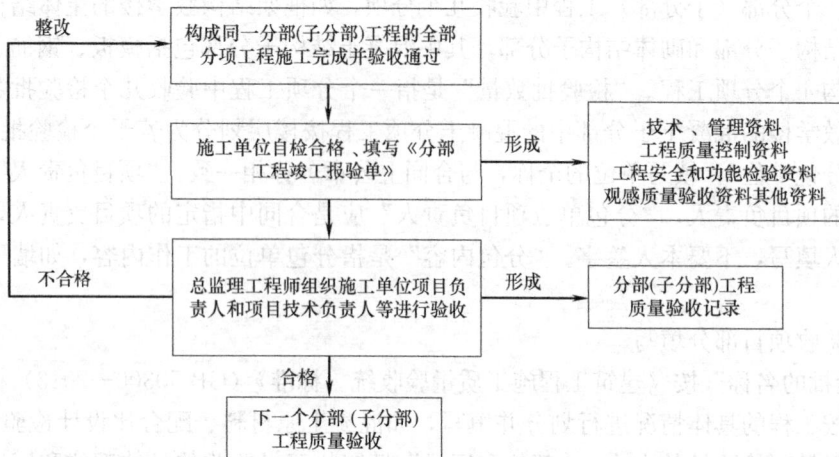

图 1-4　分部（子分部）工程质量验收流程

致。分部（子分部）工程的名称填写要具体，写在分部工程前边。编号根据《建筑工程资料管理规程》（JGJ/T 185—2009）的要求填写，也可根据所处地区要求的不同进行填写，本书按《房屋建筑与市政基础设施工程档案资料管理规范》（DGJ 32/TJ143—2012）填写，如 TJ5.1.5。

（2）表头部分填写

"单位（子单位）工程名称"按合同文件上的单位工程名称填写，子单位工程写出该部分的具体位置。"子分部工程数量"是指一个子分部工程由几个分项工程组成，如框架结构教学楼的主体结构分部包括混凝土结构子分部和砌体结构子分部。"分项工程数量"是指一个分部（子分部）工程中验收几个分项，如框架结构教学楼的主体结构分部中混凝土结构子分部包括模板、钢筋、混凝土和现浇结构 4 个分项工程。"施工单位"、"分包单位"，填写单位的全称，与合同上公章名称相一致。"项目负责人"应是合同中指定的施工单位项目负责人，"分包单位项目负责人"应是合同中指定的施工分包单位项目负责人。"技术（质量）负责人"多数情况下填写项目的技术及质量负责人，只有地基与基础、主体结构及重要安装分部（子分部）工程应填写施工单位的技术部门及质量部门负责人并签字。"分包内容"是指施工分包单位的工作内容，有分包单位时才填写，没有时就不填写。

（3）验收项目部分填写

验收项目包括所含分项工程、质量控制资料、安全和功能检验结果和观感质量检验结果。

"分项工程名称"填写，按检验批施工先后顺序，将分项工程名称填写上。"检验批数"分别填写各分项工程实际的检验批数量，即分项工程验收表上的检验批数量。"施工单位检查结果"填写施工单位自行检查评定的结果。检查每个分项工程验收结论是否正确；查对所含分项工程有没有漏缺或有没有进行验收；检查分项工程资料完整性，每个验收资料的内容是否有缺漏，签字是否齐全及符合规定；检查有龄期试件的合格评定是否达到要求等。自检符合要求的在"施工单位检查结果"填写"合格"，不符合要求的进行返工处理。总监理工程审查符合规范要求后，在"监理单位验收结论"栏内签注"同意验收"。

质量控制资料检查内容如附表 1-4 所示。检查时应注意核查和归纳各检验批的验收记录资料,查对其是否完整;核查和归纳各检验批的施工操作依据、质量检查记录,查对其是否配套完整,包括有关的试验资料的完整程度。核对各种资料的内容、数据及验收人员签订是否规范等。若能基本反映工程质量情况,达到保证结构安全和使用功能完备的要求,施工单位在"施工单位检查结果"栏内填写"合格",总监理工程师审查符合要求后,在"监理单位验收结论"栏内填写"同意验收"。

安全和功能检验是指竣工抽样检测的项目,能在分部(子分部)工程中检测的,应放在分部(子分部)工程中检测,检测内容见附表 1-5 所示。在核查时要注意,在开工之前确定的项目是否都进行了检测,不能检测的项目应说明原因;逐一检查每个检测报告检测项目内容,所遵循的检测方法标准、检测结果的数据是否达到规定的标准;核查检测报告是否有资质的机构出具,检测程序、有关取样人、审核人、试验负责人,以及签字盖章是否齐等。每个检测项目都通过审查,由施工单位在"施工单位检查结果"栏内填写"合格",总监理工程师审查符合要求后,在"监理单位验收结论"栏内填写"同意验收"。

观感质量验收实际不单单是外现质量,在专业施工质量验收规范中列入基本规定、一般规定的内容,能检查的都要检查,能启动或运转的要启动或试运转,能打开看的要打开看,有代表性的房间、部位都应走到。经检查符合要求后,由施工单位在"施工单位检查结果"栏内填写"合格",由总监理工程师为主导,听取参加检查人员意见的基础上,共同确定质量评价,在"监理单位验收结论"栏内填写"好"、"一般"的结论。对评价为"差"的点应通过返修处理等补救。

(4)综合验收结论部分填写

由参加验收的人员,根据对分项工程、质量控制资料、安全和功能检验结果和观感质量检查验收,符合要求后,由总监理工程师在"综合验收结论"栏内填写"同意验收"。

(5)验收单位填写

施工单位、勘察单位、设计单位和监理单位等参加验收的单位及责任人应签字盖章。其中,地基与基础分部工程的验收就由施工、勘察、设计单位项目负责人和总监理工程师参加签字。主体结构、节能分部工程的验收应由施工、设计单位项目负责人和总监理工程师参加并签字。

4. 单位工程质量验收程序和组织要求

单位工程完工后,施工单位应组织有关人员进行自检。总监理工程师应组织各专业监理工程师对工程质量进行竣工预验收。存在施工质量问题时,应由施工单位及时整改。整改完毕后,由施工单位向建设单位提交工程竣工报告,申请工程竣工验收。建设单位收到工程竣工报告后,应由建设单位项目负责人组织监理、施工、设计、勘察等单位项目负责人进行单位工程验收,并做好记录。

单位(子单位)工程竣工验收流程如图 1-5 所示。

单位工程质量竣工验收记录表包括表名部分及编号、表头部分、验收项目部分、综合验收结论部分和验收单位签名部分等内容,如附表 1-1~附表 1-7 所示。

(1)表名部分填写及编号

表名为单位工程,预先打印在表格上。编号根据《建筑工程资料管理规程》

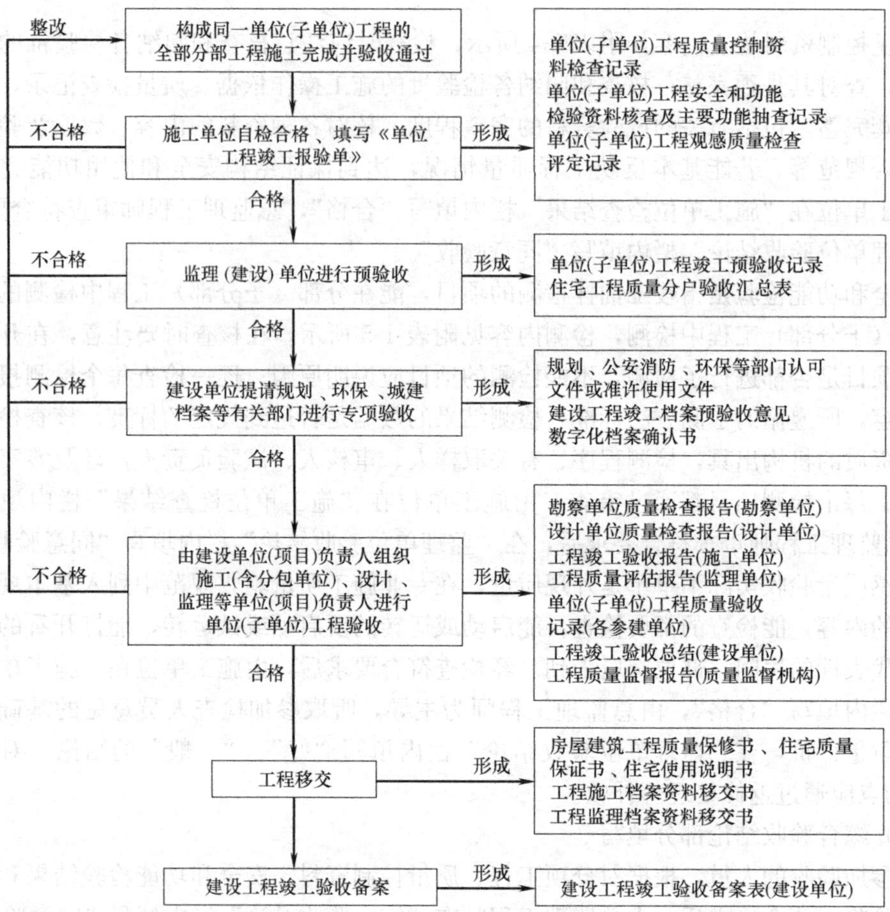
整改
构成同一单位(子单位)工程的全部分部工程施工完成并验收通过
不合格
施工单位自检合格、填写《单位工程竣工报验单》
形成
单位(子单位)工程质量控制资料检查记录
单位(子单位)工程安全和功能检验资料核查及主要功能抽查记录
单位(子单位)工程观感质量检查评定记录
合格
不合格
监理(建设)单位进行预验收
形成
单位(子单位)工程竣工预验收记录
住宅工程质量分户验收汇总表
合格
不合格
建设单位提请规划、环保、城建档案等有关部门进行专项验收
形成
规划、公安消防、环保等部门认可文件或准许使用文件
建设工程竣工档案预验收意见
数字化档案确认书
合格
不合格
由建设单位(项目)负责人组织施工(含分包单位)、设计、监理等单位(项目)负责人进行单位(子单位)工程验收
形成
勘察单位质量检查报告(勘察单位)
设计单位质量检查报告(设计单位)
工程竣工验收报告(施工单位)
工程质量评估报告(监理单位)
单位(子单位)工程质量验收记录(各参建单位)
工程竣工验收总结(建设单位)
工程质量监督报告(质量监督机构)
合格
工程移交
形成
房屋建筑工程质量保修书、住宅质量保证书、住宅使用说明书
工程施工档案资料移交书
工程监理档案资料移交书
建设工程竣工验收备案
形成
建设工程竣工验收备案表(建设单位)

图 1-5　单位工程竣工验收流程

(JGJ/T 185—2009)的要求填写，也可根据所处地区要求的不同进行填写，本书按《房屋建筑与市政基础设施工程档案资料管理规范》(DGJ 32/TJ143—2012)填写，如 JG 1.2。

(2) 表头部分填写

“工程名称”按合同文件上的单位工程名称填写，与检验批、分项工程、分部工程验收表上的工程名称一致。“结构类型”按设计说明中注明的结构类型填写，如钢筋混凝土框架结构。“层数/面积”按设计说明中注明的建筑面积、层数填写，并应分别注明地下和地上的层数。“施工单位”按合同中注明的施工单位全称填写，与检验批、分项工程、分部工程验收表上的名称一致。“技术负责人”填写施工单位的技术负责人，如企业总工程师等。“项目负责人”按合同中注明的施工单位项目负责人，如项目经理等。“项目技术负责人”填写施工单位的项目部技术负责人，如项目主任工程师等。“开工日期”填写施工单位提交开工报告中经总监理工程师（或建设单位技术负责）批准的开工日期。“完工日期”填写单位工程竣工验收合格的日期。

(3) 验收项目部分填写

验收项目部分包括分部工程验收、质量控制资料核查、安全和使用功能核查及抽查结果、观感质量验收、验收记录和验收结论等内容。

分部工程验收是由竣工验收小组的成员共同对前面已完成的分部工程再次进行综合性检查验收。验收小组共同对分部工程进行审查验收，施工单位将验收情况记录在"验收记录"中，注明单位工程共有几个分部，经验查符合设计及标准规定的有几个分部。若验检查收的各分部全部符合要求，由监理单位在"验收结论"栏内填上"同意验收"的结论。

质量控制资料核查是由竣工验收小组的成员对前面已完成的工程质量控制资料再次按各分部工程逐项核查，核查有专门的验收表格，详见附表1-4。施工单位将核查的资料逐项进行统计，将核查情况填入"验收记录"栏内，注明工程共有几项，经验查符合规定的有几项。各分部资料全部符合要求，由监理单位在"验收结论"栏内，填写"同意验收"的结论。核查时需注意的几点是，若一个分部只有一个子分部工程时，子分部工程就是分部工程；若一个分部有多个子分部工程时，可逐个子分部工程核查或按一个分部核查；核查后的各分部资料依次装订，在封面写上分部工程的名称，并将所含子分部工程的名称依次填写在下边，以便于资料管理。

安全和使用功能核查是对在分部（子分部）工程中进行了安全和功能检测的项目，核查资料的完整性，是否与设计合同及规范要求一致。安全和使用功能抽查是对在单位工程进行的安全和功能抽测项目，抽查检测报告结论是否符合设计要求，抽测的程序、方法是否符合有关规定，抽测报告的结论是否达到设计要求及规范规定，如有经返工处理后才符合要求的，也应填写清楚。核查及抽查这两部分项目可能有些重复，但侧重点不同，应分别填写清楚。安全和使用功能核查及抽查结果。安全和使用功能核查及抽查有专门的表格，详见附后表详见附表1-5。施工单位将安全和使用功能核查及抽查结果填入"验收记录"栏内，注明工程共核查了几项，符合规定的有几项；共抽查几项，符合规定的有几项；经返工处理符合规定的有几项。核查及抽查全部符合要求，由总监理工程师在"验收结论"栏内，填写"同意验收"的结论。如果个别项目的抽查结果达不到设计要求，则可以进行返工处理，如有经返工处理后仍达不到设计要求，就按不合格处理程序进行处理。

观感质量检查的方法同分部（子分部）工程，不同的是单位工程观感质量验收项目比分部（子分部）工程多，是一个综合性验收，有专门的验收表格，详见附表1-7。观感质量验收实际是复查一下各分部（子分部）验收后，到单位工程竣工时的质量变化、成品保护，以及分部（子分部）工程验收时还没有形成部分的观感质量等。由施工单位将竣工验收小组验收情况，填写"验收记录"栏内，注明共抽查几项，达到"好"和"一般"的有几项，经返修处理符合要求的有几项。由总监理工程师为主导，综合各方意见，得出观感质量的综合评价，结论可为"好"、"一般"，在"验收结论"栏内填写"同意验收"的结论。如果有不符合要求的项目，就应按合同规定进行处理。

（4）综合验收结论部分填写

在前几项内容验收符合要求并经验收各方共同商定同意，由建设单位在"综合验收结论"栏内填写"通过验收"。

（5）参加验收单位签名部分的填写

参加竣工验收的建设单位，勘察、设计单位，监理单位和施工单位，验收意见一致时，各单位的项目负责人要亲自签字，以示对工程质量负责，并加盖单位公章，注明签字验收的年月日。验收意见不一致时，各方应进行协商，或请当地建设行政主管部门或工程质量监督机构协调处理。五方签字盖章不齐，视为未通过竣工验收，或验收达不到合格标准。验收签字人员应由相应单位的法人代表书面授权书。

混凝土原材料、配合比设计检验批质量验收记录 　　　　　附表 1-1

编号：TJ4.4.3.1

单位(子单位) 工程名称	×××工程	分部(子分部) 工程名称	主体结构	分项工程名称	混凝土
施工单位	×××建筑公司	项目负责人	×××	检验批容量	1
分包单位	/	分包单位项目 负责人	/	检验批部位	二层柱Ⓐ～Ⓒ轴 ①～⑥轴柱、 梁、板
施工依据	《江苏省建筑安装工程施工技术 操作规程》(DGJ 32/J30—2009)		验收依据	《混凝土结构工程施工质量验收规范》 (GB 50204—2015)	

		验收项目	设计要求及 规范规定	最小/实际 抽样数量	检查记录	检查结果
主 控 项 目	1	水泥进场检验	第7.2.1条	1	使用 P.О42.5 水泥。质保书编号为： ×××。复试报告编号为：×××	符合规范 要求
	2	外加剂的质量	第7.2.2条	1	使用(减水剂)外加剂。质保书编号 为：×××。检测报告编号为：×××	符合规范 要求
	3	氯化物和碱的总含量	第7.2.3条	1	检测报告编号：×××	符合规范 要求
	4	混凝土的配合比设计	第7.3.1条	1	1. 有配合比设计资料，有试配及混 凝土试配强度记录，有配合比单，配合 比为：(1：2：4,$W/C=0.6$) 2. 使用预拌混凝土	符合规范 要求
一 般 项 目	1	混凝土中掺用矿物掺 合料	第7.2.4条	/	/	
	2	粗、细骨料	第7.2.5条	1	石子检验报告编号为：×××。砂子 检验报告编号为：×××	符合规范 要求
	3	拌制混凝土用水	第7.2.6条	1	1. 使用饮用水。2. 检验报告编号 为：×××	符合规范 要求
	4	配合比开盘鉴定	第7.3.2条	1	混凝土拌合物坍落度为(7)cm,试块 标养 28d 的强度为(30)MPa	符合规范 要求
	5	测定砂、石含水率,调整 材料用量,提出施工配合比	第7.3.3条	1	施工配合比为：1：2.2：4.2 $W/C=0.6$	符合规范 要求

施工单位 检查结果	经抽样检验,该检验批主控项目和一般项目均符合《混凝土结构工程施工质量验收规范》(GB 50204—2015)的规定,施工操作依据、质量记录完整。 专业工长：××× 项目专业质量检查员(盖章)：×××　　×××年××月××日
监理单位 验收结论	符合规范及设计要求,同意验收。 专业监理工程师：×××　　×××年××月××日

编号：TJ4.4.4

单位(子单位) 工程名称	×××工程	分部(子分部) 工程名称		混凝土结构	
分项工程数量	2	检验批数量		14	
施工单位	×××建筑公司	项目负责人	×××	项目技术负责人	×××
分包单位	/	分包单位项目负责人	/	分包内容	/
序号	检验批名称	检验批容量	部位、区段	施工单位检查结果	监理单位验收结论
1	原材料、配合比	2	一层	合格	验收合格
2	混凝土施工	2	一层	合格	验收合格
3	原材料、配合比	2	二层	合格	验收合格
4	混凝土施工	2	二层	合格	验收合格
5	原材料、配合比	2	三层	合格	验收合格
6	混凝土施工	2	三层	合格	验收合格
7	原材料、配合比	2	四层	合格	验收合格
8	混凝土施工	2	四层	合格	验收合格
			以下略		
说明：					
施工单位 检查结果	所含检验批均符合合格质量的规定，质量验收记录完整。 项目专业技术负责人：××× ×××年××月××日				
监理单位 验收结论	检查合格，同意验收 监理工程师：××× ×××年××月××日				

主体结构分部工程验收记录　　　　　　　　　　　　　　附表 1-3

编号：TJ5.1.5

单位(子单位) 工程名称	×××工程	子分部工程数量	2	分项工程数量	5
施工单位	×××建筑公司	项目负责人	×××	技术(质量)负责人	×××
分包单位	/	分包单位负责人	/	分包内容	/
序号	子分部工程名称	分项工程名称	检验批数量	施工单位检查结果	监理单位验收结论
1	混凝土结构	模板	16	合格	验收合格
2		钢筋	16	合格	验收合格
3		混凝土	16	合格	验收合格
4		现浇结构	16	合格	验收合格
5	砌体结构	填充墙砌体	16	合格	验收合格
6					

质量控制资料		质量控制资料×××共份,完整	验收合格
安全和功能检验结果		结构实体检验报告及试验报告汇总表的编号为×××,共×××共份,符合有关规定	验收合格
观感质量检查结果		表面无缺陷;观感质量为好	观感质量为好
综合验收结论		经对本分部工程检查,所含各分项的质量全部合格,质量控制资料完整,安全和功能检验和抽样检测结果符合有关规定,观感质量为好,同意验收。	
施工单位 项目负责人:××× ×××年××月××日	勘察单位 项目负责人:××× ×××年××月××日	设计单位 项目负责人:××× ×××年××月××日	监理单位 总监理工程师:××× ×××年××月××日

单位工程质量控制资料核查记录

附表 1-4

编号:JG1.3

工程名称		×××工程		施工单位		×××建筑公司		
序号	项目	资料名称	份数	施工单位			监理单位	
				核查意见	核查人		核查意见	核查人
1	建筑与结构	图纸会审记录、设计变更通知单、工程洽商记录	7	设计变更、洽商记录齐全	×××		合格	
2		工程定位测量、放线记录	10	定位测量准确、放线记录齐全	×××		合格	
3		原材料出厂合格证书及进场检验、试验报告	17	水泥、钢筋、防水材料等有出厂合格证及复试报告	×××		合格	×××
4		施工试验报告及见证检测报告	16	钢筋连接、混凝土抗压强度试验报告符合要求且按30%进行见证取样	×××		合格	×××
5		隐蔽工程验收记录	23	隐蔽工程检查记录齐全	×××		合格	×××
6		施工记录	45	地基验槽、钎探、预检等齐全	×××		合格	
7		地基、基础、主体结构检验及抽样检测资料	35	基础、主体结构经监督部门检验、其抽样检测资料符合规范要求	×××		合格	×××
8		分项、分部工程质量验收记录	16	质量验收符合规范规定	×××		合格	×××
9		工程质量事故调查处理资料						
10		新技术论证、备案及施工记录						
1	给水排水与供暖	图纸会审记录、设计变更通知单、工程洽商记录	6	洽商记录齐全、清楚	×××		合格	×××
2		原材料出厂合格证书及进场检验、试验报告	32	合格证齐全,有进场检验报告	×××		合格	×××

工程名称		×××工程		施工单位			×××建筑公司		
序号	项目	资料名称	份数	施工单位				监理单位	
				核查意见			核查人	核查意见	核查人
3	给水排水与供暖	管道、设备强度试验、严密性试验记录	15	强度试验记录齐全符合要求			×××	合格	×××
4		隐蔽工程验收记录	36	隐蔽工程检查记录齐全			×××	合格	×××
5		系统清洗、灌水、通水、通球试验记录	9	灌水、通水等试验记录齐全			×××	合格	×××
6		施工记录	45	各种预检记录齐全			×××	合格	×××
7		分项、分部工程质量验收记录	8	质量验收符合规范规定			×××	合格	×××
8		新技术论证、备案及施工记录							
1	通风与空调	图纸会审记录、设计变更通知单、工程洽商记录							
2		原材料出厂合格证书及进场检验、试验报告							
3		制冷、空调、水管道强度试验、严密性试验记录							
4		隐蔽工程验收记录							
5		制冷设备运行调试记录							
6		通风、空调系统调试记录							
7		施工记录							
8		分项、分部工程质量验收记录							
9		新技术论证、备案及施工记录							
1	建筑电气	图纸会审记录、设计变更通知单、工程洽商记录	16	洽商记录齐全、清楚			×××	合格	×××
2		原材料出厂合格证书及进场检验、试验报告	31	材料、主要设备出厂合格证书齐全,有进场检验报告			×××	合格	×××
3		设备调试记录	12	设备调试记录齐全			×××	合格	×××
4		接地、绝缘电阻测试记录	52	接地、绝缘电阻测试记录齐全符合要求			×××	合格	×××
5		隐蔽工程验收记录	9	隐蔽工程检查记录齐全			×××	合格	×××
6		施工记录	17	各种预检记录齐全			×××	合格	×××
7		分项、分部工程质量验收记录	11	质量验收符合规范规定			×××	合格	×××
8		新技术论证、备案及施工记录							

工程名称		×××工程	施工单位		×××建筑公司			
序号	项目	资料名称	份数	施工单位			监理单位	
				核查意见	核查人	核查意见	核查人	
1	智能建筑	图纸会审记录、设计变更通知单、工程洽商记录						
2		原材料出厂合格证书及进场检验、试验报告						
3		隐蔽工程验收记录						
4		施工记录						
5		系统功能测定及设备调试记录						
6		系统技术、操作和维护手册						
7		系统管理、操作人员培训记录						
8		系统检测报告						
9		分项、分部工程质量验收记录						
10		新技术论证、备案及施工记录						
1	建筑节能	图纸会审记录、设计变更通知单、工程洽商记录						
2		原材料出厂合格证书及进场检验、试验报告						
3		隐蔽工程验收记录						
4		施工记录						
5		外墙、外窗节能检验报告						
6		设备系统节能检测报告						
7		分项、分部工程质量验收记录						
8		新技术论证、备案及施工记录						
1	电梯	图纸会审记录、设计变更通知单、工程洽商记录						
2		设备出厂合格证及开箱检验记录						
3		隐蔽工程验收记录						
4		施工记录						

工程名称		×××工程		施工单位		×××建筑公司	
序号	项目	资料名称	份数	施工单位		监理单位	
				核查意见	核查人	核查意见	核查人
5		接地、绝缘电阻试验记录					
6		负荷试验、安全装置检查记录					
7	电梯	分项、分部工程质量验收记录					
8		新技术论证、备案及施工记录					

结论:通过工程质量控制资料检查,该工程资料齐全、有效,各种施工试验、系统调试记录等符合有关规范规定,同意竣工验收。

施工单位项目负责人:×××　　总监理工程师:×××

×××年××月×日　　×××年××月×日

单位工程安全和功能检验资料核查及主要功能抽查记录　　附表1-5

编号:JG1.1

工程名称		×××工程		施工单位	×××建筑公司

序号	项目	安全与功能检查项目	份数	核查意见	抽查结果	核查(抽查)人
1		地基承载力检验报告	4	检验报告齐全,符合要求	合格	×××
2		桩基承载力检验报告		检验报告齐全,符合要求	合格	×××
3		混凝土强度试验报告	8	检验报告齐全,符合要求	合格	×××
4		砂浆强度试验报告	8	检验报告齐全,符合要求	合格	×××
5		主体结构尺寸、位置抽查记录	6	抽查记录齐全,符合要求	合格	×××
6		建筑物垂直度、标高、全高测量记录	4	记录符合测量规范要求	合格	×××
7		屋面淋水或蓄水试验记录	3	试验记录齐全	合格	×××
8	建筑与结构	地下室渗漏水试验记录	8	检查记录齐全	合格	
9		有防水要求的地面蓄水试验记录	17	厕浴间防水记录齐全	合格	×××
10		抽气(风)道检查记录	3	检查记录齐全	合格	
11		外窗气密性、水密性、耐风压检测报告	1	"三性"试验报告符合要求	合格	×××
12		幕墙气密性、水密性、耐风压检测报告				
13		建筑物沉降观测测量记录	4	符合要求	合格	×××
14		节能、保温测试记录	5	保温测试记录符合要求	合格	×××
15		室内环境检测报告	5	有害物指标满足要求	合格	×××
16		土壤氡浓度检测报告	3	浓度满足要求	合格	×××

工程名称		×××工程		施工单位		×××建筑公司	
序号	项目	安全与功能检查项目	份数	核查意见		抽查结果	核查(抽查)人
1	给水排水与供暖	给水管道通水试验记录	18	通水试验记录齐全		合格	×××
2		暖气管道、散热器压力试验记录	32	压力试验记录齐全		合格	×××
3		卫生器具满水试验记录	15	满水试验记录齐全		合格	×××
4		消防管道、燃气管道压力试验记录	36	压力试验符合要求		合格	×××
5		排水干管通球试验记录	19	试验记录齐全		合格	×××
6		锅炉试运行、安全阀及报警联运测试记录	16	联运测试记录齐全		合格	×××
1	通风与空调	通风、空调系统试运行记录					
2		风量、温度测试记录					
3		空气能量回收装置测试记录					
4		洁净室洁净度测试记录					
5		制冷机组试运行调试记录					
1	建筑电气	建筑照明通电试运行记录	6	符合要求		合格	×××
2		灯具固定装置及悬吊装置的载荷强度试验记录	4	强度试验记录符合要求		合格	×××
3		绝缘电阻测试记录	6	测试记录符合要求		合格	×××
4		剩余电流动作保护器测试记录	4	测试记录符合要求		合格	×××
5		应急电源装置应急持续供电记录	10	试验记录符合要求		合格	×××
6		接地电阻测试记录	3	记录齐全符合要求		合格	×××
7		接地故障回路阻抗测试记录	30	检测记录齐全		合格	×××
1	智能建筑	系统试运行记录					
2		系统电源及接地检测报告					
3		系统接地检测报告					
1	建筑节能	外墙节能构造检查记录或热工性能检验报告					
2		设备系统节能性能检查记录					
1	电梯	运行记录					
2		安全装置检测报告					

结论:

对本工程安全、功能资料进行核查,符合要求。对单位工程的主要功能进行抽查,其抽查结果合格,满足使用功能,同意竣工验收。

　施工单位项目负责人:×××　　　总监理工程师:×××

　　　×××年××月×日　　　　×××年××月×日

注:抽查项目由验收组协商确定。

22

单位工程质量竣工验收记录

附表 1-6

编号：JG1.2

工程名称	×××工程	结构类型	框架结构	层数/建筑面积	地上五层/5000m²
施工单位	×××建筑公司	技术负责人	×××	开工日期	×××年××月×日
项目负责人	×××	项目技术负责人	×××	完工日期	×××年××月×日

序号	项目	验收记录	验收结论
1	分部工程验收	共 11 分部,经查符合设计及标准规定 11 分部	所含分部工程经查全部合格,同意验收
2	质量控制资料核查	共 51 项,经审核符合规定 51 项	质量控制资料完整,同意验收
3	安全和主要使用功能核查及抽查结果	共核查 29 项,符合规定 29 项 共抽查 16 项,符合规定 16 项 经返工处理符合规定 0 项	核查、抽查结果符合相关质量验收规范的规定,同意验收
4	观感质量验收	共抽查 21 项,达到"好"和"一般"的 21 项,经返修处理符合要求 0 项	好
5	综合验收结论	所含分部工程全部合格;质量控制资料完整;所含分部工程有关安全和功能的检测资料完整;主要功能项目的抽查结果符合相关质量验收规范的规定;观感质量为好。同意验收	

参加验收单位	建设单位	监理单位	施工单位	设计单位	勘察单位
	(公章) 单位(项目)负责人： ××× ×××年××月×日	(公章) 单位(项目)负责人： ××× ×××年××月×日	(公章) 单位(项目)负责人： ××× ×××年××月×日	(公章) 单位(项目)负责人： ××× ×××年××月×日	(公章) 单位(项目)负责人： ××× ×××年××月×日

单位工程观感质量检查记录

附表 1-7

编号：JG1.5

工程名称		×××工程	施工单位	×××建筑公司
序号		项目	抽查质量状况	质量评价
1	建筑与结构	主体结构外观	共检查 10 点,好 8 点,一般 2 点,差 点	好
2		室外墙面	共检查 10 点,好 7 点,一般 3 点,差 点	好
3		变形缝、雨水管	共检查 10 点,好 10 点,一般 点,差 点	好
4		屋面	共检查 10 点,好 10 点,一般 点,差 点	好
5		室内墙面	共检查 10 点,好 9 点,一般 1 点,差 点	好
6		室内顶棚	共检查 10 点,好 8 点,一般 2 点,差 点	好
7		室内地面	共检查 10 点,好 10 点,一般 点,差 点	好
8		楼梯、踏步、护栏	共检查 10 点,好 10 点,一般 点,差 点	好
9		门窗	共检查 10 点,好 9 点,一般 1 点,差 点	好
10		雨罩、台阶、坡道、散水	共检查 10 点,好 10 点,一般 点,差 点	好

23

工程名称		×××工程		施工单位	×××建筑公司
序号		项目	抽查质量状况		质量评价
1	给排水与供暖	管道接口、坡度、支架	共检查10点，好9点，一般1点，差 点		好
2		卫生器具、支架、阀门	共检查10点，好10点，一般 点，差 点		好
3		检查口、扫除口、地漏	共检查10点，好10点，一般 点，差 点		好
4		散热器、支架	共检查10点，好8点，一般2点，差 点		好
1	通风与空调	风管、支架	共检查10点，好 点，一般 点，差 点		
2		风口、风阀	共检查10点，好 点，一般 点，差 点		
3		风机、空调设备	共检查10点，好 点，一般 点，差 点		
4		管道、阀门、支架	共检查10点，好 点，一般 点，差 点		
5		水泵、冷却塔	共检查10点，好 点，一般 点，差 点		
6		绝热	共检查10点，好 点，一般 点，差 点		
1	建筑电气	配电箱、盘、板、接线盒	共检查10点，好10点，一般 点，差 点		好
2		设备器具、开关、插座	共检查10点，好9点，一般1点，差 点		好
3		防雷、接地、防火	共检查10点，好10点，一般 点，差 点		好
1	智能建筑	机房设备安装及布局	共检查10点，好10点，一般 点，差 点		好
2		现场设备安装	共检查10点，好10点，一般 点，差 点		好
1	电梯	运行、平层、开关门	共检查10点，好 点，一般 点，差 点		
2		层门、信号系统	共检查10点，好 点，一般 点，差 点		
3		机房	共检查10点，好 点，一般 点，差 点		
观感质量综合评价			好		

结论：

        工程观感质量综合评价为好，验收合格。

        施工单位项目负责人：×××   总监理工程师：×××
                  ×××年××月×日   ×××年××月×日

    注：1. 对质量评价为差的项目应进行返修；
        2. 观感质量检查的原始记录应作为本表附件。

1.2 建筑工程项目管理、监理及施工组织设计规范

1.2.1 建设工程项目管理组织与任务

1. 建设工程项目管理

建设工程项目管理，是指从事工程项目管理的企业（以下简称项目管理企业），受工程项目业主方委托，对工程建设全过程或分阶段进行专业化管理和服务活动。

2. 建设工程项目管理组织

建设工程项目管理组织泛指参与工程项目建设各方的项目管理组织，包括建设单位、

设计单位、施工单位的项目管理组织，也包括工程总承包单位、代建单位、项目管理（PM）单位等参建方的项目管理组织。

3. 建设工程项目管理人员的执业资格

从事工程项目管理的专业技术人员，应当具有城市规划师、建筑师、工程师、建造师、监理工程师、造价工程师等一项或者多项执业资格。

建设工程项目管理其他的工作人员也应具有施工员、安全员、质量员、预算员、资料员、机械员、劳务员、标准员等相应的从业岗位证，并应经过专业的技能培训并取得从业资格证。

4. 建设工程项目管理的任务

项目管理的任务应包括：确定项目管理范围，编制项目管理规划大纲，建立项目管理组织，编制项目管理实施规划，项目合同管理，项目进度管理，项目质量管理，项目职业健康安全管理，项目环境管理，项目成本管理，项目资源管理，项目信息管理，项目风险管理，项目沟通，项目收尾。

5. 建设工程项目管理的程序

项目管理的程序应依次为：编制项目管理规划大纲，编制投标书并进行投标，签订施工合同，选定项目经理，项目经理接受企业法定代表人的委托组建项目经理部，企业法定代表人与项目经理签订"项目管理目标责任书"，项目经理部编制"项目管理实施规划"，进行项目开工前的准备，施工期间按"项目管理实施规划"进行管理，在项目竣工验收阶段进行竣工结算，清理各种债权债务，移交资料和工程，进行经济分析，做出项目管理总结报告并送企业管理层有关职能部门，企业管理层组织考核委员会对项目管理工作进行考核评价并兑现"项目管理目标责任书"中的奖惩承诺，项目经理部解体，在保修期满前企业管理层根据"工程质量保修书"的约定进行项目回访保修。

6. 建筑施工企业项目经理

建筑施工企业项目经理（以下简称项目经理），是指受企业法定代表人委托对工程项目施工过程全面负责的项目管理者，是建筑施工企业法定代表人在工程项目上的代表人。国发〔2013〕5号文规定2008年2月27日起凡持有建造师注册证书的人员，经其所在企业聘用后均可担任工程项目施工的项目经理。今后大、中型工程项目施工的项目经理必须由取得建造师注册证书的人员担任；但取得建造师注册证书的人员是否担任工程项目施工的项目经理，由企业自主决定。

7. 项目经理的职责

（1）项目管理目标责任书规定的职责。

（2）主持编制项目管理实施规划，并对项目目标进行系统管理。

（3）对资源进行动态管理。

（4）建立各种专业管理体系，并组织实施。

（5）进行授权范围内的利益分配。

（6）收集工程资料，准备结算资料，参与工程竣工验收。

（7）接受审计，处理项目经理部解体的善后工作。

（8）协助组织进行项目的检查、鉴定和评奖申报工作。

8. 建设工程项目信息管理

建设工程项目信息管理是建设工程项目管理任务之一。建设工程项目信息管理是指对项目信息进行的收集、整理、分析、处置、储存和使用等活动。项目信息主要包括各类工程资料和工程实际进展信息；建设工程资料是工程从准备阶段、设计阶段、施工阶段到竣工验收阶段形成的各种形式信息记录的统称。项目信息应由信息管理人员依靠现代信息技术，在项目的实施过程中，通过收集、整理、处置、储存、传递和应用等方式进行管理。

9. 建设工程项目信息管理计划与实施

项目信息管理计划是项目信息管理的重要环节，主要包括以下内容：

（1）项目信息管理计划的制定应以项目管理实施规划中的有关内容为依据。在项目执行过程中，应定期检查其实施效果并根据需要进行计划调整。

（2）项目信息管理计划应包括信息需求分析，信息编码系统，信息流程，信息管理制度以及信息的来源、内容、标准、时间要求、传递途径、反馈的范围、人员以及职责和工作程序等内容。

（3）项目信息需求分析应明确实施项目所必需的信息，包括信息的类型、格式、传递要求及复杂性等，并应进行信息价值分析。

（4）项目信息编码系统应有助于提高信息的结构化程度，方便使用，并且应与企业信息编码保持一致。

（5）项目信息流程应反映企业内部信息流和有关的外部信息流及各有关单位、部门和人员之间的关系，并有利于保持信息畅通。

（6）信息过程管理应包括信息的收集、加工、传输、存储、检索、输出和反馈等内容，宜使用计算机进行信息过程管理。

（7）在信息计划的实施中，应定期检查信息的有效性和信息成本，不断改进信息管理工作。

1.2.2 建设工程监理人员、监理实施、监理资料的要求

1. 监理实施的要求

在中华人民共和国境内从事建设工程监理活动的企业，应当按照规定取得工程监理企业资质，并在工程监理企业资质证书许可的范围内从事工程监理活动。

依据《建设工程监理规范》（GB/T 50319—2013）规定：建设工程监理企业实施监理活动必须具有相应资质，接受建设单位的委托，承担其项目管理工作，并代表建设单位对承建单位的建设行为进行监控的专业化服务活动。其项目管理工作包括安全管理、投资控制、进度控制、质量控制、合同管理、信息管理和组织与协调工作。工程监理企业是指取得企业法人营业执照，具有监理资质证书的依法从事建设监理业务的经济组织。

2. 工程监理人员有关资料管理的职责如下：

1）总监理工程师应履行主持整理工程项目的监理资料职责。

2）专业监理工程师根据本专业监理工作实施情况做好监理日记；负责本专业监理资料的收集、汇总及整理，参与编写监理月报；核查进场材料、设备、构配件的原始凭证、检测报告等质量证明文件及其质量情况，根据实际情况认为有必要时对进场材料、设备、构配件进行平行检验，合格时予以签认；负责本专业的工程计量工作，审核工程计量的数

据和原始凭证。

3）监理员有关资料管理应履行以下职责：检查承包单位投入工程项目的人力、材料、主要设备及其使用、运行状况，并做好检查记录；复核或从施工现场直接获取工程计量的有关数据并签署原始凭证；按设计图及有关标准，对承包单位的工艺过程或施工工序进行检查和记录，对加工制作及工序施工质量检查结果进行记录；担任旁站工作，发现问题及时指出并向专业监理工程师报告；做好监理日记和有关的监理记录。

3. 监理资料管理

建设工程监理资料是监理单位在工程监理过程中履行各项监理职责，收集形成的资料；从监理单位进场开始，到完成竣工验收并履行完成其合同约定的监督管理职责为止。监理资料包括：监理管理资料（B1）、工程进度控制资料（B2）、工程质量控制资料（B3）、工程造价控制资料（B4）、合同管理资料（B5）和竣工验收资料（B6）6类（收集按工作过程分类，组卷按规程分类）。

4. 监理资料管理工作流程如图1-6所示。

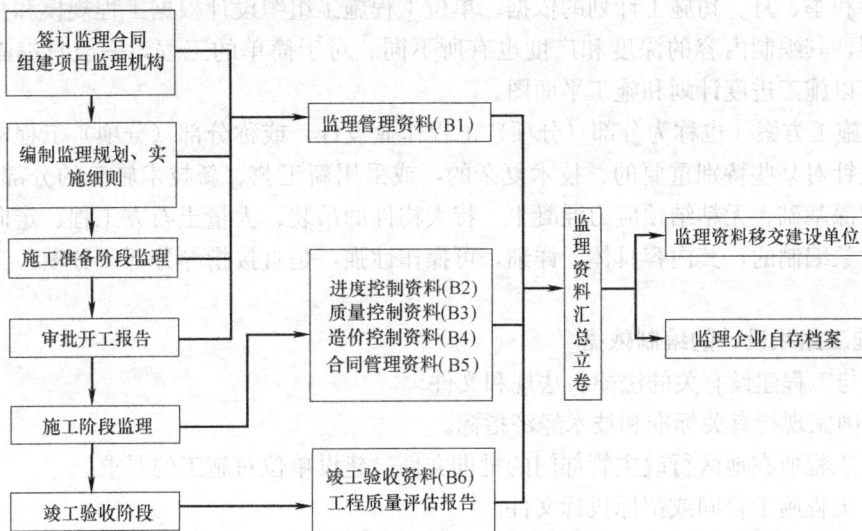

图1-6　监理资料管理工作流程图

1.2.3　建筑施工组织设计内容与编制的要求

1. 施工组织设计

施工组织设计是以施工项目为对象编制的，用以指导施工的技术、经济和管理的综合性文件，是对施工活动实行科学管理的重要手段，它具有战略部署和战术安排的双重作用。它体现了实现基本建设计划和设计的要求，提供了各阶段的施工准备工作，协调施工过程中各施工单位、各施工工种、各项资源之间的相互关系。通过施工组织设计，可以根据具体工程的特定条件，拟订施工方案，确定施工顺序、施工方法、技术组织措施，可以保证拟建工程按照预定的工期完成，可以在开工前了解到所需资源的数量及其使用的先后顺序，合理布置施工现场。根据施工组织设计编制的广度、深度和作用不同可分为：施工组织总设计、单位工程施工组织设计、施工方案。

2. 施工组织设计的基本内容

施工组织设计应包括工程概况及施工特点；施工准备工作；施工部署与主要施工方案；分项工程检验批划分方案；施工进度计划及工期保证措施；各种主要材料、施工机械、劳动力需用量计划；分部分项工程施工方法；施工平面布置图；工程质量保证措施；项目职业健康安全管理措施；项目环境管理措施。施工组织设计的内容要结合工程对象的实际特点、施工条件和技术水平等各项因素综合考虑进行编制。

（1）施工组织总设计是以若干单位工程组成的群体工程或特大型项目为主要对象［如一个工厂、一个机场、一个道路工程（包括桥梁）、一个居住小区等］编制的施工组织设计，对整个项目的施工过程起统筹规划、重点控制的作用。它是对整个建设工程项目施工的战略部署，是指导全局性施工的技术和经济纲要。

（2）单位工程施工组织设计是以单位工程（如一栋楼房、一个烟囱、一段道路、一座桥等）为对象编制的，在施工组织总设计的指导下，由直接组织施工的单位根据施工图设计进行编制，用以直接指导单位工程的施工活动，是施工单位编制分部（分项）工程施工组织设计和季、月、旬施工计划的依据。单位工程施工组织设计根据工程规模和技术复杂程度不同，其编制内容的深度和广度也有所不同。对于简单的工程，一般只编制施工方案，并附以施工进度计划和施工平面图。

（3）施工方案［也称为分部（分项）工程作业设计，或称分部（分项）工程施工组织设计］是针对某些特别重要的、技术复杂的，或采用新工艺、新技术施工的分部（分项）工程，如深基础、无粘结预应力混凝土、特大构件的吊装、大量土石方工程、定向爆破工程等为对象编制的，其内容具体、详细，可操作性强，是直接指导分部（分项）工程施工的依据。

3. 施工组织设计的编制依据

（1）与工程建设有关的法律、法规和文件。

（2）国家现行有关标准和技术经济指标。

（3）工程所在地区行政主管部门的批准文件，建设单位对施工的要求。

（4）工程施工合同或招标投标文件。

（5）工程设计文件。

（6）工程施工范围内的现场条件，工程地质及水文地质、气象等自然条件。

（7）与工程有关的资源供应情况。

（8）施工企业的生产能力、机具设备状况、技术水平等。

从以上可知施工组织设计的编制是根据建设工程的类型和性质、建设地区的各种自然条件和经济条件、工程项目的施工条件及施工企业的条件，因此，应尽可能在编制前向各有关部门调查和收集资料或实地勘察和调查取得。

4. 施工组织设计的编制和审批

施工组织设计的编制和审批应符合下列规定：

（1）施工组织设计应由项目负责人主持编制，可根据需要分阶段编制和审批。

（2）施工组织总设计应由总承包单位技术负责人审批；单位工程施工组织设计应由施工单位技术负责人或由技术负责人授权的技术人员审批；施工方案由项目技术负责人审批；重点、难点分部（分项）工程和专项工程施工方案应由施工单位技术部门组织相关专家评审，施工单位技术负责人批准。

（3）由专业承包单位施工的分部（分项）工程或专项工程的施工方案，应由专业承包单位技术负责人或技术负责人授权的技术人员审批；有总承包单位时，应由总承包单位项目技术负责人核准备案。

（4）规模较大的分部（分项）工程和专项工程的施工方案应按单位工程施工组织设计进行编制和审批。

施工组织设计的编制和审批除了上述规定外，对于有些分期分批建设的项目跨越时间很长，还有些项目如地基基础、主体结构、装修装饰和机电设备安装并不是由一个总承包单位完成，此外还有一些特殊情况的项目，在征得建设单位同意的情况下，施工单位可分阶段编制施工组织设计。

5. 安全专项施工方案

在《建设工程安全生产管理条例》（国务院第 393 号令）中规定：对达到一定规模的危险性较大的分部（分项）工程编制专项施工方案，并附具安全验算结果，经施工单位技术负责人、总监理工程师签字后实施，主要包括：基坑支护与降水工程；土方开挖工程；模板工程；起重吊装工程；脚手架工程；拆除、爆破工程；国务院建设行政主管部门或者其他有关部门规定的其他危险性较大的工程。

此外，对前面所列超过一定规模的危险性较大的分部分项工程，还应组织专家对单独编制的专项施工方案进行论证。建筑工程实行施工总承包的，专项施工方案应当由施工总承包单位组织编制。其中，起重机械安装拆卸工程、深基坑工程、附着式升降脚手架等专业工程实行分包的专项方案可由专业承包单位编制，并应由总承包单位技术负责人及相关单位技术负责人签字，专家的人数不应少于五人。

除上述《建设工程安全生产管理条例》中规定的分部（分项）工程外，施工单位还应根据项目特点和地方政府部门有关规定，对具有一定规模的重点、难点分部（分项）工程进行相关论证。

有些分部（分项）工程或专项工程，如主体结构为钢结构的大型建筑工程，其钢结构分部规模很大且在整个工程中占有重要的地位，需另行分包，遇有这种情况的分部（分项）工程或专项工程，其施工方案应按施工组织设计进行编制和审批。

第2章 建筑工程竣工验收备案

《建设工程质量管理条例》国务院令（第279号）规定：建设工程竣工验收工作应当由建设单位组织，勘察、设计、施工、监理单位共同参加，建设工程质量监督站进行监督，建设行政主管部门备案。规定明确了建设、勘察、设计、施工、监理单位对建设工程应负的质量责任和义务及工程竣工验收备案的要求。

工程竣工验收备案应由建设单位在建设工程竣工验收合格之日起15个工作日内，将建设工程竣工验收报告和规划、公安消防、环保等部门出具的认可文件或者准许使用文件向工程所在地的县级以上地方人民政府建设行政主管部门备案。

建设工程竣工验收备案制度是加强政府监督管理，防止不合格工程流向社会的一个重要手段。建设单位应依据《建设工程质量管理条例》有关规定和《房屋建筑和市政基础设施工程竣工验收备案管理办法》的规定，应当自工程竣工验收合格之日起15日内，向工程所在地的县级以上地方人民政府建设行政主管部门备案。否则，不允许投入使用。

2.1 建筑工程竣工验收备案管理

2.1.1 建筑工程竣工验收备案的范围

凡在我国境内新建、扩建、改建各类房屋建筑工程及市政基础设施工程都实行竣工验收备案制度。

依据《房屋建筑和市政基础设施工程竣工验收备案管理办法》（住房和城乡建设部令第2号）的规定，抢险救灾工程、临时性房屋建筑工程和农民自建低层住宅工程，不适用本规定。军用房屋建筑工程竣工验收备案，按照中央军事委员会的有关规定执行。

2.1.2 建筑工程竣工验收备案的文件

建设单位应在单位工程（竣工）验收合格15日内将《建设工程竣工验收报告》和有关文件，报建设工程备案机关办理竣工工程验收备案手续。建设单位办理工程竣工验收备案应当提交下列文件，见表2-1。

建筑工程竣工验收备案提交资料表 　　　　　　　　　　　　　　　表2-1

序号	材料名称	份数	材料形式	备注
1	建设工程竣工验收备案表	4	原件	
2	建设工程竣工验收报告	6	原件	
3	工程施工许可证	1	复印件(核对原件)	
4	工程施工质量验收申请表	1	原件	

序号	材料名称	份数	材料形式	备注
5	单位(子单位)工程质量验收记录	1	原件	
6	工程质量评估报告	1	原件	
7	设计文件质量检查报告	1	原件	
8	勘察文件质量检查报告	1	原件	
9	施工图设计文件审查报告	1	复印件(核对原件)	
10	建设工程规划许可证及规划验收合格证	1	复印件(核对原件)	
11	建筑工程消防验收意见书	1	复印件(核对原件)	
12	建设工程竣工验收档案认可书	1	复印件(核对原件)	
13	环境保护验收意见	1	复印件(核对原件)	
14	建设工程质量验收监督意见书	1	原件	
15	燃气工程验收文件	1	复印件(核对原件)	有该项工程内容的,提供
16	电梯安装分部工程质量验收证书	1	原件	有该项工程内容的,提供
17	室内环境污染物检测报告	1	复印件(核对原件)	照标准、规范需要实施该项工程内容的,提供
18	工程质量保修书	1	原件	
19	住宅质量保证书和住宅使用说明书	1	原件	属于商品住宅工程的,提供
20	单位工程施工安全评价书	1	复印件(核对原件)	
21	中标通知书(设计、监理、施工)	1	复印件(核对原件)	必须招标的工程,提供
22	建设施工合同	1	复印件(核对原件) 复印件(核对原件)	
23	工程款支付证明及发票复印件	1	复印件(核对原件)	
24	人防工程验收证明	1	复印件(核对原件)	依照标准、规范需要实施该项工程内容的,提供
25	工程质量安全监督报告	1	原件	监督站提供

工程竣工验收报告应当包括工程报建日期,施工许可证号,施工图设计文件审查意见,勘察、设计、施工、工程监理等单位分别签署的质量合格文件及验收人员签署的竣工验收原始文件,市政基础设施的有关质量检测和功能性试验资料以及备案机关认为需要提供的有关资料。

2.1.3 建筑工程竣工验收备案的程序

(1) 建设工程竣工验收备案须具备的条件

1) 工程竣工验收已合格,并完成工程竣工验收报告。

2) 工程质量监督机构已出具工程质量监督报告。

3) 已办理工程监理合同登记核销及施工合同(总包、专业分包和劳务分包合同)备案核销手续。

4) 各项专项资金已结算。

（2）建设单位向备案机关领取《房屋建设工程和市政基础设施工程竣工验收备案表》。

（3）建设单位持加盖单位公章和单位项目负责人签名的《房屋建设工程和市政基础设施工程竣工验收备案表》一式四份及上述规定的材料，向备案机关备案。

（4）备案机关在收齐、验证备案材料后 15 个工作日内在《房屋建设工程和市政基础设施工程竣工验收备案表》上签署备案意见（盖章）建设单位、施工单位、监督站和备案机关各持一份。

2.2　建筑工程竣工验收备案的实施

2.2.1　施工单位辅助建设单位的备案基础工作

建筑工程竣工验收备案的基础工作应是通过竣工验收，完成竣工验收文件收集整理，并依据《建设工程文件归档规范》（GB/T 50328—2014）的规定，准备提交备案文件如表 2-2 所示。

工程竣工验收（归档）文件　　　　　　　　　　　　表 2-2

类别	归档文件	资料来源	保存单位				
E1	竣工验收与备案文件		建设单位	设计单位	施工单位	监理单位	城建档案馆
1	勘察单位工程质量检查报告	勘察单位	▲		△	△	▲
2	设计单位工程质量检查报告	设计单位	▲	▲	△	△	▲
3	施工单位工程竣工报告	施工单位	▲		▲	△	▲
4	监理单位工程质量评估报告	监理单位	▲		△	▲	▲
5	工程竣工验收报告	建设单位	▲	▲	▲	▲	▲
6	工程竣工验收会议纪要	建设单位	▲	▲	▲	▲	▲
7	专家组竣工验收意见	建设单位	▲	▲	▲	▲	▲
8	工程竣工验收证书	建设单位	▲	▲	▲	▲	▲
9	规划、消防、环保、民防、防雷等部门出具的认可文件或准许使用文件	政府主管部门	▲				▲
10	房屋建筑工程质量保修书	施工单位	▲				▲
11	住宅质量保证书、住宅使用说明书	建设单位	▲		▲		▲
12	建设工程竣工验收备案表	建设单位	▲	▲	▲	▲	▲
13	建设工程档案预验收意见	建设单位	▲		△		▲
14	城市建设档案移交书	建设单位	▲				▲
E2	竣工决算文件						
1	施工决算资料	施工单位	▲		▲		△
2	监理决算资料	监理单位	▲			▼	△
E3	工程声像资料						
	开工前原貌、施工阶段、竣工新貌照片	建设单位	▲		△	△	▲
	工程建设过程的录音、录像资料(重大工程)	建设单位	▲		△	△	▲
E4	其他工程文件						

注：各级建设行政主管部门另有规定的，可参照表 2-1 的内容。

2.2.2　施工单位辅助建设单位备案实施要点

备案工作的实施应与单位工程竣工验收同步进行，一是因建设单位在单位工程质量（竣工）验收合格 15 日内将《建设工程竣工验收报告》和有关文件，报建设工程备案机关办理竣工工程验收备案手续。二是建设单位办理工程竣工验收备案应当提交的文件包括竣工验收文件。

房屋建筑工程和市政基础设施工程竣工验收和备案工作，由建设单位负责组织实施。县级以上地方人民政府建设行政主管部门应当委托工程质量监督机构对工程竣工验收实施监督和备案。依据《房屋建筑工程和市政基础设施工程竣工验收暂行规定》（建建【2000】142 号）的规定，工程符合下列要求方可进行竣工验收，完成竣工验收方可备案。验收和备案要求如下：

（1）完成建设工程设计和合同约定的各项内容。（对照合同、设计及变更）

（2）施工单位在工程完工后对工程质量进行了检查，确认工程质量符合有关法律、法规和工程建设强制性标准，符合设计要求及合同约定，并提出单位工程质量（竣工）验收报告。建设单位报送的工程竣工验收报告应经项目经理和施工单位有关负责人审核签字。（审查报告）

（3）对于委托监理的工程项目，监理单位对工程进行了进行单位工程质量（竣工）预验收。预验收合格后，项目监理机构应编写工程质量评估报告，并应经总监理工程师和监理单位有关负责人审核签字。（查看监理资料）

（4）勘察、设计单位对勘察、设计文件及施工过程中由设计单位签署的设计变更通知书进行了检查，并提出质量检查报告。质量检查报告应经该项目勘察、设计负责人和勘察、设计单位有关负责人审核签字。（查看设计、勘察资料）

（5）有完整的技术档案和施工管理资料。（检查 ABCD 四类资料）

（6）有工程使用的主要建筑材料、建筑构配件和设备的进场试验报告。（检查试验报告是否完整）

（7）建设单位已按合同约定支付工程款。（查看工程款支付证书）

（8）有施工单位签署的工程质量保修书。（查看保修书是否符合规定、约定及要求）

（9）城乡规划行政主管部门对工程是否符合规划设计要求进行检查，并出具认可文件。（查看证书）

（10）有公安消防、环保等部门出具的认可文件或者准许使用文件。（查看证书）

（11）建设行政主管部门及其委托的工程质量监督机构等有关部门责令整改的问题全部整改完毕。（查看资料）

竣工验收工作完成后可依据《建设工程文件归档规范》（GB/T 50328—2014）的规定，准备提交备案文件。

第3章 城建档案管理、施工资料管理及建筑业统计的基础知识

3.1 城建档案管理的基础知识

3.1.1 建设工程文件归档的基本规定

1. 建设工程归档文件

建设工程归档文件是指在工程建设过程中形成的各种形式的信息记录，包括工程准备阶段文件、监理文件、施工文件、竣工图和竣工验收文件。

（1）工程准备阶段文件是建设单位在工程开工以前，在立项、审批、用地、勘察、设计、招投标等工程准备阶段形成的文件。

（2）监理文件是监理单位在工程设计、施工等监理过程中形成的文件。

（3）施工文件是施工单位在工程施工过程中形成的文件。

（4）竣工图是竣工图编制单位（建设单位与勘察、设计、监理、施工单位签订合同时确认）在工程竣工验收后，真实反映建设工程施工结果的图样。

（5）竣工验收文件是建设单位在建设工程项目竣工验收活动中形成的文件。

2. 建设工程文件管理职责

《建设工程文件归档规范》（GB/T 50328—2014）中明确规定：建设工程文件管理职责包括建设单位、监理单位、施工单位、城建档案馆在内的全部工程文件的编制和管理。工程文件不仅由施工单位提供，而且参与工程建设的建设单位、承担监理任务的监理或咨询单位，都负有收集、整理、签署、核查工程文件的责任。建设、勘察、设计、施工、监理等单位应将工程文件的形成和积累纳入工程建设管理的各个环节和相关人员的职责范围。

（1）建设单位应按下列流程开展工程文件的整理、归档、验收、移交等工作：

1）在工程招标及与勘察、设计、施工、监理等单位签订协议、合同时，应明确竣工图的编制单位、工程档案的编制套数、编制费用及承担单位、工程档案的质量要求和移交时间等内容。

2）收集和整理工程准备阶段形成的文件，并进行立卷归档。

3）组织、监督和检查勘察、设计、施工、监理等单位的工程文件的形成、积累和立卷归档工作。

4）收集和汇总勘察、设计、施工、监理等单位立卷归档的工程档案。

5）收集整理竣工验收文件，并进行立卷归档。

6）在组织工程竣工验收前，提请当地的城建档案管理机构对工程档案进行预验收；

未取得工程档案验收认可文件，不得组织工程竣工验收。

7）对列入城建档案管理机构接收范围的工程，工程竣工验收后 3 个月内，应向当地城建档案管理机构移交一套符合规定的工程档案。

（2）勘察、设计、施工、监理等单位应将本单位形成的工程文件立卷后向建设单位移交。

（3）建设工程项目实行总承包管理的，总包单位负责收集、汇总各分包单位形成的工程档案，并应及时向建设单位移交；各分包单位应将本单位形成的工程文件整理、立卷后及时移交总包单位。建设工程项目由几个单位承包的，各承包单位应负责收集、整理立卷其承包项目的工程文件，并应及时向建设单位移交。

（4）城建档案管理机构应对工程文件的立卷归档工作进行监督、检查、指导。在工程竣工验收前，应对工程档案进行预验收，验收合格后，必须出具工程档案认可文件。

（5）工程资料管理人员应经过工程文件归档整理的专业培训。

3.1.2 建设工程文件归档范围及质量要求

1. 建设工程文件归档范围

《建设工程文件归档规范》（GB/T 50328—2014）规定建设工程参建各方应将工程资料归档保存。工程资料的具体归档范围应符合规定，见表 3-1。

工程文件归档范围和资料类别、来源及保存要求   表 3-1

类别	归档文件	资料来源	保存单位				
			建设单位	设计单位	施工单位	监理单位	城建档案馆
工程准备阶段文件（A 类）							
A1	立项文件						
1	项目建议书的批复文件及项目建议书	建设单位	▲			—	▲
2	可行性研究报告批复文件及可行性研究报告	建设行政管理部门	▲				▲
3	专家论证意见、项目评估文件	建设单位	▲				▲
4	关于立项的会议纪要、领导批示	建设单位	▲				▲
A2	建设用地、拆迁文件						
1	选址申请及选址规划意见通知书	建设单位规划部门	▲				▲
2	建设用地批准文件	土地行政管理部门	▲				▲
3	拆迁安置意见、协议、方案等	建设单位	▲				△
4	建设用地规划许可证及其附件	规划行政管理部门	▲				▲
5	土地使用证明文件及其附件	土地行政管理部门	▲				▲

类别	归档文件	资料来源	保存单位				
			建设单位	设计单位	施工单位	监理单位	城建档案馆
工程准备阶段文件（A类）							
A2	建设用地、拆迁文件						
6	建设用地钉桩通知单	规划行政管理部门	▲				▲
A3	勘察、设计文件						
1	工程地质勘察报告	勘察单位	▲	▲			▲
2	水文地质勘察报告	勘察单位	▲	▲			▲
3	初步设计文件（说明书）	设计单位	▲	▲			
4	设计方案审查意见	规划行政管理部门	▲	▲			▲
5	人防、环保、消防等有关主管部门（对设计方案）审查意见	人防、环保、消防主管部门	▲	▲			▲
6	设计计算书	设计单位	▲	▲			△
7	施工图设计文件审查意见	施工图审查机构	▲	▲			▲
8	节能设计备案文件	设计单位	▲				
A4	招投标文件						
1	勘察、设计招投标文件	建设单位	▲	▲			
2	勘察、设计合同	勘察单位	▲	▲			▲
3	施工招投标文件	建设单位	▲		▲	△	
4	施工合同	施工单位	▲		▲	△	▲
5	工程监理招投标文件	建设单位	▲			▲	
6	监理合同	监理单位	▲			▲	▲
A5	开工审批文件						
1	建设工程规划许可证及其附件	规划部门	▲		△	△	▲
2	建设工程施工许可证	建设行政管理部门	▲		▲	▲	▲
A6	工程造价文件						
1	工程投资估算材料	建设单位	▲				
2	工程设计概算材料	建设单位	▲				
3	招标控制价格文件	建设单位	▲				
4	合同价格文件	建设单位	▲		▲		△
5	结算价格文件	建设单位	▲		▲		△

类别	归档文件	资料来源	保存单位				
			建设单位	设计单位	施工单位	监理单位	城建档案馆
工程准备阶段文件(A类)							
A7	工程建设基本信息						
1	工程概况信息表	建设单位	▲		△		▲
2	建设单位工程项目负责人及现场管理人员名册	建设单位	▲				▲
3	监理单位工程项目总监及监理人员名册	监理单位	▲			▲	▲
4	施工单位工程项目经理及质量管理人员名册	施工单位	▲		▲		▲
监理文件(B类)							
B1	监理管理文件						
1	监理规划	监理单位	▲			▲	▲
2	监理实施细则	监理单位	▲		△	▲	▲
3	监理月报	监理单位	△			▲	
4	监理会议纪要	监理单位	▲		△	▲	
5	监理工作日志	监理单位				▲	
6	监理工作总结	监理单位	▲			▲	▲
7	工作联系单	监理单位施工单位	▲		△	△	
8	监理工程师通知	监理单位	▲		△	▲	△
9	监理工程师通知回复单	施工单位	▲		▲	▲	△
10	工程暂停令	监理单位	▲		△	▲	▲
11	工程复工报审表	施工单位	▲		▲	▲	▲
B2	进度控制文件						
1	工程开工报审表	施工单位	▲		▲	▲	▲
2	施工进度计划报审表	施工单位	▲		△	△	
B3	质量控制文件						
1	质量事故报告及处理资料	施工单位	▲		▲	▲	▲
2	旁站监理记录	监理单位	△		△	▲	
3	见证取样和送检人员备案表	监理单位或建设单位	▲		▲	▲	
4	见证记录	监理单位	▲		▲	▲	
5	工程技术文件报审表	施工单位			△		
B4	造价控制文件						
1	工程款支付	施工单位	▲		△	△	
2	工程款支付证书	施工单位	▲		△	△	
3	工程变更费用报审表	监理单位	▲		△	△	

类别	归档文件	资料来源	保存单位				
			建设单位	设计单位	施工单位	监理单位	城建档案馆
监理资料（B类）							
B4	造价控制文件						
4	费用索赔申请表	施工单位	▲		△	△	
5	费用索赔审批表	监理单位	▲		△	△	
B5	工期管理文件						
1	工程延期申请表	施工单位	▲		▲	▲	▲
2	工程延期审批表	监理单位	▲			▲	▲
B6	监理验收文件						
1	竣工移交证书	监理单位	▲		▲	▲	▲
2	监理资料移交书	监理单位	▲			▲	
施工文件（C类）							
C1	施工管理文件						
1	工程概况表	施工单位	▲		▲	▲	△
2	施工现场质量管理检查记录	施工单位			△	△	
3	企业资质证书及相关专业人员岗位证书	施工单位	△		△	△	△
4	分包单位资质报审表	施工单位	▲		▲	▲	
5	建设单位质量事故勘查记录	调查单位	▲		▲	▲	
6	建设工程质量事故报告书	调查单位	▲		▲	▲	▲
7	施工检测计划	施工单位	△		△	△	
8	见证试验检测汇总表	施工单位	▲		▲	▲	▲
9	施工日志	施工单位			▲		
C2	施工技术文件						
1	工程技术文件报审表	施工单位	△		△	△	
2	施工组织设计及施工方案	施工单位	△		△	△	△
3	危险性较大分部分项工程施工方案	施工单位	△		△	△	△
4	技术交底记录	施工单位	△		△		
5	图纸会审记录	施工单位	▲	▲	▲	▲	▲
6	设计变更通知单	设计单位	▲	▲	▲	▲	▲
7	工程洽商记录（技术核定单）	施工单位	▲	▲	▲	▲	▲
C3	进度造价文件						
1	工程开工报审表	施工单位	▲	▲	▲	▲	▲
2	工程复工报审表	施工单位	▲	▲	▲	▲	▲
3	施工进度计划报审表	施工单位			△	△	
4	施工进度计划	施工单位			△	△	

类别	归档文件	资料来源	保存单位				
			建设单位	设计单位	施工单位	监理单位	城建档案馆
施工文件(C类)							
C3	进度造价文件						
5	人、机、料动态表	施工单位			△	△	
6	工程延期申请表	施工单位	▲		▲	▲	▲
7	工程款支付申请表	施工单位	▲		▲	△	
8	工程变更费用报审表	施工单位	▲		▲	△	
9	费用索赔申请表	施工单位	▲		▲	△	
C4	施工物质出厂质量证明及进场检测文件						
	出厂质量证明文件及检测报告						
1	砂、石、砖、水泥、钢筋、隔热保温、防腐材料、轻骨料出厂质量证明文件	施工单位	▲		▲	▲	△
2	其他物资出厂合格证、质量保证书、检测报告和报关单或商检证等	施工单位	△		▲	△	
3	材料、设备的相关检验报告、型式检测报告、3C强制认证合格证书或3C标志	检测单位	△		▲	△	
4	主要设备、器具的安装使用说明书	检测单位	▲		▲	△	
5	进口的主要材料设备的商检证明文件	检测单位	△		▲		
6	涉及消防、安全、卫生、环保、节能的材料、设备的检测报告或法定机构出具的有效证明文件	检测单位	▲		▲	▲	△
7	其他施工物资产品合格证、出厂检验报告	供货单位					
	进场检验通用表格						
1	材料、构配件进场检验记录	施工单位			△	△	
2	设备开箱检验记录	施工单位			△	△	
3	设备及管道附件试验记录	施工单位	▲		▲	△	
	进场复试报告						
1	钢材试验报告	检测单位	▲		▲	▲	▲
2	水泥试验报告	检测单位	▲		▲	▲	▲
3	砂试验报告	检测单位	▲		▲	▲	▲
4	碎(卵)石试验报告	检测单位	▲		▲	▲	▲
5	外加剂试验报告	检测单位	△		▲	▲	▲
6	防水涂料试验报告	检测单位	▲		▲	△	
7	防水卷材试验报告	检测单位	▲		▲	△	
8	砖(砌块)试验报告	检测单位	▲		▲	▲	▲

类别	归档文件	资料来源	保存单位				
			建设单位	设计单位	施工单位	监理单位	城建档案馆
施工文件(C类)							
C4	施工物质出厂质量证明及进场检测文件						
9	预应力筋复试报告	检测单位	▲		▲	▲	▲
10	预应力锚具、夹具和连接器复试报告	检测单位	▲		▲	▲	▲
11	装饰装修用门窗复试报告	检测单位	▲		▲	△	
12	装饰装修用人造木板复试报告	检测单位	▲		▲	△	
13	装饰装修用花岗石复试报告	检测单位	▲		▲	△	
14	装饰装修用安全玻璃复试报告	检测单位	▲		▲	△	
15	装饰装修用外墙面砖复试报告	检测单位	▲		▲	△	
16	钢结构用钢材复试报告	检测单位	▲		▲	▲	▲
17	钢结构用防火涂料复试报告	检测单位	▲		▲	▲	▲
18	钢结构用焊接材料复试报告	检测单位	▲		▲	▲	▲
19	钢结构用高强度大六角头螺栓连接副复试报告	检测单位	▲		▲	▲	▲
20	钢结构用扭剪型高强螺栓连接副复试报告	检测单位	▲		▲	▲	▲
21	幕墙用铝塑板、石材、玻璃、结构胶复试报告	检测单位	▲		▲	▲	▲
22	散热器、供暖系统保温材料、通风与空调工程绝热材料、风机盘管机组、低压配电系统电缆的见证取样复试报告	检测单位	▲		▲	▲	▲
23	节能工程材料复试报告	检测单位	▲		▲	▲	▲
24	其他物资进场复试报告	检测单位					
C5	施工记录文件						
	通用表格						
1	隐蔽工程验收记录	施工单位	▲		▲	▲	▲
2	施工检查记录	施工单位			△		
3	交接检查记录	施工单位			△		
4	工程定位测量记录	施工单位	▲		▲	▲	▲
5	基槽验线记录	施工单位	▲		▲	▲	▲
6	楼层平面放线记录	施工单位			△	△	△
7	楼层标高抄测记录	施工单位			△	△	△
8	建筑物垂直度、标高观测记录	施工单位	▲		▲	△	△
9	沉降观测记录	建设单位委托测量单位提供	▲		▲	△	▲
10	基坑支护水平位移监测记录	施工单位			△	△	
11	桩基、支护测量放线记录	施工单位			△	△	
12	地基验槽记录	施工单位	▲	▲	▲	▲	▲

类别	归档文件	资料来源	保存单位				
			建设单位	设计单位	施工单位	监理单位	城建档案馆
施工文件（C类）							
C5	施工记录文件						
	通用表格						
13	地基钎探记录	施工单位	▲		△	△	▲
14	混凝土浇灌申请书	施工单位			△	△	
15	预拌混凝土运输单	施工单位			△		
16	混凝土开盘鉴定	施工单位			△	△	
17	混凝土拆模申请单	施工单位			△	△	
18	混凝土预拌测温记录	施工单位			△		
19	混凝土养护测温记录	施工单位			△		
20	大体积混凝土养护测温记录	施工单位			△		
21	大型构件吊装记录	施工单位	▲		▲	△	▲
22	焊接材料烘焙记录	施工单位			△		
23	地下工程防水效果检查记录	施工单位	▲		△	△	
24	防水工程试水检查记录	施工单位	▲		△	△	
25	通风（烟）道、垃圾道检查记录	施工单位	▲		△	△	
26	预应力筋张拉记录	施工单位	▲		▲	△	▲
27	有粘结预应力结构灌浆记录	施工单位	▲		▲	△	▲
28	钢结构施工记录	施工单位	▲		▲	△	
29	网架（索膜）施工记录	施工单位	▲		▲	△	▲
30	木结构施工记录	施工单位	▲		▲		
31	幕墙注胶检查记录	施工单位	▲		▲	△	
32	自动扶梯、自动人行道的相邻区域检查记录	施工单位	▲		▲	△	
33	电梯电气装置安装检查记录	施工单位	▲		▲		
34	自动扶梯、自动人行道电气装置检查记录	施工单位	▲		▲		
35	自动扶梯、自动人行道整机安装质量检查记录	施工单位	▲		▲	△	
36	其他施工记录文件	施工单位					
C6	施工试验记录及检测文件						
	通用表格						
1	设备单机试运转记录	施工单位	▲		▲	△	△
2	系统试运转调试记录	施工单位	▲		▲	△	△
3	接地电阻测试记录	施工单位	▲		▲	△	△
4	绝缘电阻测试记录	施工单位	▲		▲	△	△

类别	归档文件	资料来源	保存单位				
			建设单位	设计单位	施工单位	监理单位	城建档案馆
施工文件（C类）							
C6	施工试验记录及检测文件						
	建筑与结构工程						
1	锚杆试验报告	检测单位	▲		▲	△	▲
2	地基承载力检验报告	检测单位	▲		▲	△	▲
3	桩基检测报告	检测单位	▲		▲	△	▲
4	土工击实试验报告	检测单位	▲		▲	△	▲
5	回填土试验报告（应附图）	检测单位	▲		▲	△	▲
6	钢筋机械连接试验报告	检测单位	▲		▲	△	△
7	钢筋焊接连接试验报告	检测单位	▲		▲	△	△
8	砂浆配合比申请书、通知单	施工单位	△		△	△	
9	砂浆抗压强度试验报告	检测单位	▲		▲	△	▲
10	砌筑砂浆试块强度统计、评定记录	施工单位	▲		▲	△	
11	混凝土配合比申请书、通知单	施工单位	▲		△	△	
12	混凝土抗压强度试验报告	检测单位	▲		▲	△	▲
13	混凝土试块强度统计、评定记录	施工单位	▲		▲	△	
14	混凝土抗渗试验报告	检测单位	▲		▲	△	▲
15	砂、石、水泥放射性指标报告	施工单位	▲		▲	△	
16	混凝土碱总量计算书	施工单位	▲		▲	△	
17	外墙饰面砖样板粘结强度试验报告	检测单位	▲		▲	△	
18	后置埋件抗拔试验报告	检测单位	▲		▲	△	
19	超声波探伤报告、探伤记录	检测单位	▲		▲	△	
20	钢构件射线探伤报告	检测单位	▲		▲	△	
21	磁粉探伤报告	检测单位	▲		▲	△	
22	高强度螺栓抗滑移系数检测报告	检测单位	▲		▲	△	
23	钢结构焊接工艺评定	检测单位	△		△	△	
24	网架节点承载力试验报告	检测单位	▲		▲	△	
25	钢结构防腐、防火涂料厚度检测报告	检测单位	▲		▲	△	
26	木结构胶缝试验报告	检测单位	▲		▲	△	△
27	木结构构件力学性能试验报告	检测单位	▲		▲	△	△
28	木结构防护剂试验报告	检测单位	▲		▲	△	△
29	幕墙双组分硅酮结构胶混匀性及拉断试验报告	检测单位	▲		▲	△	△
30	幕墙的抗风压性能、空气渗透性能、雨水渗透性能及平面内变形性能检测报告		▲		▲	△	△

类别	归档文件	资料来源	保存单位				
			建设单位	设计单位	施工单位	监理单位	城建档案馆
施工文件(C类)							
C6	施工试验记录及检测文件						
建筑与结构工程							
31	外门窗的抗风压性能、空气渗透性能和雨水渗透性能检测报告	检测单位	▲		▲	△	△
32	墙体节能工程保温板材与基层粘结强度现场拉拔试验	检测单位	▲		▲	△	△
33	外墙保温浆料同条件养护试件试验报告	检测单位	▲		▲	△	△
34	结构实体混凝土强度验收记录	检测单位	▲		▲	△	△
35	结构实体钢筋保护层厚度验收记录	施工单位	▲		▲	△	△
36	围护结构现场实体检验	施工单位	▲		▲	△	△
37	室内环境检测报告	检测单位	▲		▲	△	△
38	节能性能检测报告	检测单位	▲		▲	△	▲
39	其他建筑与结构施工试验记录与检测文件	检测单位					
给水排水及供暖工程							
1	灌(满)水试验记录	施工单位	▲		△	△	
2	强度严密性试验记录	施工单位	▲		▲	△	
3	通水试验记录	施工单位	▲		△	△	
4	冲(吹)洗试验记录	施工单位	▲		▲	△	
5	通球试验记录	施工单位	▲		△	△	
6	补偿器安装记录	施工单位	▲		△	△	
7	消火栓试射记录	施工单位	▲		▲	△	
8	安全附件安装检查记录	施工单位	▲		▲	△	
9	锅炉烘炉试验记录	施工单位			▲	△	
10	锅炉煮炉试验记录	施工单位			▲	△	
11	锅炉试运行记录	施工单位	▲		▲	△	
12	安全阀定压合格证书	检测单位	▲		▲	△	
13	自动喷水灭火系统联动试验记录	施工单位	▲		▲	△	△
14	其他给排水及供暖施工试验记录与检测文件	检测单位					
建筑电气工程							
1	电气接地装置平面示意图表	施工单位	▲		▲	△	△
2	电气器具通电安全检查记录	施工单位	▲		△	△	
3	电气设备空载试运行记录	施工单位	▲		▲	△	
4	建筑物照明通电试运行记录	施工单位	▲		▲	△	
5	大型照明灯具承载试验记录	施工单位	▲		▲	△	

类别	归档文件	资料来源	保存单位				
			建设单位	设计单位	施工单位	监理单位	城建档案馆
施工文件(C类)							
C6	施工试验记录及检测文件						
建筑电气工程							
6	漏电开关模拟试验记录	施工单位	▲		▲	△	
7	大容量电气线路结点测温记录	施工单位	▲		▲	△	
8	低压配电电源质量测试记录	施工单位	▲		▲	△	
9	建筑物照明系统照度测试记录	施工单位	▲		△	△	
10	其他建筑电气施工试验记录与检测文件	施工单位					
智能建筑工程							
1	综合布线测试记录	施工单位	▲		▲	△	△
2	光纤损耗测试记录	施工单位	▲		▲	△	
3	视频系统末端测试记录	施工单位	▲		▲	△	
4	子系统检测记录	施工单位	▲		▲	△	
5	系统试运行记录	施工单位	▲		▲	△	△
6	其他智能建筑施工试验记录与检测文件	施工单位					
通风与空调工程							
1	风管漏光检测记录	施工单位	▲		△	△	
2	风管漏风检测记录	施工单位	▲		▲	△	
3	现场组装除尘器、空调机漏风检测记录	施工单位			△	△	
4	各房间室内风量测量记录	施工单位	▲		△	△	
5	管网风量平衡记录	施工单位	▲		△	△	
6	空调系统试运转调试记录	施工单位	▲		▲	△	△
7	空调水系统试运转调试记录	施工单位	▲		▲	△	△
8	制冷系统气密性试验记录	施工单位	▲		▲	△	
9	净化空调系统检测记录	施工单位	▲		▲	△	△
10	防排烟系统联合试运行记录	施工单位	▲		▲	△	
11	其他通风与空调施工试验记录与检测文件	施工单位					
电梯工程							
1	轿厢平层准确度测量记录	施工单位	▲		△	△	
2	电梯层门安全装置检测记录	施工单位	▲		▲	△	
3	电梯电气安全装置检测记录	施工单位	▲		▲	△	
4	电梯整机功能检测记录	施工单位	▲		▲	△	
5	电梯主要功能检测记录	施工单位	▲		▲	△	
6	电梯负荷运行试验记录	施工单位	▲		▲	△	△

类别	归档文件	资料来源	保存单位				
			建设单位	设计单位	施工单位	监理单位	城建档案馆
施工文件（C类）							
C6	施工试验记录及检测文件						
	电梯工程						
7	电梯负荷运行试验曲线图表	施工单位	▲		▲	△	
8	电梯噪声测试记录	施工单位	△		△	△	
9	自动扶梯、自动人行道安全装置检测记录	施工单位	▲		▲	△	
10	自动扶梯、自动人行道整机性能、运行试验记录	施工单位	▲		▲	△	△
11	其他电梯施工试验记录与检测文件	施工单位					
C7	施工质量验收文件						
1	检验批质量验收记录	施工单位	▲		△	△	
2	分项工程质量验收记录	施工单位	▲		▲	▲	
3	分部(子分部)工程质量验收记录	施工单位	▲		▲	▲	▲
4	建筑节能分部工程质量验收记录	施工单位	▲		▲	▲	▲
5	自动喷水系统验收缺陷项目划分记录	施工单位	▲		△	△	
6	程控电话交换系统分项工程质量验收记录	施工单位	▲		▲	△	
7	会议电视系统分项工程质量验收记录	施工单位	▲		▲	△	
8	卫星数字电视系统分项工程质量验收记录	施工单位	▲		▲	△	
9	有线电视系统分项工程质量验收记录	施工单位	▲		▲	△	
10	公共广播与紧急广播系统分项工程质量验收记录	施工单位	▲		▲	△	
11	计算机网络系统分项工程质量验收记录	施工单位	▲		▲	△	
12	应用软件系统分项工程质量验收记录	施工单位	▲		▲	△	
13	网络安全系统分项工程质量验收记录	施工单位	▲		▲	△	
14	空调与通风系统分项工程质量验收记录	施工单位	▲		▲	△	
15	变配电系统分项工程质量验收记录	施工单位	▲		▲	△	
16	公共照明系统分项工程质量验收记录	施工单位	▲		▲	△	
17	给水排水系统分项工程质量验收记录	施工单位	▲		▲	△	
18	热源和热交换系统分项工程质量验收记录	施工单位	▲		▲	△	
19	冷冻和冷却水系统分项工程质量验收记录	施工单位	▲		▲	△	
20	电梯和自动扶梯系统分项工程质量验收记录	施工单位	▲		▲	△	
21	数据通信接口分项工程质量验收记录	施工单位	▲		▲	△	
22	中央管理工作站及操作分站分项工程质量验收记录	施工单位	▲		▲	△	
23	系统实时性、可维护性、可靠性分项工程质量验收记录	施工单位	▲		▲	△	
24	现场设备安装及检测分项工程质量验收记录	施工单位	▲		▲	△	
25	火灾自动报警及消防联动系统分项工程质量验收记录	施工单位	▲		▲	△	

类别	归档文件	资料来源	保存单位				
			建设单位	设计单位	施工单位	监理单位	城建档案馆
施工文件(C类)							
C7	施工质量验收文件						
26	综合防范功能分项工程质量验收记录	施工单位	▲		▲	△	
27	视频安防监控系统分项工程质量验收记录	施工单位	▲		▲	△	
28	入侵报警系统分项工程质量验收记录	施工单位	▲		▲	△	
29	出入口控制(门禁)系统分项工程质量验收记录	施工单位	▲		▲	△	
30	巡更管理系统分项工程质量验收记录	施工单位	▲		▲	△	
31	停车场(库)管理系统分项工程质量验收记录	施工单位	▲		▲	△	
32	安全防范综合管理系统分项工程质量验收记录	施工单位	▲		▲	△	
33	综合布线系统安装分项工程质量验收记录	施工单位	▲		▲	△	
34	综合布线系统性能检测分项工程质量验收记录	施工单位	▲		▲	△	
35	系统集成网络连接分项工程质量验收记录	施工单位	▲		▲	△	
36	系统数据集成分项工程质量验收记录	施工单位	▲		▲	△	
37	系统集成整体协调分项工程质量验收记录	施工单位	▲		▲	△	
38	系统集成综合管理及冗余功能分项工程质量验收记录	施工单位	▲		▲	△	
39	系统集成可维护性和安全性分项工程质量验收记录	施工单位	▲		▲	△	
40	电源系统分项工程质量验收记录	施工单位	▲		▲	△	
41	其他施工质量验收文件	施工单位					
C8	施工验收文件						
1	单位(子单位)工程竣工预验收报验表	施工单位	▲		▲		▲
2	单位(子单位)工程质量竣工验收记录	施工单位	▲	△	▲		▲
3	单位(子单位)工程质量控制资料核查记录	施工单位	▲		▲		▲
4	单位(子单位)工程安全和功能检验资料核查及主要功能抽查记录	施工单位	▲		▲		▲
5	单位(子单位)工程观感质量检查记录	施工单位	▲		▲		▲
6	施工资料移交书	施工单位	▲		▲		
7	其他施工验收文件	施工单位					
竣工图(D类)							
1	建筑竣工图	编制单位	▲		▲		▲
2	结构竣工图	编制单位	▲		▲		▲
3	钢结构竣工图	编制单位	▲		▲		▲
4	幕墙竣工图	编制单位	▲		▲		▲
5	室内装饰竣工图	编制单位	▲		▲		▲
6	建筑给水排水与采暖竣工图	编制单位	▲		▲		▲

类别	归档文件	资料来源	保存单位				
			建设单位	设计单位	施工单位	监理单位	城建档案馆
竣工图（D类）							
7	建筑电气竣工图	编制单位	▲		▲		▲
8	智能建筑竣工图	编制单位	▲		▲		▲
9	通风与空调竣工图	编制单位	▲		▲		▲
10	室外工程竣工图	编制单位	▲		▲		▲
11	规划红线内室外给水、排水、供热、供电、照明管线等竣工图	编制单位	▲		▲		▲
12	规划红线内道路、园林绿化、喷灌设施等竣工图	编制单位	▲		▲		▲
工程竣工验收文件（E类）							
E1	竣工验收与备案文件						
1	勘察单位工程质量检查报告	勘察单位	▲		△	△	▲
2	设计单位工程质量检查报告	设计单位	▲	▲	△	△	▲
3	施工单位工程竣工报告	施工单位	▲		▲	△	▲
4	监理单位工程质量评估报告	监理单位	▲		△	▲	▲
5	工程竣工验收报告	建设单位	▲	▲	▲	▲	▲
6	工程竣工验收会议纪要	建设单位	▲	▲	▲	▲	▲
7	专家组竣工验收意见	建设单位	▲	▲	▲	▲	▲
8	工程竣工验收证书	建设单位	▲	▲	▲	▲	▲
9	规划、消防、环保、民防、防雷等部门出具的认可文件或准许使用文件	政府主管部门	▲	▲	▲	▲	▲
10	房屋建筑工程质量保修书	施工单位	▲				▲
11	住宅质量保证书、住宅使用说明书	建设单位	▲		▲		▲
12	建设工程竣工验收备案表	建设单位	▲	▲	▲	▲	▲
13	建设工程档案预验收意见	建设单位	▲		△		▲
14	城市建设档案移交书	建设单位	▲				▲
E2	竣工决算文件						
1	施工决算资料	施工单位	▲		▲		△
2	监理决算资料	监理单位	▲			▼	△
E3	工程声像资料						
	开工前原貌、施工阶段、竣工新貌照片	建设单位	▲		△	△	▲
	工程建设过程的录音、录像资料（重大工程）	建设单位	▲		△	△	▲
E4	其他工程文件						

注：表 3-1 中"▲"表示必须归档保存；"△"表示选择性归档保存。

移交城建档案的工程资料分为工程准备阶段文件、监理文件、施工文件、竣工图和工程竣工验收文件五类，在项目实施过程中归档文件分别由建设单位、监理单位、施工单位负责收集管理。项目竣工后勘察、设计、施工、监理等单位应将本单位形成的工程文件立卷后向建设单位移交（建设单位可委托相关单位实施），最终建设单位向城建档案馆移交。

2. 建设工程文件归档的质量要求

根据《建设工程文件归档规范》（GB/T 50328—2014）的规定，建设工程文件在归档时应满足以下质量要求：

（1）归档的纸质文件应为原件。

（2）工程文件的内容及其深度必须符合国家现行有关工程勘察、设计、施工、监理等标准的规定。

（3）工程文件的内容必须真实、准确，应与工程实际相符合。

（4）工程文件应采用碳素墨水、蓝黑墨水等耐久性强的书写材料，不得使用红色墨水、纯蓝墨水、圆珠笔、复写纸、铅笔等易褪色的书写材料。计算机输出文字和图件应使用激光打印机，不应使用色带式打印机、水性墨打印机和热敏打印机。

（5）工程文件应字迹清楚，图样清晰，图表整洁，签字盖章手续完备。

（6）工程文件文字材料幅面尺寸规格宜为 A4 幅面（297mm×210mm），图纸宜采用国家标准图幅。

（7）工程文件的纸张应采用能够长期保存的韧力大、耐久性强的纸张。

（8）所有竣工图均应加盖竣工图章（图 3-1），并应符合下列规定：

1）竣工图章的基本内容应包括："竣工图"字样、施工单位、编制人、审核人、技术负责人、编制日期、监理单位、现场监理、总监理工程师。

2）竣工图章尺寸为：50mm×80mm，见图 3-1。具体尺寸详见《建设工程文件归档规范》（GB/T 50328—2014）的竣工图章示例。

3）竣工图章应使用不易褪色的红印泥，应盖在图标栏上方空白处。

竣工图			
施工单位			
编制人		审核人	
技术负责人		编制日期	
监理单位			
总监理工程师		监理工程师	

图 3-1 竣工图章示例

（9）竣工图的绘制与改绘应符合国家现行有关制图标准的规定。

（10）不同幅面的工程图样应按《技术制图 复制图的折叠方法》（GB/T 106093—2009）统一折叠成 A4 幅面（297mm×210mm），图标栏露在外面。

（11）归档的建设工程文件应采用表 3-2 所列开放式文件格式或通用格式进行存储。专用软件产生的非通用格式的电子文件应转换成通用格式。

工程电子文件存储格式表	表 3-2
文件类别	格式
文本（表格）文件	PDF、XML、TXT
图像文件	JPEG、TIFF
图形文件	DWG、PDF、SVG
影像文件	MPEG2、MPEG4、AVI
声音文件	MP3、WAV

（12）归档的建设工程电子文件应符合《建设电子文件与电子档案管理规范》（CJJ/T 117—2007）的规定，并应包含元数据，保证文件的完整性和有效性。元数据应符合现行行业标准《建设电子档案元数据标准》（CJJ/T 187—2012）的规定。

（13）归档的建设工程电子文件应采用电子签名等手段，所载内容应真实和可靠。

（14）归档的建设工程电子文件的内容必须与其纸质档案一致。

（15）离线归档的建设工程电子档案载体，应采用一次性写入光盘，光盘不应有磨损、划伤。

（16）存储移交电子档案的载体应经过检测，应无病毒、无数据读写故障，并应确保接收方能通过适当设备读出数据。

3.1.3 建筑工程文件立卷及归档

1. 建筑工程文件立卷

立卷是指按照一定的原则和方法，将有保存价值的文件分门别类整理成案卷，亦称组卷。案卷是指由互相有联系的若干文件组成的档案保管单位。

（1）立卷的流程、原则和方法

1）立卷的流程：

① 对于归档范围的工程文件进行分类，确定归入案卷的文件资料。

② 对卷内文件材料进行排列、编目、装订（或装盒）。

③ 排列所有案卷，形成案卷目录。

2）立卷的原则：

① 立卷应遵循工程文件的自然形成规律和工程专业特点，保持卷内文件之间的有机联系，便于档案资料的保管和利用。

② 工程文件应按不同的形成、整理单位及建设程序，按工程准备阶段文件、监理文件、施工文件、竣工图、竣工验收文件分别进行立卷，并可根据数量多少组成一卷或多卷。

③ 一个建设工程由多个单位工程组成时，工程文件按单位工程立卷。

④ 不同载体的文件应分别立卷。

⑤ 工程文件资料应根据工程资料的分类和"专业工程分类编码参考表"进行立卷。

⑥ 卷内资料排列顺序要依据卷内的资料构成而定，一般顺序为封面、目录、文件部分、备考表、封底。组成的案卷力求美观、整齐。

⑦ 卷内资料若有多种资料时，同类资料按日期顺序排列，不同资料之间的排列顺序应按日期的编号顺序排列。

3）立卷的方法

① 工程准备阶段文件应按建设程序、形成单位进行立卷。

② 监理文件应按单位工程、分部工程或专业、阶段等进行立卷。

③ 施工文件应按单位工程、分部（分项）工程进行立卷。

④ 竣工图应按单位工程分专业进行立卷。

⑤ 竣工验收文件应按单位工程分专业进行立卷。

⑥ 电子文件立卷时，每个工程（项目）应建立多级文件夹，应与纸质文件在案卷设置上一致，并应建立相应的标识关系。

⑦ 声像资料应按建设工程各阶段立卷，重大事件及重要活动的声像资料应按专题立卷，声像档案与纸质档案应建立相应的标识关系。

（2）施工文件立卷的要求

施工文件的立卷要求：

1）专业承（分）包施工的分部、子分部（分项）工程应分别单独立卷。

2）室外工程应按室外建筑环境和室外安装工程单独立卷。

3）当施工文件中部分内容不能按一个单位工程分类立卷时，可按建设工程立卷；

（3）工程图纸折叠要求

不同幅面的工程图纸，应统一折叠成 A4 幅面（297mm×210mm）。应图面朝内，首先沿标题栏短边方向以 W 形折叠，然后再沿标题栏的长边方向以 W 形折叠，并使标题栏露在外面。图纸按专业排列，同专业图纸按图号顺序排列；

（4）案卷组成要求

案卷不宜过厚，文字材料卷厚度不宜超过 20mm，图纸卷厚度不宜超过 50mm。案卷内不应有重份文件，印刷成册的工程文件宜保持原装。

建设工程电子文件的组织和排序可按纸质文件进行。

（5）卷内文件的排列要求

1）卷内文件应按《建设工程文件归档规范》（GB/T 50328—2014）的规定的类别和顺序排列。既按照工程准备阶段文件、监理文件、施工文件、竣工图、竣工验收文件等五类顺序排列。

① 工程准备阶段文件的排列顺序（A1～A7）

立项文件（A1）、建设用地拆迁文件（A2）、勘察、设计文件（A3）、招投标文件（A4）、开工审批文件（A5）、工程造价文件（A6）、工程建设基本信息（A7）。

② 监理文件排列顺序（B1～B6）

监理管理文件（B1）、进度控制文件（B2）、质量控制文件（B3）、造价控制文件（B4）、工期管理文件（B5）、监理验收文件（B6）。

③ 施工文件排列顺序（C1～C8）

施工管理文件（C1）、施工技术文件（C2）、进度造价文件（C3）、施工物资出厂质量证明及进场检测文件（C4）、施工记录文件（C5）、施工试验记录及检测文件（C6）、施工质量验收文件（C7）、施工验收文件（C8）。

④ 工程竣工验收文件排列顺序（E1～E4）

竣工验收与备案文件（E1）、竣工决算文件（E2）、工程声像资料（E3）、其他工程文件（E4）。

2）文字材料按事项、专业顺序排列。同一事项的请示与批复、同一文件的印本与定稿、主件与复件不能分开，并应按批复在前、请示在后，印本在前、定稿在后，主件在前、附件在后的顺序排列。

3）图纸按专业排列，同专业图纸按图号顺序排列。既有文字材料又有图纸的案卷，文字材料应排前面，图纸应排在后面。

（6）案卷的编目

1）卷内文件页号编制规定：

① 卷内文件均按有书写内容的页面编号。每卷单独编号，页号从"1"开始。

② 页号编写位置：单面书写的文件在右下角；双面书写的文件，正面在右下角。背面在左下角。折叠后的图纸一律写在右下角。

③ 成套图纸或印刷成册的文件材料，自成一卷的，原目录可代替卷内目录，不必重新编写页号。

④ 案卷封面、卷内目录、卷内备考表不编写页号。

2）卷内目录的编制规定：

① 卷内目录排列在卷内文件首页之前。式样宜符合《建设工程文件归档规范》（GB/T 50328-2014）附录 C 的要求，如图 3-2 所示。

卷内目录

序号	文件编号	责任人	文件题名	日期	页次	备注

图 3-2　卷内目录式样

② 序号应以一份文件为单位编写，用阿拉伯数字从 1 依次标注。

③ 文件编号应填写文件形成单位的发文号或图纸的图号或设备、项目代号。

④ 责任者应填写文件的直接形成单位和个人。有多个责任者时，应选择两个主要责任者，其余用"等"代替。

⑤ 文件题名应填写文件标题的全称。当文件无标题时，应根据内容拟写标题，拟写标题外应加"［］"符号。

⑥ 日期应填写文件形成的日期或文件的起止日期，竣工图应填写编制日期。日期中

“年”应用四位数字表示，“月”和“日”应分别用两位数字表示。

⑦ 页次应填写文件在卷内所排的起始页号，最后一份文件应填写起止页号。

⑧ 备注应填写需要说明的问题。

3）卷内备考表的编制规定：

① 卷内备考表应排列在卷内文件的尾页之后，式样宜符合《建设工程文件归档规范》（GB/T 50328—2014）附录 D 的要求，如图 3-3 所示。

② 卷内备考表应标明卷内文件的总页数、各类文件页数或照片张数及立卷单位对案卷情况说明。

③ 立卷单位的立卷人和审核人应在卷内备考表上签名；年、月、日应按立卷、审核时间填写。

卷内备考表

本案卷共有文件材料___页，其中：文字材料_______页，图样材料_______页，照片_______张。

说明：

图 3-3　案卷备考表式样

4）案卷封面的编制规定：

① 案卷封面印刷在卷盒、卷夹的正表面，也可采用内封面形式。案卷封面的式样宜符合《建设工程文件归档规范》（GB/T 50328—2014）附录 E 的要求，如图 3-4 所示。

档　号

案卷题名 ____________________
____

编制单位 ____________________
起止日期 ____________________
密　　级 ____________ 保管期限 ______
本工程共___卷　　本案卷为第___卷

图 3-4　案卷封面

② 案卷封面的内容应包括档号、案卷题名、编制单位、起止日期、密级、保管期限、本案卷所属工程的案卷总量、本案卷在该工程案卷总量中的排序。

③ 档号应由分类号、项目号和案卷号组成。档号由档案保管单位填写。

④ 案卷题名应简明、准确地揭示卷内文件的内容。

⑤ 编制单位应填写案卷内文件的形成单位或主要责任者。

⑥ 起止日期应填写案卷内全部文件形成的起止日期。

⑦ 保管期限应根据卷内文件的保存价值在永久保管、长期保管、短期保管三种保管期限中选择划定。同一案卷内有不同保管期限的文件，该案卷保管期限应从长。

⑧ 密级应在绝密、机密和秘密三个级别中选择划定。当同一案卷内有不同密级的文件，应以高密级为本卷密级。

5) 编写案卷题名规定

① 建筑工程案卷题名应包括工程名称（含单位工程名称）、分部工程或专业名称及卷内文件概要等内容；当房屋建筑有地名管理机构批准的名称或正式名称时，应以正式名称为工程名称，建设单位名称可省略；必要时可增加工程地址内容；

② 道路、桥梁工程案卷题名应包括工程名称（含单位工程名称）、专业管线名称和卷内文件概要等内容；必要时可增加工程地址内容；

③ 地下管线工程案卷题名应包括工程名称（含单位工程名称）、分部工程或专业名称及卷内文件概要等内容；必要时可增加工程地址内容；

④ 卷内文件概要应符合《建设工程文件归档规范》（GB/T 50328—2014）附录 A 中所列案卷内容（标题）的要求，见表 3-9 所示。

6) 卷内目录、卷内备考表、案卷内封面应采用 70g 以上白色书写纸制作，幅面统一采用 A4 幅面。

（7）案卷装订与装具

1) 案卷可采用装订与不装订两种形式。文字材料必须装订。装订时不应破坏文件的内容，并应保持整齐、牢固，便于保管和利用。

2) 案卷装具可采用卷盒、卷夹两种形式，并应符合下列规定：

① 卷盒的外表尺寸为 310mm×220mm，厚度分别为 20mm、30mm、40mm、50mm。

② 卷夹的外表尺寸为 310mm×220mm，厚度一般为 20mm、30mm。

③ 卷盒、卷夹应采用无酸纸制作。

3) 案卷脊背的内容包括档号、案卷题名。式样宜符合《建设工程文件归档规范》（GB/T 50328—2014）附录 E 的要求。

2. 建筑工程文件的归档

归档指文件形成单位完成其工作任务后，将形成的文件整理立卷后，按规定向本单位档案室或向城建档案管理机构移交的过程。

（1）施工文件的归档范围

对与工程建设有关的重要活动、记载工程建设主要过程和现状、具有保存价值的各种载体文件，均应收集齐全，整理立卷后归档。工程文件的具体的归档范围详见《建设工程文件归档规范》（GB/T 50328—2014）的要求，见表 3-1 所示。声像资料的归档范围和质量要求应符合现行行业标准《城建档案业务管理规范》（CJJ/T 158）的要求。此外，不属于归档范围、没有保存价值的工程文件，文件形成单位可自行组织销毁。

（2）工程资料归档的规定

1）归档文件范围和质量应符合《建设工程文件归档规范》（GB/T 50328—2014）的要求。

2）归档文件必须经过分类整理，并应符合《建设工程文件归档规范》（GB/T 50328—2014）工程文件立卷的要求。

3）电子文件归档应包括在线式归档和离线式归档两种方式。可根据实际情况选择其中一种或两种方式进行归档。

（3）工程资料归档时间规定

1）根据建设程序和工程特点，归档可分阶段分期进行，也可在单位或分部工程通过竣工验收后进行。

2）勘察、设计单位应在任务完成后，施工、监理单位应在工程竣工验收前，将各自形成的有关工程档案向建设单位归档。

（4）工程档案移交的规定

1）勘察、设计、施工单位在收齐工程文件并整理立卷后，建设单位、监理单位应根据城建档案管理机构的要求，对归档文件完整、准确、系统情况和案卷质量进行审查。审查合格后方可向建设单位移交。

2）工程档案的编制不得少于两套，一套应由建设单位保管，一套（原件）应移交当地城建档案管理机构保存。

3）勘察、设计、施工、监理等单位向建设单位移交档案时，应编制移交清单，双方签字、盖章后方可交接。

4）设计、施工及监理单位需向本单位归档的文件，应按国家有关规定和《建设工程文件归档规范》（GB/T 50328—2014）的要求立卷归档。

3.1.4　建筑工程档案的验收与移交

1. 施工资料的验收

施工资料是建设工程资料的重要组成部分，施工资料的验收是工程竣工验收的重要内容。在工程竣工验收前要求对施工资料进行预验收。施工资料预验收程序：建设工程竣工验收前，建设单位应将项目工程竣工资料报送城城建档案管理机构，进行预验收。

（1）施工资料预验收

申报条件：建设工程全部完工，具备完整的技术档案和施工管理资料。

办理程序：建设工程资料预验收前，建设、监理和施工单位应按照《建设工程文件归档规范》（GB/T 50328—014）中的工程归档内容进行收集、整理，并按组卷要求进行立卷。其他各参建单位应对本单位形成的工程资料自行验收，并由建设单位将各方自行验收的工程资料进行汇总。建设单位按要求填写《工程资料预验收表》，签章后，提请城建档案管理机构对工程档案进行预验收，预验收合格后，由城建档案管理机构出具《工程资料预验收意见》。

验收的范围：列入城建档案管理机构档案接收范围的工程。

（2）施工资料预验收的内容

预验收的内容：

① 工程档案齐全、系统、完整，全面反映工程建设活动和工程实际状况；

② 工程档案已整理立卷，立卷符合《建设工程文件归档规范》（GB/T 50328—2014）的规定；

③ 竣工图的绘制方法、图式及规格等符合专业技术要求，图面整洁，盖有竣工图章；

④ 文件的形成、来源符合实际，要求单位或个人签章的文件，其签章手续完备；

⑤ 文件的材质、幅面、书写、绘图、用墨、托裱等符合要求；

⑥ 电子档案格式、载体等符合要求；

⑦ 声像档案内容、质量、格式符合要求。

（3）施工资料预验收组织

验收组织：由建设单位组织，监理单位、施工单位项目负责人及档案员参加，城建档案机构负责审验。

验收地点：城建档案馆、城建档案机构或建设工程现场

为确保工程资料的质量，各编制单位、施工单位、监理单位、建设单位、地方城建档案部门、档案行政管理部门等要严格进行检查、验收。编制单位、制图人、审核人、技术负责人必须进行签字或盖章。对不符合技术要求的，一律退回编制单位进行改正、补齐，问题严重者可令其重做。不符合要求者，不能交工验收。

凡报送的工程档案资料，如验收不合格将其退回建设单位，由建设单位责成责任者重新进行编制，待达到要求后重新报送。检查验收人员应对接收的档案负责。

地方城建档案管理机构负责工程档案的最后验收。并对编制报送工程资料进行业务指导、督促和检查。

2. 施工资料的移交

施工资料的移交是设计勘察单位、施工单位、监理单位等有关单位应在工程竣工验收前将工程档案按合同或协议规定的时间、套数移交给建设单位，办理移交手续。工程资料移交归档应符合国家现行有关法规和标准的规定，工程资料移交应符合下列规定：

（1）列入城建档案管理机构接收范围的工程，建设单位在工程竣工验收后 3 个月内，必须向城建档案管理机构移交一套符合规定的工程档案。

（2）停建、缓建建设工程的档案，可暂由建设单位保管。

（3）对改建、扩建和维修工程，建设单位应组织设计、施工单位对改变部位据实编制新的工程档案，并应在工程竣工验收后 3 个月内向城建档案管理机构移交。

（4）当建设单位向城建档案管理机构移交工程档案时，应提交移交案卷目录，办理移交手续，双方签字、盖章后方可交接。

（5）施工单位应向建设单位移交施工资料。

（6）实行施工总承包的，各专业承包单位应向施工总承包单位移交施工资料。

（7）监理单位应向建设单位移交监理资料。

（8）工程资料移交时应及时办理相关移交手续，填写工程资料移交书、移交目录。

（9）建设单位应按国家有关法规和标准的规定向城建档案管理部门移交工程档案，并办理相关手续。有条件时，向城建档案管理部门移交的工程档案应为原件。

3.2 施工资料管理的基础知识

3.2.1 施工文件的分类方法

1. 施工文件的分类

施工文件在竣工验收后 3 个月内必须依据《建设工程文件归档规范》（GB/T 50328—2014）的分类方法向城建档案管理机构移交符合规定的工程档案。施工文件在施工阶段是工序施工质量验收的必要条件，应依据《建筑工程施工质量验收统一标准》（GB/T 50300—2013）规定的分类方法进行质量验收。

（1）施工归档文件分类

建设工程施工文件归档时应按照《建设工程文件归档规范》（GB/T 50328—2014）分类。即按照收集和整理单位不同分为建设单位的工程准备阶段文件、监理文件、施工文件、竣工图和工程竣工验收文件 5 大类，并分别用 A 类、B 类、C 类、D 类、E 类命名；在每一大类中，又依据资料的属性和特点，将其划分为若干小类。在每一小类中，在细分为若干种文件、资料或表格。

其中，施工文件依据资料的属性分为施工管理文件（C1 类）、施工技术文件（C2 类）、进度及造价文件（C3 类）、施工物资出场质量证明及进场检测文件（C4 类）、施工记录文件（C5 类）、施工试验记录及检测文件（C6 类）、施工质量验收文件（C7 类）、施工验收文件（C8 类），详见表 3-1。

（2）施工质量验收文件分类

建筑工程施工质量验收文件按照《建筑工程施工质量验收统一标准》（GB/T 50300—2013）分类，应分为施工现场质量管理检查记录、建筑工程施工质量验收记录、单位工程质量竣工验收记录。

1）施工现场质量管理检查记录。

2）建筑工程施工质量验收记录包括：检验批质量验收记录、分项工程质量验收记录、分部工程质量验收记录；

3）单位工程质量竣工验收记录包括：单位工程质量竣工验收记录、单位工程质量控制资料核查记录、单位工程安全和功能（安全功能和使用功能）检验资料核查及主要功能（节能、环境保护、耐久性）抽查记录、单位工程观感质量检查记录。

《建设工程文件归档规范》（GB/T 50328—2014）的文件分类目的是统一资料归档分类和收集的范围。《建筑工程施工质量验收统一标准》（GB 50300—2013）的分类目的是核查建筑工程在施工中各分部工程的施工过程是否按质量验收规范的规定验收，验收时的相关资料是否完整。《建设工程文件归档规范》（GB/T 50328—2014）资料收集的范围全覆盖《建筑工程质量验收统一标准》（GB 50300—2013）的核查范围。因此，在建设工程文件归档管理工作中，使用《建设工程文件归档规范》（GB/T 50328—2014）的分类方法。即可保证资料分类科学合理、收集完整，又可尽量避免工作重复。

2. 施工文件编号

工程资料编号的表达方式可按照现行的《建筑工程资料管理规程》（JGJ/T 185—

2009）的编号的规定编制，其规定如下：

（1）工程准备阶段文件（A类）、监理资料（B类）、工程竣工验收文件（E类）等宜按表4-1中规定的类别和形成和文件顺序序编号。例如：A1类立项文件的第一份资料为"项目建议书批复文件及项目建议书"，它的编号为：A1-1。

（2）施工资料编号宜符合下列规定：

1）施工资料（C类）编号可由分部、子分部、类别、顺序号4组代号组成，组与组之间应用横线隔开（图3-5）

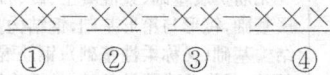

$$×× — ×× — ×× — ×××$$
$$① \qquad ② \qquad ③ \qquad ④$$

图 3-5 施工资料编号

① 为分部工程代号，可按表3-4规定执行。
② 为子分部工程代号，可按表3-4规定执行。
③ 为资料的类别编号，可按表3-1的规定执行。
④ 为顺序号，可根据相同表格、相同检查项目，按形成时间顺序填写。

2）属于单位工程整体管理内容的资料，编号中的分部、子分部工程代号可用"00"代替；例如：单位工程施工组织设计、施工方案、图纸会审、设计变更、洽商记录、施工日志、工程竣工验收资料等资料的内容适用于整个单位工程，难以划分到某个分部（子分部）中，因此组合编号中分部、子分部工程代号可用"00"代替。

3）同一厂家、同一品种、同一批次的施工物资用在两个分部、子分部工程中时，资料编号中的分部、子分部工程代号可按主要使用部位填写。例如：同一材料用于多个分部工程时，产品合格证、检测报告、复验报告编号可选用主要分部代号。但为了方便对用于其他部位的材料进行追溯、查找，宜在复验报告空白处或编目时记录具体使用部位。

4）竣工图宜按表3-1中规定的类别和形成时间顺序编号。

5）工程资料的编号应及时填写，专用表格的编号应填写在表格右上角的编号栏中；非专用表格应在资料右上角的适当位置注明资料编号。

施工资料编制时，分部（子分部）工程代号应按表3-4填写，表中未明确的分部（子分部）工程代号可依据相关标准自行确定。

例如：表3-3中"隐蔽工程验收记录"施工资料编号06为通风与空调分部工程代号；04为除尘系统子分部工程代号；C5为施工记录文件资料的类别编号；001为顺序号，可按表3-1规定执行，既可根据相同表格、相同检查项目，按形成时间顺序填写。

隐蔽工程验收记录（C.5.1）　　　　　　　　　　　　　表3-3

工程名称	××市××局办公楼	编号	06-04-C5-001

3. 建立施工资料章、节、项、目录

为便于施工资料的分级、分类管理，适应组卷编目的需要，应建立施工资料章、节、项、目录。为了与现行的《建筑工程资料管理规程》（JGJ/T 185—2009）中的工程资料编号的表达方式统一和表示方便，可按照《建筑工程施工资料计划、交底编制导则》的结构形式替代施工资料的章、节、项、目的目录，其编制方法如下：

分部工程代号	分部工程名称	子分部工程代号	子分部工程名称	分项工程	
01	地基与基础	01	地基	素土(天然地基);灰土地基,砂和砂石地基,土工合成材料地基,粉煤灰地基,强夯地基,注浆地基,预压地基(人工地基);砂石桩复合地基,高压旋喷注浆地基,水泥土搅拌桩地基,土和灰土挤密桩复合地基,水泥粉煤灰碎石桩复合地基,夯实水泥土桩复合地基(复合桩地基)	
		02	基础	无筋扩展基础(素混凝土、砖、石等基础,又称刚性基础);钢筋混凝土扩展基础,筏形与箱形基础,钢结构基础,钢管混凝土结构基础,型钢混凝土结构基础(又称柔性基础);钢筋混凝土预制桩基础,泥浆护壁成孔灌注桩基础,干作业成孔桩基础,长螺旋钻孔压灌桩基础,沉管灌注桩基础,钢桩基础,锚杆静压桩基础(称为桩基础);岩石锚杆基础,沉井与沉箱基础(又称其他基础)	
		03	基坑支护	灌注桩排桩围护墙,板桩围护墙,咬合桩围护墙,型钢水泥土搅拌墙,土钉墙,地下连续墙,水泥土重力式挡墙,内支撑,锚杆,与主体结构相结合的基坑支护	
		04	地下水控制	降水与排水、回灌	
		05	土方	土方开挖,土方回填,场地平整(开工前、台阶散水施工前并应按计算规则划分)	
		06	边坡	喷锚支护、挡土墙、边坡开挖	
		07	地下防水	结构防水(主体结构防水应参照 03 装饰装修分部相应防水分项)	防水混凝土,水泥砂浆防水层,卷材防水层,涂料防水层,塑料防水板防水层,金属板防水层,膨润土防水材料防水层
				细部构造防水	施工缝,变形缝,后浇带,穿墙管,埋设件,预留通道接头,桩头,孔口,坑,池
				特殊施工法结构防水	喷锚支护,地下连续墙,盾构隧道,沉井,逆筑结构
				排水	渗排水,盲沟排水,隧道排水,坑道排水,塑料排水板排水
				注浆	预注浆,后注浆,结构裂缝注浆
			地下防水工程检验批划分规定	1. 主体结构防水工程和细部构造防水工程应按结构标高、变形缝或后浇带等施工段划分检验批; 2. 特殊施工法结构防水工程应按隧道区间、变形缝等施工段划分检验批; 3. 排水工程和注浆工程各为一个检验批	
			地基与基础其他分部工程检验批划分规定	1. 原材料、构配件、设备按批次、批量报验送检; 2. 施工检验批按各工种、专业、标高、施工段和变形缝划分; 3. 每个分项工程可以划分 1~n 个检验批; 4. 有不同标高的地基按不同标高划分; 5. 同一标高按变形缝、区段和施工班组综合考虑划分	
02	主体结构	01	混凝土结构	模板,钢筋,混凝土,预应力,现浇结构,装配式结构	
			混凝土结构检验批划分规定	各分项工程可根据与施工方式相一致且便于控制施工质量的原则,按工作班、楼层、结构缝或施工段划分为若干个检验批	
		02	砌体结构	砖砌体,混凝土小型空心砌块砌体,石砌体,配筋砌体,填充墙砌体	
			砌体结构检验批划分规定	1. 所用材料类型及同类材料的强度等级相同; 2. 不超过 250m³ 砌体; 3. 主体结构砌体一个楼层(地下室砌体可按一个楼层计);填充墙砌体量少时可多个楼层合并	

分部工程代号	分部工程名称	子分部工程代号	子分部工程名称	分项工程
02	主体结构	03	钢结构（单独组卷）	钢结构焊接，紧固件连接，钢零部件加工，钢构件组装及预拼装，单层钢结构安装，多层及高层钢结构安装，钢管结构安装，预应力钢索和膜结构，压型金属板，防腐涂料涂装，防火涂料涂装
		04	钢管混凝土结构	构件现场拼装，构件安装，钢管焊接，构件连接，钢管内钢筋骨架，混凝土
		05	型钢混凝土结构	型钢焊接，紧固件连接，型钢与钢筋连接，型钢构件组装及预拼装，型钢安装，模板，混凝土
		06	铝合金结构	铝合金焊接，紧固件连接，铝合金零部件加工，铝合金构件组装，铝合金构件预拼装，铝合金框架结构安装，铝合金空间网格结构安装，铝合金面板，铝合金幕墙结构安装，防腐处理
		07	木结构（单独组卷）	方木和原木结构，胶合木结构，轻型木结构，木结构的防护
			主体结构其他分部工程检验批划分规定	1. 原材料、构配件、设备按批量报验送检； 2. 施工检验批按各工种、专业、楼层、施工段和变形缝划分； 3. 每个分项工程可以划分为1～n个检验批； 4. 有不同层楼面的按不同检验批； 5. 同一层按变形缝、区段和施工班组综合考虑划分； 6. 小型工程一般按楼层划分
03	建筑装饰装修	01	建筑地面	基层铺设（包括填充层、隔离层、绝热层、找平层、垫层、基土），整体面层铺设，板块面层铺设，木、竹面层铺设
			地面子分部检验批划分规定	基层（各构造层）和各类面层的分项工程的施工质量验收应按每一层次或每层施工段（或变形缝）作为检验批，高层建筑的标准层可按每三层（不足三层按三层计）作为检验批
		02	抹灰	一般抹灰，保温层薄抹灰，装饰抹灰，清水砌体勾缝
			抹灰子分部检验批划分规定	相同材料、工艺和施工条件的室外抹灰工程每500～1000 m² 应划为一个检验批，不足500 m² 也应划为一个检验批。 相同材料、工艺和施工条件的室内抹灰工程每50个自然间（大面积房间和走廊按抹灰面积30 m² 为一间）应划分为一个检验批，不足50间也应划分为一个检验批
		03	（内）外墙防水	（内）外墙砂浆防水，涂膜防水，透气膜防水
		04	门窗	木门窗安装，金属门窗安装，塑料门窗安装，特种门安装，门窗玻璃安装
			门窗子分部检验批划分规定	同一品种、类型和规格的木门窗、金属门窗、塑料门窗及门窗玻璃每100樘应划分为一个检验批，不足100樘也应划分为一个检验批。 同一品种、类型和规格的特种门每50樘应划分为一个检验批，不足50樘也应划分为一个检验批
		05	吊顶	整体面层吊顶，板块面层吊顶，格栅吊顶
		06	轻质隔墙	板材隔墙，骨架隔墙，活动隔墙，玻璃隔墙
			吊顶、轻质隔墙子分部检验批划分规定	同一品种的吊顶（轻质隔墙）工程每50间（大面积房间和走廊按吊顶面积30m² 为一间或轻质隔墙的墙面30m² 为一间）应划分为一个检验批，不足50间也应划分为一个检验批
		07	饰面板	石板安装，陶瓷板安装，木板安装，金属板安装，塑料板安装
		08	饰面砖	外墙饰面砖粘贴，内墙饰面砖粘贴

分部工程代号	分部工程名称	子分部工程代号	子分部工程名称	分项工程
03	建筑装饰装修		饰面板(砖)子分部检验批划分规定	相同材料、工艺和施工条件的室内饰面板(砖)工程每 50 间(大面积房间和走廊按施工面积 30m² 为一间)应划分为一个检验批,不足 50 间也应划分为一个检验批。 相同材料、工艺和施工条件的室外饰面板(砖)工程每 500～1000m² 应划分为一个检验批,不足 500m² 也应划分为一个检验批
		09	幕墙(单独组卷)	玻璃幕墙安装,金属幕墙安装,石材幕墙安装,陶板幕墙安装
			幕墙子分部检验批划分规定	相同设计、材料、工艺和施工条件的幕墙工程每 500～1000m² 应划分为一个检验批,不足 500 m² 也应划分为一个检验批。 同一单位工程的不连续的幕墙工程应单独划分检验批。 对于异型或有特殊要求的幕墙,检验批的划分应根据幕墙的结构、工艺特点及幕墙工程规模,由监理单位(或建设单位)和施工单位协商确定
		10	涂饰	水性涂料涂饰,溶剂型涂料涂饰,美术涂饰
			涂饰子分部检验批划分规定	室外涂饰工程每一栋楼的同类涂料涂饰的墙面每 500～1000m² 应划分为一个检验批,不足 500 m² 也应划分为一个检验批。 室内涂饰工程同类涂料涂饰墙面每 50 间(大面积房间和走廊按涂饰面积 30 m² 为一间)应划分为一个检验批,不足 50 间也应划分为一个检验批
		11	裱糊与软包	裱糊、软包
			裱糊与软包子分部检验批划分规定	同一品种的裱糊或软包工程每 50 间(大面积房间和走廊按施工面积 30m² 为一间)应划分为一个检验批,不足 50 间也应划分为一个检验批
		12	细部	橱柜制作与安装,窗帘盒和窗台板制作与安装,门窗套制作与安装,护栏和扶手制作与安装,花饰制作与安装
			细部子分部检验批划分规定	同类制品每 50 间(处)应划分为一个检验批,不足 50 间(处)也应划分为一个检验批。 每部楼梯应划分为一个检验批
04	建筑屋面	01	基层与保护	找坡层、找平层、隔气层、隔离层、保护层
		02	保温与隔热	板状材料保温层、纤维材料保温层、喷涂硬泡聚氨酯保温层、现浇泡沫混凝土保温层、种植隔热层、架空隔热层、蓄水隔热层
		03	防水与密封	卷材防水层、涂膜防水层、复合防水层、接缝密封防水
		04	瓦面与板面	烧结瓦和混凝土瓦铺装、沥青瓦铺装、金属板铺装、玻璃采光顶铺装
		05	细部构造	檐口、檐沟和天沟、女儿墙和山墙、水落口、变形缝、伸出屋面管道、屋面出入口、反梁过水孔、设施基座、屋脊、屋顶窗
			建筑屋面分部工程检验批划分规定	屋面工程各分项工程宜按屋面面积每 500～1000m² 划分一个检验批,不足 500m² 应按一个检验批
05	建筑给水、排水及采暖	01	室内给水系统	给水管道及配件安装、给水设备安装、室内消火栓系统安装、消防喷淋系统安装、防腐、绝热、管道冲洗、消毒、试验与调试
		02	室内排水系统	排水管道及配件安装、雨水管道及配件安装、防腐、试验与调试
		03	室内热水系统	管道及配件安装、辅助设备安装、防腐、绝热、试验与调试
		04	卫生器具	卫生器具安装、卫生器具给水配件安装、卫生器具排水管道安装、试验与调试
		05	室内供暖系统	管道及配件安装、辅助设备安装、散热器安装、低温热水地板辐射供暖系统安装、电加热供暖系统安装、燃气红外辐射供暖系统安装、热风供暖系统安装、热计量及调控装置安装、试验与调试、防腐、绝热

分部工程代号	分部工程名称	子分部工程代号	子分部工程名称	分项工程
05	建筑给水、排水及采暖	06	室外给水管网	给水管道安装,室外消火栓系统安装,试验与调试
		07	室外排水管网	排水管道安装,排水管沟与井池(室内供排水、暖气管沟应参照划分),试验与调试
		08	室外供热管网	管道及配件安装,系统水压试验,土建结构,防腐,绝热,试验与调试
		09	建筑饮用水供应系统	管道及配件安装,水处理设备及控制设施安装,防腐,绝热,试验与调试
		10	建筑中水系统及雨水利用系统	建筑中水系统、雨水利用系统管道及配件安装,水处理设备及控制设施安装,防腐,绝热,试验与调试
		11	游泳池及公共浴池水系统	管道及配件系统安装,水处理设备及控制设施安装,防腐,绝热,试验与调试
		12	水景喷泉系统	管道系统及配件安装,防腐,绝热,试验与调试
		13	热源及辅助设备	锅炉安装、辅助设备及管道安装、安全附件安装,换热站安装、防腐,绝热,试验与调试
		14	监测与控制仪表	检测仪器及仪表安装,试验与调试
		建筑给水、排水及采暖分部工程检验批划分规定		建筑给水、排水及采暖分部工程中的子分部中的各个分项检验批数量可按系统、区域、施工段或楼层划分
06	通风与空调	01	送风系统	风管与配件制作,部件制作,风管系统安装,风机与空气处理设备安装,风管与设备防腐,旋流风口、岗位送风口、织物(布)风管安装,系统调试
		02	排风系统	风管与配件制作,部件制作,风管系统安装,风机与空气处理设备安装,风管与设备防腐,吸风罩及其他空气处理设备安装,厨房、卫生间排风系统安装,系统调试
		03	防排烟系统	风管与配件制作,部件制作,风管系统安装,风机与空气处理设备安装,风管与设备防腐,排烟风阀(口)、常闭正压风口、防火风管安装,系统调试
		04	除尘系统	风管与配件制作,部件制作,风管系统安装,风机与空气处理设备安装,风管与设备防腐,除尘器与排污设备安装,吸尘罩安装,高温风管绝热,系统调试
		05	舒适性空调系统	风管与配件制作,部件制作,风管系统安装,风机与空气处理设备安装,风管与设备防腐,组合式空调机组安装,消声器、静电除尘器、换热器、紫外线灭菌器等设备安装,风机盘管、变风量与定风量送风装置、射流喷口等末端设备安装,风管与设备绝热,系统调试
		06	恒温恒湿空调系统	风管与配件制作,部件制作,风管系统安装,风机与空气处理设备安装,风管与设备防腐,组合式空调机组安装,电加热器、加湿器等设备安装,精密空调机组安装,风管与设备绝热,系统调试
		07	净化空调系统	风管与配件制作,部件制作,风管系统安装,风机与空气处理设备安装,风管与设备防腐,净化空调机组安装,消声器、静电除尘器、换热器、紫外线灭菌器等设备安装,中、高效过滤器及风机过滤器单元等末端设备清洗与安装 洁净度测试,风管与设备绝热,系统调试
		08	地下人防通风系统	风管与配件制作,部件制作,风管系统安装,风机与空气处理设备安装,风管与设备防腐,过滤吸收器、防爆波活门、防爆超压排气活门等专用设备安装,系统调试
		09	真空吸尘系统	风管与配件制作,部件制作,风管系统安装,风机与空气处理设备安装,风管与设备防腐,管道安装,快速接口安装,风机与滤尘设备安装,系统压力试验及调试

分部工程代号	分部工程名称	子分部工程代号	子分部工程名称	分项工程
06	通风与空调	10	冷凝水系统	管道系统及部件安装,水泵及附属设备安装,管道冲洗,管道、设备防腐,板式热交换器,辐射板及辐射供热、供冷地埋管,热泵机组设备安装,管道、设备绝热,系统压力试验及调试
		11	空调(冷、热)水系统	管道系统及部件安装,水泵及附属设备安装,管道冲洗,管道、设备防腐,冷却塔与水处理设备安装,防冻伴热设备安装,管道、设备绝热,系统压力试验及调试
		12	冷却水系统	管道系统及部件安装,水泵及附属设备安装,管道冲洗,管道、设备防腐,系统灌水渗漏及排放试验,管道、设备绝热
		13	土壤源热泵换热系统	管道系统及部件安装,水泵及附属设备安装,管道冲洗,管道、设备防腐,埋地换热系统与管网安装,管道、设备绝热,系统压力试验及调试
		14	水源热泵换热系统	管道系统及部件安装,水泵及附属设备安装,管道冲洗,管道、设备防腐,地表水源换热管及管网安装,除垢设备安装,管道、设备绝热,系统压力试验及调试
		15	蓄能系统	管道系统及部件安装,水泵及附属设备安装,管道冲洗,管道、设备防腐,蓄水罐与蓄冰槽、罐安装,管道、设备绝热,系统压力试验及调试
		16	压缩式制冷(热)设备系统	制冷机组及附属设备安装,管道、设备防腐,制冷剂管道及部件安装,制冷剂灌注,管道、设备绝热,系统压力试验及调试
		17	吸收式制冷设备系统	制冷机组及附属设备安装,管道、设备防腐,系统真空试验,溴化锂溶液加灌,蒸汽管道系统安装,燃气或燃油设备安装,管道、设备绝热,试验及调试
		18	多联机(热泵)空调系统	室外机组安装,室内机组安装,制冷剂管路连接及控制开关安装,风管安装,冷凝水管道安装,制冷剂灌注,系统压力试验及调试
		19	太阳能供暖空调系统	太阳能集热器安装,其他辅助能源、换热设备安装,蓄能水箱、管道及配件安装,防腐、绝热,低温热水地板辐射采暖系统安装,系统压力试验及调试
		20	设备自控系统	温度、压力与流量传感器安装,执行机构安装调试,防排烟系统功能测试,自动控制及系统智能控制软件调试
			通风与空调分部工程检验批划分规定	通风空调分部工程中的子分部中的各个分项,可根据施工过程的实际情况一次验收或数次验收。分项工程质量的验收规定为根据工程量的大小、施工工期的长短或加工批,可分别采取一个分项一次验收或分数次验收的方法。并按系统和实际施工情况,经与建设、监理、设计等单位商议在施工合同或协议中约定后划分检验批
07	建筑电气	01	室外电气	变压器、箱式变电所安装,成套配电柜、控制柜(屏、台)和动力、照明配电箱(盘)及控制柜安装,梯架、支架、托盘和槽盒安装,导管敷设,电缆敷设,管内穿线和槽盒内敷线,电缆头制作、导线连接和线路绝缘测试,普通灯具安装,专用灯具安装,建筑照明通电试运行,接地装置安装
			室外电气子分部检验批划分规定	室外电气安装工程中分项工程的检验批,依据庭院大小、投运时间先后、功能分区不同划分
			变配电室(单独组卷)	变压器、箱式变电所安装,成套配电柜、控制柜(屏、台)和动力、照明配电箱(盘)安装,母线槽安装,梯架、支架、托盘和槽盒安装,电缆敷设,电缆头制作、导线连接和线路绝缘测试,接地装置安装,接地干线敷设
		02	变配电室子分部检验批划分规定	变配电室安装工程中分项工程的检验批,主变配电室为一个检验批;有数个分变配电室,且不属于子单位工程的分部工程,各为一个检验批,其验收记录汇入所有变配电室有关分项工程的验收记录中;如各分变配电室属于各子单位的子分部工程,所属分项工程各为一个检验批,其验收记录应为一个分项工程验收记录,经子分部工程验收记录汇入分部工程验收记录中

分部工程代号	分部工程名称	子分部工程代号	子分部工程名称	分项工程
07	建筑电气	03	供电干线(进户及各箱体之间)	电气设备试验和试运行,母线槽安装,梯架、支架、托盘和槽盒安装,导管敷设,电缆敷设,管内穿线和槽盒内敷线,电缆头制作、导线连接和线路绝缘测试,接地干线敷设
			供电干线子分部检验批划分规定	供电干线安装工程中的分项工程检验批,依据供电区段和电气线缆竖井的编号划分
		04	电气动力(三相)	成套配电柜、控制柜(屏、台)和动力配电箱(盘)安装,电动机、电加热器及电动执行机构检查接线,电气设备试验和试运行,梯架、支架、托盘和槽盒安装,导管敷设,电缆敷设,管内穿线和槽盒内敷线,电缆头制作、导线连接和线路绝缘测试
		05	电气照明(两相、开关、插座及回路)	成套配电柜、控制柜(屏、台)和照明配电箱(盘)安装,梯架、支架、托盘和槽盒安装,导管敷设,管内穿线和槽盒内敷线,塑料护套线直敷布线,钢索配线,电缆头制作、导线连接和线路绝缘测试,普通灯具安装,专用灯具安装,开关、插座、风扇安装,建筑照明通电试运行
			电气动力、电气照明安装子分部检验批划分规定	电气动力和电气照明安装工程中分项工程及建筑物等电位联结分项工程的检验批,其划分的界区,应按设备、系统划分
		06	备用和不间断电源	成套配电柜、控制柜(屏、台)和照明配电箱(盘)安装,柴油发电机组安装,不间断电源装置及应用电源装置安装,母线槽安装,导管敷设,电缆敷设,管内穿线和槽盒内敷线,电缆头制作、导线连接和线路绝缘测试,接地装置安装
			备用和不间断电源子分部检验批划分规定	备用和不间断电源安装工程中分项工程各自成为相应的检验批
		07	防雷及接地	接地装置安装,防雷引下线及接闪器安装,建筑物等电位连接,浪涌保护器安装
			防雷及接地子分部检验批划分规定	防雷及接地装置安装工分项工程检验批,人工接地装置和利用建筑物基础钢筋的接地体各为一个检验批,大型基础可按区域划分成几个检验批;避雷引下线安装6层以下的建筑为一个检验批,高层建筑以均压环设置间隔的层数为一个检验批;接闪器安装同一屋面为1个检验批
08	智能建筑	01	智能化集成系统	设备安装,软件安装,接口及系统调试,试运行
		02	信息接入系统	安装场地检查
		03	用户电话交换系统	线缆敷设,设备安装,软件安装,接口及系统调试,试运行
		04	信息网络系统	计算机网络设备安装,计算机网络软件安装,网络安全设备安装,网络安全软件安装,系统调试,试运行
		05	综合布线系统(单独组卷)	梯架、托盘、槽盒和导管安装,缆线敷设,机柜、机架、配线架安装,信息插座安装,链路或信道测试,软件安装,系统调试,试运行
		06	移动通信室内信号覆盖系统	安装场地检查
		07	卫星通信系统	安装场地检查
		08	有线电视及卫星电视接收系统	梯架、托盘、槽盒和导管安装,缆线敷设,设备安装,软件安装,系统调试,试运行
		09	公共广播系统	梯架、托盘、槽盒和导管安装,缆线敷设,设备安装,软件安装,系统调试,试运行
		10	会议系统	梯架、托盘、槽盒和导管安装,线缆敷设,设备安装,软件安装,系统调试,试运行

分部工程代号	分部工程名称	子分部工程代号	子分部工程名称	分项工程
08	智能建筑	11	信息导引及发布系统	梯架、托盘、槽盒和导管安装,线缆敷设,显示设备安装,机房设备安装,软件安装,系统调试,试运行
		12	时钟系统	梯架、托盘、槽盒和导管安装,线缆敷设,设备安装,软件安装,系统调试,试运行
		13	信息化应用系统	梯架、托盘、槽盒和导管安装,线缆敷设,设备安装,软件安装,系统调试,试运行
		14	建筑设备监控系统	梯架、托盘、槽盒和导管安装,线缆敷设,传感器安装,执行器安装,控制器、箱安装,中央管理工作站和操作分站设备安装,软件安装,系统调试,试运行
		15	火灾自动报警系统	梯架、托盘、槽盒和导管安装,线缆敷设,探测器类设备安装,控制器类设备安装,其他设备安装,软件安装,系统调试,试运行
		16	安全技术防范系统	梯架、托盘、槽盒和导管安装,线缆敷设,设备安装,软件安装,系统调试,试运行
		17	应急响应系统	设备安装,软件安装,系统调试,试运行
		18	机房	供配电系统,防雷与接地系统,空气调节系统,给水排水系统,综合布线系统,监控与安全防范系统,消防系统,室内装饰装修,电磁屏蔽系统调试,试运行
		19	防雷与接地	接地装置,接地线,等电位联结屏蔽设施,电涌保护器,缆线敷设,系统调试,试运行
			智能建筑检验批划分规定	智能建筑子分部(的各个分项工程)的检验批,应按系统和实际施工情况,经与建设、监理、设计等单位商议在施工合同或协议中约定后划分检验批
9	节能建筑	01	维护系统节能	墙体节能,幕墙节能,门窗节能,屋面节能,地面节能
			墙体节能工程子分部检验批划分规定	采用相同材料、工艺和施工做法的墙面,每500~1000m² 面积划分为一个检验批,不足500m² 也为一个检验批。检验批的划分也可根据与施工流程相一致且方便施工与验收的原则,由施工单位与监理(建设)单位共同商定
			幕墙节能工程子分部检验批划分规定	相同设计、材料、工艺和施工条件的幕墙工程每500~1000m² 应划分为一个检验批,不足500 m² 也应划分为一个检验批 同一单位工程的不连续的幕墙工程应单独划分检验批 对于异型或有特殊要求的幕墙,检验批的划分应根据幕墙的结构、工艺特点及幕墙工程规模,由监理单位(或建设单位)和施工单位协商确定
			门窗节能工程子分部检验批划分规定	同一厂家的同一品种、类型、规格的门窗及门窗玻璃每100樘划分为一个检验批,不足100樘也为一个检验批。同一厂家的同一品种、类型和规格的特种门每50樘划分为一个检验批,不足50樘也为一个检验批。对于异型或有特殊要求的门窗,检验批的划分应根据其特点和数量,由监理(建设)单位和施工单位协商确定
			屋面节能工程检验批划分规定	屋面面积每500~1000m² 应划分为一个检验批,不足500 m² 也应划分为一个检验批。按屋面不同标高划分检验批
			地面节能工程检验批划分规定	检验批可按施工段或变形缝划分;当面积超过200m² 时,每200m² 可划分为一个检验批,不足200m² 也为一个检验批;不同构造做法的地面节能工程应单独划分检验批

分部工程代号	分部工程名称	子分部工程代号	子分部工程名称	分项工程
9	节能建筑	02	供暖空调设备及管网节能	供暖节能,通风与空调设备节能,空调与供暖系统冷热源节能,空调与供暖系统管网节能
			采暖节能工程检验批划分规定	采暖系统节能工程的验收,可按系统、楼层等进行,并应符合《建筑节能工程施工质量验收规范》第3.4.1条的规定
			通风与空气调节节能工程检验批划分规定	通风与空调系统节能工程的验收,可按系统、楼层等进行,并应符合《建筑节能工程施工质量验收规范》第3.4.1条的规定。
			空调与采暖系统的冷热及管网节能工程检验批划分规定	空调与采暖系统冷热源设备、辅助设备及其管道和管网系统节能工程的验收,可分别按冷源和热源系统及室外管网进行,并应符合《建筑节能工程施工质量验收规范》第3.4.1条的规定
		03	电气动力节能	配电节能,照明节能
			配电与照明节能工程检验批划分规定	建筑配电与照明节能工程验收的检验批划分应按《建筑节能工程施工质量验收规范》第3.4.1条的规定。当需要重新划分检验批时,可按照系统、楼层、建筑分区划分为若干个检验批
		04	监控系统节能	监测系统节能,控制系统节能
			监测与控制节能工程检验批划分规定	子分部中的各个分项工程的检验批,应按系统和实际施工情况,经与建设、监理、设计等单位商议在施工合同或协议中约定后划分检验批
		05	可再生能源	地源热泵系统节能,太阳能光热系统节能,太阳能光伏节能
			可再生能源工程检验批划分规定	子分部中的各个分项工程的检验批,应按系统和实际施工情况,经与建设、监理、设计等单位商议在施工合同或协议中约定后划分检验批
10	电梯	01	电力驱动的曳引式或强制式电梯(单独组卷)	设备进场验收,土建交接检验,驱动主机,导轨,门系统,轿厢,对重,安全部件,悬挂装置,随行电缆,补偿装置,电气装置,整机安装验收
		02	液压电梯(单独组卷)	设备进场验收,土建交接检验,液压系统,导轨,门系统,液压系统,导轨,门系统,轿厢,对重,安全部件,悬挂装置,随行电缆,电气装置,整机安装验收
		03	自动扶梯、自动人行道(单独组卷)	设备进场验收,土建交接检验,整机安装验收
			电梯分部工程检验批划分规定	电梯工程应按系统和实际施工情况,经与建设、监理、设计等单位商议在施工合同或协议中约定后划分检验批

以工程资料类别表示章,工程资料名称(子目录)表示节,资料分目录表示项,细目表示目,见表3-5所示。

建筑工程施工资料计划、交底编制导则   表 3-5

工程资料类别	工程资料名称(子目录)	资料分目录	细目	工程资料单位来源	填写或编制	审核、审批、签字
施工管理资料 C1	工程概况表			施工单位	项目负责人	项目经理
	施工现场质量管理检查记录					总监
	企业资质证书及相关专业人员岗位证书					专业监理/总监

续表

工程资料类别	工程资料名称(子目录)	资料分目录	细目	工程资料单位来源	填写或编制	审核、审批、签字
施工管理资料 C1	分包单位资质报审表	××岩土工程公司		施工单位	项目经理	专业监理/总监
	建设工程质量事故勘查记录	按事故发生事项列分目录		调查单位	调查人	被调查人
	建设工程质量事故报告书	按事故发生事项列分目录		调查单位	报告人	调查负责人

3.2.2 施工前期、施工期间、竣工验收各阶段

1. 施工前期归档资料形成管理

施工前期资料是由建设单位在项目立项、工程准备阶段形成的资料，按照归档分类的规定分为工程准备阶段 A 类资料。主要包括：立项文件（A1）；建设用地、拆迁文件（A2）；勘察、设计文件（A3）；招投标文件（A4）；开工审批文件（A5）；工程造价文件（A6）、工程建设基本信息（A7），见表 3-1。建设单位文件资料的形成过程如图 3-6 所示。

（1）立项文件（A1）

1）项目建议书批复文件及项目建议书

项目建议书是由项目申报单位，根据国民经济的发展、国家和地方中长期规划、产业政策、生产力布局、国内外市场、所在地的内外部条件经过调查研究、市场预测、资源条件及技术经济分析后，提出申报项目的建议文件，是对申报项目提出的框架性的总体设想。

项目建议书是由建设单位自行编制或委托咨询、设计单位编制并申报的文件，由编制单位提供，建设单位负责收集、整理。项目建议书的主要内容包括：项目名称、投资方情况、必要性分析、项目背景及投资环境情况、项目内容、项目合作及资金情况、项目风险分析和其他事项。

项目建议书的批复文件：根据项目大小、投资主体的不同，分别由国家、行业或地方政府管理部门审批。

2）可行性研究报告批复文件及可行性研究报告

可行性研究报告是项目申报单位在投资决策前，对项目有关社会、经济、技术等各方面情况进行全面综合调查分析研究；对各种可能的建设方案和技术方案进行技术经济分析与比较论证；对项目建成后的经济效益进行科学的预测和评价，并在此基础上，论证建设项目的先进性、适用性、可靠性，经济合理性和有利性，以及建设可能性和可行性，由此确定该项目是否投资和如何投资。他为项目决策部门对项目投资的最终决策提供科学依据。

项目可行性研究报告是由建设单位自行编制或委托工程咨询、设计单位编制，由编制单位提供，建设单位负责收集、整理。项目可行性研究报告主要内容包括：企业基本情况、项目产品市场调查和预测、项目实施目标、投资估算和资金筹措、综合经济效益分析和可行性分析结论。

可行性研究报告批复文件是由国家有关主管部门对该项目可行性研究报告作出的批

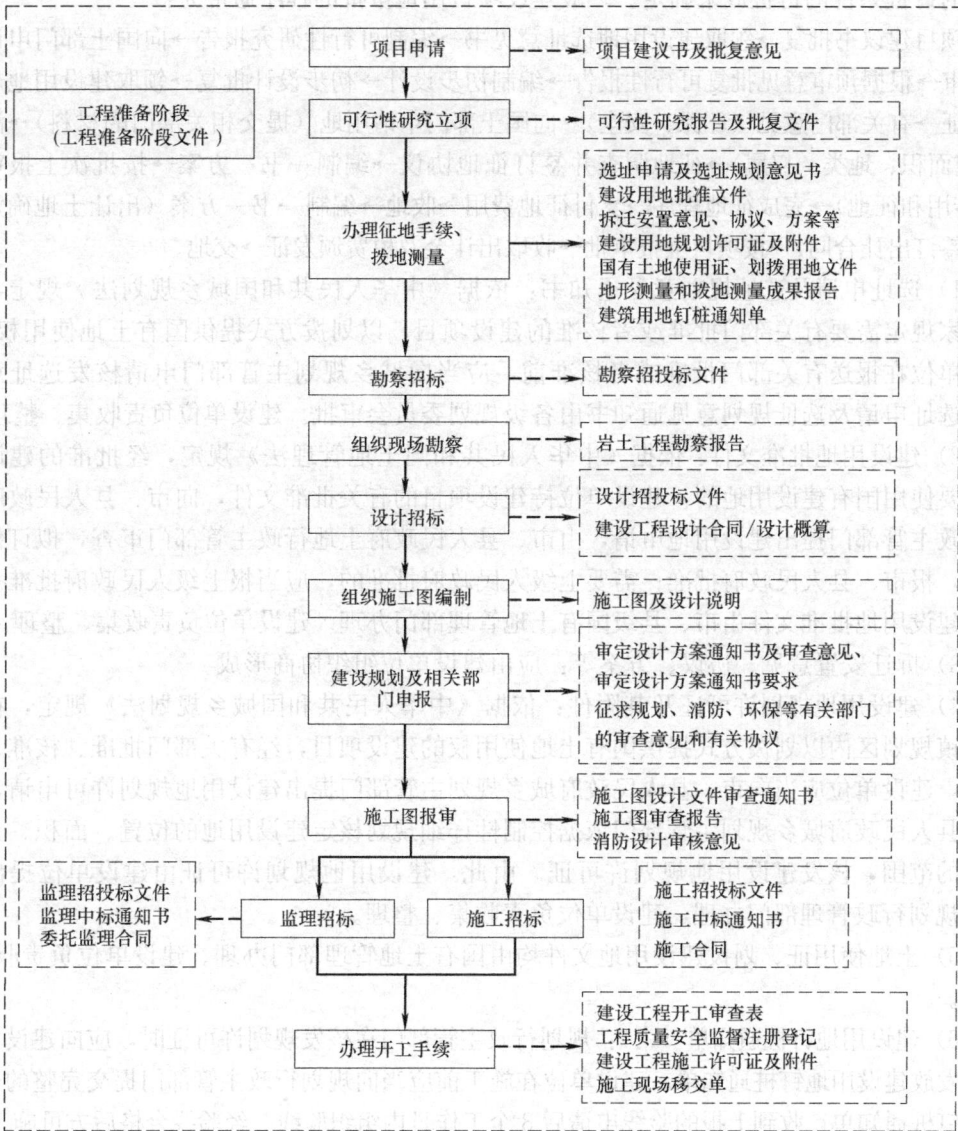

图 3-6　建设单位文件资料的形成过程

复，由负责批复的主管部门提供。通常按照项目总规模、限额和划分审批权限，由各级发展和改革委员会审批提供。建设单位负责收集、整理。

3）专家论证意见、项目评估文件

专家对项目的论证意见是由建设单位或国家主管部门组织专家论证会议，所形成的有关建议性文件，有组织单位提供。项目评估研究资料是由建设单位或国家有关主管部门组织会议，对该项目的可行性研究报告进行评估后，所形成的文件，并有组织评估的单位负责提供。建设单位负责收集、整理。

（2）建设用地、拆迁文件（A2）

建设用地是指建设单位可用于工程建设用地。建设用地范围应根据规划行政管理部门出具的钉桩条件的钉桩成果确定。一般建设项目用地审批的程序通常为：

项目建议书批复→领取建设用地选址意见书→编制可行性研究报告→向国土部门申请用地预审→根据预审意见批复可行性报告→编制初步设计→初步设计批复→领取建设用地规划许可证→有关部门意见（环保、安全）→向国土部门申请用地（提交相关部门的材料）→测量（确定面积、地类、权属）→征地调查并签订征地协议→编制一书三方案→按批次上报审批（农转用和征地）→完成征地程序→支付征地费用→收地→编制一书一方案（出让土地确定地价，签订出让合同）→按项目上报审批→收取出让金及税费颁发证→交地。

1) 选址申请及选址规划意见通知书：依据《中华人民共和国城乡规划法》规定，按照国家规定需要有关部门批准或者核准的建设项目，以划拨方式提供国有土地使用权的，建设单位在报送有关部门批准或者核准前，应当向城乡规划主管部门申请核发选址意见书。选址申请及选址规划意见通知书由各级规划委员会审批。建设单位负责收集、整理。

2) 建设用地批准文件：依据《中华人民共和国土地管理法》规定，经批准的建设项目需要使用国有建设用地的，建设单位持建设项目的有关批准文件，向市、县人民政府土地行政主管部门提出建设用地申请，由市、县人民政府土地行政主管部门审查，拟订供地方案，报市、县人民政府批准；需要上级人民政府批准的，应当报上级人民政府批准。由此，建设用地批准文件由市、县级国有土地管理部门办理。建设单位负责收集、整理。

3) 拆迁安置意见、协议、方案等：应由建设单位组织协商形成。

4) 建设用地规划许可证及其附件：依据《中华人民共和国城乡规划法》规定，在城市、镇规划区内以划拨方式提供国有土地使用权的建设项目，经有关部门批准、核准、备案后，建设单位应当向市、县人民政府城乡规划主管部门提出建设用地规划许可申请，由市、县人民政府城乡规划主管部门依据控制性详细规划核定建设用地的位置、面积、允许建设的范围，核发建设用地规划许可证。由此，建设用地规划许可证由建设单位提出申请，规划行政管理部门办理，建设单位负责收集、整理。

5) 土地使用证、划拨建设用地文件均由国有土地管理部门办理。建设单位负责收集、整理。

6) 建设用地钉桩通知单（书）：规划行政主管部门在核发规划许可证时，应向建设单位一并发放建设用地钉桩通知单。建设单位在施工前应当向规划行政主管部门提交完整的建设用地钉桩通知单，收到上报的验线申请后3个工作日内组织验线。经验线合格后方可施工。

（3）勘察、设计文件（A3）

工程勘察的基本内容包括工程测绘、水文地质勘察和工程地质勘查，工程设计一般可划分为初步设计、技术设计和施工图设计。

1) 工程地质勘察报告是对于一个建设项目，为查明建筑物的地质条件而进行的综合性的地质勘查工作的成果报告。报告是由建设单位委托的勘察单位勘察形成的，建设单位负责收集、整理。

2) 水文地质勘查报告是由建设单位委托水文地质勘查单位进行勘察、编制而成的文件，建设单位负责收集、整理。

3) 初步设计文件（说明书）：初步设计文件是指初步设计图和说明，主要工作是确定工程建设规模、选址、标准、建筑物形式、建设工期和总投资等。初步设计图主要包括总平面图、建筑图、结构图、给水排水图、电气图、弱电图、采暖通风及空调图、动力图、技术与经济概算等。初步设计说明书是由设计总说明和各专业的设计说明书组成，初步设计图和说明由设计单位形成，建设单位负责收集、整理。施工图设计主要是根据批准的初步设计和技术设计绘制出正确、完整和尽可能详细的建筑、安装施工图纸。

4）设计方案审查意见：由规划行政管理部门审批形成。建设单位负责收集、整理。

5）人防、环保、消防等有关主管部门（对设计方案）审查意见：依据规定，建设单位应当将人防、环保、消防设计文件报送负责审核机构审核。未经依法审核或者审核不合格的，负责审批该工程施工许可的部门不得给予施工许可证，建设单位、施工单位不得施工；其他建设工程取得施工许可后经依法抽查不合格的，应当停止施工。人防、环保、消防设计审核意见应由负责审查部门审核形成，建设单位负责收集、整理。

6）施工图设计文件审查意见：依据《房屋建筑和市政基础设施工程施工图设计文件审查管理办法》的规定，施工图审查是指建设主管部门认定的施工图审查机构（以下简称审查机构）按照有关法律、法规，对施工图涉及公共利益、公众安全和工程建设强制性标准的内容进行的审查。审查机构应当对施工图审查下列内容：

① 是否符合工程建设强制性标准。

② 地基基础和主体结构的安全性。

③ 勘察设计企业和注册执业人员以及相关人员是否按规定在施工图上加盖相应的图章和签字；

④ 其他法律、法规、规章规定必须审查的内容。

施工图审查机构对设计的施工图审查合格后应提供审查合格证书，建设单位负责收集、整理。

（4）招投标文件（A4）

1）勘察招标文件由建设单位或委托的咨询单位编制，用于选择勘察单位，由编制单位提供，建设单位负责收集整理。

2）勘察投标文件由勘察单位或委托的咨询单位编制，用于承揽勘察任务，由编制单位提供，建设单位负责收集整理。

3）设计招标文件由建设单位或委托的咨询单位编制，用于选择设计单位，由编制单位提供，建设单位负责收集整理。

4）设计投标文件由设计单位或委托的咨询单位编制，用于承揽设计任务，由编制单位提供，建设单位负责收集整理。

5）施工招标文件由建设单位或委托的咨询单位编制，用于选择施工单位，由编制单位提供，建设单位负责收集整理。

6）施工投标文件由施工单位或委托的咨询单位按照施工招标文件要求编制，用于承担施工任务，由编制单位提供，建设单位负责收集整理。

7）监理招标文件由建设单位或委托的咨询单位编制，用于选择监理单位，由编制单位提供，建设单位负责收集整理。

8）监理投标文件由监理单位或委托的咨询单位按照监理招标文件的要求编制，用于承揽监理任务，由编制单位提供，建设单位负责收集整理。

9）勘察、设计、监理、施工合同文件：是由建设单位分别与勘察、设计、监理、施工单位签订形成。勘察、设计、监理、施工合同是建设单位（发包方）和勘察、设计、监理、施工企业（承包方）在工程建设项目中必须共同遵循的法律文件和技术经济文件。勘察、设计、监理、施工合同是以工程勘察、设计、监理、施工为目的，明确建设工程发包方和承包方在项目实施中的权利和义务，是建设工程项目实施的法律依据。勘察、设计、监理、施工合同文件有参与签订合同单位负责提供，建设单位负责收集、整理。

（5）开工审批文件（A5）

1）建设工程规划许可证及其附件：建设工程规划许可证是由建设单位申请划拨、出让土地前，经规划行政管理部门确认建设项目位置、面积和允许建设范围符合城市规划的文件。申请建设工程规划许可证需提交建设工程规划用地许可证申请、选址意见书、可行性研究报告、地形图、建设设计方案和相关部门对设计方案意见等。经规划行政主管部门核定无误后办理形成。建设单位负责收集、整理。

2）建设工程施工许可证：建设单位在建筑工程开工前，应当按照国家有关规定向工程所在地县级以上人民政府建设行政主管部门申请领取施工许可证，建设单位负责收集、整理。申请领取施工许可证，应当具备下列条件，并提交相应的证明文件：

① 已经办理该建筑工程用地批准手续。

② 在城市规划区的建筑工程，已经取得建设工程规划许可证。

③ 施工现场已经基本具备施工条件，需要拆迁的，其拆迁进度符合施工要求。

④ 已经确定建筑施工企业；有满足施工需要的施工图纸及技术资料，施工图设计文件已按规定进行了审查。

⑤ 有保证工程质量和安全的具体措施。

⑥ 按照规定应该委托监理的工程已委托监理。

⑦ 建设资金已经落实。

⑧ 法律、行政法规规定的其他条件。

建筑工程在施工过程中，建设单位或施工单位发生变更的，应当重新申请领取施工许可证。

（6）工程造价文件（A6）

1）工程投资估算资料由建设单位或委托工程造价咨询单位编制，由编制单位提供，建设单位负责收集、整理。

2）工程设计概算文件是由设计单位按设计内容概略算出该工程由立项开始到交付使用之间的全过程发生的建设费用文件。由设计单位编制、提供，建设单位负责收集、整理。

3）招标控制价格文件：是由招标人自行编制或委托具有编制标底资格能力的代理机构编制的，是招标人在招标过程中可以承受的最高工程造价，故是投标人投标报价上限。由建设单位负责收集、整理。

4）合同价格文件：施工单位与建设单位签订施工合同时，在合同文本上由双方确认的合同价格，由合同编制单位提供，建设单位负责收集、整理。

5）结算价格文件是指在工程竣工验收之后由施工单位根据工程实施过程中所发生的工程变更情况，调整工程的施工图预算价格，确定工程项目最终决算价格文件。由建设、施工单位双方编制认可后形成、建设单位负责收集、整理。

（7）工程建设基本信息（A7）

主要包括：工程概况信息表、建设单位工程项目负责人及现场管理人员名单、监理单位工程项目总监及监理人员名册、施工单位项目经理及质量管理人员名册。

2. 施工期间归档资料形成管理

施工期间的单位工程归档资料主要来源于监理单位、施工单位、试验检测单位和材料供应单位，监理资料和施工资料均应按照《建设工程文件归档规范》（GB/T 50328—2014）规定的归档范围和流程实施文件的形成管理，资料形成过程的步骤如图 3-7 所示。

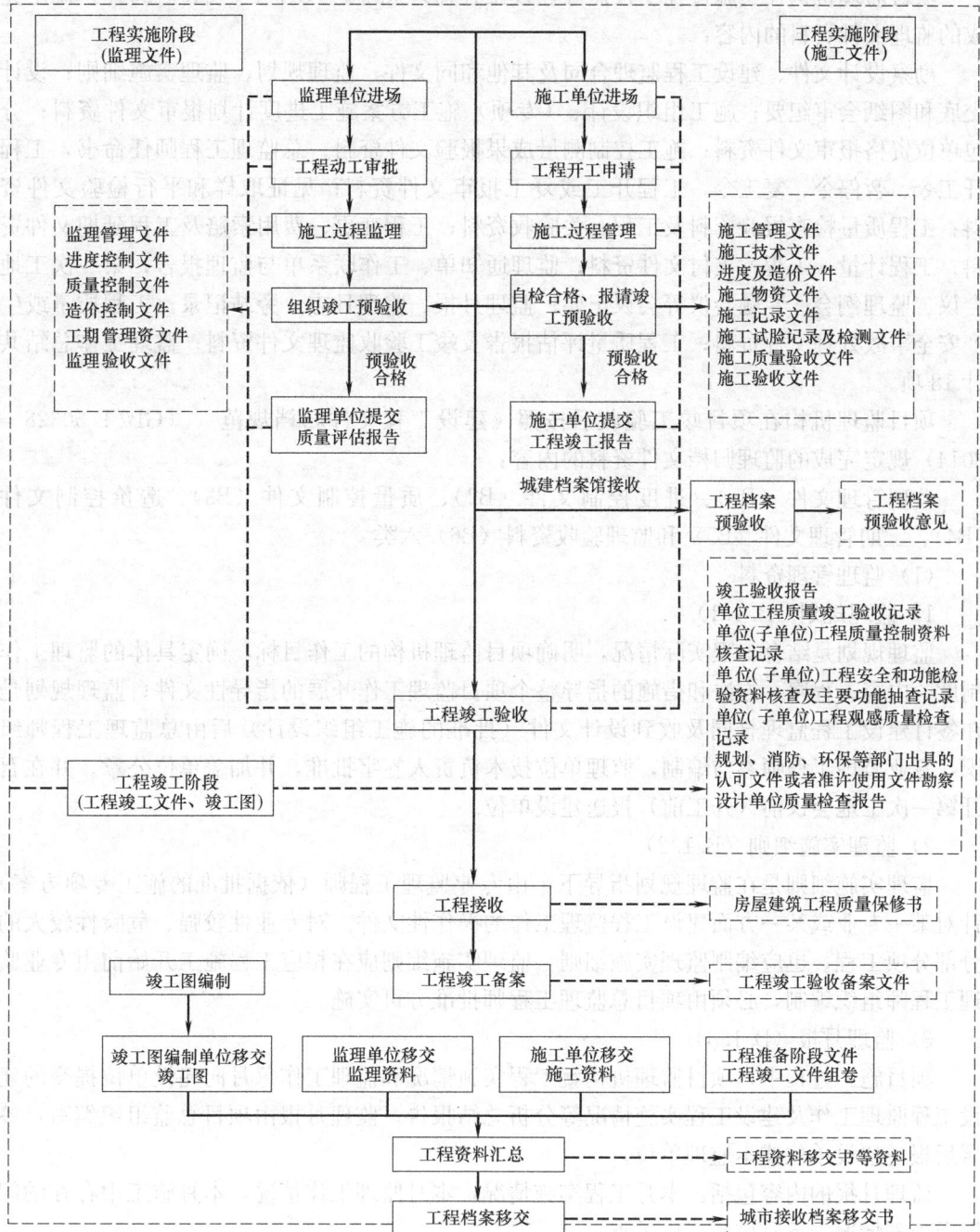

图 3-7 施工、监理单位工程资料形成过程

3. 监理单位归档文件资料的形成管理

项目监理机构在实施监理过程中应及时、准确、完整地收集、整理、编制、传递监理文件。项目监理机构在项目完成后应将本单位形成的工程归档文件立卷后向建设单位移交。

项目监理机构在实施过程中按照《建设工程监理规范》（GB/T 50319—2013）规定完成的监理文件资料的内容：

勘察设计文件、建设工程监理合同及其他和同文件；监理规划、监理实施细则；设计交底和图纸会审纪要；施工组织设计、（专项）施工方案施工进度计划报审文件资料；分包单位资格报审文件资料；施工控制测量成果报验文件资料；总监理工程师任命书，工程开工令、暂停令、复工令，工程开工或复工报审文件资料；见证取样和平行检验文件资料；工程质量检查报验资料及工程有关验收资料；工程变更、费用索赔及工程延期文件资料；工程计量、工程款支付文件资料；监理通知单、工作联系单与监理报告；第一次工地会议、监理例会、专题会议等会议纪要；监理月报、监理日志、旁站记录；工程质量或生产安全事故处理文件资料；工程质量评估报告及竣工验收监理文件资料；监理工作总结共计 18 项。

项目监理机构在项目竣工验收后按照《建设工程文件归档规范》（GB/T 50328—2014）规定完成的监理归档文件资料的内容：

监理管理文件（B1）、进度控制文件（B2）、质量控制文件（B3）、造价控制文件（B4）、工期管理文件（B5）和监理验收资料（B6）六类。

（1）监理管理资料

1）监理规划（B.1.1）

监理规划是结合工程实际情况，明确项目监理机构的工作目标，确定具体的监理工作制度、内容、程序、方法和措施的指导整个项目监理工作开展的指导性文件；监理规划是在签订建设工程监理合同及收到设计文件（批准的施工组织设计）后由总监理工程师组织，专业监理工程师参与编制，监理单位技术负责人签字批准，并加盖单位公章。并在召开第一次工地会议前（开工前）报送建设单位。

2）监理实施细则（B.1.2）

监理实施细则是在监理规划指导下，由专业监理工程师（依据批准的施工专项方案）针对某一专业或某一方面建设工程监理工作的操作性文件。对专业性较强、危险性较大的分部分项工程，也应编制监理实施细则。监理实施细则应在相应工程施工开始前由专业监理工程师组织编制，必须由项目总监理工程师批准方可实施。

3）监理月报（B.1.3）

项目施工过程中，项目监理机构就工程实施情况和监理工作每月向建设单位提交的建设工程监理工作及建设工程实施情况等分析总结报告。监理月报由项目总监组织编写，签署后报送建设单位或本监理单位。

监理月报的内容包括：本月工程实施情况，本月监理工作情况，本月施工中存在的问题及处理情况，下月监理工作重点。

4）监理会议纪要（B.1.4）

监理会议纪要是由项目监理机构根据会议记录整理，与会各方代表会签确认完成。会议纪要的主要内容包括：例会地点与时间；会议主持人；与会人员姓名、单位、职务；例会的主要内容、事项等。监理会议形式主要有开工前的第一次工地会议和定期召开的监理例会。

① 第一次工地会议

工程项目开工前，总监理工程师及有关监理人员应参加由建设单位主持召开的第一次工地会议，会议纪要有项目监理机构负责整理，与会代表会签。第一次工地会议应包括以下内容：

A. 建设单位、承包单位和监理单位分别介绍各自驻现场的组织机构、人员及其分工。

B. 建设单位根据委托监理合同宣布对总监理工程师的授权。

C. 建设单位介绍工程开工准备情况。

D. 承包单位介绍施工准备情况。

E. 建设单位和总监理工程师对施工准备情况提出意见和要求。

F. 总监理工程师介绍监理规划的主要内容。

G. 研究确定各方在施工过程中参加工地例会的主要人员，召开工地例会周期、地点及主要议题。

② 监理例会

在施工过程中，项目监理机构应定期召开监理例会，组织有关单位研究解决工程监理相关问题。项目监理机构可根据工程需要，主持或参加专题会议，解决监理工作范围内工程专项问题。监理例会、专题例会的会议纪要由项目监理机构负责整理，与会各方代表会签。

5）监理工作日志（B.1.5）

监理日志是监理机构每日对建设工程监理工作及施工进展情况所做的记录。有专人负责逐日连续如实记载。监理日志的主要内容包括：天气和施工环境情况，当日施工进展情况，当日监理工作情况（施工人数、作业内容及部位；使用的主要设备、材料；主要分部、分项工程开工、完工的标记），其他有关事项（巡视、旁站、见证记录；报验及验收结果；材料、设备、构配件和主要施工机械设备进场验收情况；施工单位资料报审及审查结果；所发监理通知书的主要内容；建设、施工单位提出的有关事宜及处理意见；工地会议的有关问题；质量事故处理方案；异常事件对施工的影响情况；设计人员现场交底的有关事宜；上级有关部门现场检查、指导意见；其他事项）。

6）监理工作联系单（B.1.7）

工作联系单用于监理单位和其他参建单位传递意见、建议、决定、通知等的联系用表，工作联系单主要针对工程项目的一般问题起到告知的作用，可要求施工单位回复也可不做回复的要求。工作联系单应符合现行国家标准《建设工程监理规范》（GB/T 50319-2013）的有关规定。

工作联系单可采用表3-6的格式。当不需回复时应有签收记录，并应注明收件人的姓名、单位和收件日期。工作联系单由监理单位填写一式三份，并由建设单位、施工单位和监理单位各保存一份。

工作联系单 （B.1.7） 表 3-6

工程名称	××市×中学教学楼	编号	00-00-B1-002

致××建筑安装有限公司(施工单位)
事由:关于贵公司资质及项目组织机构报审事宜
内容:请×××建筑安装有限公司于××年×月×日前将贵公司的资质副本复印件及教学楼项目组织机构人员名单、人员岗位证件报送我公司现场监理部。
单位××市××监理有限责任公司

发文单位
负责人×××
××年×月×日

7）监理工程师通知单 （B.1.8）

按照现行国家标准《建设工程监理规范》（GB/T 50319—2013）的有关规定，项目监理机构发现施工存在质量、安全隐患问题的，或施工单位采用不适当的施工工艺，或施工不当，造成工程质量不合格的，应及时签发监理通知单，要求施工单位整改。整改完毕后，项目监理机构应根据施工单位报送的监理通知回复单对整改情况进行复查，提出复查意见。

监理通知单由项目监理机构按表 3-7 要求填报，由总监理工程师或专业监理工程师签发，项目监理机构盖章。监理通知回复单应由施工单位按表 3-8 填报，经项目经理签字，项目经理部盖章，报监理机构。监理通知单、监理通知回复单一式四份，应由建设单位、监理单位、施工单位和城建档案管理机构各保存一份。

监理工程师通知单 （B.1.8） 表 3-7

工程名称	××市×中学教学楼	编号	01-06-B1-×××

致××建筑安装有限公司(施工总承包单位/专业承包单位)
事由:关于基坑开挖边坡放坡相关事宜

内容:
1. 贵单位承建的教学楼在基坑开挖时未按施工方案进行放坡,请接通知后立即整改,按原定施工方案施工。
2. 现正当雨期,请做好边坡防护,防止边坡塌方。

项目监理机构(盖章)　××监理有限责任公司
总/专业监理工程师(签字)×××××××
××年×月×日

监理通知回复单 （B.1.9） 表 3-8

工程名称	××市×中学教学楼	编号	01-06-B1-×××

××监理有限责任公司(项目经理机构)
我方接到编号为01-06-B1-×××的监理通知单后,已按要求完成相关整改工作,请予以复查。

附件:需要说明的情况
1. 基坑开挖放坡施工方案
2. 工程测量放线成果;
3. 主要人员、材料、设备进场说明。

施工项目经理部　××建筑安装有限公司×× 项目经理部
项目经理(签字):×××
××××年×月×日

复查意见:
×××建筑安装有限公司×× 项目经理部所报×××工程整改方案有效,准予继续施工。

项目监理机构(盖章)　××监理有限责任公司
总监理工程师/专业监理工程师(签字)　×××
××××年×月×日

8）工程暂停令（B.1.10）

按照现行国家标准《建设工程监理规范》（GB/T 50319—2013）的有关规定。总监理工程师在签发工程暂停令时，可根据停工原因的影响范围和影响程度，确定停工范围，并应按施工合同和建设工程监理合同的约定签发工程暂停令。此外，签发工程暂停令应事先征得建设单位同意，在紧急情况下未能事先报告时，应在事后及时向建设单位作出书面报告。

项目监理机构在发生下列情况之一时，总监理工程师可签发工程暂停令：建设单位要求暂停施工且工程需要暂停施工；施工单位未经批准擅自施工或拒绝项目监理机构管理的；施工单位未按审查通过的工程设计文件施工的；施工单位违反工程建设强制性标准的；施工存在重大质量、安全事故隐患或发生质量、安全事故的。

监理单位签发的工程暂停令应一式四份，并应由建设单位、监理单位、施工单位和城建档案管理机构各保存一份。工程暂停令宜采用表3-9的格式。

工程暂停令（B.1.10）

表3-9

工程名称	××市×中学教学楼	编号	01-06-B1-×××

致××建筑安装有限公司××（施工项目经理部）

由于<u>贵单位边坡开挖放坡度不够,却断续基础施工</u>的原因,现通知你方必须于<u>×××年×月×日12:00</u>起,对本工程的<u>独立基础施工</u>部位(工序)实施暂停施工,并按要求做好下述各项工作:

1. 做好基坑边的临边防护。
2. 边坡放坡不够的地方进行放坡处理,消除安全隐患。
3. 做好现场其他工作。

项目监理机构(盖章)　　××监理有限责任公司

总监理工程师(签字、加盖执业印章)_____×××

××年×月×日

9）工程复工报审表、复工令（B.1.11）

按照现行国家标准《建设工程监理规范》（GB/T 50319—2013）的有关规定。当暂停施工原因消失、具备复工条件时，施工单位提出复工申请的，项目监理机构应审查施工单位报送的工程复工报审表及有关材料，符合要求后，总监理工程师应及时签署审查意见，并应报建设单位批准后签发工程复工令；施工单位未提出复工申请的，应根据工程实际情况指令施工单位恢复施工。

工程复工令应由项目监理机构按表3-10的要求填写。工程复工报审表应由施工单位按表3-11的要求填报。工程复工报审表、工程复工令应一式四份，并应由建设单位、监理单位、施工单位和城建档案管理机构各保存一份。

工程复工令（B.1.11）

表3-10

工程名称	××市×中学教学楼	编号	01-06-B1-×××

致××建筑安装有限公司××（施工项目经理部）

我方发出的编号为___×××___《工程暂停令》要求暂停施工的<u>基坑开挖边坡施工</u>部位(工序)经查已具备复工条件,经建设单位同意,现通知你方于×××年×月×日　时起恢复施工。

附件:工程复工报审表:

项目监理机构(盖章)　××监理有限责任公司

总监理工程师(签字、加盖执业印章)×××

××年×月×日

工程复工报审表（B. 1. 11/C. 3. 2） 表 3-11

工程名称	××市×中学教学楼	编号	01-06-B1-×××

致××监理有限责任公司(项目监理机构)

编号为×××《工程暂停令》所停工的 基坑开挖边坡施工部位(工序)已满足复工条件,我方已申请××××年×月×日复工,请予以审批。

附件:证明文件资料:

整改方案;

主要人员、材料、设备进场;

施工项目经理部(盖章)××建筑安装有限公司
项目经理(签字): ×××
××××年×月×日

审核意见:

×××建筑安装有限公司所报×××工程复工资料满足复工条件,准予复工。

项目监理机构(盖章) ××监理有限责任公司
总监理工程师(签字) ×××
××年×月×日

审批意见:

具备复工条件,同意复工。

建设单位(盖章)××市×中学
建设单位代表(签字)×××
××年×月×日

(2) 监理进度控制资料

1) 工程开工报审表、开工令

按照现行国家标准《建设工程监理规范》(GB/T 50319—2013)的有关规定,总监理工程师应组织专业监理工程师审查施工单位报送的工程开工报审表及相关资料;同时具备下列条件时,应由总监理工程师签署审核意见,并应报建设单位批准后,总监理工程师签发工程开工令:

① 设计交底和图纸会审已完成。

② 施工组织设计已由总监理工程师签认。

③ 施工单位现场质量、安全生产管理体系已建立,管理及施工人员已到位,施工机械具备使用条件,主要工程材料已落实。

④ 进场道路及水、电、通信等已满足开工要求。

工程开工令由项目监理机构按表 3-12 要求填写。工程开工报审表应由施工单位按表 3-13 填报。工程开工报审表、开工令一式四份,应由建设单位、监理单位、施工单位、城建档案管理机构各保存一份。

工程开工令（监理 A. 0. 2） 表 3-12

工程名称	××市×中学教学楼	编号	00-00-B2-×××

致××建筑安装有限公司××(施工单位)

经审查,本工程已具备施工合同约定的开工条件,现同意你方开始施工,开工日期为:××××年×月×日。

附件:工程开工报审表:

项目监理机构(盖章) ××监理有限责任公司
总监理工程师(签字、加盖执业印章)×××
××年×月×日

工程名称	××市×中学教学楼	编号	00-00-C3-×××

致××市×中学（建设单位）
××监理有限责任公司（项目监理机构）
　我方承担的××市×中学教学楼 工程已完成相关准备工作，具备开工条件，申请于××××年××月××日开工，请予以审批。
附件：证明文件资料：
　　　工程施工许可证（复印件）；
　　　工程测量放线；
　　　主要人员、材料、设备进场；
　　　施工现场道路、水电、通信已达到开工条件。

施工单位（盖章）××建筑安装有限公司
项目经理（签字）：　×××
××××年××月××日

审核意见：
　×××建筑安装有限公司所报×××工程开工资料齐全、有效，具备开工条件，准予开工。

项目监理机构（盖章）　××监理有限责任公司
总监理工程师（签字）　×××
××××年××月××日

审批意见：
　同意开工。

建设单位（盖章）　　××市×中学
建设单位代表（签字）　×××
××××年××月××日

2）施工进度计划报审表

　　按照现行国家标准《建设工程监理规范》（GB/T 50319—2013）的有关规定，项目监理机构应审查施工单位报审的施工总进度计划和阶段性施工进度计划，提出审查意见，并应由总监理工程师审核后报建设单位。施工进度计划审查应包括下列基本内容：

　　① 施工进度计划应符合施工合同中工期的约定。

　　② 施工进度计划中主要工程项目无遗漏，应满足分批投入试运、分批动用的需要，阶段性施工进度计划应满足总进度控制目标的要求。

　　③ 施工顺序的安排应符合施工工艺要求。

　　④ 施工人员、工程材料、施工机械等资源供应计划应满足施工进度计划的需要。

　　⑤ 施工进度计划应符合建设单位提供的资金、施工图纸、施工场地、物资等施工条件。

　　施工进度计划报审表应由施工单位宜按表 3-14 要求填报，并由项目总监理工程师进行签认。本表一式三份，项目监理机构、建设单位、施工单位各一份，见表 3-14。

施工进度计划报审表（B. 2. 2/C. 3. 3）　　　　表 3-14

工程名称	××市×中学教学楼	编号	00-00-C3-×××

致××监理有限责任公司(项目监理机构)
根据施工合同约定,我方已完成××市×中学教学楼工程的施工进度计划的编制和批准,请予以审查。
附件:
□施工总进度计划
■阶段性进度计划

施工项目部(盖章)××建筑安装有限公司
项目经理(签字)×××
×× 年 ×月×日

审查意见:
报审的施工进度计划符合要求,请总监理工程师审定。

专业监理工程师(签字):×××
×× 年 ×月×日

审核意见:
同意专业监理工程师的审查意见,并报建设单位。

项目监理机构(盖章)　××监理有限责任公司
总监理工程师(签字)　　×××
×× 年 ×月×日

（3）监理质量控制资料

1）旁站监理记录

按照现行国家标准《建设工程监理规范》（GB/T 50319—2013）的有关规定，项目监理机构应根据工程特点和施工单位报送的施工组织设计及专项施工方案，确定旁站的关键部位、关键工序、安排监理人员进行旁站，并应及时记录旁站情况。监理单位填写的旁站监理记录应一式三份，并应由建设单位、监理单位、施工单位各保存一份。旁站监理记录宜采用表 3-15 的格式。

旁站监理记录（B. 3. 1）　　　　表 3-15

工程名称	××市×中学教学楼	编号	01-02-B3-×××
旁站的关键部位、关键工序	独立基础及防水 筏板混凝土浇筑	施工单位	××建筑安装有限公司
旁站开始时间	××年×月×日×时×分	旁站结束时间	××年×月×日×时×分

施工情况:采用 C40P6 商品混凝土泵送浇筑,施工过程按规范操作。

发现问题及处理情况:混凝土浇筑过程中商品混凝土供应不及时,局部混凝土出现初凝。
处理结果:现场搅拌同强度等级砂浆浇在初凝接槎处(凿毛)。

旁站监理人员(签字):×××

××年×月×日

2）见证取样和送检见证人员备案表

依据《房屋建筑工程和市政基础设施工程实行见证取样和送检的规定》建建［2000］211 号规定：见证人员应由建设单位或该工程的监理单位具备建筑施工试验知识的专业技术人员担任，并应由建设单位或该工程的监理单位书面通知施工单位、检测单位和负责该项工程的质量监督机构。专业监理工程师应对承包单位报送的拟进场工程材料、构配件和设备的工程材料/构配件/设备报审表及其质量证明资料进行审核，并对进场的实物按照委托监理合同约定或有关工程质量管理文件规定的比例采用平行检验或见证取样方式进行抽检。

对未经监理人员验收或验收不合格的工程材料、构配件、设备，监理人员应拒绝签认，并应签发监理工程师通知单，书面通知承包单位限期将不合格的工程材料、构配件、设备撤出现场。

监理单位填写的见证取样和送检见证人员备案表应一式三份，建设单位、监理单位、施工单位各保存一份。见证取样和送检见证人员备案表宜采用表 3-16 的格式。

见证取样和送检见证人员备案表（B.3.3）　　　　表 3-16

工程名称	××市×中学教学楼	编　号	01-02-B3-×××
质量监督站	××市建设工程质量监督站	日　期	××年×月×日
检测单位	××市××建筑材料检测中心		
施工总承包单位	×××建筑有限公司		
专业承包单位	/		
鉴证人员签字	××× ××× ××× ×××	见证取样和送检印章	××监理有限责任公司 见证取样和送检印章
	建设单位(章) ××市×中学		监理单位(章) ××监理有限责任公司

3）见证记录

依据《房屋建筑工程和市政基础设施工程实行见证取样和送检的规定》建建〔2000〕211 号规定：涉及结构安全的试块、试件和材料见证取样和送检的比例不得低于有关技术标准中规定应取样数量的 30%。下列试块、试件和材料必须实施见证取样和送检：

① 用于承重结构的混凝土试块。

② 用于承重墙体的砌筑砂浆试块。

③ 用于承重结构的钢筋及连接接头试件。

④ 用于承重墙的砖和混凝土小型砌块。

⑤ 用于拌制混凝土和砌筑砂浆的水泥。

⑥ 用于承重结构的混凝土中使用的掺加剂。

⑦ 地下、屋面、厕浴间使用的防水材料。

⑧ 国家规定必须实行见证取样和送检的其他试块、试件和材料。

在施工过程中，见证人员应按照见证取样和送检计划，对施工现场的取样和送检进行见证，取样人员应在试样或其包装上做出标识、封志。标识和封志应标明工程名称、取样部位、取样日期、样品名称和样品数量，并由见证人员和取样人员签字。见证人员应制作见证记录，并将见证记录归入施工技术档案。监理单位填写的见证记录应一式三份，并应由建设单位、监理单位、施工单位各保存一份。见证记录宜采用表 3-17 的格式。

见证记录（B.3.4）　　　　　　　　　　表 3-17

工程名称	××市×中学教学楼		编号	01-06-B3-005
开始时间	××年×月×日	试件编号　HNT001	取样数量	3 组
见证取样记录：	见证取样取自 6 号罐车，在试块上已做出标识，注明取样部位、取样日期。			
见证取样 和送检印章	××有限责任公司 见证取样和送检印章			
签字栏	取样人员		见证人员	
	刘××		李××	

（4）造价控制资料

1）工程款支付证书

按照现行国家标准《建设工程监理规范》（GB/T 50319—2013）规定，项目监理机构应按下列程序进行工程计量和工程款签证工作：

① 专业监理工程师对施工单位在工程款支付报审表中提交的工程量和支付金额进行复核，确定实际完成的工程量，提出到期应支付给施工单位的金额，并提出相应的支持性材料。

② 总监理工程师对专业监理工程师的审查意见进行审核，签认后报建设单位审批。

③ 总监理工程师根据建设单位的审批意见，向施工单位签发工程款支付证书。

工程款支付证书应由项目监理机构按表 3-18 填写。工程款支付报审表应由施工单位按表 3-19 要求填写。《工程款支付证书》是与《工程款支付报审表》配套使用表格的。在工程预付款、工程进度款、工程结算款等支付时使用。工程款支付证书、工程款支付报审表应一式三份，建设单位、监理单位、施工单位各保存一份。

工程款支付证书（B.4.2）　　　　　　　　　表 3-18

工程名称	××市×中学教学楼	编号	00-00-B4-×××

致××市×中学(施工单位)

根据施工合同约定，经审核编号为×××工程支付报审表，扣除有关款项后，同意支付工程款共计(大写)<u>叁佰贰拾万元整</u>(小写：<u>3200000.00</u>)。

其中：

1. 施工单位申报款为：<u>叁佰伍拾陆万元整</u>

2. 经审核施工单位应得款为：<u>叁佰贰拾万元整</u>

3. 本期应扣款为：<u>叁拾陆万元整</u>

4. 本期应付款为：<u>叁佰贰拾万元整</u>

附件：

施工单位的工程支付报审表及附件；

项目监理机构(盖章)××监理有限责任公司
总监理工程师(签字、加盖执业印章)×××
××年×月×日

2）费用索赔审批表

① 按照现行国家标准《建设工程监理规范》（GB/T 50319—2013）规定，项目监理机

构可按下列程序处理施工单位提出的费用索赔：

A. 受理施工单位在施工合同约定的期限内提交的费用索赔意向通知书。

B. 收集与索赔有关的资料。

C. 受理施工单位在施工合同约定的期限内提交的费用索赔报审表。

D. 审查费用索赔报审表。需要施工单位进一步提交详细资料时，应在施工合同约定的期限内发出通知。

E. 与建设单位和施工单位协商一致后，在施工合同约定的期限内签发费用索赔报审表，并报建设单位。

② 项目监理机构批准施工单位费用索赔应同时满足下列条件：

A. 施工单位在施工合同约定的期限内提出费用索赔。

B. 索赔事件是因非施工单位原因造成，且符合施工合同约定。

C. 索赔事件造成施工单位直接经济损失。

费用索赔报审表应按表 3-19 要求填写。施工单位填写的费用索赔审批表应一式三份，并应由建设单位、监理单位、施工单位各保存一份。

费用索赔申请（批）表（B. 4. 4/C. 3. 9）　　　　　表 3-19

工程名称	××市×中学教学楼	编号	00-00-B4-×××

致××监理有限责任公司(项目监理机构)

根据施工合同×××条款的约定，由于施工用电连续 5 天停电原因，我方申请索赔金额(大写)壹拾万元，请予批准。

索赔理由：(建设单位应承担的风险)
附件：■索赔金额计算
　　　■证明材料

施工项目部(盖章)

项目经理(签字)×××

××××年 ×月×日

审核意见：
□不同意此项索赔
■同意此项索赔，所配金额为(大写)壹拾万元。
同意/不同意索赔的理由：
费用索赔的情况属实。
附件:□索赔审查报告

项目监理机构(盖章)××监理有限责任公司

总监理工程师(签字)　×××

××××年×月×日

审批意见:同意项目监理机构的索赔审核意见。

建设单位(盖章)××市×中学

建设单位代表(签字)　　×××

××××年×月×日

（5）工期管理文件资料

工程延期审批表

《建设工程监理规范》（GB/T 50319—2013）规定：当施工单位提出工程延期要求符合施工合同约定条件时，项目监理机构应予以受理。当影响工期事件具有持续性时，项目监理机构应对施工单位提交的阶段性工程临时延期报审表进行审查，并应签署工程临时延期审核意见后报建设单位。当影响工期事件结束后，项目监理机构应对施工单位提交的工程最终延期报审表进行审查，并应签署工程最终延期审核意见后报建设单位。

　　施工单位填写的工程延期申请表一式四份，并应由建设单位、监理单位、施工单位、城建档案馆各保存一份。监理单位填写的工程延期审批表应一式三份，并应由建设单位、监理单位、城建档案馆各保存一份。施工单位填报，监理单位审核、批准的工程临时/最终延期报审表应一式四份，并应由建设单位、监理单位、施工单位、城建档案馆各保存一份。工程延期审批表宜采用表3-20的格式；工程临时/最终延期报审表，宜采用表3-21的格式。

工程延期审批表（B.5.2）　　　　　　　　　　　　　　**表 3-20**

工程名称	××市×中学教学楼	编号	00-00-B5-×××

致××建筑安装有限公司(施工总承包/专业承包单位)

根据施工合同×条××款的约定,我方对你方提出的<u>教学楼</u>工程延期申请(第<u>002</u>号)要求延长工期<u>5</u>日历天的要求,经过审核评估:

■同意工期延长<u>4</u>日历天。使竣工日期(包括已指令延长的工期)从原来的<u>××</u>年<u>×</u>月<u>×</u>日延迟到
<u>××</u>年 <u>×</u> 月 <u>×</u>日。请你方执行。

口不同意延长工期,请按约定竣工日期组织施工。

说明:因下暴雨工期延长三天,材料耽误工期延长2天。

监理单位×××监理有限责任公司

总监理工程师_____×××

××年×月×日

工程临时/最终延期报审（申请）表（B.5.1）　　　　　**表 3-21**

工程名称	××市×中学教学楼	编号	00-00-C3-×××

致××监理有限责任公司(项目监理机构)

根据施工合同×××条款的约定,由于<u>施工用电连续5天停电</u>原因,我方申请临时/最终延期<u>5</u>(日历天),请予批准。

附件: 1. 工程延期依据及工期计算

　　　 2. 证明材料

施工项目部经理(盖章)

项目经理(签字)×××

××××年×月×日

审核意见:

口同意工程临时/最终延期<u>5</u>(日历天)。工程竣工日期从施工合同约定<u>××××</u>年<u>××</u>月<u>××</u>日延期到<u>××××</u>年<u>×</u>月<u>××</u>日。

口不同意延期,请按约定竣工日期组织施工。

同意/<u>不同意</u>延期的理由:

延期的情况属实。

附件:口延期审查报告

项目监理机构(盖章)××监理有限责任公司

总监理工程师(签字、加盖执业印章) ×××

××××年×月×日

审批意见:同意项目监理机构的延期审核意见。

建设单位(盖章)××市×中学

建设单位代表(签字) ×××

××××年×月×日

4. 施工归档文件资料的形成管理

施工文件按照《建设工程文件归档规范》（GB/T 50328—2014）的规定分为施工管理文件（C1）、施工技术文件（C2）、进度造价文件（C3）、施工物资出厂质量证明及进场检测文件（C4）、施工记录文件（C5）、施工试验记录及检测文件（C6）、施工质量验收文件（C7 指分部、分项和检验批验收）、施工验收资料（C8 指单位工程验收，单位工程验收不等同于竣工验收）八类。

（1）施工管理文件（C1）

施工管理资料（C1）由工程概况表、施工现场质量管理检查记录、企业资质证书及相关专业人员岗位证书、分包单位资质报审表、建设工程质量事故调查、勘查记录、建设工程质量事故报告书、施工检测计划、见证记录、见证试验检测汇总、施工日志、监理工程师通知回复单等相关资料组成

1）工程概况表

工程概况是对工程基本情况的简要描述，主要包括工程的一般情况、构造特征、设备系统等内容。施工单位填写的工程概况表与施工组织设计同步完成并应一式四份，并应由建设单位、监理单位、施工单位、城建档案馆各保存一份。工程概况表可采用表 3-22 的格式。

工程概况表（C.1.1）　　　　　　　　　表 3-22

工程名称		××市×中学教学楼	编号	00-00-C1-×××
一般情况	建设单位	×××职业技术学院		
	建设用途	用于教学办公	设计单位	××勘察设计研究院
	建设地点	××市××路×号	勘察单位	××勘察设计研究院
	建筑面积	6763.18m²	监理单位	××监理有限责任公司
	工期	455 天	施工单位	××建筑安装有限公司
	计划开工日期	2012-7-1	计划竣工日期	2013-10-30
	结构类型	框架	基础类型	独立基础加防水底板
	层次	地下1层、地上5层	建筑檐高	20.4m
	地上面积	5449.54m²	地下面积	1313.64m²
	人防等级	/	抗震等级	抗震设防烈度9度
构造特征	地基与基础	C30防水底板厚300,其上为C30独立基础加条形基础,地下室为混凝土挡土墙,强度等级C30		
	柱、内外墙	地下室至二层构架柱混凝土强度等级为C40,地上外墙M5.0水泥砂浆砌250厚MU2.5陶粒混凝土空心砌块,外贴80厚聚苯板保温层,内墙M5.0水泥浆砌150厚MU7.5陶粒混凝土空心砌块		
	梁、板、楼盖	梁、板、楼盖采用C30混凝土现浇,板为现浇空心板		
	外墙装饰	外墙外贴80厚聚苯板保温层,外墙饰面为防水涂料		
	内墙装饰	室内乳胶漆,过道,卫生间吊顶。详见装饰表		
	楼地面装饰	配电室为水泥砂浆地面、卫生间为防滑地面砖,其余房间地面为现浇水磨石		
	屋面构造	150保温层,30厚CL7.5轻集料混凝土找坡层,30厚C20细混凝土找平层,两层1.2厚自带保护层合成高分子防水卷材		
	防火设备	设置火灾报警和消防联动控制系统、消火栓灭火系统、自动喷淋灭火系统、感烟探测器、消防风机、应急照明,疏散指示标志灯。消防广播		
	机电系统名称	10/0.4kV供配电系统、低压配电系统、照明与应急系统、动力配电系统、防雷接地系统、综合布线系统、有线电视系统、广播系统、火灾报警及联动系统		
	其他			

2）施工现场质量管理检查记录

施工现场质量管理检查记录是施工企业质量管理体系具体要求，应符合《建筑工程施工质量验收统一标准》（GB 50300—2013）的有关规定；应由施工单位项目经理部在进场后、开工前按规定填写，报项目总监理工程师检查确认。施工单位填写的施工现场质量管理检查记录应一式两份，并应由监理单位、施工单位各保存一份。施工现场质量管理检查记录宜采用表 3-23 的格式。

施工现场质量管理检查记录（C.1.2）　　　　　　表 3-23

工程名称	××市×中学教学楼		施工许可证 （开工证）	××施建字 20××004	编号	00-00-C1-×××
建设单位	×××市教育局			项目负责人		×××
设计单位	×××勘察设计院			项目负责人		×××
勘测单位	×××勘察设计院			项目负责人		×××
监理单位	××监理有限责任公司			总监理工程师		×××
施工单位	×××建筑安装有限公司	项目经理	×××	项目技术 负责人		×××
序号	项目		内容			
1	现场质量管理制度		质量例会制度；月评比及奖罚制度；三检及交接检制度；质量与经济挂钩制度			
2	质量责任制		岗位责任制；设计交底会制；技术交底制；挂牌制度			
3	主要专业工种操作上岗证书		测量工、钢筋工、起重工、木工、混凝土工、电焊工、架子工等有证、			
4	分包主资质与对分包单位的管理制度		对分包方资质审查，满足施工要求、总包对分包方单位制定的管理制度可行			
5	施工图审查情况		审查报告及审查批准书×设××号，包括：图纸是否取得设计审查合格证书、是否有图审机构盖章、施工图施工前的技术交底和图纸会审的检查			
6	地质勘察资料		地质勘探报告齐全包括：工程建设范围的地质特征和地质结构、不良地质的处理、地下水情况及侵蚀性和氡浓度是否符合标准的说明等			
7	施工组织设计、施工方案及审批		施工组织设计编制、审核、批准齐全			
8	施工技术标准		采用国家、行业标准包括：工法、工艺标准、操作规程、企业标准、管理标准、工程评价标准等			
9	工程质量检验制度		包括：材料、半成品、成品、构配件和设备等进场验收和复验制度、各工序的三检制度（原材料及施工检验制度；抽测项目的检验计划分项工程质量三检制度）			
10	搅拌站及计量设置		有管理制度和计量设施精度及控制措施包括：有无计量设备及计量设备有无校验			
11	现场材料、设备存放与管理		按材料、设备性能要求制定了各管理措施、制度。按施工总平面图布置			
12						

检查结论：
施工现场质量管理制度完整、齐全，符合要求，工程质量有保障。
总监理工程师（建设单位项目负责人）×××　　　　　　××××年××月×日

3）分包单位资质报审表

分包单位资格报审表应符合现行国家标准《建设工程监理规范》（GB/T 50319—2013）的有关规定。分包工程开工前，项目监理机构应审核施工单位报送的分包单位资格报审表，专业监理工程师提出审查意见后，应由总监理工程师审核签认。对分包单位资格应审核以下内容：分包单位的营业执照、企业资质等级证书、安全生产许可文件、类似工程业绩、专职管理人员和特种作业人员的资格证。

施工总承包单位填报的分包单位资质报审表应一式三份，并应由建设单位、监理单位、施工总承包单位各保存一份。分包单位资质报审表宜采用表 3-24 的格式。

分包单位资质报审表 （C.1.4）　　　　　　　　　　表 3-24

工程名称	××市×中学教学楼	编号	00-00-C1-×××

致××监理有限责任公司(项目监理机构)
经考察，我方认为拟选择的×××装饰装修工程公司(分包单位)具有承担下列工程的施工或安装资质和能力，可以保证本工程按施工合同第××—××条款的约定进行施工或安装。请予以审查。

分包工程名称(部位)	工程量	分包工程合同额
装饰装修工程	5000m²	300 万元
合计		

附：
1. 分包单位资质材料。
2. 分包单位业绩材料。
3. 分包单位专职管理人员和特种作业人员的资格证书。
4. 施工单位对分包单位的管理制度。

施工项目经理部(盖章) ×××建筑安装有限公司
项目经理(签字)×××
××年×月×日

审查意见：
同意资格审查

专业监理工程师(签字)×××
××年×月×日

审核意见：
经审查，分包单位资质、业绩材料齐全、真实有效，具有承担分包工程的施工资质和施工能力。

项目监理机构(盖章)××监理有限责任公司
总监理工程师(签字)×××
××年×月×日

4）建设工程质量事故勘查记录

《建设工程质量管理条例》国务院令第 279 号规定：建设工程发生质量事故，有关单位应当在 24 小时内向当地建设行政主管部门和其他有关部门报告。对重大质量事故，事故发生地的建设行政主管部门和其他有关部门应当按照事故类别和等级向当地人民政府和上级建设行政主管部门和其他有关部门报告。特别重大质量事故的调查程序按照国务院有关规定办理。

当工程发生质量事故后，由相关调查人员对工程质量事故进行初步了解和现场勘查后形成的记录。调查单位填写的建设工程质量事故勘查记录应一式五份，并应由调查单位、建设单位、监理单位、施工单位、城建档案馆各保存一份。建设工程质量事故勘查记录宜采用表 3-25 的格式。

工程名称	××市×中学教学楼		编号	00-00-C1-×××
			日期	××年 ×月 ×日
调(勘)查时间	××年 ×月 ×日　时×分至×时×分			
调(勘)查地点	地下室			
参加人员	单位	姓名	职务	电话
被调查人	××建筑安装有限公司	王××	混凝土工	×××××××××××
陪同调(勘)查人员	××监理有限责任公司	吴××	专业监理工程师	×××××××××××
调(勘)查笔录	地下室南面4轴至上轴交B轴挡土墙根局部有蜂窝麻面现象，约30cm²。属于混凝土工的混凝土浇筑边程中漏振现象			
现场证物照片	■有口无共 4 张共 4 页			
事故证据资料	■有口无共 8 条共 2 页			
被调查人签字	王××		调(勘)查人签字	吴××

5）建设工程质量事故报告书

《建设工程质量管理条例》国务院令第 279 号规定：建设工程发生质量事故，有关单位应当在 24 小时内向当地建设行政主管部门和其他有关部门报告。填写质量事故报告时，应写明质量事故发生的时间、应记载年、月、日、时、分；经济损失，指因质量事故导致的返工、加固等费用，包括人工费、材料费和一定数额的管理费；事故情况，包括倒塌情况（整体倒塌或局部倒塌的部位）、损失情况（伤亡人数、损失程度、倒塌面积等）；事故原因，包括设计原因（计算错误、构造不合理等）、施工原因（施工粗制滥造、材料、构配件或设备质量低劣等）、设计与施工的共同问题、不可抗力等；处理意见，包括现场处理情况、设计和施工的技术措施、主要责任者及处理结果。建设工程质量事故报告书宜采用表 3-26 的格式。

建设工程质量事故报告书（C.1.6）　　　　　　　表 3-26

工程名称	××市×中学教学楼	编号	00-00-C1-×××
		建设地点	××市××区×路×××号
建设单位	××市×中学	设计单位	××建筑勘察设计院
施工单位	××建筑安装有限公司	建筑面积	6763m²
		工作量	1014 万元
结构类型	框架剪力墙	事故发生时间	××××年 ×月 ×日
上报时间	××××年 ×月 ×日	经济损失(元)	20000 元

事故经过、后果与原因分析：
××××年 ×月 ×日在四层框架柱混凝土施工时,由于振捣工没有按照混凝土振捣操作规程操作致使四层 2～3 轴,4～5 轴交接处四根框架柱混凝土发生露筋、露石、孔洞等质量缺陷。

事故发生后采取的措施：
经研究决定,对上述部分采取返工处理,重新进行混凝土浇筑。

事故责任单位、责任人及处理意见：
事故责任单位:混凝土施工班组
责任人:振捣工××

处理意见：
(1)对直接责任者进行质量意识教育,切实加强混凝土操作规程培训学习及贯彻执行,经考核合格后持证上岗,并处以适当经济处罚。
(2)对所在班组提出批评,切实加强过程控制。
结论:经返工处理后,结构安全可靠。

负责人	×××	报告人	×××	日期	××××年 ×月 ×日

注：表 3-25 由报告人填写，各有关单位均保存一份。

6）见证试验检测汇总表

《建设工程监理规范》（GB/T 50319—2013）规定：项目监理机构应审查施工单位报送的用于工程的材料、构配件、设备的质量证明文件，并按有关规定、建设工程监理合同约定，对用于工程的材料进行见证取样、平行检验。见证试验检测是在监理单位人员的见证下，由施工单位有关人员对工程中涉及结构安全的试块、试件和材料在现场取样并送至具备相应资质的检测单位进行的检测。各个实验项目的见证试验检测完成后，应由施工单位填写见证试验检测汇总表一式四份，并由建设单位、监理单位、施工单位、城建档案馆各保存一份。见证试验检测汇总表宜采用表 3-27 的格式。

见证试验检测汇总表（C.1.8） 表 3-27

工程名称	××市×中学教学楼		编　号	00-00-C1-×××
			填表日期	××年×月×日
建设单位	××市×中学		检测单位	××市材料检测中心
监理单位	××监理有限责任公司		见证人员	郭×
施工单位	×××建筑安装有限公司		取样人员	刘××
试验项目	应试验组/次数	见证试验组/次数	不合格次数	备注
混凝土试块	28	11	1	
砂浆试块	11	7	0	
钢筋原材	15	9	0	
电渣压力焊	18	12	1	
闪光对焊	16	12	0	
SBS 防水卷材	3	3	0	
水泥	8	8	0	
制表人（签字）	×××			

7）施工日志

施工日志是施工单位在整个施工阶段有关现场施工活动和施工现场情况变化的真实综合性记录，也是处理施工问题的备忘录和总结施工管理经验的基本文件。施工日志应以单位工程为记载对象。从工程开工起至工程竣工止，按专业指定专人负责逐日记载，并保证内容真实、连续和完整。施工日志必须保证字迹清晰、内容齐全，由各专业负责人签字。由施工单位填写的施工日志应一式一份，并应自行保存。施工日志宜采用表 3-28 的格式。

施工日志（C.1.9） 表 3-28

工程名称	××市×中学教学楼	编　号	00-00-C1-×××
		日　期	××年×月×日
施工单位	×××建筑安装有限公司		
天气状况	风力		最高/最低温度（℃）
晴	1～3 级		31/21

施工情况记录：（施工部位、施工内容、机械使用情况、劳动力情况，施工中存在问题等）

1. 土建班组：15 人，一层砌筑围护墙。人工搅拌机拌砂浆。

2. 木工班组：25 人，五层搭设满堂脚手架，架设梁底板。

3. 钢筋班组：10 人，制作五层梁、板钢筋。

4. 水电暖班组：4 人，一层沿墙暗敷电线线管，线盒

技术、质量、安全工作记录：（技术、质量安全活动、检查验收、技术质量安全问题等）

1. 土建班组在砌筑围护墙时，出现个别有瞎缝。

2. 木工班组：个别人在搭设满堂脚手架时未系安全带。

记录人（签字）	×××

(2) 施工技术资料（C2）

1) 工程技术文件报审表

施工单位在施工前需要填写《工程技术文件报审表》报送监理单位审批，审批的文件有施工组织设计、施工方案、危险性较大分部分项工程施工方案专家论证表、技术交底等技术文件。

工程技术文件报审有时限规定，施工和监理单位均应按照施工合同或约定的时限要求完成各自的报送和审批工作。施工单位填报的工程技术文件报审表应一式三份，并应由建设单位、监理单位、施工单位各保存一份。工程技术文件报审表宜采用表3-29的格式。

工程技术文件报审表（C. 2. 1） 表3-29

工程名称	××市×中学教学楼	编号	00-00-C2-×××
致××监理有限责任公司(监理单位) 我方已编制完成了××市×中学教学楼单位工程施工组织设计技术文件,并经相关技术负责人审查批准,请予以审定。 附:技术文件230页1册 施工项目经理(盖章) <u>×××建筑安装有限公司</u> 项目经理或项目技术负责人(签字)××× ××××年××月××日			
审查验收意见: 经审核,该施工组织设计符合合同、规范和施工图设计要求,同意按此施工组织设计组织本工程施工。 专业监理工程师(签字)××× ××××年××月××日			
总监理工程师审批意见: 审定结论:√同意　□修改后再报　□重新编制 项目监理机构(盖章) <u>××监理有限责任公司</u> 总监理工程师(签字)××× ××××年××月××日			

2) 危险性较大分部分项工程施工方案

危险性较大的分部分项工程是指建筑工程在施工过程中存在的、可能导致作业人员群死群伤或造成重大不良社会影响的分部分项工程。危险性较大的分部分项工程安全专项施工方案，是指施工单位在编制施工组织（总）设计的基础上，针对危险性较大的分部分项工程单独编制的安全技术措施文件。根据《建设工程安全生产管理条例》（国务院第393号令），对基坑支护与降水工程、土方开挖工程、模板工程、起重吊装工程、脚手架工程、拆除爆破工程、国务院建设行政主管部门或者其他有关部门确定的其他危险性较大的工程，应编制专项施工方案并附具安全验算结果。对工程中（超过一定规模的危险性较大的分部分项工程）涉及深基坑、地下暗挖工程、高大模板工程的专项施工方案，施工单位还应当组织专家进行论证、审查。

附：危险性较大的分部分项工程范围

① 基坑支护、降水工程

开挖深度超过3m（含3m）或虽未超过3m但地质条件和周边环境复杂的基坑（槽）支护、降水工程。

② 土方开挖工程

开挖深度超过 3m（含 3m）的基坑（槽）的土方开挖工程。

③ 模板工程及支撑体系

A. 各类工具式模板工程：包括大模板、滑模、爬模、飞模等工程。

B. 混凝土模板支撑工程：搭设高度 5m 及以上；搭设跨度 10m 及以上；施工总荷载 10kN/m 及以上；集中线荷载 15kN/m 及以上；高度大于支撑水平投影宽度且相对独立无联系构件的混凝土模板支撑工程。

C. 承重支撑体系：用于钢结构安装等满堂支撑体系。

④ 起重吊装及安装拆卸工程

A. 采用非常规起重设备、方法，且单件起吊重量在 10kN 及以上的起重吊装工程。

B. 采用起重机械进行安装的工程。

C. 起重机械设备自身的安装、拆卸。

⑤ 脚手架工程

A. 搭设高度 24m 及以上的落地式钢管脚手架工程。

B. 附着式整体和分片提升脚手架工程。

C. 悬挑式脚手架工程。

D. 吊篮脚手架工程。

E. 自制卸料平台、移动操作平台工程。

F. 新型及异型脚手架工程。

⑥ 拆除、爆破工程

A. 建筑物、构筑物拆除工程。

B. 采用爆破拆除的工程。

⑦ 其他

A. 建筑幕墙安装工程。

B. 钢结构、网架和索膜结构安装工程。

C. 人工挖扩孔桩工程。

D. 地下暗挖、顶管及水下作业工程。

E. 预应力工程。

F. 采用新技术、新工艺、新材料、新设备及尚无相关技术标准的危险性较大的分部分项工程。

施工方案专家论证的主要内容包括：专项方案内容是否完整、可行；专项方案计算书和验算依据是否符合有关标准规定；安全施工的基本条件是否满足现场实际情况。专项方案经论证后，专家组应当提交论证报告，对论证的内容提出明确意见，并在论证报告上签字。施工单位应当根据论证报告修改完善专项方案，并经施工单位技术负责人、项目总监理工程师、建设单位项目负责人签字后，方可组织实施。

施工单位填报危险性较大分部分项工程施工方案应一式四份，建设单位、施工单位、监理单位、城建档案馆各保存一份（选择性归档保存）。危险性较大分部分项工程施工方案专家论证表应一式两份，并应由监理单位、施工单位各保存一份。危险性较大分部分项工程施工方案专家论证表可采用表 3-30 的格式。

工程名称	××市×中学教学楼	编号	00-00-C2-×××
施工总承包单位	×××建筑安装有限公司	项目负责人	王××
专业承包单位	/	项目负责人	/
分项工程名称	基坑支护		

专家一览表

姓名	性别	年龄	工作单位	职务	职称	专业
李××	男	48	××勘察设计研究院	总工	高级工程师	岩土
王××	男	45	×××建筑科学研究院	总工	高级工程师	结构
张××	男	39	×××建筑科学研究院	技术部主任	高级工程师	结构
周××	男	36	××勘察设计研究院	工程部主任	高级工程师	结构
周××	女	39	××勘察设计研究院	工程部主任	高级工程师	结构

专家论证意见：

专项方案内容完整、可行；专项方案计算书和验算依据符合有关标准规定；安全施工的基本条件满足现场实际情况。

××××年××月××日

签字栏	组长：李×× 专家：王×× 张×× 周×× 周××

3）技术交底记录

技术交底是指工程开工前，由各级技术负责人将有关工程施工的各项技术要求逐级向下贯彻，直到班组作业层。技术交底可分为施工组织设计交底、专项施工方案技术交底、分项工程施工技术交底、"四新"（新材料、新产品、新技术、新工艺）技术交底和设计变更技术交底。

技术交底的主要内容有：施工方法、技术安全措施、规范要求、质量标准、设计变更等。对于重点工程、特殊工程、新设备、新工艺和新材料的技术要求，更需做详细的技术交底。

施工组织设计交底：重点及大型工程施工组织设计交底，施工单位应在开工前进行由施工企业技术负责人对项目主要管理人员进行交底。

专项施工方案技术交底：应由施工单位项目专业技术负责人根据专项施工方案在专项工程开工前对专业工长进行交底。

分部、分项工程施工技术交底：按分项工程分别进行。分项工程的项目划分，可根据实际情况增加或调整。分部、分项施工工艺技术交底应有专业工长对专业施工班组在分部、分项工程开工前进行。

"四新"技术交底：新材料、新产品、新技术、新工艺技术交底，应由企业技术负责人组织项目技术负责人及有关人员编制。

安全专项交底：由安全技术人员进行交底。

设计变更技术交底：项目技术负责人根据变更要求，并结合具体施工步骤、措施及注意事项等对专业工长进行交底。

施工单位填写的技术交底记录应一式二份，并由施工单位、建设单位各保存一份。技术交底记录宜采用表 3-31 的格式。

技术交底记录（C.2.4）   表 3-31

工程名称	××市×中学教学楼	编号	04-01-C2-×××
		交底日期	××××年××月××日
施工单位	×××建筑安装有限公司	分项工程名称	屋面找平层
交底摘要	屋面水泥砂浆找平层施工	页数	共2页,第　页

交底内容：
屋面找平层施工
1　范围
本工艺标准适用于工业与民用建筑铺贴卷材屋面基层找平层施工。
2　施工准备
2.1　材料及要求：
2.1.1　用材料的质量、技术性能必须符合设计要求和施工及验收规范的规定。
2.1.2　水泥砂浆：
2.1.2.1　水泥：不低于32.5级的普通硅酸盐水泥。
2.1.2.2　砂：宜用中砂,含泥量不大于3%,不含有机杂质,级配要良好。
2.2　主要机具：
2.2.1　机械：砂浆搅拌机或混凝土搅拌机。
2.2.2　工具：运料手推车、铁锹、铁抹子、水平刮杠、水平尺、沥青锅、炒盘、压滚、烙铁。
2.3　作业条件：
2.3.1　找平层施工前,屋面保温层应进行检查验收,并办理验收手续。
2.3.2　各种穿过屋面的预埋管件、烟囱、女儿墙、暖沟墙、伸缩缝等根部,应按设计施工图及规范要求处理好。
2.3.3　根据设计要求的标高、坡度,找好规矩并弹线（包括天沟、檐沟的坡度）。
2.3.4　施工找平层时应将原表面清理干净,进行处理,有利于基层与找平层的结合,如浇水湿润、喷涂基层处理剂等。
3　操作工艺
3.1　工艺流程：
基层清理→管根封堵→标高坡度弹线→洒水湿润→施工找平层（水泥砂浆及沥青砂找平层）→养护→验收
（略）
4　质量标准（略）
5　成品保护（略）
6　应注意的质量问题（略）
7　质量记录（略）

| 签字栏 | 交底人 | 陈×× | 审核人 | 吴×× |
| | 接受交底人 | | 李×× | |

4）图纸会审记录

工程开工前，图纸会审（及设计交底）应由建设单位组织设计、监理和施工单位技术负责人及有关人员参加。设计单位对各专业问题进行交底，施工单位负责将设计交底内容按专业汇总、整理，形成图纸会审记录。图纸会审记录应由建设、设计、监理和施工单位的项目相关负责人签认，形成正式图纸会审记录。

施工单位整理汇总的图纸会审记录应一式五份，并应由建设单位、设计单位、监理单位、施工单位、城建档案馆各保存一份。图纸会审记录宜采用表 3-32 的格式。表中设计单位签字栏应为项目专业设计负责人的签字，建设单位、监理单位、施工单位签字栏应为项目技术负责人或相关专业负责人的签字。

图纸会审记录（C.2.5）　　　　　　　　　　　　　　表3-32

工程名称	××市×中学教学楼		编号	00-00-C2-×××
			日期	××××年××月××日
设计单位	×××建筑设计研究院		专业名称	结构
地点	施工现场会议室		页数	共1页,第1页
序号	图号	图纸问题	答复意见	
1	结施-1	地下室剪力墙、框架柱保护层厚度为多少	剪力墙保护层外25mm,内20mm,框架柱外35mm,内30mm	
2	结施-1	结构总说明中基础混凝土的强度等级为多少	C20	
	…	…	…	
签字栏	建设单位	监理单位	设计单位	施工单位
	李××	张××	王××	陈××

5）设计变更通知单

设计变更是指设计部门对原施工图纸和设计文件所表达的设计标准状态的改变和修改。在施工过程中，由于施工图纸本身差错或设计图纸与实际情况不符，施工条件变化，原材料的规格、品种、质量不符合设计要求等原因，需要对设计图纸部分内容进行修改而办理的变更设计文件。设计变更有可能是建设单位、设计单位、监理单位或施工单位中的任何一个单位或几个单位联合提出，由设计单位签发，经项目总监理工程师（建设单位负责人）审核后，转交施工单位。

设计单位签发的设计变更通知单应一式五份，并应由建设单位、设计单位、监理单位、施工单位、城建档案馆各保存一份。设计变更通知单宜采用表3-33的格式。

设计变更通知单（C.2.6）　　　　　　　　　　　　　　表3-33

工程名称	××市×中学教学楼		编号	01-06-C2-×××
			日期	××××年××月××日
设计单位	×××建筑设计研究院		专业名称	结构
变更摘要	基础结构		页数	共　页,第　页
序号	图号	变更内容		
1	结施-1	底板保护层为50mm厚		
2	……	……		
3				
4				
5				
签字栏	建设单位	设计单位	监理单位	施工单位
	李××	张××	王××	陈××

6）工程洽商记录

洽商是建筑工程施工过程中一种协调建设单位与施工单位、施工单位与设计单位的工作记录。用于对工程方面的技术核定，可由建设单位、监理单位和施工单位中任何一方提出，由提出方填写，各参与方签字后存档。

工程洽商记录应分专业办理，不同专业的洽商应分别办理，不得办理在同一份文件上。

洽商纪录的内容详实，必要时应附图，并逐条注明应修改图纸的图号。工程洽商记录应由设计专业负责人以及建设、监理和施工单位的相关负责人签认。设计单位如委托建设（监理）单位办理签认，应办理委托手续。

工程洽商提出单位填写的工程洽商记录应一式五份，并应由建设单位、设计单位、监理单位、施工单位保存一份。工程洽商记录宜采用表 3-34 的格式、城建档案馆各保存一份。

工程洽商记录（技术核定单）(C.2.7)　　　　　　表 3-34

工程名称		××市×中学教学楼		编号	03-01-C2-×××
				日期	××××年××月××日
提出单位		×××建筑设计研究院		专业名称	结构
洽商摘要		地面做法变更		页数	共　页,第　页
序号	图号		洽商内容		
1	建施-2		原设计走廊水泥砂浆地面,建议改为彩色水磨石地面		
...			......		
签字栏	建设单位		设计单位	监理单位	施工单位
	李××		张××	王××	陈××

（3）进度造价资料（C3）

1）工程开工报审表、工程复工报审表（见监理文件。）

2）施工进度计划报审表（见监理文件）

3）人、机、料动态表

人、机、料动态表是根据进度计划，由施工单位向监理单位呈报的下月使用的人、机、料的情况，监理工程师收到此报表后，认真核实施工组织设计及现场的施工进度，特别对进场的机械、材料进行审查，以此对进度做出准确判断。

施工单位填报的＿＿＿＿年＿＿＿＿月人、机、料动态表应一式两份，监理单位、施工单位各保存一份。月度人、机、料动态表宜采用表 3-35 的格式。

＿＿＿＿年＿＿＿＿月人、机、料动态表 (C.3.5)　　　　　　表 3-35

工程名称	××市×中学教学楼	编号	00-00-C3-001
		日期	××××年××月××日

致 ××监理有限责任公司(监理单位)

　根据××××年×月施工进度情况,我方现报上××××年×月人、机、料统计表。

	工种	混凝土工	模板工	钢筋工	防水工	电工	水暖工	合计
劳动力	人数	26	30	40	20	5	5	126
	持证人数	26	30	38	20	5	5	124

	机械名称	生产厂家	规格、型号	数量
主要机械	塔式起重机	江苏××机厂	QTE80F	1
	振捣棒	湖北××机厂	Hg50	10
	电焊机	山东××机厂	Z×7-160	2

	名称	单位	上月库存量	本月进厂量	本月消耗量	本月库存量
主要材料	预拌混凝土	m³	0	800	800	0
	钢筋	t	25	120	120	25
	砌块	m³	1000	2000	2500	500

附件:塔吊安检资料及特殊工种上岗证复印件

施工单位×××建筑安装有限公司

项目经理＿＿＿＿×××

4）工程延期申请表

5）工程款支付申请表

依据《建设工程监理规范》(GB/T 50319—2013)的有关规定:专业监理工程师对施工单位在工程款支付报审表中提交的工程量和支付金额进行复核,确定实际完成的工程量,提出到期应支付给施工单位的金额,并提出相应的支持性材料。后由总监理工程师进行审核,签认后报建设单位审批。总监理工程师根据建设单位的审批意见,向施工单位签发工程款支付证书。

施工单位填报工程款支付申请(报审)表一式三份,并应由建设单位、监理单位、施工单位各保存一份。工程变更费用报审表宜采用表 3-36 的格式。

工程款支付申请（报审）表（C.3.7）　　　　　　　　　表 3-36

工程名称	××市×中学教学楼	编号	01-02-C3-×××

致＿＿××监理有限责任公司＿＿(项目监理机构)

根据施工合同约定,我方已完成＿＿＿＿基础结构工程施工＿＿＿＿工作,建设单位应在××××年××月××日前支付工程款共计(大写)＿＿＿＿叁佰伍拾陆万元整＿＿＿＿,(小写3560000.00)请予以审核。

附件:　■已完成工程量报表

　　　　■工程竣工结算证明材料

　　　　□相应支持性证明文件

施工项目部(盖章)×××建筑安装有限公司

项目经理(签字)×××

××××年 ×月×日

审查意见：

1. 施工单位应得款为：<u>叁佰贰拾万元整</u>

2. 本期应扣款为(大写)__<u>叁拾陆万元整</u>__元。

3. 本期应付款为：<u>叁佰贰拾万元整</u>

附件：相应支持性材料

专业监理工程师(签字)　×××

×××× 年×月×日

审核意见：

同意专业监理工程师的审查意见。

项目监理机构(盖章)××监理有限责任公司

总监理工程师(签字)　×××

×××× 年×月×日

审批意见：

同意项目监理机构的审核意见。

建设单位(盖章)××市×中学

建设单位代表(签字)　×××

×× 年×月×日

6) 费用索赔申请表

7) 工程变更费用报审表

　　依据《建设工程监理规范》(GB/T 50319—2013)的有关规定：施工单位提出的工程变更，由总监理工程师组织专业监理工程师审查，提出审查意见。对涉及工程设计文件修改的工程变更，应由建设单位转交原设计单位修改工程设计文件。必要时，项目监理机构应建议建设单位组织设计、施工等单位召开论证工程设计文件的修改方案的专题会议。总监理工程师组织专业监理工程师对工程变更费用及工期影响作出评估；总监理工程师组织建设单位、施工单位等共同协商确定工程变更费用及工期变化，会签工程变更单。项目监理机构根据批准的工程变更文件监督施工单位实施工程变更。

　　施工单位根据审查同意的设计变更文件填报工程变更费用报审表一式三份，并应由建设单位、监理单位、施工单位各保存一份。工程变更费用报审表宜采用表 3-37 的格式。

工程变更费用报审表　(C.3.8) 表 3-37

工程名称	××市×中学教学楼	施工编号	00-00-C3-0××

致×××监理有限责任公司(项目监理机构)

兹申报第××号工程变更单，申请费用见附表，请予以审核。

附件：工程变更费用计算书

施工项目经理部(盖章)×××建筑安装有限公司

项目经理　×××

×××× 年××月××日

审查意见：

1. 所报工程量符合工程实际。

2. 涉及的工程内容符合《工程变更单》内容。

3. 定额项目选用准确，单价、合价计算正确。

同意施工单位提出的变更费用申请。

专业监理工程师(签字)　×××

×××× 年××月××日

工程名称	××市×中学教学楼	施工编号	00-00-C3-0××

审核意见:

同意

项目监理机构(盖章)×××监理有限责任公司

总监理工程师(签字、加盖执业印章)×××

××××年××月××日

审批意见:

变更工程量计费用符合实际,同意批准。

建设单位(盖章)××市××中学

建设单位代表(签字)　×××

××××年××月××日

(4) 施工物资出厂质量证明文件及进场检测文件（C4）

施工物资文件是反映工程所用物资质量和性能指标等的各种证明文件和相关配套文件的统称。《建筑工程质量管理条例》规定:"施工单位必须按照工程设计要求、施工技术标准和合同约定,对建筑材料、建筑构配件、设备和商品混凝土进行检验,检验应当有书面记录和专人签字;未经检验或者检验不合格的,不得使用。"工程物资进场需工程物资供应单位提交出厂质量证明文件及检测报告,施工单位收集保存。

1) 主要物资资料文件包括:

① 砂、石、砖、水泥、钢筋、隔热保温、防腐材料、轻集料出厂质量证明文件,文件的数量按材料进场的验收批确定,供应单位随物资进场提交。

A. 水泥试验批量:每批指不超过 500t（袋装不超过 200t）（以同一厂家、同一品种、同一等级、同批号且连续进场的为一批）。

B. 钢筋试验批量:检验按进场的批次和产品的抽样检验方案确定,对同一厂家、同一牌号、同一规格的钢筋按规定的数量作为一个检验批。对不同时间进场的同批钢筋,当有可靠依据时,可按一次进场的钢筋处理。如热轧带肋钢筋、余热处理钢筋、预应力混凝土用热处理钢筋、热轧光圆钢筋、低碳热轧圆盘条:每批不超过 60t。

C. 砖的试验批量:烧结砖、混凝土实心砖每批不超过 15 万块;烧结多孔砖、混凝土多孔砖、蒸压灰砂砖及蒸压粉煤灰砖每批不超过 10 万块;（以同产地、同规格的为一批）。

D. 砌块试验批量:空心砌块每批不超过 3 万块;粉煤灰砌块每批不超过 200m³;普通混凝土小型空心砌块、加气混凝土砌块、轻集料混凝土小型砌块每批不超过 1 万块。

E. 砂、石试验批量:用大型工具运输的（如火车、汽车、船）每批不超过 400m³ 或 600t;用小型运输工具运输的（如马车、拖拉机）,每批不超过 200m³ 或 300t（以同产地、同规格、同一进场时间随物资进场提交为一批）。

F. 防水材料试验批量:大于 1000 卷抽 5 卷,每 500～1000 卷抽 4 卷,499～100 卷抽 3 卷,100 卷以下抽 2 卷。防水涂料每 10t 为一批,不足 10t 按一批抽样。

② 质量证明文件包括:合格证或质量证明书,检验报告,供应单位随物资进场提交,

③ 物资出厂合格证、质量保证书、检测报告和报关单或商检证:由供应单位随物资

进场提交，施工单位负责收集附件（包括产品出厂合格证、性能检测报告、出厂试验报告、进场复试报告、材料构配件进场检验记录。产品备案文件、进口产品的中文说明和商检证等）。

④ 常见的结构用材料有：半成品钢筋、焊条、焊剂和焊药、外加剂、商品混凝土、预制混凝土构件预制桩、钢桩、钢筋笼等成品或半成品桩、土工合成材料以及土、砂石料、钢结构用钢材、连接件及涂料、半成品钢构件（场外委托加工）、石材、掺合料、（粉煤灰、蛭石粉、沸石粉）；轻质隔墙材料如砌块、隔墙板；节能保温材料；防水材料如涂料、卷材、密封材料；装饰材料如天然、人造板材、门窗玻璃、幕墙材料、饰面板（砖）、涂料。

⑤ 材料、设备的相关检验报告、型式检测报告、3C 强制认证合格证书或 3C（CCC）标志："3C"指中国强制性产品安全认证。供应单位或加工单位负责收集、整理和保存所供物资原材料的质量证明文件。施工单位则需收集、整理和保存供应单位或加工单位提供的质量证明文件和进场后进行的试（检）验报告；各单位应对各自范围内工程资料的汇集、整理结果负责，并保证工程资料的可追溯性。

⑥ 主要设备、器具的安装使用说明书：由物资供应单位提供，施工单位收集。主要有：地下墙与梁板之间的接驳器；预应力工程物资（预应力筋、锚具、夹具和连接器、水泥、外加剂和预应力筋用螺旋管）

⑦ 进口的主要材料设备的商检证明文件：进口材料和设备等应有商检证明（国家认证委员会公布的强制性（CCC）产品除外，中文版的质量证明文件、性能检测报告以及中文版的安装维修、使用、试验要求等技术文件；

⑧ 涉及消防、安全、卫生、环保、节能的材料、设备的检测报告或法定机构出具的有效证明文件：涉及安全、卫生、环保的物资应有相应资质等级检测单位的检测报告如压力容器、消防设备、生活供水设备、卫生洁具等；涉及结构安全和使用功能的材料需要代换且改变了设计要求时必须有设计单位签署的认可文件。

2）进场检验通用表格

① 材料、构配件进场检验记录

材料构配件进场后，应由建设（监理）单位会同施工单位共同对进场物资进行检查验收，填写《材料、构配件进场检验记录》。检查验收的主要内容包括：

A. 物资出厂质量证明文件及检验（测）报告是否齐全；

B. 实际进场物资数量、规格和型号等是否满足设计和施工计划要求

C. 物资外观质量是否满足设计要求和规范规定

D. 按规定需进行抽检的材料、构配件是否抽检，检验结论是否齐全；

E. 按本规定应进场复验的物资，必须在进场验收合格后取样复试。

材料、构配件进场检验记录应符合国家现行有关标准的规定。施工单位填写的材料、构配件进场检验记录应一式两份，并应由监理单位、施工单位各保存一份。材料、构配件进场检验记录宜采用表 3-38 的格式。

② 设备开箱检验记录

建筑工程所使用的设备进场后，应有施工单位、建设（监理）单位、供货单位共同开箱检验，施工单位填写的设备开箱检验记录应一式两份，并应由监理单位、施工单位各保存一份。设备开箱检验记录宜采用表 3-39 的格式。

材料、构配件进场检验记录（C.4.JJ1）　　　　　　　表3-38

工程名称				××市×中学教学楼	编号	01-02-C4-0××	
					检验日期	××××年××月××日	
序号	名称	规格型号	进场数量	生产厂家	外观检验项目	试件编号	备注
				质量证明书编号	检验结果	复验结果	
1	热轧带肋钢筋	HRB335	2.0	××钢铁有限公司		××××××	
				××-××××	良好	合格	
2	低碳钢热轧圆盘条	HPB300	3.0	××钢铁有限公司		××××××	
				××-××××	良好	合格	

检查意见(施工单位)

以上材料经外观检查良好，复验合格。规格型号及数量符合设计及规范要求，产品质量证明文件齐全。同意进场使用

附件：共　6　页

验收意见(监理/建设单位)

■同意　　□重新检验　　□退场　　　　　　　　　　　　　　　　　　验收日期：

签字栏	施工单位	×××建筑安装有限公司	专业质检员	专业工长	检验员
			×××	×××	×××
	监理或建设单位	×××监理有限责任公司	专业工程师		×××

设备开箱检验记录（C.4.JJ2）　　　　　　　　　表3-39

工程名称	××市×中学教学楼	编号	06-02-C4-0××
		检验日期	××××年××月××日
设备名称	排烟风机	规格型号	DF-8
生产厂家	××机电设备公司	产品合格证编号	××-××××
总数量	2台	检验数量	2台

进场检验记录	
包装情况	木箱及塑料布包装
随机文件	合格证、出厂检验报告、技术说明书齐全
备件与附件	减震垫、螺栓齐全
外观情况	外观喷涂均匀、无铸造缺陷情况良好
测试情况	手动测试运转情况良好

缺、损附备件明细					
序号	附备件	规格	单位	数量	备注
/	/	/	/	/	/

检查意见(施工单位)：经外观检验和手动测试符合设计与施工规范的要求

附件：共　6　页

验收意见(监理/建设单位)：

■同意　□重新检验　□退场　　　　　　　　　　　　验收日期：××××年××月××日

供应单位	××机电设备公司	责任人	×××
施工单位	×××建筑安装有限公司	专业工长	×××
监理或建设单位	×××监理有限责任公司	专业工程师	×××

③ 设备及管道附件试验记录

设备、阀门、闭式喷头、密闭水箱或水罐、风机盘管、成组散热器及其他散热设备等在安装前按规定进行试验时，均应由检测单位填写设备及管道附件试验记录，并应由建设单位、监理单位、施工单位各保存一份。设备及管道附件试验记录参考采用表 3-40 的格式。

设备及管道附件试验记录（C.4.JJ3）   表 3-40

工程名称		××市×中学教学楼		编号		06-01-C4-0××
使用部位		风机盘管		试验日期		××××年××月××日
试验要求		风机盘管进场逐个进行打压试验，工作压力为1.6MPa，试验压力为2.4MPa。在试验压力下观察10min，压力降不应大于0.02MPa，然后降至工作压力进行检查，不渗不漏为合格。				
设备/管道附件名称		风机盘管	风机盘管	风机盘管		
材质、型号		YGFC	YGFC	YGFC		
规格		02-CC-3SL	02-CC-3S	04-CC-3SL		
试验数量		1	1	1		
试验介质		水	水	水		
公称或工作压力(MPa)		1.6	1.6	1.6		
强度试验	试验压力(MPa)	2.4	2.4	2.4		
	试验持续时间(s)	10min	10min	10min		
	试验压力降(MPa)	0	0	0		
	渗漏情况	无	无	无		
	试验结论	合格	合格	合格		
严密性试验	试验压力(MPa)					
	试验持续时间(s)					
	试验压力降(MPa)					
	渗漏情况					
	试验结论					
签字栏	施工单位	×××建筑安装有限公司	专业技术负责人	专业质检员		专业工长
			×××	×××		×××
	监理或建设单位	×××监理有限责任公司	专业工程师			×××

④ 进场复试报告

A. 钢材试验报告

依据《混凝土结构工程施工质量验收规范》（GB 50204 2015）规定，钢筋进场时，应按现行国家标准《钢筋混凝土用钢 第二部分：热轧带肋钢筋》（GB 1499.2—2007）等的规定抽取试件作力学性能检验，其质量必须符合有关标准的规定。检查数量：按进场的批次和产品的抽样检验方案确定。检验方法：检查产品合格证、出厂检验报告和进场复验报告。当发现钢筋脆断、焊接性能不良或力学性能显著不正常等现象时，应对该批钢筋进行化学成分检验或其他专项检验。

钢筋复验按住房和城乡建设部 141 号令《建设工程质量检测管理办法》规定，钢筋进场时按批见证取样，送由见证检测资质的检测试验机构检测复验。对每批钢筋抽取 5 个试件，先进行重量偏差检验，再取其中两个试件进行拉伸试验、2 个试件进行弯曲试验。如钢筋混凝土用热轧钢筋，每批由同一牌号、同一罐号、同一规格、同一强度等级、同一进场批次的钢筋 60t 为一批，超过 60t 的部分，每增加 40t（或不是 40t 的余数）增加一个拉伸试验试件和一个弯曲试验试件。当钢筋发现脆断、焊接性能不良或力学性能显著不正常等现象时，还应对钢筋进行化学成分检验或其他专项检验，检测钢材中碳（C）、硫（S）、硅（Si）、锰（Mn）、磷（P）的含量。

对于预应力混凝土用钢材检测复验项目包括：最大力、规定非比例延伸率、最大力总伸长率、应力松弛性能、抗拉强度、弹性模量等。对于预应力锚夹具检测复验项目包括：硬度、静载试验等。对于预应力波纹管检测复验项目包括：钢带厚度（金属管）、波高、壁厚（金属管）、径向刚度（金属管）、抗渗漏性能（金属管）、环刚度（塑料管）、局部横向荷载（塑料管）、柔韧性（塑料管）、抗冲击性（塑料管）等。

钢材试验报告由检测单位提供，应一式四份，并应由建设单位、监理单位、施工单位，城建档案馆各保存一份。钢材试验报告参考采用表 3-41 的格式。

钢材试验报告（C.4.JF1）　　　　　　　　表 3-41

工程名称	××市×中学教学楼			资料编号	01-02-C4-×××
				试验编号	××-×××
				委托编号	××-×××
委托单位	×××建筑安装有限公司			试件编号	×××
				试验委托人	×××
钢材种类	热轧光圆钢筋	规格、牌号	HPB235	生产厂	×××钢厂
代表数量	25t	来样日期	××年××月××日	试验日期	××年××月××日

公称直径规格（mm）	屈服点（MPa）		抗拉强度（MPa）		伸长率（%）		弯曲条件	弯曲结果
	标准要求	实测值	标准要求	实测值	标准要求	实测值		
6.5	≥235	290	≥370	445	≥25	28.5	d/180	合格
6.5	≥235	295	≥370	445	≥25	26.5	d/180	合格

化学分析结果							
分析编号	化学成分（%）						其他：
	C	Si	Mn	P	S	Ceq	

检验结论：依据《钢筋混凝土用热轧带肋钢筋》(GB 1499)，HPB235 钢筋所验指标合格

批准	×××	审核	×××	试验	×××
试验单位	×××市建筑材料检测中心				
报告日期	××年××月××日				

注：表 3-40 由检测机构提供。

B. 水泥试验报告（参考用表）

依据《混凝土结构工程施工质量验收规范》（GB 50204—2015）规定，水泥进场时应对其品种、级别、包装或散装仓号、出厂日期等进行检查，并应对其强度、安定性及其他必要的性能指标进行复验，其质量必须符合现行国家标准《通用硅酸盐水泥》（GB 175—2007）的规定。

当在使用中对水泥质量有怀疑或水泥出厂超过三个月（快硬硅酸盐水泥超过一个月）时，应进行复验，并按复验结果使用。

钢筋混凝土结构、预应力混凝土结构中，严禁使用含氯化物的水泥。

检查数量：按同一生产厂家、同一等级、同一品种、同一批号且连续进场的水泥，袋装不超过200t为一批，散装不超过500t为一批，每批抽样不少于一次。

检验方法：检查产品合格证、出厂检验报告和进场复验报告。水泥试验报告参考采用表 3-42 的格式。水泥试验报告由检测单位提供，应一式四份，并应由建设单位、监理单位、施工单位，城建档案馆各保存一份。

水泥试验报告（C. 4. FJ2）　　　　　　　　　　　　　　　　表 3-42

工程名称		××市×中学教学楼			资料编号	01-02-C4-×××
					试验编号	××-×××
					委托编号	××-×××
委托单位		×××建筑安装有限公司			试件编号	×××
					试验委托人	×××
品种及强度等级	P·O42.5	出厂编号及日期	出厂编号 ××××-××年××月××日		生产厂	×××集团水泥厂
代表数量	200t	来样日期	××年××月××日		试验日期	××年××月×日
检验项目	标准要求	实测结果	检验项目		标准要求	实测结果
试验依据	《硅酸盐水泥、普通硅酸盐水泥》GB 175—2007/×G1-2009					
细度	0.8μm方孔筛余量				%	
	比表面积				m²/kg	
标准稠度用水量	27.5%					
凝结时间	初凝	220min	终凝		285min	
安定性	雷氏法	/	饼法		合格	
其他						

强度检验	抗折强度 MPa				抗压强度 MPa			
	3d		28d		3d		28d	
标准要求	≥2.5		≥5.5		≥10.0		≥32.5	
强度结果	单块值	平均值	单块值	平均值	单块值	平均值	平均值	单块值
					23.0		52.5	
	4.5		8.7		23.8		53.2	
		4.4		8.7	23.2	23.5	52.7	53.1
	4.3		8.8		24.1		53.8	
					23.8		53.2	
	4.3		8.7		22.9		53.1	

检验结论：依据《通用硅酸盐水泥》（GB 175—2007）检验,各项指标合格							
批准	×××	审核	×××	试验		×××	
试验单位	×××市建筑材料检测中心						
报告日期	××年××月××日						

C. 砂试验报告（参考用表）

依据《混凝土结构工程施工质量验收规范》（GB 50204—2015）规定，普通混凝土所用的粗、细骨料的质量应符合国家现行标准《普通混凝土用砂、石质量及检验方法标准》（JGJ 52—2006）规定。

检查数量：按进场的批次和产品的抽样检验方案确定。

检验方法：检查进场复验报告。

砂试验报告由检测单位提供，应一式四份，并应由建设单位、监理单位、施工单位，城建档案馆各保存一份。砂试验报告参考采用表 3-43 的格式。

砂试验报告 （C. 4. FJ3）　　　　　　　　表 3-43

工程名称	××市×中学教学楼		资料编号	01-02-C4-×××
			试验编号	××-×××
			委托编号	××-×××
委托单位	×××建筑安装有限公司		试件编号	×××
			试验委托人	×××
种类	中砂	产地	××砂石场	
代表数量	200t	来样日期	××年××月××日	试验日期	××年××月××日
试验依据	《普通混凝土用砂、石质量及检验方法标准》（JGJ 52—2006）			
试验结果	筛分析	细度模数（μ_f）	2.6	
		级配区域	Ⅱ区	
	含泥量	2.3％		
	泥块含量	0.3％		
	表观密度	kg/m³		
	堆积密度	kg/m³		
	碱活性指标	/		
	其他	/		

检验结论：

依据《普通混凝土用砂、石质量及检验方法标准》（JGJ 52—2006）含泥量、泥块含量合格，属Ⅱ区中砂，4.75mm 筛孔累计筛余小于 10％，各项指标合格

批准	×××	审核	×××	试验	×××
试验单位	×××市建筑材料检测中心				
报告日期	××年××月××日				

D. 防水涂料试验报告（参考用表）

依据《地下防水工程质量验收规范》（GB 50208—2011）涂料防水层所用材料及配合比必须符合设计要求。防水材料进场时按批检查验收的内容包括由供应单位提供的产品合格证、性能检测报告和进场复验报告。合格证要求应注明出厂日期、检验部门印章、合格证的编号、品种、规格、数量、各项性能指标、包装、标识、重量、面积、产品外观、物理性能等。检测报告应有检测单位的计算合格参数，由检验（试验）、审核、负责人（技

术）三级人员签字。

检查数量：按进场的批次和产品的抽样检验方案确定。

检验方法：检查出厂合格证、质量检验报告、计量措施和现场抽样试验报告。防水涂料试验报告由检测单位提供，应一式三份，并应由建设单位、监理单位、施工单位各保存一份。防水涂料试验报告参考采用表3-44的格式。

防水涂料试验报告（C. 4. FJ6） 表3-44

工程名称	××	××市×中学教学楼		资料编号	01-07-C4-×××
				试验编号	××-×××
				委托编号	××-×××
委托单位		×××建筑安装有限公司		试件编号	×××
				试验委托人	×××
种类、型号	聚氨酯防水涂料（双组分）	产地		××建材涂料厂	
代表数量	2t	来样日期	××年××月××日	试验日期	××年××月××日
试验依据		《聚氨酯防水涂料》（GB/T 19250—2003）			
试验结果	延伸性(mm)		/		
	拉伸强度(MPa)		2.3		
	断裂伸长率(%)		345		
	粘结性(MPa)		/		
	耐热度	温度(℃)	/	评定	
	不透水性		合格		
	柔韧性	温度(℃)	−30	评定	合格
	固体含量(%)		97		
	其他		/		
检验结论：依据《聚氨酯防水涂料》（GB/T 19250—2003)标准各项指标合格。					
批准	×××	审核	×××	试验	×××
试验单位		×××市建筑材料检测中心			
报告日期		××年××月××日			

E. 防水卷材试验报告（参考用表）

依据《地下防水工程质量验收规范》（GB 50208—2011）的要求卷材防水层所用材料及配合比必须符合设计要求。卷材防水层应采用高聚物改性沥青防水卷材和合成高分子防水卷材。高聚物改性沥青防水卷材应符合国标《弹性体改性沥青防水卷材》（GB 18242—2008）、《塑性体改性沥青防水卷材》（GB 18243—2008）和《改性沥青聚乙烯胎防水卷材》（GB 18967—2009）的要求。国内合成高分子防水卷材的种类很多，产品质量应符合国标《高分子防水材料 第一部分：片材》（GB 18173.1—2012）的要求。

检查数量：按进场的批次和产品的抽样检验方案确定。

检验方法：检查出厂合格证、质量检验报告现场抽样试验报告。防水卷材试验报告由检测单位提供，应一式三份，并应由建设单位、监理单位、施工单位各保存一份。防水卷材试验报告参考采用表 3-45 的格式。

防水卷材试验报告（C. 4. FJ7）　　　　表 3-45

工程名称	××市×中学教学楼		资料编号	01-07-C4-×××
			试验编号	××-×××
			委托编号	××-×××
委托单位	×××建筑安装有限公司		试件编号	××
			试验委托人	×××
种类、等级、牌号	弹性体改性沥青防水卷材×型××牌	产地	××防水材料厂	
代表数量	450 卷	来样日期	××年××月××日	试验日期	××年××月××日
试验依据	《弹性体改性沥青防水卷材》（GB 18242—2008）			

试验结果	拉力试验	拉力(N)	纵	545	横	532
		拉伸强度(MPa)	纵	/	横	/
	断裂伸长率(延伸率)%		纵	/	横	/
	耐热度	温度(℃)	90		评定	合格
	不透水性	合格				
	柔韧性	温度(℃)	−18		评定	合格
	其他	合格				

检验结论：依据《弹性体改性沥青防水卷材》（GB 18242—2008）各项指标合格。

批准	×××	审核	×××	试验	×××
试验单位	×××市建筑材料检测中心				
报告日期	××年××月××日				

F. 砖（砌块）试验报告（参考用表）

依据《砌体工程施工质量验收规范》（GB 50203—2011）的规定：砖、砌块和砂浆的强度等级必须符合设计要求。每一生产厂家的砖到现场后，按烧结砖 15 万块、多孔砖 5 万块、灰砂砖及粉煤灰砖 10 万块各为一验收批，抽检数量为 1 组。砌块每一生产厂家，每 1 万块至少应抽检一组。用于多层以上建筑基础和底层的小砌块抽检数量不应少于 2 组。

检验方法：检查砖和砂浆试块试验报告。砖（砌块）试验报告由检测单位提供，应一式四份，并应由建设单位、监理单位、施工单位，城建档案馆各保存一份。砖（砌块）试验报告参考采用表 3-46 的格式。

砖（砌块）试验报告（C.4.FJ8）   表 3-46

工程名称	××市×中学教学楼			资料编号	02-02-C4-×××
				试验编号	××-×××
				委托编号	××-×××
委托单位	×××建筑安装有限公司			试件编号	××
				试验委托人	×××
种类	轻集料混凝土小型空型砌块	产地			××建材公司
代表数量	10000 块	密度等级	800	强度等级	MU2.5
处理日期	××年××月××日	来样日期	××年××月××日	试验日期	××年××月××日
试验依据	轻集料混凝土小型空心砌块（GB 15229—2011）				

试验结果	烧结普通砖、烧结多孔砖									
	抗压强度平均值 f(MPa)	变异系数 $\delta \leqslant 0.21$				变异系数 $\delta > 0.21$				
		强度标准值 f_k(MPa)				单块最小强度值 f_k(MPa)				
		/				/				
	轻集料混凝土小型空心砌块									
	砌块抗压强度(MPa)					砌块干燥表观密度(kg/m³)				
	平均值		最小值							
	2.6		2.4			/				
	其他种类									
	抗压强度(MPa)							抗折强度(MPa)		
	平均值	最小值	大面		条面			平均值	最小值	
			平均值	最小值	平均值	最小值				
	/	/	/	/	/	/		/	/	

检验结论:依据《轻集料混凝土小型空心砌块》(GB 15229—2011)各项指标合格。

批准	×××	审核	×××	试验	×××
试验单位	×××市建筑材料检测中心				
报告日期	××年××月××日				

⑤ 其他材料试验要求见表 3-47。

其他材料试验要求   表 3-47

序号	工程资料名称	内容及注意事项
1	预应力筋复试报告	预应力混凝土用钢丝、中强度预应力混凝土用钢丝、预应力混凝土用钢棒、预应力混凝土用钢绞线同一牌号、同一规格、同一生产工艺、同一加工状态为同一验收批每批重量不大于60t。材料进场后,材料验收前,现场取样复试,复试时间1～3d

序号	工程资料名称	内容及注意事项
2	预应力锚具、夹具和连接器复试报告	预应力筋用锚具、夹具和连接器应按设计要求采用,其性能应符合现行国家标准《预应力筋用锚具、夹具和连接器》(GB/T 14370—2015)等的规定。 检查数量:按进场批次和产品的抽样检验方案确定。 检验方法:检查产品合格证、出厂检验报告和进场复验报告。 注:对锚具用量较少的一般工程,如供货方提供有效的试验报告,可不做静载锚固性能试验。 预应力筋用锚具、夹具和连接器使用前应进行外观检查,其表面应无污物、锈蚀、机械损伤和裂纹。 检查数量:全数检查。 材料进场后,材料验收前,现场取样复试,复试时间 1~3d
3	装饰装修用门窗复试报告	同一品种、类型和规格的木门窗、金属门窗、塑料门窗及门窗玻璃每 100 樘应划分为一个检验批,不足 100 樘也应划分为一个检验批。 同一品种、类型和规格的特种门每 50 樘应划分为一个检验批,不足 50 樘也应划分为一个检验批。材料进场后,材料验收前,现场取样(抽样)复试,复试时间 3d 左右
4	装饰装修用人造木板复试报	同一地点、同一类别、同一规格的产品为一验收批。材料进场后,材料验收前,现场取样(抽样)复试,复试时间 3d 左右
5	装饰装修用花岗石复试报告	以同一产地、同一品种、同一等级、同一类别的板材每 200m² 为一验收批,不足 200m² 的单一工程部位的板材也按一批计。材料进场后,材料验收前,现场取样(抽样)复试,复试时间 3d 左右
6	装饰装修用安全玻璃复试报告	同一厂家生产的同一品种、同一类型的进场材料应至少抽取一组样品进行复验,复试时间 3d 左右
7	装饰装修用外墙面砖复试报告	同一生产厂、同种产品、同一级别、同一规格、实际交货量大于 5000m² 为一批,不足 5000m² 也按一批计。材料进场后,材料验收前,现场取样(抽样)复试,复试时间 3d 左右
8	钢结构用钢材复试报告	碳素结构钢、低合金高强度结构钢、桥梁用碳素钢及低合金钢钢板:每批不超过 60t。材料进场后,材料验收前,现场取样(抽样)复试,复试时间 3d 左右
9	钢结构用防火涂料复试报告	防火涂料:薄型每批不超过 100t,厚型每批不超过 500t 材料进场后,材料验收前,现场取样(抽样)复试,复试时间 3d 左右
10	钢结构用焊接材料复试报告	重要钢结构采用的焊接材料应进行抽样复验,材料进场后,材料验收前,现场取样(抽样)复试,复试时间 3d 左右
11	钢结构用高强度大六角头螺栓连接副复试报告	进场验收的检验批原则上应与各分项工程检验批一致,也可以根据工程规模及进料实际情况划分检验批。在施工现场待安装的检验批随机抽取。 1. 高强度大六角头螺栓连接副出厂时应分别随箱带有扭矩系数和紧固轴力(预拉力)的检验报告。材料进场后,材料验收前,现场取样(抽样)复试,复试时间 3d 左右
12	钢结构用扭剪型高强螺栓连接副复试报告	2. 扭剪型高强度螺栓连接副出厂时应分别随箱带有扭矩系数和紧固轴力(预拉力)的检验报告。在施工现场待安装的检验批随机抽取。材料进场后,材料验收前,现场取样(抽样)复试,复试时间 3d 左右

序号	工程资料名称	内容及注意事项
13	幕墙用铝塑板、石材、玻璃、结构胶复试报告	铝塑复合板按同一品种、同一等级、同一规格的产品每 3000m² 为一验收批；天然花岗岩板材按同一产地、同一品种、同一等级、同一类别的板材每 200m² 为一验收批；天然大理石按同一产地、同一品种、同一等级、同一类别的板材每 100m² 为一验收批；材料进场后，现场取样(抽样)复试，复试时间 3d 左右。
14	散热器、采暖系统保温材料、通风与空调工程绝热材料、风机盘管机组、低压配电系统电缆的见证取样复试报告	散热器用保温材料：同一厂家、同一规格的散热器按其数量的 1% 见证取样送检；材料进场后，现场取样(抽样)复试，复试时间 3 天时间左右。 采暖系统保温材料、通风与空调用保温材料：同一生产厂家同一品种产品当单位工程建筑面积在 20000m² 以下时各抽查不少于 3 次，20000m² 以上时各抽查不少于 6 次。材料进场后，现场取样(抽样)复试，复试时间 3d 左右
15	节能工程材料复试报告	1. 墙体节能工程采用的保温材料：同一厂家同一品种的产品，当单位工程建筑面积在 20000m² 以下时各抽查不少于 3 次；当单位工程建筑面积在 20000m² 以上时各抽查不少于 6 次。材料进场后，现场取样(抽样)复试，复试时间 3d 左右。 2. 幕墙节能工程使用的材料、构件等进场时，进场时抽样复验，检查数量：同一厂家的同一种产品抽查不少于一组。材料进场后，现场取样(抽样)复试，复试时间 3d 左右。 3. 屋面节能工程使用的保温隔热材料，进场时应对其导热系数、密度、抗压强度或压缩强度、燃烧性能进行复验，复验应为见证取样送检。检验方法：随机抽样送检，核查复验报告。检查数量：同一厂家同一品种的产品各抽查不少于 3 组。材料进场后，现场取样(抽样)复试，复试时间 3d 左右。 4. 地面节能工程采用的保温材料，进场时应对其导热系数、密度、抗压强度或压缩强度、燃烧性能进行复验，复验应为见证取样送见。检验方法：随机抽样送检，核查复验报告。检查数量：同一厂家同一品种的产品各抽查不少于 3 组。材料进场后，现场取样(抽样)复试，复试时间 3d 左右

（5）施工记录文件（C5）

1）隐蔽工程验收记录

依据《建筑工程施工质量验收统一标准》（GB 50300—2013）规定：隐蔽工程在隐蔽前应由施工单位通知监理单位进行验收，并形成验收文件，验收合格后方可继续施工。《建设工程监理规范》（GB/T 50319—2013）规定：对验收不合格的应拒绝签认，同时要求施工单位在指定的时间内整改并重新报验。隐蔽工程施工完毕后，由专业工长填写隐蔽工程验收记录，项目技术负责人组织监理旁站，施工单位专业工长、质量检查员共同参加。验收后由监理单位签署审核意见，并下审核结论。若验收存在问题，则在验收中给予明示。对存在的问题，必须按处理意见进行处理，处理后对该项进行复查，并将复查结论填入表内。凡未经过隐蔽工程验收或验收不合格的工序，不得进入下一道工序的施工。

"隐蔽工程验收"与"检验批验收"是不同的。它们的区别在于，"隐蔽工程验收"仅仅针对将被隐蔽的工程部位作出验收，而"检验批验收"是对工程的所有部位、工序的验收。在施工中"隐蔽工程验收"与"检验批验收"的时间关系可以有"之前"、"之后"、和"等同"三种不同情况。

隐蔽工程验收记录应符合国家相关标准的规定。施工单位填写的隐蔽工程验收记录应一式四份，并应由建设单位、监理单位、施工单位、城建档案馆各保存一份。隐蔽工程验收记录宜采用表 3-48 的格式。

工程名称	××市×中学教学楼	编号	01-05-C5-0××
隐检项目	土方工程	隐检日期	××××年××月××日
隐检部位	基槽 1-11/A-F 轴线		−5.200m 标高

隐检依据:施工图号总施-1 结构总说明、结施-1、结施-2,设计变更/洽商/技术核定单(编号＿＿＿/＿＿＿)及有关国家现行标准等。

主要材料名称及规格/型号:＿＿＿/＿＿＿

隐检内容:

1. 基础基地标高为−5.2m,槽底土质为圆砾,无地下水。

2. 基槽土层已挖至−5.2m,基底清理到位,无杂物。

3. 基底轮廓尺寸符合图纸要求。

隐检内容已做完毕,请予以检查验收。

检查结论:

经检查基底标高轮廓尺寸符合设计要求,槽底土质与地质勘察报告相符,清槽工作符合要求,无地下水,同意进行下道工序施工。

■同意隐蔽　　　　　　□不同意隐蔽,修改后复查

复查结论:

符合有关规范规定及设计要求

复查人:×××　　　　　　　复查日期:××××年××月××日

签字栏	施工单位	×××建筑安装有限公司	专业技术负责人	专业质检员	专业工长
			×××	×××	×××
	监理或建设单位	×××监理有限责任公司	专业工程师		×××

2) 建筑工程常见的隐蔽验收项目见表 3-49。

隐蔽工程验收项目　　　　　表 3-49

工程名称	内容要求及注意事项
土方工程	土方基槽、土方回填前检查基底清理、基底标高情况及回填土方质量、过程等
支护工程	锚杆、土钉的品种、规格、数量、位置、插入长度、钻孔直径、深度和角度等;地下连续墙的成槽宽度、深度、倾斜度垂直度、钢筋笼规格、位置、槽底清理、沉渣厚度等
桩基工程	钢筋笼规格、尺寸、沉渣厚度、清孔情况等
地下防水工程	混凝土变形缝、施工缝、后浇带、穿墙套管、预埋件等设置的形式和构造;人防出口防水做法;防水层基层、防水材料规格、厚度、铺设方式、阴阳角处理、搭接密封处理等
结构工程	用钢筋绑扎的钢筋的品种规格、数量、位置、锚固和接头位置、搭接长度、保护层厚度和除锈、除污清况、钢筋代用变更及预留、预埋钢筋处理等;钢筋焊(连)接型式、焊(连)接种类、接头位置、数量及焊条、焊剂、焊口形式焊缝长度、厚度及表面清渣和连接质量等
预应力工程	检查预留孔道的规格、数量、位置、形状、端部的预埋垫板;预应力筋的下料长度、切断方法、竖向位置偏差、固定、护套的完整性;锚具、夹具、连接点的组装等
钢结构工程	地脚螺栓规格、位置、埋设方法、紧固;钢结构焊接的焊条、焊口形式焊缝长度、厚度及表面清渣和连接质量等
节能工程	外墙内、外保温构造节点做法
地面工程	基层(垫层、找平层、隔离层、防水层、填充层、基土、地龙骨)材料品种、规格、铺设厚度、方式、坡度、标高、表面情况、节点密封处理、粘结情况等

工程名称	内容要求及注意事项
抹灰工程	具有加强措施的抹灰应检查其加强构造的材料品种、规格、铺设、固定、搭接等
门窗工程	预埋件和锚固件、螺栓等的数量、位置、间距、埋设方式、与框的连接方式,防腐处理、缝隙的嵌填、密封材料的粘结等
吊顶工程	吊顶龙骨及吊件材质、规格、间距、连接方式、固定,表面防火、防腐处理,外观情况、接缝和边缝情况,填充和吸声材料的品种、规格及铺设、固定等
轻质隔墙工程	预埋件、连接件、拉结筋的位置、数量、连接方法、与周边墙体及顶框的连接、龙骨连接、间距、防火、防腐处理、填充材料设置等
饰面板(砖)工程	预埋件、(后置埋件)、连接件规格、数量、位置、连接方式、防腐处理等。有防水构造部位应检查找平层、防水层、找平层的构造做法,同地面基土隐蔽检查
幕墙工程	构件之间(预埋件、后置埋件);以及构件与主体结构的连接节点的安装(焊接、拴接、铆接、粘结)及防腐处理;幕墙四周、幕墙表面与主体结构之间间隙节点的安装;幕墙伸缩缝、沉降缝、防震缝及墙面转角节点的安装;幕墙防雷接地节点的安装等
细部工程	预埋件或、后置埋件和连接件的数量、规格、位置连接方式、防腐处理等
建筑屋面工程	基层、找平层、保温层、防水层、隔离层情况、材料的品种、规格、厚度、铺贴方式、搭接宽度、接缝处理、粘结情况;附加层、天沟、檐沟、泛水和变形缝细部做法;分隔缝设置、密封嵌填材料及处理等
给水、排水及采暖工程	1. 不露明的管道和设备直埋于地下或结构中,暗敷于沟槽、管井、不进人吊顶内的给水、排水、采暖、消防管道和相关设备以及有防水要求的套管:检查管材、管件、阀门、设备的材料材质与型号、安装位置、标高、防水套管的定位及尺寸、管道连接做法及质量;附件使用、支架固定,以及是否已按照设计要求及施工规范规定完成强度严密性、冲洗等试验。 2. 有绝热防腐要求的给水、排水、采暖、消防、喷淋管道和相关设备;检查绝热方式、绝热材料的材质与规格、绝热管道与支吊架之间的防结露措施、防腐处理材料及做法。 3. 埋地的采暖、热水管道,在保温层、保护层完成后,所在部位进行回填之前,应检查安装位置、标高、坡度;支架做法、保温层、保护层设置等
建筑电气工程	1. 埋于结构内的各种电线导管:验收导管的品种、规格、位置、弯扁度、弯曲半径、连接、跨接地线、防腐、管盒固定、管口处理、敷设情况、保护层、需焊接部位的焊接质量等 2. 利用结构钢筋做的避雷引下线:验收轴线位置、钢筋数量、规格、搭接长度、焊接质量、与接地极、避雷网、均压环等连接点的焊接情况 3. 等电位及均压环暗埋:验收使用材料的品种、规格、安装位置、连接方法、连接质量、保护层厚度等 4. 接地极装置埋设:验收接地极的位置、间距、数量、材质、埋深、接地极的连接方法、连接质量、防腐情况 5. 金属门窗、幕墙、与避雷引下线的连接:验收连接材料的品种、规格、连接位置的数量、连接方法和质量 6. 不进人的吊顶内的电线导管:验收导管的品种、规格、位置、弯扁度、弯曲半径、连接、跨接地线、防腐、需焊接部位的焊接质量、管盒固定、管口处理、固定方法、固定间距等 7. 不进人的吊顶内的线槽:验收使用材料的品种、规格、位置、连接、接地防腐、固定方法、固定间距、及其他管线位置的关系 8. 直埋电缆:验收电缆的品种、规格、埋设方法、埋深、弯曲半径、标桩埋设情况等 9. 不进人的电缆沟敷设电缆:验收电缆的品种、规格、弯曲半径、固定方法、固定间距、标识情况
通风与空调工程	1. 敷设于竖井内、不进人吊顶内的风道(包括各类附件、部件、设备等):检查风道的标高、材质、接头、接口严密性;附件、部件安装位置,支、吊、托架安装,固定,活动部件是否灵活可靠、方向是否正确,风道分支、变径处理是否合理,是否符合要求,是否已按照设计要求及施工规范规定完成风管的漏光、漏风检测,空调水管道的强度严密性、冲洗等试验 2. 有绝热、防腐要求的风管、空调水管及设备:检查绝热形式与做法、绝热材料的材质和规格、防腐处理材料及做法。绝热管道与支吊架之间应垫绝热衬垫或经防腐处理的木衬垫,其厚度应与绝热层厚度相同,表面平整,衬垫接合面的空隙应填实

工程名称	内容要求及注意事项
电梯工程	检查电梯承重梁、起重吊环埋设;电梯钢丝绳头灌注;电梯井道内导轨、层门的支架、螺栓埋设等
智能建筑工程	1. 埋在结构内的各种电线导管:验收导管的品种、规格、位置、弯扁度、弯曲半径、连接、跨接地线、防腐、需焊接部位的焊接质量、管盒固定、管口处理、敷设情况、保护层等 2. 不能进入吊顶内的电线导管:验收导管的品种、规格、位置、弯扁度、弯曲半径、连接、跨接地线、防腐、需焊接部位的焊接质量、管盒固定、管口处理、固定方法、固定间距 3. 不能进人吊顶内的线槽:验收其品种、规格、位置、连接、接地、防腐、固定方法、固定间距等 4. 直埋电缆:验收电缆的品种、规格、埋设方法、埋深、弯曲半径、标桩埋设情况等 5. 不进人的电缆沟敷设电缆:验收电缆的品种、规格、弯曲半径、固定方法、固定间距、标识情况等

3）施工检查记录

对于施工过程中影响质量、观感、安装、人身安全的工序应在过程中做好过程控制检查记录。由施工单位填写的施工检查记录应一式一份，并由施工单位自行保存。施工检查记录宜采用表 3-50 的格式。

施工检查记录（通用）（C.5.2） 表 3-50

工程名称	××市×中学教学楼	编号	02-01-C5-0××
		检查日期	××××年××月××日
检查部位	地下一层 1-11/A-F 轴顶板、梁、楼梯	检查项目	模板工程

检查依据：
1. 施工图纸:结施-10、结施-11、结施-21
2.《混凝土结构工程施工质量验收规范》(GB 50204—2015)

检查内容：
1. 地下一层 1-11/A-F 轴顶板、梁、楼梯模板
2. 模板支撑的强度、刚度、稳定性符合规范要求
3. 标高、各部尺寸符合设计图纸要求
4. 拼缝严密,脱模剂涂刷均匀,模内清理干净

检查结论：
经检查地下一层 1-11/A-F 轴顶板、梁、楼梯模板安装工程已全部完成,符合设计及《混凝土结构工程施工质量验收规范》(GB 50204—2015)的规定。

复查结论：
符合规范规定及设计要求
复查人： 复查日期：

签字栏	施工单位	×××建筑安装有限公司	专业质检员	专业工长
	专业技术负责人	×××	×××	×××

4）交接检查记录（通用）

《交接检查记录》适用于不同施工单位（专业工种）之间的移交检查，当前一专业工程施工质量对后续专业工程施工质量产生直接影响时，应进行交接检查。如：设备基础完工交给机电设备安装，结构工程完工交给幕墙工程等。并由前一施工单位（专业工种）填写，移交、接受和见证单位各存一份。

相关规定与要求：分项（分部）工程完成，在不同专业施工单位之间应进行工程交

接，应进行专业交接检查，填写《交接检查记录》。移交单位、接收单位和见证单位共同对移交工程进行验收，并对质量情况、遗留问题、工序要求、注意事项、成品保护等进行记录，填写《专业交接检查记录》。

交接双方共同填写的交接检查记录应一式一份，并应由施工单位保存一份。交接检查记录宜采用表 3-51 的格式。

交接检查记录（通用）（C.5.3）　　　　　　　　　　表 3-51

工程名称	××市×中学教学楼	编号	03-04-C5-0××
		图纸编号	××××年××月××日
移交单位	×××建筑安装有限公司	见证单位	×××监理有限责任公司
交接部位	建筑装饰工程	接收单位	×××建筑装饰有限公司

交接内容：
1. 结构标高,轴线偏差
2. 结构构件尺寸偏差
3. 门窗洞口尺寸偏差
4. 水、暖、电等预埋或管线是否到位

检查结论：
经检查结构标高,轴线偏差;结构构件尺寸偏差;门窗洞口尺寸偏差;水、暖、电等预埋或管线均符合规范要求,具备装饰工程施工条件。

复查结论：(由接收单位填写)
复查人：　　　　　　复查日期：

见证单位意见：
交接检查细致全面,各项检查均符合设计要求及规范规定,同意交接。

签字栏	移交单位	接收单位	见证单位
	×××	×××	×××

5）工程定位测量记录

工程定位测量记录应在工程开工前完成，记录应依据规划部门提供的红线桩，放线成果及总平面图（场地控制网）测定建筑物位置、主控轴线及尺寸、建筑物的±0.000 高程，填写《工程定位测量记录》，报监理单位审核签字后，由建设单位报规划部门验线。填写工程定位测量记录注意如下要求：

① 测绘部门根据建设工程规划许可证（附件）批准的建筑工程位置及标高依据，提供的放线成果、红线桩及场地（或建筑物）控制网等资料。

② 施工测量方案（用于大型、复杂的工程）　注：企业自存。

③ 建设单位报请具有相应资质的测绘部门对工程定位的验线资料（注：向建设单位索取，企业自存）。

④ 工程定位测量完成后，应由建设单位报请政府具有相关应资质的测绘部门申请验线，填写《建设工程验线申请表》报请政府测绘部门验线。工程定位测量记录：含建筑物的位置、主控轴线及尺寸、建筑物±0.00 绝对高程并填报《＿＿报验（审）申请表》报监理单位审核。

施工单位填写的工程定位测量记录应一式四份，并应由建设单位、监理单位、施工单位、城建档案馆各保存一份。工程定位测量记录宜采用表 3-52 的格式。

工程定位测量记录（C.5.4）   表 3-52

工程名称	××市×中学教学楼	编号	01-05-C5-0××
		图纸编号	总施-1
委托单位	×××建筑安装有限公司	施测日期	××××年××月××日
复测日期	××××年××月××日	平面坐标依据	DZS3-1
高程依据	甲方指定	使用仪器	DS3　DJ6
允许误差	$m_\beta = 6'' k \leqslant 1/10000$ $f_h \leqslant \pm 12\sqrt{L}$mm	仪器校验日期	××××年××月××日

定位抄测示意图：

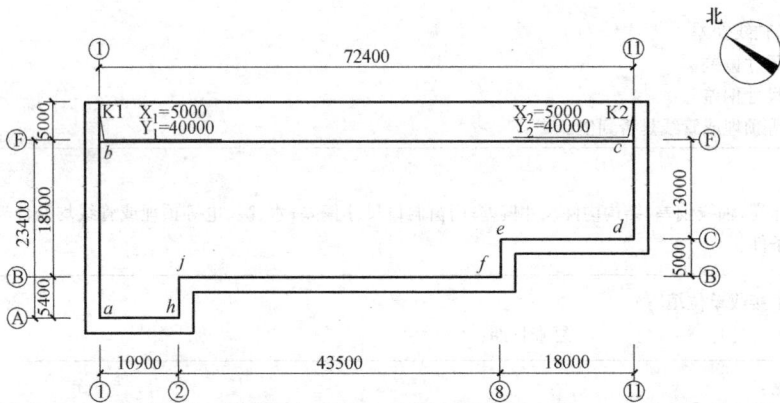

说明：1. 依据规划部门（或建设单位）提供的控制点 K1 和 K2 的坐标及 K1K2 与 F 轴间的平行距离关系可计算出教学楼各拐点的坐标

a. X=78.4，Y=400.00；b. X==55.00，Y=400.00；c. X=55.0，Y=47233；d. X=68.00，Y=47233；

e. X=68.00；Y=454.40；f. X=73.40，Y=454.00；j. X=73.40，Y=410.90；h=78.40；Y=410.90.

2. 以 K1 以点为测站将全站仪置于其上对中整平，后视 K2 点，将 K1，K2 坐标点坐标输入全站仪，应用坐标放样将 a，b，c，d，e，f，j，h 教学楼拐点分别放样到地面，并用钢尺检查各两点间距离符合图纸尺寸。定位放线完成。

复查结果：

1. 平面控制网测角中误差 $m_\beta = 6''$、边长相对误差 $k \leqslant 1/25200$ 符合《工程测量规范》（GB 50026—2007）中二级建筑物平面控制网精度及设计要求；

2. 高程控制网闭合差 $f_h = 3$mm，符合《工程测量规范》（GB 50026—2007）中三等水准测量精度及设计要求；

签字栏	施工单位	×××建筑安装有限公司	测量人员岗位证书号	×××	专业技术负责人	×××
	施工测量负责人	×××	复测人	×××	施测人	×××
	监理或建设单位	×××监理有限责任公司			专业工程师	×××

6）基槽验线记录

依据《工程测量规范》（GB 50026—2007）的规定，《基槽验线记录》填写时应注意：

① 施工单位实施基槽开挖后填写含轴线、放坡边线、断面尺寸、标高、坡度等内容，报监理单位审验。收集附件"普通测量成果"及基础平面图等。

② 相关规定与要求：施工测量单位应根据主控轴线和基槽底平面图，检验建筑物基底外轮廓线、集水坑、电梯井坑、垫层底标高（高程）、基槽断面尺寸和坡度等，填写

《基槽验线记录》并报监理单位审核。

③ 注意事项：重点工程或大型工业厂房应有测量原始记录。

④ 本表一式四份由建设单位、施工单位、监理单位、城建档案馆各保存一份。基槽验线线记录参考采用 3-53。

基槽验线记录　(C.5.5)

表 3-53

工程名称	××市×中学教学楼	编号	01-01-C5-0××
		日期	××××年××月××日

验线依据及内容：

1. 依据：甲方提供定位控制桩、水准点、测绘单位提供的测量成果、基础平面图；
2. 内容：基地外轮廓线及外轮廓断面。
3. 《工程测量规范》(GB 50026—2007)及测量方案

基槽平面及剖面简图：

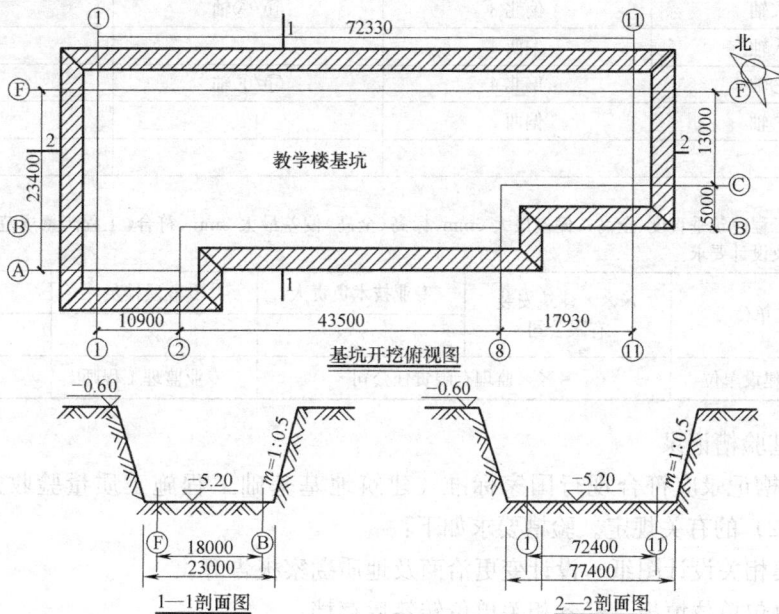

检查意见：

基地外轮廓及断面准确；垫层标高−5.400m，误差均在±5mm以内；

经检查，基坑开挖质量符合《建筑地基基础工程施工质量验收规范》(GB 50202—2010)及设计要求

签字栏	施工单位	×××建筑安装有限公司	专业技术负责人	专业质检员	专业工长
			×××	×××	×××
	监理或建设单位	×××监理有限责任公司	专业工程师		×××

7) 建筑物垂直度、标高观测记录

施工单位在结构工程施工和工程竣工时对建筑物垂直度和全高进行实测，将结果填写到《建筑物垂直度、标高观测记录》。施工单位填写的建筑物垂直度、标高观测记录应一式四份，并应由建设单位、监理单位、施工单位、城建档案馆各保存一份。建筑物垂直度、标高观测记录宜采用表 3-54 的格式。

工程名称	××市×中学教学楼	编号	00-00-C5-×××
施工阶段	工程竣工	观测日期	××××年××月××日

观测说明（附观测示意图）：

1. 用 2″精度激光垂准仪配合量距测得全高、垂直度。
2. 用计量 50m 钢尺外加比长、温度、垂曲三项改正数的计算，量的总高偏差。

位置见附图

垂直度测量（全高）		标高测量（全高）	
观测部位	实测偏差（mm）	观测部位	实测偏差（mm）
①/Ⓐ轴	偏东 2	①/Ⓐ轴	+2
①/Ⓐ轴	偏南 5		
①/Ⓕ轴	偏北 3	①/Ⓕ轴	+3
①/Ⓕ轴	偏东 6		
⑪/Ⓐ轴	偏北 3	⑪/Ⓐ轴	+3
⑪/Ⓐ轴	偏西 4		
⑪/Ⓕ轴	偏北 4	⑪/Ⓕ轴	+2
⑪/Ⓕ轴	偏西 2		

结论：

经实测，本工程建筑垂直度（全高），偏差最大 6mm，标高（全高）偏差最大 3mm，符合《工程测量规范》（GB 50026—2007）的规定及设计要求。

签字栏	施工单位	×××建筑安装有限公司	专业技术负责人	专业质检员	施测人
			×××	×××	×××
	监理或建设单位	×××监理有限责任公司	专业监理工程师		×××

8）地基验槽记录

地基验槽记录应符合现行国家标准《建筑地基基础工程施工质量验收规范》（GB 50202—2002）的有关规定。验槽要求如下：

① 收集相关设计图纸、设计变更洽商及地质勘察报告等。

② 由总包单位填报，经各相关单位转签后存档。

③ 所有建（构）筑物均应进行施工验槽，基槽开挖后检验要点：核对基坑的位置、平面尺寸、坑底标高；核对基坑土质和地下水的情况；空穴、古墓、古井、防空掩体及地下埋设物的位置、深度、性状。基槽检验应填写验槽记录或检验报告。

④ 地基验槽检查记录应由建设、勘察、设计、监理、施工单位共同验收签认。

⑤ 地基需处理时，应由勘察、设计部门提出处理意见。

施工单位填写的地基验槽记录应一式五份，并应由建设单位、监理单位、设计单位、施工单位、城建档案馆各保存一份。地基验槽记录宜采用表 3-55 的格式。

9）混凝土浇灌申请书

正式浇筑混凝土前，施工单位应检查各项准备工作（如钢筋、模板工程检查，水电预埋件检查，材料设备等准备检查），自检合格有施工现场工长填写本表报请监理单位批准后方可浇筑混凝土。本表由施工单位填写并保存，并交给监理一份备案。混凝土浇灌申请书参考采用 3-56。

地基验槽记录 (C. 5. 12)

表 3-55

工程名称	××市×中学教学楼	编　号	01-01-C5-0××
验槽部位	1-11/A-F轴	验槽日期	××××年××月××日

依据:施工图号施工图号总施-1 结构总说明、结施-1、结施-2、地质勘察报告(编号×××-××)

设计变更/洽商/技术核定编号＿＿＿＿/＿＿＿＿及有关规范、规程

验槽内容:

1. 基槽开挖至勘探报告第＿×＿层,持力层为＿×＿层;
2. 土质情况:基地为砂砾土质,均匀密实;
3. 基坑位置、平面尺寸:均符合规范规定;
4. 基底绝对高程和相对标高绝对标高××××、相对标高××××。

申报人:×××

检查结论:

1. 基底标高、基地轮廓尺寸、工程定位符合设计要求;
2. 槽底土质均匀密实,与地质勘察报告(地勘××-××)相符,清槽工作到位,无地下水,同意地基验槽。

■无异常,可进行下道工序　　　　□需要地基处理

签字公章栏	施工单位	勘察单位	设计单位	监理单位	建设单位
	×××	×××	×××	×××	×××

混凝土浇灌申请书 (C. 5. 14)

表 3-56

工程名称	××市×中学教学楼	编号	02-01-C5- ×××
		申请浇灌日期	××××年××月××日
申请浇灌部位	一层顶板楼梯	申请方量(m³)	35
技术要求	坍落度 180±20mm,初凝时间 2h	强度等级	C35
搅拌方式(搅拌站名称)	×××混凝土有限公司	申请人	×××

依据:施工图纸(施工图纸号结施 03、04　)、设计变更/洽商(编号＿×××＿)和有关规范、规程。

施工准备检查		专业工长(质量员)签字	备注
1. 隐检情况:■已完成	□未完成隐检。	×××	
2. 预检情况:■已完成	□未完成预检。	×××	
3. 水电预理情况:■已完成	□未完成并未经检查。	×××	
4. 施工组织情况:■已完备	□未完备。	×××	
5. 机械设备准备情况:■已准备	□未准备。	×××	
6. 保温及有关准备:■已完备	□未完备。	×××	

审批意见:

原材料、机械设备及施工人员已就位;

施工方案及技术交底工作已落实;

计量设备准备完毕;

各种隐检、水电预埋工作已完成。具备浇筑条件。

审批结论:■同意浇筑　　□整改后自行浇筑　　□不同意,整改后重新申请

审批人:×××审批日期:××××年××月××日

施工单位名称:×××建筑安装有限公司

10）预拌混凝土运输单

预拌混凝土供应单位应随车向施工单位提供《预拌混凝土运输单》，《预拌混凝土运输单》的正本由供应单位保存，副本有施工单位保存。施工单位应检验运输单项目是否齐全，准确、真实、无未了项，编号填写正确、签字盖章齐全。预拌混凝土运输单见表采用3-57。

预拌混凝土运输单（C.5.15）　　　　　　　　　　　　　表3-57

工程名称及施工部位	××市×中学教学楼二层梁、板、梯		编号	02-01-C5-×××
合同编号	××××-××		任务单号	××××-×××
供应单位	××商用混凝土有限公司		生产日期	××××年××月××日
委托单位	×××建筑安装有限公司	混凝土强度等级	C30	抗渗等级 /
混凝土输送方式	泵送	其他技术要求		/
本车供应方(m³)	8	要求坍落度(mm)	180±20	实测坍落度(mm) 190
配合比编号	××××-××××	配合比比例	C∶W∶S∶G=	1∶××∶××∶××
运距(km) 21	车号 ××××××	车次 5	司机 ×××	
出站时间 ×日×时×分	到场时间 ×日×时×分		现场出罐温度(℃)	20
开始浇筑时间 ×日×时×分	完成浇筑时间 ×日×时×分		现场坍落度(mm)	190
签字栏	现场验收人 ×××	混凝土供应单位质量员 ×××	混凝土供应单位签发人 ×××	

预拌混凝土运输单（副本）

工程名称及施工部位	××市×中学教学楼二层梁、板、梯		编号	01-06-C5-×××
合同编号	××××-××		任务单号	××××-×××
供应单位	××商用混凝土有限公司		生产日期	××××年××月××日
委托单位	×××建筑安装有限公司	混凝土强度等级	C30	抗渗等级 /
混凝土输送方式	泵送	其他技术要求		/
本车供应方量(m³)	8	要求坍落度(mm)	180±20	实测坍落(mm) 190
配合比编号	××××-××××	配合比比例	C∶W∶S∶G=	1∶××∶××∶××
运距(km) 21	车号 ××××××	车次 5	司机 ×××	
出站时间 ×日×时×分	到场时间 ×日×时×分		现场出罐温度(℃)	20
开始浇筑时间 ×日×时×分	完成浇筑时间 ×日×时×分		现场坍落度(mm)	190
签字栏	现场验收人 ×××	混凝土供应单位质量员 ×××	混凝土供应单位签发人 ×××	

注：表3-57的正本由供应单位保存，副本由施工单位保存。

11）地下工程防水效果检查记录

现行国家标准《地下防水工程质量验收规范》（GB 50208-2011）规定，地下工程验收时，应对地下工程有无渗漏现象进行检查，检查内容应包括裂缝、渗漏部位、大小、渗漏情况和处理意见等。填写注意事项和要求如下：

① 收集背水内表面结构工程展开图、相关图片、相片及说明文件等。

② 由施工单位填写，报送建设单位和监理单位，各相关单位保存。

③ 相关要求：地下工程验收时，发现渗漏水现象应制作、标示好背水内表面结构工程展开图。

④ 注意事项："检查方法及内容"栏内按《地下防水工程质量验收规范》（GB 50208—2011）相关内容及技术方案填写。

填写《地下工程防水效果检查记录》应由施工单位填写一式三份，并应由建设单位、监理单位、施工单位各保存一份。地下工程防水效果检查记录宜采用表 3-58 的格式。

地下工程防水效果检查记录（C. 5. 25）   表 3-58

工程名称	××市×中学教学楼	编号	01-07-C5-0××
检查部位	地下一层	检查日期	××××年××月××日

检查方法及内容：
检察人员用干手触摸混凝土墙面及用吸墨纸（或报纸）贴附背水墙面检查地下二层外墙，有无裂缝和渗水现象。

检查结论：
地下室混凝土墙面不渗水，结构表面无湿渍现象，观感质量合格，符合设计要求和《地下防水工程质量验收规范》（GB 50208—2011）规定。

复查结论：
符合有关规范规定及设计要求

复查人：×××　　　　　　　　复查日期：××××年××月××日

签字栏	施工单位	×××建筑安装有限公司	专业技术负责人	专业质检员	施测人
			×××	×××	×××
	监理或建设单位	×××监理有限责任公司	专业工程师	×××	

12）防水工程试水检查记录

根据现行国家标准《建筑地面工程施工质量验收规范》（GB 50209—2010）规定：地面工程中凡有防水要求的房间应有防水层及装修后的蓄水检查记录。检查内容包括蓄水方式、蓄水时间、蓄水深度、水落口及边缘的封堵情况和有无渗漏现象等。

根据现行国家标准《屋面工程质量验收规范》（GB 50207—2012）的有关规定：屋面工程完工后，应对细部构造（屋面天沟、檐沟、檐口、泛水、水落口、变形缝、伸出屋面管道等）、接缝处和保护层进行雨期观察或淋水、蓄水检查。淋水试验持续时间不得少于2h；做蓄水检查的屋面，蓄水时间不得少于 24h。

防水工程试水检查记录应由施工单位填写，防水工程试水检查记录应一式三份，并由建设单位、监理单位、施工单位各保存一份。防水工程试水检查记录宜采用表 3-59 的格式。

防水工程试水检查记录 (C.5.24)

表 3-59

工程名称	××市×中学教学楼		编号	03-01-C5-0××
检查部位	四层卫生间		检查日期	××××年××月××日
检查方式	■第一次蓄水 □第二次蓄水		蓄水时间	从××××年×月×日×时 至××××年×月×日×时
	□淋水 □雨期观察			

检查方法及内容：

四层卫生间蓄水试验：在门口用水泥砂浆做挡水墙 50mm,地漏用球塞(或棉丝)封堵严密且不影响试水,然后进行放水,蓄水最浅处 20mm,蓄水时间为 24h。

检查结论：

经检查,四层卫生间第一次蓄水 24h 后,蓄水最浅处仍为 20mm,无渗漏现象,检查合格。

复查结论：

经复查四层卫生间蓄水试验符合有关规范规定及设计要求

复查人：×××　　　　　　　　　　　　复查日期：××××年××月××日

签字栏	施工单位	×××建筑安装有限公司	专业技术负责人	专业质检员	施测人
			×××	×××	×××
	监理或建设单位	×××监理有限责任公司	专业工程师		×××

13）通风道、烟道、垃圾道检查记录

通风道、烟道、垃圾道检查记录填写时应注意：主烟(风)道可先检查,检查部位按轴线记录；副烟(风)道可按门户编号记录。由施工单位填写的通风道、烟道、垃圾道检查记录应一式三份,并应由建设单位、监理单位、施工单位各保存一份。通风道、烟道、垃圾道检查记录宜采用表 3-60 的格式。

通风道、烟道、垃圾道检查记录 (C.5.25)

表 3-60

工程名称			××市×中学教学楼	编号	06-02-C5-0××
				检查日期	××××年××月××日
检查部位和检查结果				检查人	复检人
检查部位	主烟(风)道		副烟(风)道	垃圾道	
1 层②～⑥轴处	√			×××	
2 层②～⑥轴处	√			×××	
3 层②～⑥轴处	√			×××	

签字栏	施工单位		×××建筑安装有限公司
	专业技术负责人	专业质检员	专业工长
	×××	×××	×××

14）其他常用施工记录填写要求见表 3-61。

序号	工程资料类别 C5 类		提供单位
	工程资料名称	主要内容及注意事项	
		表格	
1	地基处理记录	1. 附件收集：相关设计图纸、设计变更洽商及地质勘察报告等。 2. 资料流程：由总包单位填报，经各相关单位转签后存档。 3. 相关规定与要求：地基需处理时，应由勘察、设计部门提出处理意见，施工单位应依据勘察、设计单位提出的处理意见进行地基处理，并完工后填写《地基处理记录》。内容包括地基处理方式、处理部位、深度及处理结果等。地基处理完成后，应报请勘察、设计、监理部门复检验收。 4. 注意事项： 当地基处理范围较大、内容较多、用文字描述较困难时，应附简图示意。如勘察、设计单位委托监理单位进行复查时，应有书面的委托记录。本表由施工单位填写，建设单位、施工单位、城建档案馆各保存一份	施工单位
2	楼层平面放线记录(C.5.6)	1. 由施工单位填写，随相应部位的测量放线报验表进入资料流程，可附平面图。 2. 相关规定与要求：楼层平面放线内容包括轴线竖向投测控制线、各层墙柱轴线、墙柱边线、门窗洞口位置线、垂直度偏差等，应施工单位应在完成楼层平面放线后，填写《楼层平面放线放线记录》并报监理单位审核。 本表由施工单位填写，监理单位、施工单位、城建档案馆各保存一份	施工单位
3	楼层标高抄测记录(C.5.7)	1. 相关规定与要求：楼层标高抄测内容包括地下室+0.5m(或 1m)水平控制线、皮数杆标高定位等，施工单位应在完成楼层标高抄测记录后，填写《楼层标高抄测楼层放线记录》报监理单位审核。 2. 注意事项：砖砌基础、砖墙必须设置皮数杆，以此控制标高，用水准仪校核（允许误差±3mm） 3. 本表由施工单位填写，监理单位、施工单位、城建档案馆各保存一份	施工单位
4	沉降观测记录(C.5.9)	由建设单位委托有资质的测量单位进行 注：下列情况应做沉降观测，并应按《工程测量规范》(GB 50026—2007)之表 10.1.3 的规定执行 (1)设计要求时； (2)重要的建筑物； (3)20 层以上的建筑物； (4)14 层以上但造型复杂的建筑物； (5)对地基变形有特殊要求的建筑； (6)单桩承受荷载在 400kN 以上的建筑物； (7)使用灌注桩基础而设计与施工人员经验不足的建筑物； (8)因施工、使用或科研要求进行沉降观测的建筑物； 由施工单位填写，建设单位、监理单位、施工单位、城建档案馆各保存一份	建设单位委托测量单位提供
5	基坑支护水平位移监测记录(C.5.10)	应在基坑开挖和支护结构使用期间记录，应按《工程测量规范》中(GB 50026—2007)规范 10.2 的规定执行，由施工单位填写，监理单位、施工单位各保存一份	施工单位
6	桩基、支护测量放线记(C.5.11)	施工单位填写的工程定位测量记录应一式二份，并应由监理单位、施工单位各保存一份	施工单位

序号	工程资料类别 C5 类		提供单位
	工程资料名称	主要内容及注意事项	
7	地基钎探记录 (C.5.13)	1. 收集地基钎探记录原始记录(或复印件)。 2. 相关规定与要求:钎探记录用于检验浅土层(如基槽)的均匀性,确定基槽的容许承载力及检验填土质量。钎探前应绘制钎探点平面布置图,确定钎探点布置及顺序编号。按照钎探图及有关规定进行钎探并记录。 3. 注意事项:地基钎探记录必须真实有效,严禁弄虚作假。 4. 本表由施工单位填写,建设单位、监理单位、施工单位、城建档案馆各保存一份	施工单位
8	混凝土开盘鉴定 (C.5.16)	1. 相关规定与要求:采用预拌混凝土的,应对首次使用的混凝土配合比在混凝土出厂前,由混凝土供应单位自行组织相关人员进行开盘鉴定。采用现场搅拌混凝土的,应由施工单位组织监理单位、搅拌机组、混凝土试配单位进行开盘鉴定工作,共同认定试验室签发的混凝土配合比确定的组成材料是否与现场施工所用材料相符,以及混凝土拌合物性能是否满足设计要求和施工需要。 2. 注意事项:鉴定的内容包括浇灌部位及时间、强度等级和配合比、坍落度和保水性。表中各项都应根据实际情况填写清楚、齐全,要有明确的鉴定结果和结论,签字齐全。 3. 由施工单位填写与监理单位各保存一份	施工单位
9	混凝土拆模申请单(C.5.17)	1. 收集混凝土试块抗压强度试验报告。 2. 相关规定与要求:在拆除现浇混凝土结构板、梁、悬臂构件等底模和柱墙侧模前,应填写混凝土拆模申请单并附同条件混凝土强度等级报告(或龄期强度推断计算书),报项目专业负责人审批后报监理单位审核,通过后方可拆模。 3. 其他: ①拆模时混凝土强度规定:当设计有要求时,应按设计要求;当设计无要求时,应按现行规范要求。 ②结构型式复杂(结构跨度变化较大)或平面不规则,应附拆模平面示意图。 4. 由施工单位填写,在拆模前报送监理单位审核,施工单位和监理单位个保存一份	施工单位
10	混凝土预拌测温记录(C.5.18)	1. 由施工单位填写并保存。 2. 相关规定与要求: (1)冬期混凝土施工时,应记载搅拌合养护的测温记录。 (2)混凝土冬期施工搅拌测温记录应包括大气温度、原材料温度、出罐温度、入模温度等。 (3)混凝土冬期施工养护测温应先绘制测温点布置图,包括测温点的部位、深度等。测温记录应包括大气温度、各测温孔的实测温度、同一时间得到的各测温孔的平均温度和间隔时间等。 3. 注意事项:"备注"栏内应填写"现场搅拌"或"预拌混凝土"	施工单位
11	混凝土养护测温记录(C.5.19)	依据《建筑工程冬期施工规程》(JGJ/T 104—2011)规定,混凝土养护期间温度测量应符合下列规定: 1. 蓄热法或综合蓄热法养护从混凝土入模开始至混凝土达到受冻临界强度,或混凝土温度降到 0℃ 或设计温度以前应至少每隔 6h 测量一次; 2. 掺防冻剂的混凝土在强度未达到本规程第 7.1.1 条规定之前应每隔 2h 测量一次达到受冻临界强度以后每隔 6h 测量一次; 3. 采用加热法养护混凝土时,升温和降温阶段应每隔 1h 测量一次,恒温阶段每隔 2h 测量一次; 4. 全部测温孔均应编号,并绘制布置图。测温孔应设在有代表性的结构部位和温度变化大易冷却的部位,孔深宜为 10～15cm,也可为板厚的 1/2 或墙厚的 1/2。测温时测温仪表应采取与外界气温隔离措施,并留置在测温孔内不少于 3min。 5. 本表由施工单位填写并保存	施工单位

序号	工程资料类别 C5 类		提供单位
	工程资料名称	主要内容及注意事项	
12	大体积混凝土养护测温记录 (C.5.20)	依据《混凝土结构工程施工质量验收规范》(GB 50204—2015)的规定,混凝土浇筑完毕后,应按施工技术方案及时采取有效的养护措施,并应符合下列规定: 1. 应在浇筑完毕后的 12h 以内对混凝土加以覆盖并保湿养护。 2. 混凝土浇水养护的时间;对采用硅酸盐水泥、普通硅酸盐水泥或矿渣硅酸盐水泥拌制的混凝土,不得少于 7d;对掺用缓凝型外加剂或有抗渗要求的混凝土,不得少于 14d。 3. 浇水次数应能保持混凝土处于湿润状态;混凝土养护用水应与拌制用水相同。 4. 塑料膜覆盖养护的混凝土,其敞露的全部表面应覆盖严密,并应保持塑料膜内有凝结水。 5. 混凝土强度达到 1.2N/mm^2 前,不得在其上踩踏或安装模板及支架。 注: 1. 当日平均气温低于 5℃时,不得浇水。 2. 当采用其他品种水泥时,混凝土的养护时间应根据所采用水泥的技术性能确定。 3. 混凝土表面不便浇水或使用塑料膜时,宜涂刷养护剂。 4. 对大体积混凝土的养护,应根据气候条件按施工技术方案采取控温措施。 检查数量:全数检查。 检查方法:观察,检查施工记录。 说明:养护条件对于混凝土强度的增长有重要影响。在施工过程中,应根据原材料、配合比、浇筑部位和季节等具体情况,制订合理的施工技术方案,采取有效的养护措施,保证混凝土强度正常增长。 要求: 1. 由施工单位填写并保存。 2. 相关规定与要求: (1)大体积混凝土施工应有对混凝土入模时大气温度、养护温度记录、内外温差和裂缝进行检查并记录。 (2)大体积混凝土养护测温应附测温点布置图,包括测温点的布置部位、深度等。 3. 注意事项:大体积混凝土养护测温记录应真实、及时,严禁弄虚作假	施工单位
13	大型构件吊装记录(C.5.21)	构件吊装记录适用于大型混凝土预制构件、钢构件的安装。吊装记录的内容包括构建的名称、安装位置、搁置与搭接长度、接头处理、固定方法、标高等。填写要求: 1. 收集相关设计要求文件等。 2. 由施工单位填写一式四份,由建设单位、施工单位、监理单位、城建档案馆各保存一份。 3. 相关规定与要求:预制混凝土结构构件、大型钢、木构件吊装应有《构件吊装记录》。吊装记录内容包括构件型号名称、安装位置、外观检查、楼板堵孔、清理、锚固、构件支点的搁置与搭接长度、接头处理、固定方法、标高、垂直偏差等,应符合设计和现行标准、规范要求。 4. 注意事项:"备注"栏内应填写吊装过程中出现的问题、处理措施及质量情况等。对于重要部位或大型构件的吊装工程,应有专项安全交底	施工单位
14	焊接材料烘焙记录(C.5.22)	依据《钢结构工程施工质量验收规范》(GB 50205—2001)的规定:焊条、焊丝、焊剂、电渣焊熔嘴等焊接材料与母材的匹配应符合设计要求及国家现行行业标准《钢结构焊接规范》(GB 50661—2011)的规定。焊条、焊剂、药芯焊丝、熔嘴等在使用前,应按其产品说明书及焊接工艺文件的规定进行烘焙和存放。 检查数量:全数检查。 检验方法:检查质量证明书和烘焙记录。 说明:焊接材料对钢结构焊接工程的质量有重大影响。其选用必须符合设计文件和国家现行标准的要求。对于进场时经验收合格的焊接材料,产品的生产日期、保存状态、使用烘焙等也直接影响焊接质量。本条说明即规定了焊条的选用和使用要求,尤其强调了烘焙状态,这是保证焊接质量的必要手段。 填写要求: 1. 由施工单位填写并保存。 2. 相关规定与要求:按照规范、标准和工艺文件等规定应须进行烘焙的焊接材料应在使用前按要求进行烘焙,并填写《烘焙记录》。烘焙记录内容包括烘焙方法、烘干温度、要求烘干时间、实际烘焙时间和保温要求等	施工单位

序号	工程资料类别C5类		提供单位
	工程资料名称	主要内容及注意事项	
15	预应力筋张拉记录(C.5.26)	依据《混凝土结构工程施工质量验收规范》(GB 50204—2015)的规定： 1. 后张法预应力工程的施工应由具有相应资质等级的预应力专业施工单位承担。 2. 预应力筋张拉机具设备及仪表,应定期维护和校验。张拉设备应配套标定,并配套使用。张拉设备的标定期限不应超过半年。当在使用过程中出现反常现象时或在千斤顶检修后,应重新标定。 注: 1. 张拉设备标定时,千斤顶活塞的运行方向应与实际张拉工作状态一致; 2. 压力表的精度不应低于1.5级,标定张拉设备用的试验机或测力计精度不应低于±2%。 3. 预应力筋张拉或放张时,混凝土强度应符合设计要求;当设计无具体要求时,不应低于设计的混凝土立方体抗压强度标准值的75%。 4. 预应力筋的张拉力、张拉或放张顺序及张拉工艺应符合设计及施工技术方案的要求,并应符合下列规定: (1)当施工需要超张拉时,最大张拉应力不应大于国家现行标准《混凝土结构设计规范》(GB 50010—2010)的规定。 (2)张拉工艺应能保证同一束中各根预应力筋的应力均匀一致。 (3)后张法施工中,当预应力筋是逐根或逐束张拉时,应保证各阶段不出现对结构不利的应力状态;同时宜考虑后批张拉预应力筋所产生的结构构件的弹性压缩对先批张拉预应力筋的影响,确定张拉力。 (4)先张法预应力筋放张时,宜缓慢放松锚固装置,使各根预应力筋同时缓慢放松; (5)当采用应力控制方法张拉时,应校核预应力筋的伸长值。实际伸长值与设计计算理论伸长值的相对允许偏差为±5%。 5. 预应力筋张拉锚固后实际建立的预应力值与工程设计规定检验值的相对允许偏差为±5%。 预应力筋张拉时实际建立的预应力值对结构受力性能影响很大,必须予以保证。先张法施工中可以用应力测定仪器直接测定张拉锚固后预应力筋的应力值;后张法施工中预应力筋的实际应力值较难测定,故可用见证张拉代替预加力值测定。见证张拉指监理工程师或建设单位代表现场见证下的张拉。 6. 张拉过程中应避免预应力筋断裂或滑脱;当发生断裂或滑脱时,必须符合下列规定: (1)对后张法预应力结构构件,断裂或滑脱的数量严禁超过同一截面预应力筋总根数的3%,且每束钢丝不得超过一根;对多跨双向连续板,其同一截面应按每跨计算; (2)对先张法预应力构件,在浇筑混凝土前发生断裂或滑脱的预应力筋必须予以更换。 填写要求: 1. 由施工单位填写一式四份,建设单位、施工单位、监理单位、城建档案馆各保存一份。 2. 相关规定与要求: (1)预应力筋张拉记录应由专业施工人员负责填写。包括预应力施工部位、预应力筋规格、平面示意图、张拉程序、应力记录、伸长量等。 (2)预应力筋张拉记录对每根预应力筋的张拉实测值进行记录。后张法预应力张拉施工应执行见证管理,按规定要求做见证张拉记录。 (3)预应力张拉原始施工记录应归档保存。 3. 预应力工程施工记录应由具有相应资质的专业施工单位负责提供	施工单位

序号	工程资料类别C5类		提供单位
	工程资料名称	主要内容及注意事项	
16	有粘结预应力结构灌浆记录(C.5.27)	依据《混凝土结构工程施工质量验收规范》(GB 50204—2015)的规定: 1. 后张法有粘结预应力筋张拉后应尽早进行孔道灌浆,孔道内水泥浆应饱满、密实。 2. 锚具的封闭保护应符合设计要求;当设计无具体要求时,应符合下列规定: (1)应采取防止锚具腐蚀和遭受机械损伤的有效措施。 (2)凸出式锚固端锚具的保护层厚度不应小于50mm。 (3)外露预应力筋的保护层厚度:处于正常环境时,不应小于20mm;处于易受腐蚀的环境时,不应小于50mm。 3. 后张法预应力筋锚固后的外露部分宜采用机械方法切割,其外露长度不宜小于预应力筋直径的1.5倍,且不宜小于30mm。 4. 灌浆用水泥浆的水灰比不应大于0.45,搅拌后3h泌水率不宜大于2%,且不应大于3%。泌水应能在24h内全部重新被水泥吸收。 5. 灌浆用水泥浆的抗压强度不应小于30N/mm²。 检查数量:每工作班留置一组边长为70.7mm的立方体试件。 检验方法:检查水泥浆试件强度试验报告。 填写要求: 1. 由施工单位填写一式四份,建设单位、施工单位、监理单位、城建档案馆各保存一份。 2. 相关规定与要求:有粘结预应力结构灌浆记录:后张法有粘结预应力筋张拉后应及时灌浆,并做灌浆记录,记录内容包括灌浆孔状况、水泥浆配比状况、灌浆压力、灌浆量,并有灌浆点简图和编号等	施工单位
17	钢结构施工记录(C.5.28)	1. 钢结构工程施工记录由多项内容组成,具体形式由施工单位自行确定。 2. 钢结构工程施工记录相关说明 (1)构件吊装记录:钢结构吊装应有《构件吊装记录》,吊装记录内容包括构件名称、安装位置、搁置与搭接长度、接头处理、固定方法、标高等。 (2)焊接材料烘焙记录:焊接材料在使用前,应按规定进行烘焙,并有烘焙记录。 (3)钢结构安装施工记录:钢结构主要受力构件安装完成后,应检查钢柱、钢架(梁)垂直度、侧向弯曲偏差等检查,并做施工记录。 (4)钢结构主体结构在形成空间刚度单元并连接固定后,应做检查整体垂直度和整体平面弯曲度的安装允许偏差检查,并做施工记录。 钢结构安装施工记录应由具有相应资质的专业施工单位负责填写一式三份,建设单位、施工单位、监理单位各保存一份	施工单位
18	网架(索膜)施工记录(C.5.29)	1. 钢网架(索膜)结构总拼完成后及屋面工程完成后,应检查对其挠度值和其他安装偏差进行测量,并做施工偏差检查记录。 2. 膜结构的安装过程应形成的记录文件:技术交底记录、与膜结构相连接的部位的检验记录、钢构件、拉索、附件、膜单元运抵现场后的验收记录、现场焊缝检验记录、施加预张力记录、施工过程检验记录、膜结构安装完工检验记录。 网架(索膜)施工记录应由具有相应资质的专业施工单位负责填写一式四份,建设单位、施工单位、监理单位、城建档案馆各保存一份	施工单位
19	木结构施工记录(C.5.30)	1. 木结构工程施工记录具体形式由施工单位自行确定。 2. 木结构工程施工记录相关说明:应对木桁架、梁和柱等构件的制作、安装、屋架安装的允许偏差和屋盖横向支撑的完整性进行检查,并做施工记录。 3. 木结构工程施工记录应由具有相应资质的专业施工单位负责提供一式三份,建设单位、施工单位、监理单位各保存一份	施工单位

序号	工程资料类别 C5 类		提供单位
	工程资料名称	主要内容及注意事项	
20	幕墙注胶检查记录(C.5.31)	1. 幕墙工程施工记录具体形式由施工单位自行确定。 2. 幕墙工程施工记录相关说明：幕墙注胶检查记录，检查内容包括注胶宽度、厚度、连续性、均匀性、密实度和饱满度等。 3. 玻璃幕墙结构胶和密封胶的打注应饱满、密实、连续、均匀、无气泡，宽度和厚度应符合设计要求和技术标准的规定。检验方法：观察；尺量检查；检查施工记录。 4. 金属幕墙的板缝注胶应饱满、密实、连续、均匀、无气泡，宽度和厚度应符合设计要求和技术标准的规定。检验方法：观察；尺量检查；检查施工记录。 5. 石材幕墙的板缝注胶应饱满、密实、连续、均匀、无气泡，板缝宽度和厚度应符合设计要求和技术标准的规定。检验方法：观察；尺量检查；检查施工记录。 幕墙注胶检查记录由施工单位填写一式三份，建设单位、施工单位、监理单位各保存一份	施工单位
21	自动扶梯、自动人行道的相邻区域检查记录(C.5.32)	检验项目：出入口畅通区；照明、防碰挡板、净空高度、防护栏、防护网、护板、扶手带外缘、标志须知等。 自动扶梯、自动人行道的相邻区域检查记录由施工单位填写一式三份，建设单位、施工单位、监理单位各保存一份	施工单位
22	电梯电气装置安装检查记录(C.5.33)	检验项目：主电源开关、机房照明、轿厢照明和通风电路、轿顶照明及插座、井道照明、接地保护、控制屏柜、防护罩壳、线路敷设、电线管槽、电线槽、电线管、金属软管、轿厢操作盘及显示版面防腐、导线敷设、绝缘电阻等。 电梯电气装置安装检查记录由施工单位填写一式三份，建设单位、施工单位、监理单位各保存一份	施工单位
23	自动扶梯、自动人行道电气装置检查记录(C.5.34)	检验项目：主开关；照明电路、开关、插座；防护罩壳、接地保护、线路敷设。 自动扶梯、自动人行道电气装置检查记录由施工单位填写一式三份，建设单位、施工单位、监理单位各保存一份。设、金属软管、导线连接、绝缘电阻等	施工单位
24	自动扶梯、自动人行道整机安装质量检查记录(C.5.35)	检验项目：一般要求、装饰板(围板)、护壁板(护栏板)、围裙板体积踏板、扶手带、桁架(机架)、驱动装置、盘车装置、应设置有防护装置的部件等。 自动扶梯、自动人行道整机安装质量检查记录由施工单位填写一式三份，建设单位、施工单位、监理单位各保存一份	施工单位

上述表格中检查项目的施工检查记录可采用施工检查记录（C.5.2）表格的形式。见表 3-62。

施工检查记录（C.5.2）　　　　　　　　　　　　表 3-62

工程名称		编号	
检查部位		检查日期	
检查依据			

检查方法及内容：

检查结论：

复查结论：
复查人：　　　　　　复查日期：

签字栏	施工单位		专业技术负责人	专业质检员	专业工长
	监理或建设单位			专业工程师	

（6）施工试验记录与检测报告（C6）

1）设备单机试运转记录（通用）

为保证系统安全、正常运行，设备在安装中应进行必要的单机试运转试验。设备单机试运转试验应由施工单位报请建设（监理）单位共同进行。

设备单机试运转记录应符合现行国家标准《建筑给水排水及采暖工程施工质量验收规范》（GB 50242—2002），《通风与空调工程施工质量验收规范》（GB 50243—2002），《建筑节能工程施工质量验收规范》（GB 50411—2007）等有关规定。

相关规定与要求：

① 水泵试运转的轴承升温必须符合设备说明书的规定。检验方法：通电、操作和温度计测温检查。水泵试运转，叶轮与泵壳不应相碰，进、出口部位的阀门应灵活。

② 锅炉风机试运转，轴承升温应符合下列规定：滑动轴承温度最高不得超过 60℃；滚动轴承温度最高不得超过 80℃。检验方法：用温度计测温检查。轴承径向单振幅应符合下列规定：风机转速小于 100r/min 时，不应超过 0.10mm；风机转速为 1000～1450r/min 时，不应超过 0.08mm。检验方法：用测振仪表检查。

注意事项：

① 以设计要求和规范规定为依据，适用条目要准确。参考规范包括：《机械设备安装工程施工及验收通用规范》（GB 50231—2009），《制冷设备、空气分离设备安装工程施工及验收规范》（GB 50274—2010）、《压缩机、风机、泵安装工程施工及验收规范》（GB 50275—2010）等。

② 根据试运转的实际情况填写实测数据，要准确、内容齐全、不得漏项。设备单机试运转后应逐台填写记录，一台（组）设备填写一张表格。

③ 设备单机试运转是系统试运转调试的基础工作，一般情况下如设备的性能达不到设计要求，系统试运转调试也不会达到要求。

④ 工程采用施工总承包管理模式的，签字人员应为施工总承包单位的相关人员。

施工单位填写的设备单机试运转记录应一式四份，并应由建设单位、监理单位、施工单位、城建档案馆各保存一份。设备单机试运转记录宜采用表 3-63 的格式。

设备单机试运转记录（通用）(C.6.1)　　　　　　　　　　　表 3-63

工程名称		××市×中学教学楼	编号	05-01-C6-0××
			试运转时间	××××年××月××日
设备名称		变频给水泵	设备编号	M2-43(A 版)
规格型号		BA1-100×4	额定数据	$Q=54m^3/h$；$H=70.4m$；$N=18.5kW$
生产厂家		××设备公司	设备所在系统	给水系统
序号	试验项目	试验记录		试验结论
1	减振器连接状况	连接牢固、平稳、接触紧密符合减振要求		符合设计要求、施工规范规定及设备技术文件规定
2	减振效果	基础减震运行平稳，无异常振动与声响		符合设计要求、施工规范规定及设备技术文件规定

序号	试验项目	试验记录	试验结论
3	传动带装置	水泵安装后其纵向水平度偏差及横向水平度偏差、垂直度偏差以及联轴器两轴芯的偏差满足设计及规范要求。盘车灵活、无异常现象,润滑情况良好。运行时各固定连接部位无松动	符合设计要求、施工规范规定及设备技术文件规定
4	压力表	灵敏、准确、可靠	符合设计要求、施工规范规定及设备技术文件规定
5	电气设备	电机绕组对地绝缘电阻合格。电动机转向与泵的转向相符。电机运行电流、电压正常	符合设计要求、施工规范规定及设备技术文件规定
6	轴承温升	试运转时的环境温度25℃,连续运转2h后,水泵轴承外壳最高温度67℃	符合设计要求、施工规范规定及设备技术文件规定

试运转结论:

经试运转给水泵的单机试运行符合设计要求、施工规范规定及设备技术文件规定。

签字栏	施工单位	×××建筑安装有限公司	专业技术负责人	专业质检员	专业工长
			×××	×××	×××
	监理或建设单位	×××		专业工程师	×××

2)系统试运转调试记录(通用)

系统试运转调试是对系统功能的最终检验,检验结果应满足设计要求。调试工作在系统投入使用前进行。

系统试运转调试记录应符合现行国家标准《建筑给水排水及采暖工程施工质量验收规范》(GB 50242—2002),《通风与空调工程施工质量验收规范》(GB 50243—2002),《建筑节能工程施工质量验收规范》(GB 50411—2007)的有关规定。

相关规定与要求:

① 内采暖系统冲洗完毕应通水、加热,进行试运行和调试。检验方法:观察、测量室温应满足设计要求。

② 供热管道冲洗完毕应通水、加热,进行试运行和调试。当不具备加热条件时,应延期进行。检验方法:测量各建筑物热力入口处供回水温度及压力。

注意事项:

① 以设计要求和规范规定为依据,适用条目要准确。

② 根据试运转调试的实际情况填写实测数据,要准确,内容齐全,不得漏项。

③ 工程采用施工总承包管理模式的,签字人员应为施工总承包单位的相关人员

④ 施工单位填写的系统试运转调试记录应一式四份,并应由建设单位、监理单位、施工单位及城建档案馆各保存一份。系统试运转调试记录宜采用表3-64的格式。

3)接地电阻测试记录(通用)

接地电阻测试记录应符合现行国家标准《建筑电气工程施工质量验收规范》(GB 50303—2015)、《智能建筑工程质量验收规范》(GB 50339—2013)和《电梯工程施工质量验收规范》(GB 50310—2015)的有关规定。依据《建筑电气工程施工质量验收规范》(GB 50303—2015)规定,防雷接地系统测试:接地装置施工完成测试应合格;避雷接闪

器安装完成，整个防雷接地系统连成回路，才能系统测试。测试记录应由建设（监理）单位及施工单位共同进行。

系统试运转调试记录（通用）（C.6.2） 表 3-64

工程名称	××市×中学教学楼		编号	05-05-C6-0××
			试运转调试时间	××××年××月××日
试运转调试项目	采暖系统试运行调试		试运转调试部位	地下一层～五层全楼

试运转调试内容：
　　本工程采暖系统为上供下回单管异程式供暖系统，供回水干管分别设于五层及地下室，末端高点设有集气罐。系统管道采用焊接钢管。散热器采用喷塑柱形 760 型铸铁散热器。热源为地下室换热站内的二次热水。
　　全楼于××××年××月××日×时开始正式通暖，至××月××日×时，全楼供热管道及散热器受热情况基本均匀，各阀门开启灵活，管道、设备、散热器等接口处均不渗不漏。
　　经进行室温测量，各室内温度均在 18～22℃，卫生间及走道温度在 16～18℃之间。设计温度为室内 20℃，卫生间及走道温度在 16℃之间。实测温度与设计温度相对差为 1%。

试运转调试结论：
　　通过本系统试运转调试结果符合设计要求及施工规范规定，试运转调试合格。

签字栏	施工单位	×××建筑安装有限公司	专业技术负责人	专业质检员	专业工长
			×××	×××	×××
	监理或建设单位	×××监理有限责任公司	专业工程师	×××	

　　施工单位填写的接地电阻测试记录应一式四份，并应由建设单位、监理单位、施工单位、城建档案馆各保存一份。接地电阻测试记录宜采用表 3-65 的格式。

接地电阻测试记录（通用）（C.6.3） 表 3-65

工程名称	××市×中学教学楼			编号	07-07-C6-0××	
				测试日期	××××年××月××日	
仪表型号	ZC-8		天气情况	晴	气温（℃）	22
接地类型	√防雷接地 □保护接地 □重复接地	□计算机接地 □防静电接地 □综合接地		□工作接地 □逻辑接地 □医疗设备接地		
设计要求	□≤10Ω □≤0.1Ω	□≤4Ω □≤Ω		√≤1Ω □		

测试部位：
1、2、3、4 号接地电阻测试点

测试结论：
经测试计算，接地电阻值 0.1Ω，符合设计要求和《建筑电气工程施工质量验收规范》（GB 50303—2015）规定。

签字栏	施工单位	×××建筑安装有限公司		
	专业技术负责人	专业质检员	专业工长	专业测试人
	×××	×××	×××	×××
				×××
	监理或建设单位	×××监理有限责任公司	专业工程师	×××

4) 绝缘电阻测试记录（通用）

电气绝缘电阻测试主要包括电气设备和动力、照明线路及其他必须遥测绝缘电阻的测试，配管及管内穿线分项质量验收前和单位工程质量竣工验收前，应分别按系统回路进行测试，不得遗漏。电器绝缘电阻的检测仪器应在检定的有效期内。

绝缘电阻测试记录应符合现行国家标准《建筑电气工程施工质量验收规范》（GB 50303—2015）、《智能建筑工程质量验收规范》（GB 50339—2013）和《电梯工程施工质量验收规范》（GB 50310—2002）的有关规定。施工单位填写的绝缘电阻测试记录应一式四份，并应由建设单位、监理单位、施工单位、城建档案管理机构各保存一份。绝缘电阻测试记录宜采用表3-66的格式。

绝缘电阻测试记录（通用）(C.6.4)   表3-66

工程名称			××市×中学教学楼				编号			07-05-C6-0××	
							测试日期			××××年××月××日	
计量单位			MΩ（兆欧）				天气情况			晴	
仪表型号			ZC-7		电压			1000V	环境温度		25℃
层数	箱盘编号	回路号	相间			相对零			相对地			零对地
			L_1—L_2	L_2—L_3	L_3—L_1	L_1—N	L_2—N	L_3—N	L_1—PE	L_2—PE	L_3—PE	N—PE
3	3FAL	1000	1000	1000	1000	1000	1000	1000	1000	1000	1000	1000
3	照明	WL1				1000			1000			1000
3	照明	WL2					1000			1000		1000
3	照明	WL3				1000				1000		1000

测试结论：线路绝缘良好，符合设计要求和《建筑电气工程施工质量验收规范》(GB 50303—2015)的规定。

签字栏	施工单位	×××建筑安装有限公司		
	专业技术负责人	专业质检员	专业工长	测试人
	×××	×××	×××	×××
				×××
	监理或建设单位	×××监理有限责任公司	专业工程师	×××

5) 砌筑砂浆试块强度统计、评定记录

《砌体工程施工质量验收规范》（GB 50202—2011）规定，砌筑砂浆试块强度验收时其强度合格标准必须符合以下规定：

① 同一验收批砂浆试块抗压强度平均值应大于或等于设计强度等级值的1.10倍；同一验收批砂浆试块抗压强度的最小一组平均值必须大于或等于设计强度等级值的0.85倍。

砌筑砂浆的验收批，同一类型、强度等级的砂浆试块应不少于3组。当同一验收批只有一组或2组试块时，每组试块抗压强度的平均值应大于或等于设计强度等级值的1.10倍；对于建筑结构安全按等级为一级的或设计使用年限为50年及以上的房屋，同一验收批砂浆试块数量不得少于3组。

② 砂浆强度应以标准养护，龄期为 28d 的试块抗压试验结果为准。

抽检数量：每一检验批且不超过 250m³ 砌体的各种类型及强度等级的砌筑砂浆，每台搅拌机至少抽检一次。每个检验批至少留置一组抗压强度试块。砂浆应见证取样，标准制作，标准养护龄期 28d。试验结果取三个试件强度的算术平均值作为每组试件强度的代表制；当一组试件中强度最大值或最小值与中间值之差超过中间值 15％时，取中间值作为该组试件的强度代表值；当一组试件中强度最大值或最小值与中间值之差均超过中间值 15％时，该组试件的强度不应作为评定的标准。

检验方法：在砂浆搅拌机出料口随机取样制作砂浆试块（同盘砂浆只应制作一组试块），最后检查试块强度试验报告单。

施工单位填写的砌筑砂浆试块强度统计、评定记录应一式三份，并应由建设单位、施工单位、城建档案馆各保存一份。砌筑砂浆试块强度统计、评定记录宜采用表 3-67 的格式。

砌筑砂浆试块强度统计、评定记录（C. 6. J10）   表 3-67

工程名称		××市×中学教学楼			编号		02-02-C6-0××		
					强度等级		M5		
施工单位		×××建筑安装有限公司			养护方法		标准养护		
统计期		××××年××月××日至 ××××年××月××日			结构部位		填充墙砌体		
试块组数 n		强度标准值 f_2 （MPa）		平均值 $f_{2,mm}$ （MPa）		最小值 $f_{2,min}$ （MPa）		$0.85 f_2$	
18		5.00		6.15		5.7		4.25	
每组强度值（MPa）	6.00	7.00	6.60	6.40	5.80	6.30	6.00	5.90	6.20	7.00
	5.80	6.10	5.70	5.80	6.10	6.20	5.90	5.90		
判定式		$f_{2,m} \geqslant 1.10 f_2$				$f_{2,min} \geqslant 0.85 f_2$			
结果		6.15≥5.50　合格				5.7≥4.25　合格			

结论：依据《砌体工程施工质量验收规范》（GB 50202—2011）第 4.0.12 条，该统计结果评定为合格。

签字栏	批准	审核	统计
	×××	×××	×××
	报告日期	××××年××月××日	

6）混凝土试块强度统计、评定记录

《混凝土强度检验评定标准》（GB/T 50107—2010）中规定：混凝土的取样，宜根据规定的检验评定方法要求制定检验批的划分方案和相应的取样计划。即混凝土强度试样应在混凝土的浇筑地点随机抽取。试件的取样频率和数量应符合下列规定：每 100 盘，但不超过 100m³ 的同配合比混凝土，取样次数不应少于一次；每一工作班拌制的同配合比混凝土，不足 100 盘和 100m³ 时其取样次数不应少于一次；当一次连续浇筑的同配合比混凝土超过 1000m³ 时，每 200m³ 取样不应少于一次；对房屋建筑，每一楼层、同一配合比的混凝土，取样不应少于一次。每批混凝土试样应制作的试件总组数，除满足混凝土强度评定所必须的组数外，还应留置为检验结构和构建施工阶段混凝土强度评定所必需的试件。

混凝土强度评定采用标准试件一组三块，标准养护（温度 20±2℃，相对湿度 95% 以上），养护至龄期达 28d 时进行试压。试验结果取三个试件强度的算术平均值作为每组试件强度的代表值；当一组试件中强度最大值或最小值与中间值之差超过中间值 15% 时，取中间值作为该组试件的强度代表值；当一组试件强度最大值和最小值与中间值均超过中间值 15% 时，该组试件的强度不应作为评定的标准。

混凝土强度的检验评定：

① 采用统计方法评定时，应按下列规定进行：

A. 当连续生产的混凝土，生产条件在较长时间内保持一致，且同一品种、同一强度等级混凝土的强度变异性保持稳定时，应按下列规定进行评定。一个检验批的样本容量应为连续的 3 组试件，其强度应同时符合下列规定：

$$m_{f_{cu}} \geq f_{cu,k} + 0.7_{\sigma_0}$$
$$f_{cu,min} \geq f_{cu,k} - 0.7_{\sigma_0}$$

检验批混凝土立方体抗压强度的标准差应按下式计算：

$$\sigma_0 = \sqrt{\frac{\sum_{i=1}^{n} f_{cu,i}^2 - n m_{f_{cu}}^2}{n-1}}$$

当混凝土强度等级不高于 C20 时，其强度的最小值尚应满足下式要求：

$$f_{cu,min} \geq 0.85 f_{cu,k}$$

当混凝土强度等级高于 C20 时，其强度的最小值尚应满足下列要求：

$$f_{cu,min} \geq 0.90 f_{cu,k}$$

式中：$m_{f_{cu}}$——同一检验批混凝土立方体抗压强度的平均值（N/mm²），精确到 0.1（N/mm²）；

$f_{cu,k}$——混凝土立方体抗压强度标准值（N/mm²），精确到 0.1（N/mm²）；

σ_0——检验批混凝土立方体抗压强度的标准差（N/mm²），精确到 0.01（N/mm²）。当检验批混凝土强度标准差 σ_0 计算值小于 2.0N/mm² 时，应取 2.5N/mm²；

$f_{cu,i}$——前一个检验期内同一品种、同一强度等级的第 i 组混凝土试件的立方体抗压强度代表值（N/mm²），精确到 0.1（N/mm²）；该检验期不应少于 60d，也不得大于 90d；

n——前一检验期内的样本容量，在该期间内样本容量不应少于 45；

$f_{cu,min}$——同一检验批混凝土立方体抗压强度的最小值（N/mm²），精确到 0.1（N/mm²）。

B. 当样本容量不少于 10 组时，其强度应同时满足下列要求：

$$m_{f_{cu}} \geq f_{cu,k} + \lambda_1 \cdot S_{f_{cu}}$$
$$f_{cu,min} \geq \lambda_2 \cdot f_{cu,k}$$

同一检验批混凝土立方体抗压强度的标准差应按下式计算：

$$S_{f_{cu}} = \sqrt{\frac{\sum_{i=1}^{n} f_{cu,i}^2 - mn_{f_{cu}}^2}{n-1}}$$

式中：$S_{f_{cu}}$——同一检验批混凝土立方体抗压强度的标准差（N/mm²），精确到 0.01（N/mm²）；当检验批混凝土强度标准差 $S_{f_{cu}}$ 计算值小于 2.5N/mm² 时，应取 2.5N/mm²；

λ_1、λ_2——合格评定系数，按表 3-68 取用；

n——本检验期内的样本容量。

混凝土强度的合格评定系数 表 3-68

试件组数	10～14	15～19	≥20
λ_1	1.15	1.05	0.95
λ_2	0.90	0.85	

② 其他情况应按非统计方法评定

当用于评定的样本容量小于 10 组时，应采用非统计方法评定混凝土强度。按非统计方法评定混凝土强度时，其强度应同时符合下列规定：

$$m_{f_{cu}} \geqslant \lambda_3 \cdot f_{cu,k}$$
$$f_{cu,min} \geqslant \lambda_4 \cdot f_{cu,k}$$

式中：λ_3、λ_4——合格评定系数，应按表 3-69 取用。

混凝土强度的非统计法合格评定系数 表 3-69

混凝土强度等级	<C60	≥C60
λ_3	1.15	1.10
λ_4	0.95	

混凝土强度的合格性评定

当检验结果满足上述规定时，则该批混凝土强度应评定为合格；当不能满足上述规定时，该批混凝土强度应评定为不合格。对评定为不合格批的混凝土，可按国家现行的有关标准进行处理。

施工单位收集、整理检测单位提供的《混凝土试块实验报告》，采用非统计方法进行混凝土强度评定，填写混凝土试块强度统计、评定记录应一式四份，建设单位、监理单位、施工单位、城建档案馆各保存一份。结构实体混凝土强度检验记录宜采用表 3-70 的格式

7）结构实体混凝土强度检验记录

《混凝土结构工程施工质量验收规范》（GB 50204—2015）规定：结构实体检验用同条件养护试件强度检验，同条件养护试件的留置方式和取样数量，应符合下列要求：

① 同条件养护试件所对应的结构构件或结构部位，应由监理（建设）、施工等各方共同选定；对混凝土结构工程中的各混凝土强度等级，均应留置同条件养护试件。

② 同一强度等级的同条件养护试件，其留置的数量应根据混凝土工程量和重要性确定，不宜少于 10 组，且不应少于 3 组。

工程名称	××市×中学教学楼			编号		02-01-C6-0××			
				强度等级		C30			
施工单位	×××建筑安装有限公司			养护方法		标准养护			
统计期	××××年××月××日至 ××××年××月××日			结构部位		主体 1-顶层梁、板、楼梯			
试块组数 n	强度标准值 $f_{cu,k}$(MPa)	平均值 $m_{f_{cu}}$ (MPa)		标准差 $S_{f_{cu}}$ (MPa)		最小值 $f_{cu,min}$ (MPa)		合格判定系数	
								λ_1	λ_2
22	30.0	33.6		1.8		30.6		0.95	0.85
每组强度 值(MPa)	32.5	33.6	37.2	34.2	31.5	30.6	36.2	33.5	33.7	32.5
	32.8	34.2	32.3	33.8	35.6	34.5	31.2	32.3	34.2	34.2
	35.1	32.5								

评定界限	■统计方法			□非统计方法	
	$0.90 f_{cu,k}$	$m_{f_{cu}} - \lambda_1 \times S_{f_{cu}}$	$\lambda_2 \times f_{cu,k}$	$1.15 f_{cu,k}$	$0.95 f_{cu,k}$
	27.0	31.89	25.5	/	/
判定式	$m_{f_{cu}} - \lambda_1 \times S_{f_{cu}} \geqslant$ $0.90 f_{cu,k}$	$f_{cu,min} \geqslant \lambda_2 \times f_{cu,k}$		$m_{f_{cu}} \geqslant 1.15 f_{cu,k}$	$f_{cu,min} \geqslant 0.95 f_{cu,k}$
结果	$31.89 \geqslant 27.0$	$30.6 \geqslant 25.5$		/	/

结论：试块强度符合《混凝土强度检验评定标准》(GB/T 50107—2010)要求，合格。

签字栏	批准	审核	统计
	×××	×××	×××
	报告日期	××××年××月××日	

③ 同条件养护试件拆模后，应放置在靠近相应结构构件或结构部位的适当位置，并应采取相同的养护方法。

④ 同条件养护试件应在达到等效养护龄期时进行强度试验。

等效养护龄期应根据同条件养护试件强度与在标准养护条件下 28d 龄期试件强度相等的原则确定。同条件自然养护试件的等效养护龄期及相应的试件强度代表值，宜根据当地的气温和养护条件，按下列规定确定：

等效养护龄期可取按日平均温度逐日累计达到 600℃·d 时所对应的龄期，0℃ 及以下的龄期不计入；等效养护龄期不应小于 14d，也不宜大于 60d。

同条件养护试件的强度代表值应根据强度试验结果按现行国家标准《混凝土强度检验评定标准》(GB/T 50107-2010) 的规定确定后，乘折算系数取用；折算系数宜取为 1.10 也可根据当地的试验统计结果做适当调整。

施工单位填写的结构实体混凝土强度检验记录应一式四份，建设单位、监理单位、施工单位、城建档案馆各保存一份。结构实体混凝土强度检验记录宜采用表 3-71 的格式。

工程名称	××市×中学教学楼					编号			02-01-C6-0××		
						结构类型			框架结构		
施工单位	×××建筑安装有限公司					验收日期			××××年××月××日		
强度等级	试件强度代表值（MPa）									强度评定结果	监理/建设单位验收结果
C30	40.5	38.3	39.7	41.1	42.6					合格	
	44.5	42.1	43.7	43.7	46.7						
C40	52.3	48.8	47.6	54	55.3	52.1	54.6	50	49.3	48.7	合格	合格
	57.5	53.7	52.4	59.4	60.8	58.1	60.1	55	54.2	53.6		

结论:混凝土强度评定合格,符合《混凝土结构工程施工质量验收规范》(GB 50204—2015)规定。

签字栏	项目专业技术负责人	专业监理工程师或建设单位项目专业技术负责人
	×××	×××

8）结构实体钢筋保护层厚度检验记录

《混凝土结构工程施工质量验收规范》（GB 50204—2015）规定：结构实体钢筋保护层厚度验收合格应符合下列规定：

① 当全部钢筋保护层厚度检验的全格点率为 90% 及以上时，钢筋保护层厚度的检验结果应判为合格。

② 当全部钢筋保护层厚度检验的合格点率小于 90% 但不小于 80%，可再抽取相同数量的构件进行检验；当按两次抽样总数和计算的合格点率为 90% 及以上时，钢筋保护层厚度的检验结果仍应判为合格。

③ 每次抽样检验结果中不合格点的最大偏差均不应大于（钢筋保护层厚度检验时，纵向受力钢筋保护层厚度的允许偏差，对梁类构件为 +10mm，−7mm；对板类构件为 +8mm，−5mm。）允许偏差的 1.5 倍。

结构实体钢筋保护层厚度检验记录应符合现行国家标准《混凝土结构工程施工质量验收规范》（GB 50204—2015）的有关规定。结构实体钢筋保护层厚度检验记录应一式四份，并应由建设单位、监理单位、施工单位、城建档案馆各保存一份。结构实体钢筋保护层厚度检验记录宜采用表 3-72 的格式。

9）灌（满）水试验记录

非承压管道系统和设备，包括开式水箱、卫生洁具、安装在室内的雨水管道等，在系统和设备安装完毕后，以及暗装、埋地、有绝热层的室内外排水管道进行隐蔽前，应进行灌水、满水试验。

相关规定与要求：

① 敞口箱、罐安装前应做满水试验；密闭箱、罐应以工作压力的 1.5 倍做水压试验，但不得小于 0.4MPa。检验方法：满水试验满水后静置 24h 不渗不漏；水压试验在试验压力 10min 内无压降，不渗不漏。

工程名称		××市×中学教学楼						编号		02-01-C6-0××
工程名称		××市×中学教学楼						结构类型		框架结构
施工单位		×××建筑安装有限公司						验收日期		××××年××月××日
构件类别	序号	钢筋保护层厚度(mm)						合格点率	评定结果	监理/建设单位验收结论
构件类别	序号	设计值	实测值					合格点率	评定结果	监理/建设单位验收结论
梁	1	30	28	32	33	30	27	32	100%	>90% 合格	符合规定
梁	2	30	31	32	30	29	26	28	100%	>90% 合格	符合规定
梁	3	30	30	28	29	32	31	27	100%	>90% 合格	符合规定
板	1	15	17	16	18	19	16	14	100%	>90% 合格	符合规定
板	2	15	15	16	15	14	15	19	100%	>90% 合格	符合规定
板	3	15	16	14	17	15	18	14	100%	>90% 合格	符合规定

结论:经现场检查,符合设计要求及《混凝土结构工程施工质量验收规范》(GB 50204—2015)规定,验收合格。

签字栏	项目专业技术负责人	专业监理工程师 或建设单位项目专业技术负责人
签字栏	×××	×××

② 隐蔽或埋地的排水管道在隐蔽前必须做灌水试验,其灌水高度应不低于底层卫生器具的上边缘或底层地面高度。检验方法：满水 15min 水面下降后,再灌满观察 5min,液面不降,管道及接口无渗漏为合格。

③ 安装在室内的雨水管道安装后应做灌水试验,灌水高度必须到每根立管上部的雨水斗。检验方法：灌水试验持续 1h,不渗不漏。

④ 室外排水管网安装管道埋设前必须做灌水试验和通水试验,排水应畅通,无堵塞,管接口无渗漏。检验方法：按排水检查井分段试验,试验水头应以试验段上游管顶加 1m,时间不少于 30min,逐段观察。

施工单位填写的灌（满）水试验记录应一式三份,并应由建设单位、监理单位、施工单位各保存一份。灌水、满水试验记录宜采用表 3-73 的格式。

10）强度严密性试验记录

强度严密性试验记录应符合现行国家标准《建筑给水排水及采暖工程施工质量验收规范》（GB 50242—2002）,《通风与空调工程施工质量验收规范》（GB 50243—2015）的有关规定。室内外输送各种介质的承压管道、承压设备在安装完毕后,进行隐蔽之前,应进行强度严密性试验。

① 相关规定与要求：

A. 室内给水管道的水压试验必须符合设计要求。当设计未注明时,各种材质的给水管道系统试验压力均为工作压力的 1.5 倍,但不得小于 0.6MPa。检验方法：金属及复合管给水管道系统在试验压力下观测 10min,压力降不应大于 0.02MPa,然后降到工作压力进行检查，应不渗漏；塑料管给水系统应在试验压力下稳压 1h，压力降不得超过 0.05MPa，然后在工作压力的 1.15 倍状态下稳压 2h，压力降不得超过 0.03MPa，同时检查各连接处不得渗漏。

灌（满）水试验记录（C.6.S1）   表 3-73

工程名称	××市×中学教学楼	编号	05-02-C6-0××
		试验日期	××××年××月××日
分项工程名称	室内排水工程	材质、规格	UPVC管材、管件 DN160、DN110、DN50

试验标准及要求：
隐蔽或埋地的排水管道在隐蔽前必须做灌水试验，其灌水高度不应低于地层卫生器具的上边缘或底层地面高度，满水 15min 水面下降后，在灌满观察 5min，液面不降，管道及接口无渗漏为合格

试验部位	灌（满）水情况	灌（满）水持续时间（min）	液面检查情况	渗漏检查情况
首层 WL 排水管	水面与地漏上口平直	满水 15min	无下降	不渗不漏

试验结论：符合设计要求及《建筑给水排水及采暖工程施工质量验收规范》(GB 50242—2002)规定，合格。

签字栏	施工单位	×××建筑安装有限公司	专业技术负责人	专业质检员	专业工长
			×××	×××	×××
	监理或建设单位	×××		专业工程师	×××

B. 热水供应系统安装完毕，管道保温之前应进行水压试验。试验压力应符合设计要求。当设计未注明时，热水供应系统水压试验压力应为系统顶点的工作压力加 0.1MPa，同时在系统顶点的试验压力不小于 0.3MPa。检验方法：钢管或复合管道系统试验压力下 10min 内压力降不大于 0.02MPa，然后降至工作压力检查，压力应不降，且不渗不漏；塑料管道系统在试验压力下稳压 1h，压力降不得超过 0.05MPa，然后在工作压力 1.15 倍状态下稳压 2h，压力降不得超过 0.03MPa，连接处不得渗漏。

C. 热交换器应以工作压力的 1.5 倍做水压试验。蒸汽部分应不低于蒸汽供汽压力加 0.3MPa；热水部分应不低于 0.4MPa。检验方法：试验压力下 10min 内压力不降，不渗不漏。

D. 低温热水地板辐射采暖系统安装，盘管隐蔽前必须进行水压试验，试验压力为工作压力的 1.5 倍，但不小于 0.6MPa。检验方法：稳压 1h 内压力降不大于 0.05MPa 且不渗不漏。

E. 采暖系统安装完毕，管道保温之前应进行水压试验。试验压力应符合设计要求。当设计未注明时，应符合下列规定：

a. 蒸汽、热水采暖系统，应以系统顶点工作压力加 0.1MPa 做水压试验。同时在系统顶点的试验压力不小于 0.3MPa。

b. 高温热水采暖系统，试验压力应为系统顶点工作压力加 0.4MPa。

c. 使用塑料管及复合管的热水采暖系统，应以系统顶点工作压力加 0.2 MPa 做水压试验，同时在系统顶点的试验压力不小于 0.4MPa。检验方法：使用钢管及复合管的采暖系统应在试验压力下 10min 内压力降不大于 0.02MPa，降至工作压力后检查，不渗、不漏使用塑料管的采暖系统应在试验压力下 1h 内压力降不大于 0.05MPa，然后降压至工作压力的 1.15 倍，稳压 2h，压力降不大于 0.03MPa，同时各连接处不渗、不漏。

F. 室外给水管网必须进行水压试验，试验压力为工作压力的 1.5 倍，但不得小于 0.6MPa。检验方法：管材为钢管、铸铁管时，试验压力下 10min 内压力降不应大于 0.05MPa，然后降至工作压力进行检查，压力应保持不变，不渗不漏；管材为塑料管时，试验压力下，稳压 1h 压力降不大于 0.05MPa，然后降至工作压力进行检查，压力应保持不变，不渗不漏。

G. 消防水泵接合器及室外消火栓安装系统必须进行水压试验，试验压力为工作压力的 1.5 倍，但不得小于 0.6MPa。检验方法：试验压力下，10min 内压力降不大于 0.05MPa，然后降至工作压力进行检查，压力保持不变，不渗不漏。

H. 锅炉的汽、水系统安装完毕后，必须进行水压试验。水压试验的压力应符合规范规定。检验方法：在试验压力下 10min 内压力降不超过 0.02MPa；然后降至工作压力进行检查，压力不降，不渗、不漏；观察检查，不得有残余变形，受压元件金属壁和焊缝上不得有水珠和水雾。

I. 锅炉分汽缸（分水器、集水器）安装前应进行水压试验，试验压力为工作压力的 1.5 倍，但不得小于 0.6MPa。检验方法：试验压力下 10min 内无压降、无渗漏。

J. 锅炉地下直埋油罐在埋地前应做气密性试验，试验压力降不应小于 0.03MPa。检验方法：试验压力下观察 30min、不渗、不漏，无压降。

K. 连接锅炉及辅助设备的工艺管道安装完毕后，必须进行系统的水压试验，试验压力为系统中最大工作压力的 1.5 倍。检验方法：在试验压力 10min 内压力降不超过 0.05MPa，然后降至工作压力进行检查，不渗不漏。

L. 自动喷水火灾系统当系统设计工作压力等于或小于 1.0MPa 时，水压强度试验压力应为设计工作压力的 1.5 倍，并不应低于 1.4MPa；当系统设计工作压力大于 1.0MPa 时，水压强度试验压力应为该工作压力加 0.4MPa。水压强度试验的测试点应设在系统管网的最低点。对管网注水时，应将管网内的空气排净，并应缓慢升压，达到试验压力后，稳压 30min，目测管网应无渗漏和无变形，且压力降不应大于 0.05MPa。

M. 自动喷水灭火系统水压严密度试验应在水压强度试验和管网冲洗合格后进行。试验压力应为设计工作压力，稳压 24h，应无渗漏。

N. 自动喷水灭火系统气压严密性试验的试验压力应为 0.28MPa，且稳压 24h，压力降不应大于 0.01MPa。

② 注意事项：

单项试验和系统性试验，强度和严密度试验有不同要求，试验和验收时要特别留意；系统性试验、严密度试验的前提条件应充分满足，如自动喷水灭火系统水压严密度试验应在水压强度试验和管网冲洗合格后才能进行；而常见做法是先根据区段验收或隐检项目验收要求完成单项试验，系统形成后进行系统性试验，再根据系统特殊要求进行严密度试验。

施工单位填写的强度严密性试验记录应一式四份，并应由建设单位、监理单位、施工单位、城建档案馆各保存一份。强度严密性试验记录宜采用表 3-74 的格式。

强度严密性试验记录（C.6.S2）　　　　　　　　　　　表 3-74

工程名称	××市×中学教学楼	编号	05-01-C6-0××
		试验日期	××××年××月××日
分项工程名称	给水系统	试验部位	二层给水系统
材质、规格	衬塑钢管 DN100、DN15	压力表编号	Y100PNO-1.0MPA

试验要求：

本工程给水系统压力 0.6MPa，试验压力为 1.0MPa。在试验压力下观察 10min，压力降不应大于 0.02MPa，然后降至工作压力进行检查，不渗不漏为合格。

试验记录		试验介质	水
		试验压力表设置位置	地下一层给水泵房
	强度试验	试验压力（MPa）	1.0
		试验持续时间（min）	1.0
		试验压力降（MPa）	0.01
		渗漏情况	无渗漏
	严密性试验	试验压力（MPa）	0.7
		试验持续时间（min）	2h
		试验压力降（MPa）	无压降
		渗漏情况	无渗漏

试验结论：

符合设计要求及《建筑给水排水及采暖工程施工质量验收规范》（GB 50242—2002）规定，合格。

签字栏	施工单位	×××建筑安装有限公司	专业技术负责人	专业质检员	专业工长
			×××	×××	×××
	监理或建设单位	×××监理有限责任公司	专业工程师		×××

11）通水试验记录

通水试验记录应符合现行国家标准《建筑给水排水及采暖工程施工质量验收规范》（GB 50242-2002）的有关规定。室内外给水、中水及游泳池水系统、卫生洁具、地漏及地面清扫口及室内外排水系统在安装完毕后，应进行通水试验。

相关规定与要求：

① 给水系统交付使用前必须进行通水试验并做好记录。检验方法：观察和开启阀门、水嘴等放水。

② 卫生器具交工前应做满水和通水试验。检验方法：满水后各连接件不渗不漏；通水试验给、排水畅通。

③ 注意事项：通水试验为系统试验，一般在系统完成后统一进行。

施工单位填写的通水试验记录应一式三份，并应由建设单位、监理单位、施工单位各保存一份。通水试验记录宜采用表 3-75 的格式。

通水试验记录 (C.6.S3)　　　　　　　　　　　　　　　　　　　　　　　表 3-75

工程名称	××市×中学教学楼		编号	02-01-C6-0××
			试验日期	××××年××月××日
分项工程名称	给水系统		试验部位	给水系统

试验系统简述：

本工程为地下一层地上局部五层，均有外网供水，卫生器具有蹲便器、脸盆、小便池、拖布池、地漏等。

试验要求：

给水系统交付使用前必须进行通水试验并做好记录，观察和开启阀门、水嘴等放水点，各处给水畅通。

试验记录：

将全系统的给水阀门全部开启，同时开放 1/3 配水点，供水压力流量正常。然后逐个检查各配水点，出水均匀畅通，接口无渗漏。

试验结论：

符合设计要求及《建筑给水排水及采暖工程施工质量验收规范》(GB 50242—2002)规定，合格。

签字栏	施工单位	×××建筑安装有限公司	专业技术负责人	专业质检员	专业工长
	监理或建设单位	×××监理有限责任公司		专业工程师	

12) 冲（吹）洗试验记录

冲（吹）洗试验记录应符合现行国家标准《建筑给水排水及采暖工程施工质量验收规范》(GB 50242—2002)，《通风与空调工程施工质量验收规范》(GB 50243—2015) 的有关规定。室内外给水、中水及游泳池水系统、采暖、空调水、消火栓、自动喷水等系统管道，以及设计有要求的管道在使用前做冲洗试验及介质为气体的管道系统做吹洗试验时，应填写冲洗、吹洗试验记录。

① 相关规定与要求如下：

A. 生活给水系统管道在交付使用前必须冲洗和消毒，并经有关部门取样检验，符合国家《生活饮用水标准》方可使用。检验方法：检查有关部门提供的检测报告。

B. 热水供应系统竣工后必须进行冲洗。检验方法：现场观察检查。

C. 采暖系统试压合格后，应对系统进行冲洗并清扫过滤器及除污器。检验方法：现场观察，直至排出水不含泥沙、铁屑等杂质，且水色不浑浊为合格。

D. 消防水泵接合器及室外消火栓安装系统消防管道在竣工前，必须对管道进行冲洗。检验方法：观察冲洗出水的浊度。

E. 供热管道试压合格后，应进行冲洗。检验方法：现场观察，以水色不浑浊为合格。

F. 自动喷水灭火系统管网冲洗的水流流速、流量不应小于系统设计的水流流速、流量；管网冲洗宜分区、分段进行；水平管网冲洗时其排水管位置应低于配水支管。管网冲洗应连续进行，当出水口处水的颜色、透明度与入水口处水的颜色、透明度基本一致时为合格。

② 注意事项：吹（冲）洗（脱脂）试验为系统试验，一般在系统完成后统一进行。

施工单位填写的冲洗、吹洗试验记录应一式三份，并应由建设单位、监理单位、施工单位各保存一份。冲洗、吹洗试验记录宜采用表 3-76 的格式。

工程名称	××市×中学教学楼	编号	05-01-C6-0××
		试验日期	××××年××月××日
分项工程名称	室内给水系统	试验部位	给水系统

试验要求：给水系统交付使用前必须进行冲洗，单向冲洗，各配水点水色透明度与进水目测一致且无杂物时，停止冲洗。

试验记录：从上午8时开始对全楼供水系统进行冲洗，单向冲洗，以距外供水阀的距离由近及远依次打开阀门水嘴冲洗，到上午11：30分，各配水点水色透明度与进水目测一致且无杂物时，停止冲洗。

试验结论：符合设计要求及《建筑给水排水及采暖工程施工质量验收规范》（GB 50242—2002）规定，合格。

签字栏	施工单位	×××建筑安装有限公司	专业技术负责人	专业质检员	专业工长
			×××	×××	×××
	监理或建设单位	×××监理有限责任公司	专业工程师	×××	

其他常用试验记录填写要求，见表 3-77。

试验记录(C.6.S5)	1. 记录形成：室内排水水平干管、主立管应按有关规定进行通球试验，并做记录。 2. 相关规定与要求：排水主立管及水平干管管道均应做通球试验，通球球径不小于排水管道管径的2/3，通球率必须达到100%。检查方法：通球检查。 3. 注意事项：通球试验为系统试验，一般在系统完成、通水试验合格后进行。通球试验用球宜为硬质空心塑料球，投入时做好标记，以便同排出的试验球核对。 4. 本表由施工单位填写一式三份，建设单位、监理单位、施工单位各保存一份
补偿器安装记录(C.6.S6)	1. 记录形成：各类补偿器安装时应按要求进行补偿器安装记录。 2. 相关规定与要求： (1)补偿器型式、规格、位置应符合设计要求，并按有关规定进行预拉伸。检验方法：对照设计图纸检查。 (2)补偿器的型号、安装位置及预拉伸和固定支架的构造及安装位置应符合设计要求。检验方法：对照图纸，现场观察，并查验预拉伸记录。 (3)室外供热管网安装补偿器的位置必须符合设计要求，并应按设计要求或产品说明书进行预拉伸。管道固定支架的位置和构造必须符合设计要求。检验方法：对照图纸，并查验预拉伸记录。 3. 注意事项： (1)补偿器预拉伸数值应根据设计给出的最大补偿量得出（一般为其数值的50%），要注意不同位置的补偿器由于管段长度、运行温度、安装温度不同而有所不同。 (2)根据试验的实际情况填写实测数据，要准确，内容齐全，不得漏项。 (3)工程采用施工总承包管理模式的，签字人员应为施工总承包单位的相关人员。 (4)热伸长可通过公式计算：$\Delta L = \alpha L \Delta t$ 式中　ΔL—为热伸长(m)； 　　　α—为管道线膨胀系数，碳素钢 $\alpha = 12 \times 10^{-6}$ m/℃； 　　　L—为管长(m)； 　　　Δt—为管道在运行时的温度与安装时的温度之差值(℃)。 4. 本表由施工单位填写一式二份，施工单位与监理单位各保存一份

消火栓试射记录 (C.6.S7)	1. 记录形成:室内消火栓系统在安装完成后,应按设计要求及规范规定进行消火栓试射试验,并做记录。 2. 相关规定与要求:室内消火栓系统安装完成后应取屋顶层(或水箱间内)试验消火栓和首层取两处消火栓做试射试验,达到设计要求为合格。检验方法:实地试射检查。 3. 注意事项: (1)试验前应对消火栓组件、栓口安装(含减压稳压装置)等进行系统检查。 (2)根据试验的实际情况填写实测数据(测试栓口动压、静压应填写实测数值,要符合消防检测要求,不能超压或压力不足),要准确,内容齐全,不得漏项。 (3)消火栓试射为系统试验,一般在系统完成、消防水泵运行合格后进行。 4. 本表由施工单位填写一式三份,建设单位、施工单位、监理单位各保存一份
安全附件安装检查记录(C.6.S8)	1. 记录形成:锅炉的高、低水位报警器和超温、超压报警器及联锁保护装置必须按设计要求安装齐全,并进行启动、联动试验,并做记录。 2. 相关规定与要求:锅炉的高低水位报警器和超温、超压报警器及联锁保护装置必须按设计要求安装齐全和有效。检验方法:启动、联动试验并作好试验记录。 3. 注意事项:根据试验的实际情况填写实测数据,要准确,内容齐全,不得漏项。 4. 本表由施工单位填写一式二份,监理单位、施工单位各保存一份
锅炉烘炉试验记录(C.6.S9)	1. 记录形成:锅炉安装完成后,在试运行前,应进行烘炉试验,并做记录。 2. 相关规定与要求: (1)锅炉火焰烘炉应符合下列规定: ①火焰应在炉膛中央燃烧,不应直接烧烤炉墙及炉拱。 ②甲烘炉时间一般不少于 4d,升温应缓慢,后期烟温不应高于 160℃,且持续时间不应少于 24h。 ③链条炉排在烘炉过程中应定期转动。 ④烘炉的中、后期应根据锅炉水水质情况排污。 检验方法:计时测温、操作观察检查。 (2)烘炉结束后应符合下列规定: ①炉墙经烘烤后没有变形、裂纹及塌落现象。 ②炉墙砌筑砂浆含水率达到 7% 以下。检验方法:测试及观察检查。 (3)注意事项:根据试验的实际情况填写实测数据,表格数字和曲线对照好,内容齐全,不得漏项。 3. 本表由施工单位填写一式二份,监理单位、施工单位各保存一份
锅炉煮炉试验记录(C.6.S10)	1. 记录形成:锅炉安装完成后,在试运行前,应进行煮炉试验,并做记录。 2. 相关规定与要求:煮炉时间一般应为 23d,如蒸汽压力较低,可适当延长煮炉时间。非砌筑或浇注保温材料保温的锅炉,安装后可直接进行煮炉。煮炉结束后,锅筒和集(水)箱内壁应无油垢,擦去附着物后金属表面应无锈斑。检验方法:打开锅筒和集(水)箱检查孔检查。 3. 本表由施工单位填写一式二份,施工单位、监理单位各保存一份
锅炉试运行记录 (C.6.S11)	1. 记录形成:锅炉在烘炉、煮炉合格后,应进行 48h 的带负荷连续试运行,同时应进行安全阀的热状态定压检验和调整,并做记录。 2. 相关规定与要求:检验方法为检查烘炉、煮炉及试运行全过程。 3. 本表由施工单位填写一式三份,建设单位、施工单位、监理单位各保存一份
安全阀定压合格证书(C.6.S12)	1. 安全阀调试记录由试验单位提供。 2. 填表说明: (1)形成流程:锅炉安全阀在投入运行前应由有资质的试验单位按设计要求进行调试,并出具调试记录。表格由试验单位提供。 (2)相关规定与要求:锅炉和省煤器安全阀的定压和调整应符合规范的规定。锅炉上装有两个安全阀时,其中的一个按表中较高值定压,另一个按较低值定压。装有一个安全阀时,应按较低值定压。检验方法:检查定压合格证书。 (3)本表由施工单位填写一式三份,建设单位、施工单位、监理单位各保存一份

自动喷水灭火系统联动试验记录（C.6.S13）	本表由施工单位填写一式四份,建设单位、施工单位、监理单位、城建档案馆各保存一份

13）电气设备空载试运行记录

电气设备空载试运行记录应符合现行国家标准《建筑电气工程施工质量验收规范》（GB 50303—2015）的有关规定。建筑电气设备安装完毕后应进行耐压及调试试验,主要包括：低压电器动力设备和低压配电箱等。

施工单位填写的电气设备空载试运行记录应一式四份,并应由建设单位、监理单位、施工单位、城建档案馆各保存一份。电气设备空载试运行记录宜采用表 3-78 的格式。

电气设备空载试运行记录 （C.6.D3） 表 3-78

工程名称	××市×中学教学楼		编号		07-04-C6-×××	
设备名称	YH系列高转差率三相异步电动机	设备型号	YH系列H28020kW	设计编号	动力5号	
额定电流	380	额定电压	50	填写日期	××××年××月××日	
试运时间	由×× 日 10 时 00 分开始至×× 日 12 时 00 分结束					

运行负荷记录	运行时间	运行电压(V)			运行电流(A)			温度(℃)
		L_1-N (L_1-L_2)	L_2-N (L_2-L_3)	L_3-N (L_3-L_1)	L_1:相	L_2:相	L_3相	
	10:00	380	382	381	45	45	44	35
	11:00	379	381	382	45	46	47	36
	12:00	382	381	383	44	46	45	37

试运行情况记录：

经 2h 通电运行,电动机转向和机械转动无异常情况,检查机身和轴承的温升符合技术条件要求,配电线路和开关、仪表等运行正常,符合设计要求和《建筑电气工程程施工质量验收规范》（GB 50303—2015）规定。

签字栏	施工单位	×××建筑安装有限公司	专业技术负责人	专业质检员	专业工长
			×××	×××	×××
	监理或建设单位	×××监理有限责任公司	专业工程师	×××	

14）大型照明灯具承载试验记录

大型照明灯具承载试验记录应符合现行国家标准《建筑电气工程施工质量验收规范》（GB 50303—2015）的有关规定。施工单位填写的大型照明灯具承载试验记录应一式三份,并应由建设单位、监理单位、施工单位各保存一份。大型照明灯具承载试验记录宜采用表 3-79 的格式。

15）智能建筑工程子系统检测记录

智能建筑工程子系统检测记录应符合现行国家标准《智能建筑工程施工质量验收规范》（GB 50339—2013）的有关规定。施工单位填写的智能建筑工程子系统检测记录应一式四份，并应由建设单位、监理单位、施工单位、城建档案馆各保存一份。智能建筑工程子系统检测记录宜采用表 3-80 的格式。

表 C.6.14 大型照明灯具承载试验记录（C.6.D5）　　　　　表 3-79

工程名称	××市×中学教学楼		编号		07-05-C6-×××	
楼层部位	一层大厅		试验日期		×××年××月××日	
灯具名称	安装部位	数量	灯具自重(kg)		试验载重(kg)	
花灯	大厅	1	35		70	

检查结论：
　　一层大厅使用灯具的规格、型号符合设计要求,预埋螺栓直径符合规范要求,经做承载试验,试验载重 70kg,试验时间 15min,预埋件牢固可靠,符合规范规定。

签字栏	施工单位	×××建筑安装有限公司	专业技术负责人	专业质检员	专业工长
			×××	×××	×××
	监理或建设单位	×××监理有限责任公司	专业工程师		×××

智能建筑工程子系统检测记录（C.6.Z4）　　　　　表 3-80

工程名称		××市×中学教学楼		编号		08-11-C6-×××	
子分部工程系统名称	安全防范系统		分项工程子系统名称	停车管理	序号	××	检查部位	停车场
施工总承包单位		×××建筑安装有限公司		项目经理		×××	
执行标准名称及编号		××××-××××					
专业承包单位		×××机电设备安装公司		项目经理		×××	

主控项目	系统检查内容	检查规范的规定	系统检查评定记录	检测结果		备注
				合格	不合格	
	车辆探测器的探测灵敏度抗干扰性能	抽检 100％合格为系统合格	07-05-C6-×××	合格		
一般项目						
强制性条文						

检测机构的检测结论：
符合设计要求和规范规定

检测负责人：×××　　　××××年××月××日

注：1. 在检测结果栏,左列打"√"视为合格,右列打"√"视为不合格。
　　2. 备注栏内填写检测时出现的问题。

16）风管漏光检测记录
风管漏光检测记录应符合现行国家标准《通风与空调工程施工质量验收规范》（GB 50243—2015）的有关规定。风管系统安装完毕后,应按系统类别进行严密性检验,漏风量应符合设计与规范的规定。施工单位填写的风管漏光检测记录应一式三份,并应由建设单位、监理单位、施工单位各保存一份。风管漏光检测记录宜采用表 3-81 的格式。

风管漏光检测记录 (C.6.K1)　　　　　　　　　　　表 3-81

工程名称	××市×中学教学楼	编号	06-01-C6-×××
		试验日期	××××年××月××日
系统名称	地下室送风系统	工作压力(Pa)	500
系统接缝总长(m)	60.15	每10m接缝为一检测段的分段数	6 段
检查光源	150W 带保护罩低压照明		
分段序号	实测漏光点数(个)	每10m接缝的允许漏光点数(个/10m)	结论
1	0	不大于2	合格
2	1	不大于2	合格
3	0	不大于2	合格
4	0	不大于2	合格
5	1	不大于2	合格
6	0	不大于2	合格
合计	总漏光点数(个)	每100m接缝的允许漏光点数(个/100m)	结论
	2	8	合格

检测结论:
经检验,符合设计要求及规范规定。

签字栏	施工单位	×××建筑安装有限公司	专业技术负责人	专业质检员	专业工长
			×××	×××	×××
	监理或建设单位	×××监理有限责任公司	专业工程师		×××

17) 风管漏风检测记录

风管漏风检测记录应符合现行国家标准《通风与空调工程施工质量验收规范》(GB 50243—2002)的有关规定。施工单位填写的风管漏风检测记录应一式三份,并应由建设单位、监理单位、施工单位各保存一份。风管漏风检测记录宜采用表 3-82 的格式。

风管漏风检测记录 (C.6.K2)　　　　　　　　　　　表 3-82

工程名称	××市×中学教学楼	编号	06-01-C6-×××		
		试验日期	××××年××月××日		
系统名称	×-5 新风系统	工作压力(Pa)	500		
系统总面积(m²)	232.9	试验压力(Pa)	800		
试验总面积(m²)	185.2	系统检测分段数	2 段		
检测区段图示:		分段实测数值			
		序号	分段表面积(m²)	试验压力(Pa)	实际漏风量(m³/h)
		1	98	800	2.4
		2	87.2	800	1.96

工程名称	××市×中学教学楼	编号	06-01-C6-×××
		试验日期	××××年××月××日

系统允许漏风量 [m³/(m²·h)]	6.00	实测系统漏风量[m³/(m²·h)]	2.18(各段平均值)

检测结论:

各段用漏风检测仪所测漏风量低于规范规定,检测评定合格。

签字栏	施工单位	×××建筑安装有限公司	专业技术负责人	专业质检员	专业工长
			×××	×××	×××
	监理或建设单位	×××监理有限责任公司	专业工程师		×××

(7) 施工质量验收文件（C7）

1）检验批质量验收记录

检验批质量验收记录应符合现行国家标准《建筑工程施工质量验收统一标准》（GB 50300-2013）的有关规定。施工单位填写的检验批质量验收记录应一式三份，并应由建设单位、监理单位、施工单位各保存一份。检验批质量验收记录宜采用表 3-83 的格式。

土方开挖工程检验批质量验收记录（C.7.1）　编号 01-01-C7-××　　表 3-83

单位(子单位 工程名称)	××市×中学教学楼	分部(子分部) 工程名称	地基与基础 (土方)	分项工程名称	土方开挖
施工单位	×××建筑安装 有限公司	项目负责人	×××	检验批容量	940m²
分包单位	/	分包单位 项目负责人	/	检验批部位	①～⑪/A～F 土方开挖
施工依据	建筑安装工程施工工艺规程 QB-××-×××××		验收依据	《建筑地基与基础工程施工质量 验收规范》(GB 50202—2002)	

验收项目		设计要求及规范规定					最小/ 实际 抽样 数量	检查记录	检查 结果
		柱基 基坑 基槽	挖方场 地平整		管沟	地(路) 面基层			
			人工	机械					
主控项目	1	标高(mm)	−50	±30	±50	−50	−50	10/10	抽查10处,合格10处	100%
	2	长度、宽度 (由设计中 心线向两 边量)(mm)	+200 −50	+300 −100	+500 −150	+100	—	10/10	抽查10处,合格10处	100%
	3	边坡	设计要求					10/10	抽查10处,合格10处	100%
一般项目	1	表面平整度 (mm)	20	20	50	20	20	10/10	抽查10处,合格9处	90%
	2	基底土性	设计要求					10/10	抽查10处,合格9处	90%

验收项目	设计要求及规范规定					最小/实际抽样数量	检查记录	检查结果
	柱基基坑基槽	挖方场地平整		管沟	地(路)面基层			
		人工	机械					
施工单位检查结果	主控项目的质量经抽样检验均合格;一般项目的质量经抽样检验合格;施工操作依据、质量检查记录完整。 专业工长:×××　项目专业质量检查员:×××　××××年××月××日							
监理单位验收结论	合格。 专业监理工程师:×××　××××年××月××日							

2) 分项工程质量验收记录

分项工程质量验收记录应符合现行国家标准《建筑工程施工质量验收统一标准》(GB 50300—2013)的有关规定。分项工程完成,施工单位自检合格后,应填报《＿＿＿＿分项工程质量验收记录表》,并由监理工程师组织项目专业技术负责人等进行验收并签认。施工单位填写的分项工程质量验收记录应一式三份,并应由建设单位、监理单位、施工单位各保存一份。分项工程质量验收记录宜采用表 3-84 的格式。(表格填写均应按规范术语填写)

填充墙分项工程质量验收记录表 (C. 7. 2)　编号 02-02-C7-×××　表 3-84

单位(子单位)工程名称	××市×中学教学楼		分部(子分部)工程名称		主体结构(砌体结构)	
分项工程数量	1		检验批数量		5	
施工单位	×××建筑安装有限公司	项目负责人	×××	项目技术负责人	×××	
分包单位	/	分包单位项目负责人	/	分包内容	/	
序号	检验批名称	检验批容量	部位/区段	施工单位检查结果		监理单位验收结论
1	填充墙	123m³	1 层/(填充墙)	合格		验收合格
2	填充墙	123m³	2 层/(填充墙)	合格		验收合格
3	填充墙	98m³	3 层/(填充墙)	合格		验收合格
4	填充墙	98m³	4 层/(填充墙)	合格		验收合格
5	填充墙	70m³	5 层/(填充墙)	合格		验收合格
6						
说明:						
施工单位检查结果	所含检验批的质量均验收合格;质量验收记录完整。 项目专业技术负责人:×××　××××年××月××日					
监理单位验收结论	合格。 专业监理工程师:×××　××××年××月××日					

3）分部工程质量验收记录

分部工程质量验收记录应符合现行国家标准《建筑工程施工质量验收统一标准》（GB 50300—2013）的有关规定。分部工程完成，施工单位自检合格后，应填报《＿＿＿＿分部工程质量验收记录》。分部工程应由总监理工程师组织施工单位项目负责人和项目技术质量负责人等进行验收。

施工单位填写的分部工程质量验收记录应一式四份，并应由建设单位、监理单位、施工单位、城建档案馆各保存一份。分部工程质量验收记录宜采用表 3-85 的格式。

主体结构分部工程质量验收记录（C. 7. 3）编号 02-00-C7-0××　　　表 3-85

单位（子单位工程名称）		××市×中学教学楼		子分部工程数量	2	分项工程数量	8
施工单位		×××建筑安装有限公司		项目负责人	×××	技术（质量）负责人	×××
分包单位		/		分包单位负责人	/	分包内容	/
序号	子分部工程名称	分项工程名称	检验批数量	施工单位检查结果		监理单位验收意见	
1	砌体结构	配筋砌体	10	合格		验收合格	
2	砌体结构	填充墙砌体	7	合格		验收合格	
3	砌体结构	混凝土空心砌块砌体	10	合格		验收合格	
4	砌体结构	砖砌体	3	合格		验收合格	
5	混凝土结构	模板	16	合格		验收合格	
6	混凝土结构	钢筋	17	合格		验收合格	
7	混凝土结构	混凝土	12	合格		验收合格	
8	混凝土结构	现浇结构	16	合格		验收合格	
质量控制资料				资料共××份，完整		验收合格	
安全和功能检验结果				检验和抽样检测结果共×× 份，符合有关规定		验收合格	
观感质量检验结果				好			
综合验收结论	所含（子分部）分项的质量均验收合格；质量控制资料完整；安全功能检验和抽样检测结果符合有关规定；观感质量好。						
施工单位：×建筑安装有限公司		勘察单位：××勘察设计院		设计单位：××勘察设计院		监理单位：××建设监理公司	
项目负责人：×××		项目负责人：×××		项目负责人×××		总监理工程师：×××	
××××年××月××日		××××年××月××日		××××年××月××日		××××年××月××日	

4）建筑节能分部工程质量验收记录表

建筑节能分部工程的质量验收应在检验批、分项工程全部验收合格的基础上，质量控制资料完整；进行建筑围护结构节能构造现场实体检验；严寒、寒冷和夏热冬冷地区外窗气密性现场检测；风管及系统严密性检验；现场组装的组合式空调机组的漏风量测试记录；设备单机试运转及调试记录；系统联合试运转及调试记录；确认建筑节能工程质量达到验收条件后方可进行。建筑节能分部工程质量验收合格应符合规定：分项工程全部合格；外墙节能构造现场实体检验结果符合设计要求；外墙气密性现场实体检测结果合格；建筑设备工程系统节能性能检测结果合格。

建筑节能分部工程质量验收记录应符合现行国家标准《建筑节能工程施工质量验收规范》（GB 50411—2007）的有关规定。施工单位填写的建筑节能分部工程质量验收记录应一式四份，并应由建设单位、监理单位、施工单位、城建档案馆各保存一份。建筑节能分部工程质量验收记录宜采用表 3-86 的格式。

建筑节能分部工程质量验收记录表（C.7.4）　编号 09-00-C7-0××　表 3-86

单位(子单位)工程名称)	××市×中学教学楼		子分部工程数量	4	分项工程数量	10
施工单位	×××建筑安装有限公司		项目负责人	×××	技术(质量)负责人	×××
分包单位	/		分包单位负责人	/	分包内容	/

序号	子分部工程名称	分项工程名称	检验批数量	施工单位检查结果	监理单位验收意见
1	围护系统节能	墙体节能	5	合格	验收合格
2	围护系统节能	幕墙节能	5	合格	验收合格
3	围护系统节能	门窗节能	5	合格	验收合格
4	围护系统节能	屋面节能	2	合格	验收合格
5	围护系统节能	地面节能	5	合格	验收合格
6	供暖空调设备节能	供暖节能	5	合格	验收合格
7	电气动力节能	配电节能	1	合格	验收合格
8	电气动力节能	照明节能	5	合格	验收合格
9	监控系统节能	监测系统节能	1	合格	验收合格
10	监控系统节能	控制系统节能	1	合格	验收合格
质量控制资料			资料共××份,完整有效		验收合格
安全和功能检验(检测)报告			检验和抽样检测结果共××份,符合设计及规范要求		验收合格
观感质量验收			好		

综合验收结论	所含(子分部)分项工程均合格;质量控制资料完整;外墙节能构造现场实体检验结果符合设计要求;外墙气密性现场实体检测结果合格;建筑设备工程系统节能性能检测结果合格;观感好。

施工单位:×建筑安装有限公司	勘察单位:××勘察设计院	设计单位:××勘察设计院	监理单位:××建设监理公司
项目负责人:×××	项目负责人:×××	项目负责人×××	总监理工程师:×××
×××年××月××日	×××年××月××日	×××年××月××日	×××年××月××日

（8）施工验收文件（C8）

依据《建设工程文件归档规范》（GB/T 50328—2014）的规定施工验收文件包括：单位（子单位）工程（竣工）预验收报验表、单位（子单位）工程质量（竣工）验收记录、单位（子单位）工程质量控制核查记录、单位（子单位）工程安全和功能检验资料核查及主要功能抽查记录、单位（子单位）工程观感质量检验记录、施工资料移交书及其他验收文件。

1）单位工程质量（竣工）验收应当按以下程序进行：

① 单位工程完工后，施工单位向建设单位提交单位工程质量（竣工）报告，申请单位工程质量（竣工）验收。实行监理的工程，单位工程质量（竣工）报告须经总监理工程师签署意见。

② 建设单位收到单位工程质量（竣工）报告后，对符合单位工程质量（竣工）报告验收要求的工程，组织勘察、设计、施工、监理等单位和其他有关方面的专家组成验收组，制定验收方案。

③ 建设单位应当在单位工程质量（竣工）报告 7 个工作日前将验收的时间、地点及验收组名单书面通知负责监督该工程的工程质量监督机构。

④ 建设单位组织单位工程质量（竣工）验收。

2）单位（子单位）工程（竣工）预验收报验表

单位（子单位）工程（竣工）预验收报验表应符合现行国家标准《建设工程监理规范》（GB/T 50319—2013）的有关规定。总监理工程师应组织专业监理工程师依据有关法律法规、工程建设强制性标准设计文件及施工合同，对承包单位报送的竣工资料进行审查，并对工程质量进行竣工预验收。存在问题的，应要求施工单位及时整改；合格的，总监理工程师签认单位工程竣工验收报审表。工程（竣工）预验收合格后，项目监理机构应编写工程质量评估报告，并应经总监理工程师和监理单位技术负责人审核签字后报建设单位。施工单位填写的单位（子单位）工程（竣工）（预验收报验表应一式三份，并应由建设单位、监理单位（可选择性归档）、施工单位、城建档案馆各保存一份）。单位（子单位）工程竣工预验收报验表宜采用表 3-87 的格式。

单位（子单位）工程（竣工）预验收报验表（C.8.1）　　　　　　表 3-87

工程名称	××市×中学教学楼	编号	00-00-C8-×××

致×××监理有限责任公司(监理单位我方已按合同要求完成了××市×中学教学楼工程,经自检合格,请予以检查和验收。

附件：

（略）

施工总承包单位(章)×××建筑安装有限公司

项目经理×××

××××年××月××日

审查意见：

经预验收，该工程

1. 符合/不符合我国现行法律、法规规定；

2. 符合/不符合我国现行工程建设标准规定；

3. 符合/不符合设计文件要求；

4. 符合/不符合施工合同规定。

综上所述，该工程预验收合格/不合格，可以/不可以组织正式验收。

监理单位×××监理有限责任公司

总监理工程师×××

××××年××月××日

3）单位（子单位）工程质量（竣工）验收记录

单位工程质量（竣工）验收是建设工程投入使用前的最后一次验收，验收合格的条件包括五个方面：

① 构成单位工程的各个分部工程应验收合格。

② 有关的质量控制资料应完整。

③ 涉及安全、节能、环境保护和主要使用功能的分部工程检验资料应复查合格。

④ 对主要使用功能应进行抽查。抽查的项目是在检查资料文件的基础上由参加验收的各方人员商定，并用计量、计数的方法抽样检验。

⑤ 观感质量应通过验收。

单位（子单位）工程质量（竣工）验收记录，应符合现行国家标准《建筑工程施工质量验收统一标准》（GB 50300—2013）的有关规定。施工单位填写的单位（子单位）工程质量（竣工）验收记录应一式四份，并应由建设单位、施工单位、监理单位（可选择性归档）、设计单位、城建档案馆各保存一份。单位（子单位）工程质量（竣工）验收记录宜采用表 3-88 的格式。

单位（子单位）工程质量（竣工）验收记录（C.8.2）　　　　　　　　　表 3-88

工程名称	××市×中学教学楼	结构类型	框架	层数/建筑面积	地下 1 层地上 5 层 6763.18m²
施工单位	×××建筑安装有限公司	技术负责人	×××	开工日期	××××年××月××日
项目负责人	×××	项目技术负责人	×××	完工日期	××××年××月××日

序号	项　目	验　收　记　录	验　收　结　论
1	分部工程验收	共 9 分部，经查符合设计及标准规定 9 分部	均合格
2	质量控制资料核查	共 41 项，经核查符合规定 41 项	完整
3	安全和使用功能核查及抽查结果	共核查 22 项，符合规定 22 项，共抽查 16 项，符合规定 16 项，经返工处理符合规定 0 项	检验资料完整，抽查结果符合相关专业质量验收规范的规定
4	观感质量验收	共抽查 22 项，达到"好"和"一般"的 22 项，经返修处理符合要求 0 项	好
5	综合验收结论	合格	

参加验收单位	建设单位	监理单位	施工单位	设计单位	勘察单位
	（公章） 项目负责人：××× ××××年×× 月××日	（公章） 总监理工程师：××× ××××年×× 月××日	（公章） 单位负责人：××× ××××年×× 月××日	（公章） 项目负责人：××× ××××年×× 月××日	（公章） 项目负责人：××× ××××年×× 月××日

4）单位（子单位）工程质量控制资料核查记录

施工单位填写的单位（子单位）工程质量控制资料核查记录应一式三份，并应由建设单位、施工单位、城建档案馆各保存一份。单位（子单位）工程质量控制资料核查记录宜采用表 3-89 的格式。

单位（子单位）工程质量控制资料核查记录（C.8.3）   表 3-89

工程名称		××市×中学教学楼	施工单位		×××建筑安装有限公司		
序号	项目	资料名称	份数	施工单位		监理单位	
				核查意见	核查人	核查意见	核查人
1	建筑与结构	图纸会审记录，设计变更通知单，工程治商记录	×××	完整	×××	完整有效	×××
2		工程定位测量，放线记录	××	完整	××	完整有效	××
3		原材料出厂合格证书及进场检验、试验报告	×××	完整	×××	完整有效	×××
4		施工试验报告及见证检测报告	××	完整	××	完整有效	××
5		隐蔽工程验收记录	×××	完整	×××	完整有效	×××
6		施工记录	××	完整	××	完整有效	××
7		地基、基础、主体结构检验及抽样检测资料	×××	符合相关专业验收规范的规定	×××	完整有效	×××
8		分项、分部工程质量验收记录	××	合格	××	完整有效	××
9		工程质量事故调查处理资料	×××	完整	×××	完整有效	×××
10		新技术论证、备案及施工记录	××	完整	××	完整有效	××
1	给水排水与采暖	图纸会审记录，设计变更通知单，工程治商记录	××	完整	××	完整有效	××
2		原材料出厂合格证书及进场检验、试验报告	×××	完整	×××	完整有效	×××
3		管道、设备强度试验、严密性试验记录	××	完整	××	完整有效	××
4		隐蔽工程验收记录	×××	完整	×××	完整有效	×××
5		系统清洗、灌水、通水、通球试验记录	××	完整	××	完整有效	××
6		施工记录	×××	完整	×××	完整有效	×××
7		分项、分部工程质量验收记录	××	合格	××	完整有效	××
8		新技术论证、备案及施工记录	/	/	/	/	
1	通风与空调	图纸会审记录，设计变更通知单，工程治商记录	×××	完整	×××	完整有效	×××
2		原材料出厂合格证书及进场检验、试验报告	××	完整	××	完整有效	××
3		制冷、空调、水管道强度试验、严密性试验记录	×××	完整	×××	完整有效	×××
4		隐蔽工程验收记录	××	完整	××	完整有效	××
5		制冷设备运行调试记录	×××	完整	×××	完整有效	×××
6		通风、空调系统调试记录	××	完整	××	完整有效	××
7		施工记录	×××	完整	×××	完整有效	×××
8		分项、分部工程质量验收记录	××	合格	××	完整有效	××
9		新技术论证、备案及施工记录	/	/	/	/	

序号	项目	资料名称	份数	施工单位		监理单位	
				核查意见	核查人	核查意见	核查人
1	建筑电气	图纸会审记录,设计变更通知单,工程洽商记录	×××	完整	×××	完整有效	×××
2		原材料出厂合格证书及进场检验、试验报告	××	完整	××	完整有效	××
3		设备调试记录	×××	完整	×××	完整有效	×××
4		接地、绝缘电阻测试记录	××	完整	××	完整有效	××
5		隐蔽工程验收记录	×××	完整	×××	完整有效	×××
6		施工记录	××	完整	××	完整有效	××
7		分项、分部工程质量验收记录	×××	合格	×××	完整有效	×××
8		新技术论证、备案及施工记录	/		/		/
1	智能建筑	图纸会审记录,设计变更通知单,工程洽商记录	××	记录齐全	××	完整有效	××
2		原材料出厂合格证书及进场检验、试验报告		完整		完整有效	
3		隐蔽工程验收记录	××	完整	××	完整有效	××
4		施工记录	×××	完整	×××	完整有效	×××
5		系统功能测定及设备调试记录	××	完整	××	完整有效	××
6		系统技术、操作和维护手册	×××	完整	×××	完整有效	×××
7		系统管理、操作人员培训记录	××	完整	××	完整有效	××
8		系统检测报告		完整		完整有效	
9		分项、分部工程质量验收报告	××	完整	××	完整有效	××
10		新技术论证、备案及施工记录	/	合格	/		/
1	建筑节能	图纸会审记录,设计变更通知单,工程洽商记录	×××		×××	完整有效	×××
2		原材料出厂合格证书及进场检验、试验报告	××	完整	××	完整有效	××
3		隐蔽工程验收记录	×××	完整	×××	完整有效	×××
4		施工记录	××	完整	××	完整有效	××
5		外墙、外窗节能检验报告	×××	完整	×××	完整有效	×××
6		设备系统节能检测报告	××	完整	××	完整有效	××
7		分项、分部工程质量验收报告	×××	完整	×××	完整有效	×××
8		新技术论证、备案及施工记录	/		/		/
1	电梯	图纸会审记录,设计变更通知单,工程洽商记录	/				
2		设备出厂合格证书及开箱检验记录	/				
3		隐蔽工程验收记录	/				
4		施工记录	/				
5		接地、绝缘电阻测试记录	/				
6		负荷试验、安全装置检查记录	/				
7		分项、分部工程质量验收记录	/				
8		新技术论证、备案及施工记录	/				

结论:完整。

施工单位项目负责人:×××　　　　　　　　　　　　　　总监理工程师:×××

　　　　××××年××月××日　　　　　　　　　　　　　　××××年××月××日

5）单位工程安全和功能检验资料核查及主要功能抽查记录

施工单位填写的单位工程安全和功能检验资料核查及主要功能抽查记录应一式三份，并应由建设单位、施工单位、城建档案馆各保存一份。单位工程安全和功能检验资料核查及主要功能抽查记录宜采用表3-90的格式。

单位工程安全和功能检验资料核查及主要功能抽查记录（C.8.4）　　　表3-90

工程名称		××市×中学教学楼	施工单位		×××建筑安装有限公司	
序号	项目	安全和功能检查项目	份数	核查意见	抽查结果	核查人（抽查）
1	建筑与结构	地基承载力检验报告	××	完整	合格	×××
2		桩基承载力检验报告	××	完整	合格	
3		混凝土强度试验报告	××	完整	合格	
4		砂浆强度试验报告	××	完整	合格	
5		主体结构尺寸、位置抽查记录	××	符合规定	合格	
6		建筑物垂直度、标高、全高测量记录	××	符合规定	合格	
7		屋面淋水试验记录	××	符合规定	合格	
8		地下室渗漏水检测记录	××	符合规定	合格	
9		有防水要求的地面蓄水试验记录	××	符合规定	合格	
10		抽气（风）道检查记录	××	符合规定	合格	
11		外窗气密性、水密性、耐风压检测报告	××	完整	合格	
12		幕墙气密性、水密性、耐风压检测报告	××	完整	合格	
13		建筑物沉降观测测量记录	××	符合规定	合格	
14		节能、保温测试记录	××	符合规定	合格	
15		室内环境检测报告	××	完整	合格	
16		土壤氡气浓度监测报告	××	完整	合格	
1	给水排水与采暖	给水管道通水试验记录	××	符合规定	合格	×××
2		暖气管道、散热器压力试验记录	××	符合规定	合格	
3		卫生器具满水试验记录	××	符合规定	合格	
4		消防管道、燃气管道压力试验记录	××	符合规定	合格	
5		排水干管通球试验记录	××	符合规定	合格	
6		锅炉试运行、安全法及报警联动测试记录	××	符合规定	合格	
1	通风与空调	通风、空调系统调试记录	××	符合规定	合格	×××
2		风量、温度测试记录	××	符合规定	合格	
3		空气能量回收装置测试记录	××	符合规定	合格	
4		洁净室洁净度测试记录	××	符合规定	合格	
5		制冷机组试运行调试记录	××	符合规定	合格	

152

序号	项目	安全和功能检查项目	份数	核查意见	抽查结果	核查人（抽查）
1	建筑电气	建筑照明通电试运行记录	××	符合规定	合格	
2		灯具固定装置及悬吊装置的荷载强度试验记录	××	符合规定	合格	
3		绝缘电阻测试记录	××	符合规定	合格	
4		剩余电流动作保护器测试记录	××	符合规定	合格	×××
5		应急电源装置应急持续供电记录	××	符合规定	合格	
6		接地电阻测试记录	××	符合规定	合格	
7		接地故障回路阻抗测试记录	××	符合规定	合格	
1	智能建筑	系统试运行记录	××	符合规定	合格	
2		系统电源及接地检测报告	××	完整	合格	××
3		系统接地检测报告	××	完整	合格	
1	建筑节能	外墙节能构造检查记录或热工性能检验报告	××	完整	合格	×××
2		设备系统节能性能检查记录	××	符合规定	合格	
1	电梯	运行记录	/	/	/	
2		安全装置检测报告	/	/	/	

结论：

　　检验资料完整；抽查结果符合相关专业验收规范的规定。

施工单位项目负责人：　　　　　　　　　　　　　　　　　　总监理工程师：

××××年××月××日　　　　　　　　　　　　　　　　××××年××月××日

注：抽查项目由验收组协商确定。

　　6）单位（子单位）工程观感质量检查记录

　　施工单位填写的单位（子单位）工程观感质量检查记录应一式三份，并应由建设单位、施工单位、城建档案馆各保存一份。单位（子单位）工程观感质量检查记录宜采用表3-91的格式。

单位（子单位）工程观感质量检查记录（C.8.5）　　　　　　表3-91

工程名称		××市×中学教学楼	施工单位				×××建筑安装有限公司			
序号		项目	抽查质量状况							质量评价
1	建筑与结构	主体结构外观	共检查	点 好	点 一般	点 差	点			
		室外墙面	共检查	点 好	点 一般	点 差	点			
2		变形缝、雨水管	共检查	点 好	点 一般	点 差	点			
		屋面	共检查	点 好	点 一般	点 差	点			
3		室内墙面	共检查	点 好	点 一般	点 差	点			
4		室内顶棚	共检查	点 好	点 一般	点 差	点			
5		室内地面	共检查	点 好	点 一般	点 差	点			
6		楼梯、踏步、护栏	共检查	点 好	点 一般	点 差	点			
7		门窗	共检查	点 好	点 一般	点 差	点			
8		雨罩、台阶、坡道、散水	共检查	点 好	点 一般	点 差	点			

序号		项目	抽查质量状况									质量评价
1	给排水与采暖	管道接口、坡度、支架	共检查		点	好	点	一般	点	差	点	
2		卫生器具、支架、阀门	共检查		点	好	点	一般	点	差	点	
3		检查口、扫除口、地漏	共检查		点	好	点	一般	点	差	点	
4		散热器、支架	共检查		点	好	点	一般	点	差	点	
	通风与空调	风管、支架	共检查		点	好	点	一般	点	差	点	
		风口、风阀	共检查		点	好	点	一般	点	差	点	
		风机、空调设备	共检查		点	好	点	一般	点	差	点	
		管道、阀门、支架	共检查		点	好	点	一般	点	差	点	
		水泵、冷却塔	共检查		点	好	点	一般	点	差	点	
		绝热	共检查		点	好	点	一般	点	差	点	
1	建筑电气	配电箱、盘、板、接线盒	共检查		点	好	点	一般	点	差	点	
2		设备器具、开关、插座	共检查		点	好	点	一般	点	差	点	
3		防雷、接地、防火	共检查		点	好	点	一般	点	差	点	
1	智能建筑	机房设备安装及布局	共检查		点	好	点	一般	点	差	点	
2												
3		现场设备安装	共检查		点	好	点	一般	点	差	点	
1	电梯	运行、平层、开关门	共检查		点	好	点	一般	点	差	点	
2		层门、信号系统	共检查		点	好	点	一般	点	差	点	
3		机房	共检查		点	好	点	一般	点	差	点	
观感质量综合评价												

结论:

施工总承包单位项目负责人: 总监理工程师:
        年 月 日   年 月 日

单位工程观感质量检查记录中的质量评价结果填写"好"、"一般"或"差",可由各方协商确定,也可按以下原则确定:项目检查点中有一处或多于一处"差"可评价为"差",有60%及以上的检查点"好"可评价为"好",其余情况可评价为"一般"。

7)房屋建筑工程质量保修书(示范文本)

依据《房屋建筑工程质量保修办法》建设部令第80号规定:房屋建筑工程质量保修,是指对房屋建筑工程竣工验收后在保修期限内出现的质量缺陷,予以修复。房屋建筑工程在保修范围和保修期限内出现质量缺陷,施工单位应当履行保修义务。施工单位填写的《房屋建筑工程质量保修书》应一式三份,并应由建设单位、施工单位、城建档案馆各保存一份。《房屋建筑工程质量保修书》可采用表3-92(示范文本)的格式。

8)住宅工程质量分户验收汇总表

由建设单位组织施工单位、监理单位进行住宅工程分户验收。依照分户验收要求的内容、质量要求、检查数量合理分组,成立分户验收组。验收人员进行分户验收时,应现场填写、签认《住宅工程质量分户验收记录表》。

9)工程质量监督报告

房屋建筑工程质量保修书

发包人 (全称)：××市×中学
承包人 (全称)：×××建筑安装有限公司
  发包人、承包人根据《中华人民共和国建筑法》、《建设工程质量管理条例》和《房屋建筑工程质量保修办法》，经协商一致，对××市×中学教学楼 (工程全称) 签订工程质量保修书。
  一、工程质量保修范围和内容
  承包人在质量保修期内，按照有关法律、法规、规章的管理规定和双方约定，承担本工程质量保修责任。
  质量保修范围包括地基基础工程、主体结构工程、屋面防水工程、有防水要求的卫生间、房间和外墙面的防渗漏，供热与供冷系统，电气管线、给排水管道、设备安装和装修工程，以及双方约定的其他项目。具体保修的内容，双方约定如下：保修的内容为本合同第二条规定的内容。
  二、质量保修期
  双方根据《建设工程质量管理条例》及有关规定，约定本工程的质量保修期如下：
  1. 地基基础工程和主体结构工程为设计文件规定的该工程合理使用年限；
  2. 屋面防水工程、有防水要求的卫生间、房间和外墙面的防渗漏为10 年；
  3. 装修工程为2 年；
  4. 电气管线、给排水管道、设备安装工程为2 年；
  5. 供热与供冷系统为2 个采暖期、供冷期；
  6. 住宅小区内的给排水设施、道路等配套工程为2 年；
  7. 其他项目保修期限约定如下：无。
  质量保修期自工程竣工验收合格之日起计算。
  三、质量保修责任
  1. 属于保修范围、内容的项目，承包人应当在接到保修通知之日起 7 天内派人保修。承包人不在约定期限内派人保修的，发包人可以委托他人修理。
  2. 发生紧急抢修事故的，承包人在接到事故通知后，应当立即到达事故现场抢修。
  3. 对于涉及结构安全的质量问题，应当按照《房屋建筑工程质量保修办法》的规定，立即向当地建设行政主管部门报告，采取安全防范措施；由原设计单位或者具有相应资质等级的设计单位提出保修方案，承包人实施保修。
  4. 质量保修完成后，由发包人组织验收。
  四、保修费用
  保修费用由造成质量缺陷的责任方承担。
  五、其他
  双方约定的其他工程质量保修事项：_____ / _____ 。
  本工程质量保修书，由施工合同发包人、承包人双方在竣工验收前共同签署，作为施工合同附件，其有效期限至保修期满。
  发 包 人 (公章)：   承 包 人 (公章)：
  法定代表人 (签字)：   法定代表人 (签字)：
  年 月 日   年 月 日

    质量监督站对工程竣工验收的组织形式、验收程序、执行标准等情况进行现场监督，竣工后提出《工程质量监督报告》，工程质量监督报告有下列内容：

    ① 建筑面积、开工时间、竣工验收时间、工程规划许可证号、施工许可证号、监督注册号、参建各单位负责人以及监督部门、监督人员、监督时间。

    ② 工程质量监督机构主要监督成果概述：描述监督方案的编制，各方行为检查、实物抽查、资料抽查、监督质量问题的整改情况。

    ③ 监督部门评价

    A. 责任主体的质量行为及执行有关法律、法规的评价。

    B. 执行国家强制性标准评价：是否执行了强制性标准、执行标准是否准确。

    C. 实物质量抽查时间、内容和结论。

    D. 监督抽查的时间、内容和结论。

    E. 安全和功能检测结论：描述安全和功能性检测是否符合国家相关的规范要求。

    F. 资料抽查结论：包括设计变更手续是否符合要求；工程质量控制资料是否完整；工程所含分部工程有关安全和功能检测资料是否完整；工程主要功能项目的抽查结果是否

符合相关专业质量验收规范的规定；质量事故处理资料是否完整。

G. 行为和实物质量问题处理过程描述：建设行政主管部门和工程质量监督机构所提出的行为和实物质量中存在的问题是否整改，是否符合要求。

H. 监督意见和结论：该工程竣工验收组织形式、程序是否合法。

5. 竣工图绘制

竣工图是工程竣工档案的重要组成部分，是对完工工程的真实描述，也是工程竣工验收必备条件，是工程使用期间管理、维修、改建、扩建的依据。竣工图的编制单位由建设单位在工程招标及与勘察、设计、施工、监理等单位签订协议、合同时确定。

（1）竣工图按绘制方法不同可分为以下几种形式：利用电子版施工图改绘的竣工图、利用施工蓝图改绘的竣工图、利用翻晒硫酸纸底图改绘的竣工图、重新绘制的竣工图。

（2）编制单位应根据各地区、各工程的具体情况，采用相应的绘制方法。

（3）利用电子版施工图改绘的竣工图应符合下列规定：

1）将图纸变更结果直接改绘到电子版施工图中，用云线圈出修改部位，按表 3-93 的形式做修改内容备注表。

修改内容备注表 表 3-93

设计变更、洽商编号	简要变更内容

2）竣工图的比例应与原施工图一致。

3）设计图签中应有原设计单位人员签字。

4）委托本工程设计单位编制竣工图时，应直接在设计图签中注明"竣工阶段"，并应有绘图人、审核人的签字。

5）竣工图章可直接绘制成电子版竣工图签，出图后应有相关责任人的签字。

（4）利用施工图蓝图改绘的竣工图应符合下列规定：

1）应采用杠（划）改或叉改法进行绘制。

2）应使用新晒制的蓝图，不得使用复印图纸。

（5）利用翻晒硫酸纸图改绘的竣工图应符合下列规定：

1）应使用刀片将需更改部位刮掉，再将变更内容标注在修改部位，在空白处做修改内容备注表；修改内容备注表样式可按表 3-94 执行。

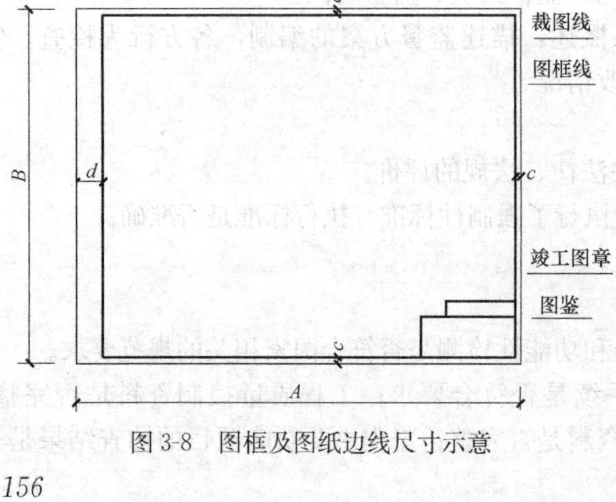

2）宜晒制成蓝图后，再加盖竣工图章。

（6）当图纸变更内容较多时，应重新绘制竣工图。

（7）竣工图图纸折叠方法

1）图纸折叠应符合下列规定：图纸折叠前应按图 3-8 所示的裁图线裁剪整齐，图纸幅面应符合表 3-94 的规定。

图 3-8 图框及图纸边线尺寸示意

基本图幅代号	0 号	1 号	2 号	3 号	4 号
B(mm)×A(mm)	841×1189	594×841	420×594	297×420	297×210
C(mm)	10			5	
D(mm)	25				

图幅代号及图幅尺寸　　　　表 3-94

2）折叠时图面应折向内侧成手风琴风箱式。

3）折叠后幅面尺寸应以 4 号图为标准。

4）图签及竣工图章应露在外面。

5）3 号～0 号图纸应在装订边 297mm 处折一三角或剪一缺口，并折进装订边。

（8）3 号～0 号图不同图签位的图纸，可分别按图 3-9～图 3-12 所示方法折叠。

（9）图纸折叠前，应准备好一块略小于 4 号图纸尺寸（一般为 292mm×205mm）的模板。折叠时，应先把图纸放在规定位置，然后按照折叠方法的编号顺序依次折叠。

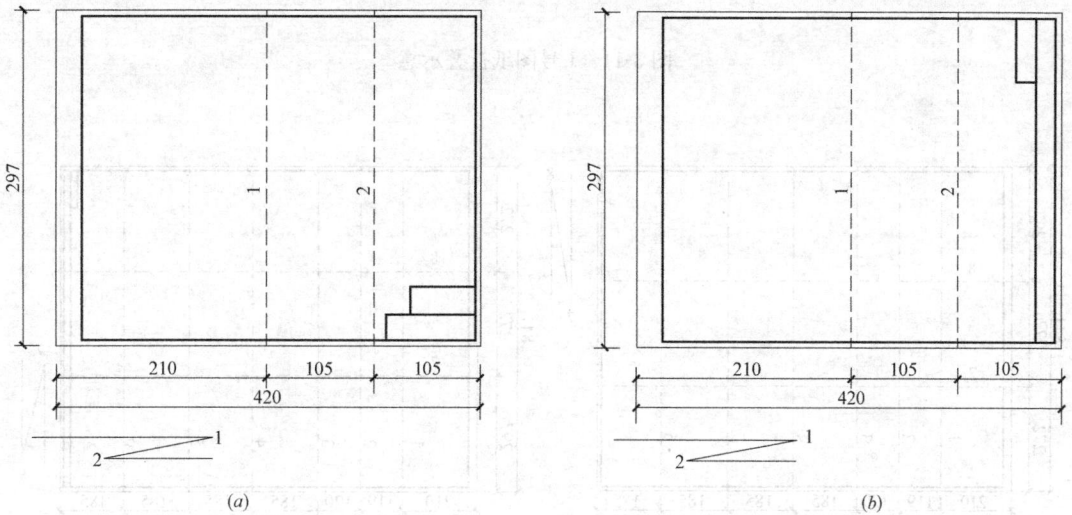

图 3-9　3 号图纸折叠示意

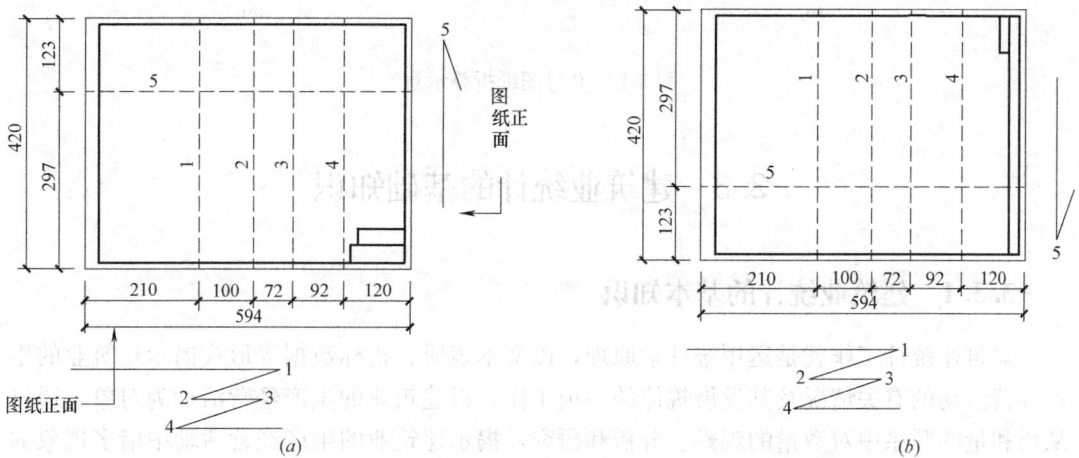

图 3-10　2 号图纸折叠示意

157

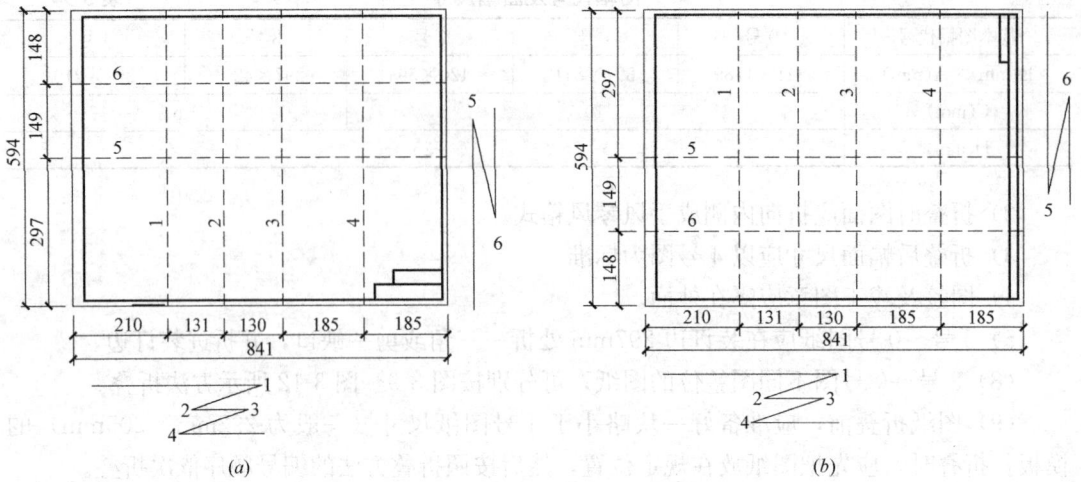

图 3-11　1号图纸折叠示意

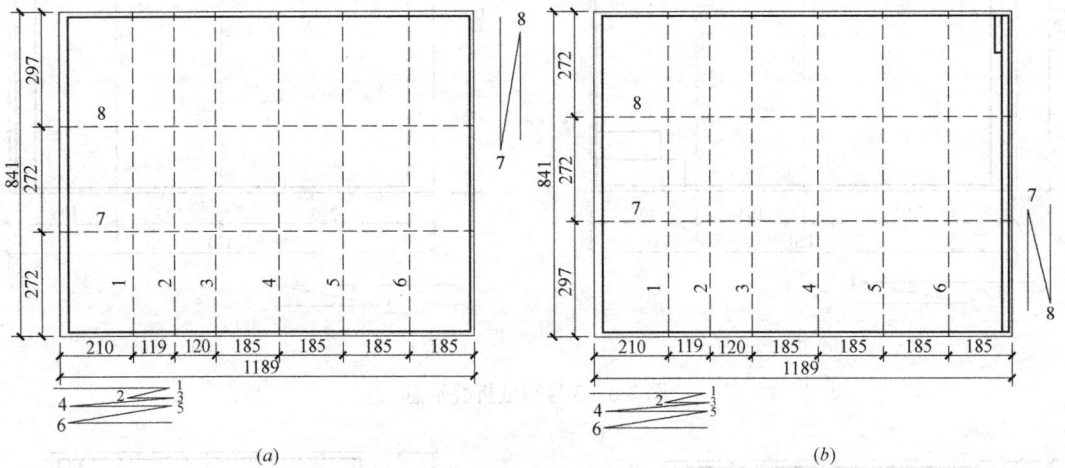

图 3-12　0号图纸折叠示意

3.3　建筑业统计的基础知识

3.3.1　建筑业统计的基本知识

　　建筑业统计工作就是运用统计学原理，以文本表册、指标数据等形式揭示建筑业的生产经营活动的有关情况及其发展规律的一项工作。以建筑业的生产经营活动为对象，通过从质和量的联系中对数量的观察、分析和研究，揭示建筑业的生产经营活动中诸多现象的发展过程、现状及其一般规律。

1. 建筑业统计工作的作用和基本内容

建筑业统计工作的作用是为国家建筑业的发展和决策积累数据，为建筑业科学管理提供依据，为建筑业的科学研究提供参考。同时，建筑业统计收集的反映建筑企业生产经营活动的资料也为企业领导进行决策和管理提供依据。

建筑业统计工作的基本内容包括统计调查、统计整理、统计分析和统计年报等。统计调查就是在确定建筑业统计任务和方案后，根据研究的目的收集各种建筑业统计资料；统计整理就是对调查取得的建筑业统计资料进行汇总、整理、分组、计算得出所需的建筑业统计指标；统计分析就是对经过整理的建筑业统计资料，结合实际情况，进行分析研究，发现问题，提出建议和意见；统计年报就是根据国家建筑业统计工作年报制度的规定，定期将建筑业工作基本情况的统计数据上报给有关部门的一项重要的建筑业统计工作制度。

2. 建筑业统计的对象、任务、调查单位及统计范围

（1）建筑业统计的对象是建筑业生产经营活动的数量表现。它通过搜集、整理和分析建筑业大量经济信息，全面地反映建筑业整个行业的生产经营活动的条件、过程及成果，建筑业企业从事的其他业务活动的状况和成果，以及整个企业的生产经营成果、人力、物力的投入和财务状况。建筑业整个行业的生产经营活动包括：

1）各种房屋、建筑物和构筑物的建造。

2）各线路、管道和机械设备的安装。

3）原有房屋、建筑物和构筑物的修理。

4）部分非标准设备的制造。

5）原有房屋、建筑物和构筑物的装饰装修等。

（2）建筑业统计的任务是结合采用多种统计调查方法，准确、及时、全面地搜集反映建筑生产经营活动的统计资料，科学地整理和分析这些资料，并提出切合实际的建议和有根据的预测，为各级政府和主管部门进行宏观决策和管理，编制和检查计划提供依据。同时，建筑业统计搜集整理的一整套反映建筑业企业生产经营全过程及产供销、人财物各方面的资料，也能为企业领导进行微观决策和管理提供依据。

（3）建筑业统计的调查单位是统计调查内容的承担者，也是构成调查总体的基本单位。建筑业统计的调查单位是独立核算的法人建筑业企业。

（4）建筑业统计的范围是根据调查的目的和任务，结合考虑需要与可能而确定的统计调查所必须包括的单位。现行国家统计报表制度规定的建筑业的统计范围是：全社会国有经济、城镇集体和私营经济、联营经济、股份制经济、外商和港澳台投产投资经济以及其他经济类型的独立核算的具有资质等级的法人建筑业企业。

3.3.2 施工现场统计工作内容

建筑施工企业施工现场统计工作的主要目的：一是为工程项目决策和检查执行情况提供依据；二是为编制工程施工计划和检查施工进度完成情况提供依据；三是对工程动态提供分析依据。统计工作的特点是通过搜集、汇总、计算统计数据来反映事物的面貌与发展规律。数量性是统计信息的基本特点，即通过数字揭示事物在特定时间、特定方面的数量特征，帮助我们对事物进行定量乃至定性分析，从而做出正确的决策。因此，统计是企业管理的一项基础工作，也是工程管理的重要手段，而统计基础工作的规范化管理是统计数据质量保证的基本要求。此外，尚应符合《城建档案业务管理规范》（CJJ/T 158—2011）第8章的规定。

1. 统计基础工作的规范化管理

统计工作包括原始记录登记、统计台账和统计报表工作。统计基础工作规范化管理的基本特点为原始记录、统计台账和统计报表的形成必须有严格的工作程序；企业内部业务部门的统计核算与综合统计机构必须有资料供应和反馈关系。

（1）原始记录是基层单位利用一定的薄、册、表、单等形式对建筑业企业生产经营活动中的进程、收支、进出等情况所做的直接登记和最初记载，是指未经过加工整理的各种表格、卡片、账册单等第一手材料，其内容反映了施工管理经营和工程技术管理方面的实际情况，既是维护统计资料完整和安全的必要依据，也是统计调查以及整个项目管理的基础。因此填写时应按规定要求内容如实填写，数据真实可靠，各类人员签字齐全，使其具有可追溯性。

（2）统计台账是基层单位根据经营管理和核算工作的需要，用一定的表现形式将原始记录资料按时间顺序进行登记，系统地积累资料，并定期进行总结的账册。其作用一是能使建筑业基层单位的统计资料系统化、条理化、档案化；二是能清楚地反映工程项目的施工进度，有利于领导研究施工趋势和规律，以便随时进行指挥调度；三是有利于检查建筑施工企业各类计划指标的完成情况。

（3）统计报表是由基层企业通过表格的形式，按照统一规定的指标和内容、上报时间和程序，定期地向上级报告计划执行情况和重要经济活动情况特定的统计报告制度。

2. 建筑业统计报表制度

建筑业统计报表制度是各级政府为了解建筑业企业生产经营的基本情况，为制定政策和计划、进行经营管理与调控提供依据，依照《中华人民共和国统计法》的规定：建筑业统计报表制度是《国家企业一套表统计调查制度》的组成部分。调查内容包括各级政府和业务主管部门共同的基本需要，地方、部门特殊需要的统计资料应通过地方统计调查和部门统计调查收集，并避免与国家统计调查相重复。

3. 施工现场统计报表制度的统计内容

建筑业统计报表制度的统计内容主要包括：建筑业企业基本情况，建筑业企业所属产业活动单位基本情况，建筑业企业生产情况，建筑业企业财务状况，建筑业企业房屋建筑完成情况、能源消费情况及劳务分包建筑业企业生产经营情况等指标。建筑业统计报表制度的表式按报告期分为年报和定期报表。

（1）基层年报表包括：

1）法人单位基本情况。

2）产业活动单位基本情况。

3）从业人员及工资总额。

4）财务状况。

5）建筑业企业生产经营情况。

6）房屋竣工面积及价值。

7）劳务分包建筑业企业生产经营情况。

8）信息化情况。

（2）基层定期报表（季报）包括：

1）法人单位基本情况（免报）。

2）从业人员及工资总额。

3）财务状况。

4）建筑业企业生产经营情况。

5）房屋竣工面积及价值。

6）劳务分包建筑业企业生产经营情况。

4. 报表制度的资料来源

建筑业企业生产情况表、财务状况表、房屋建筑完成情况表、从业人员及工资总额表、能源消费情况及劳务分包建筑业企业生产经营情况表的统计资料，取自具有建筑业资质等级的法人建筑业企业的基层资料。

5. 施工企业项目部统计工作

施工企业项目部统计工作按服务对象不同具体可分为上报公司、上报建设单位、上报监理单位和项目部内部管理使用的各类计划表、统计台账和统计报表。

（1）上报公司各类计划报表

__月度建筑安装工程施工生产计划

__季度建筑安装工程施工生产计划

__年度建筑安装工程施工生产计划

（2）上报公司各类统计台账

单位工程登记台账

单位工程预算收入台账

单位工程工程量登记台账

单位工程工期记录台账

单位工程各项费用登记台账

单位工程机械使用登记台账

（3）上报公司各类统计报表

施工生产任务预计完成情况月报

房屋建筑工程产值形象部位完成情况月报

施工产值按结构类型分列季报

房屋建筑竣工工程工期情况季报

项目分管内完成实际工程量季报

单位工程施工完成情况季报

项目施工情况文字分析

项目人工费价格明细表

项目采购材料费价格明细表

项目机械费价格明细表

（4）上报甲方各类计划报表

__月度在施工程进度计划

__季度在施工程进度计划

__年度施工生产进度计划

（5）上报甲方各类统计报表

__月工程完成情况统计表

__年度资金使用计划

__月度资金使用计划

__月形象进度核验表

__月工程施工产值确认单

__月度工程在施部位情况汇报

（6）上报监理及甲方各类统计报表

__月工程款支付申请表

__月工、料、机动态表

__月工程进度款报审表

施工进度计划报审表

工程开工报审表

本月实际完成情况与进度计划比较表

安全防护、文明施工措施费用支付申请表

__月形象进度核查表

（7）项目部内部管理统计表

单位工程回款情况及项目部资金使用情况

单位工程甲方、监理审核工程款回收情况

单位工程截止____月土建报量情况

单位工程截止____月安装报量情况

单位工程截止____月分包单位报量情况

（8）回访维修统计报表

单位工程维修记录

顾客档案（接收单位）

顾客满意住房评价调查表

顾客投诉台账

单位工程回访记录

单位工程维修通知书

项目部回访维修（月、季）年报

年度回访维修计划

6. 主要统计指标

建筑业常用的统计指标包括：建筑业统计单位、建筑业总产值、房屋建筑施工面积、房屋建筑竣工面积、自有施工机械设备年末总套数、自有施工机械年末总功率、工程结算收入、工程结算利润、企业总收入、计算建筑业劳动生产率的平均人数等。

（1）建筑业统计单位

指从事房屋、构筑物建造、装饰装修、设备安装活动和工程准备、提供施工设备服务等其他建筑活动的具有建筑业资质的法人企业。建筑业法人企业应同时具备的条件是：依法成立，有自己的名称、组织机构和场所，能够承担民事责任；独立拥有和使用资产，承担负债，有权与其他单位签订合同；独立核算盈亏，能够编制资产负债表。

（2）建筑业总产值（即自行完成施工产值）

以货币表现的建筑业企业在一定时期内生产的建筑业产品和服务的总和。建筑业总产值包括：

1）建筑工程产值：指列入建筑工程预算内的各种工程价值。

2）安装工程产值：指设备安装工程价值，不包括被安装设备工程价值。

3）其他产值：指建筑业总产值中除建筑工程、安装工程以外的产值。包括房屋、构筑物修理所完成的产值（不包括被修理的房屋、构筑物本身的价值）、费标准设备制造产值、总包企业向分包企业收取的管理费和不能明确划分的施工活动所完成的产值。

4）房屋建筑施工面积：指在报告期内施过工的全部房屋建筑面积，包括本期新开工的房屋面积、上期跨入本期继续施工的房屋面积、上期停缓建在本期恢复施工的房屋面积、本期竣工的房屋面积及本期施工后又停缓建的房屋面积。

5）房屋建筑竣工面积：指在报告期内房屋建筑按照设计要求全部完工，达到了住人和使用条件，经检查验收鉴定合格的房屋建筑面积。

6）自有施工机械设备年末总套数：指归本企业（或单位）所有，属于本企业（或单位）固定资产的直接用于工程施工的各种机械设备年末总台数。但不包括附属辅助生产机械设备、运输机械设备、生产试验机械设备的台数。

7）自有施工机械设备年末总功率：指归本企业（或单位）自有施工机械设备年末总功率，安设定能力或查定能力计算。包括机械本身的动力和为该机械服务的单独动力设备，如电动机等。计算单位用千瓦，动力换算可按 1 马力＝0.735 千瓦折合成千瓦数。电焊机、变压器、锅炉不计算动力。

8）工程结算收入：指企业承包工程实现的工程价款结算收入，以及向发包单位收取的除工程价款以外按规定列作营业收入的各种款项，如临时设施费、劳动保险费、施工机械调迁费等以及向发包单位收取的各种索赔款。

9）工程结算利润：指已结算工程实现的利润，如亏损以"－"号表示计算公式如下式所示。

工程结算利润＝工程结算收入－工程结算成本－工程结算税金及附加－经营费用

10）企业总收入：至于企业生产经营直接有关的各项收入，包括工程结算收入和其他业务收入。计算公式如下式所示。

企业总收入＝工程结算收入＋其他业务收入

11）计算建筑业劳动生产率的平均人数：指建筑企业（或单位）报告期实际拥有的、与建筑活动有关的平均人数，包括参加本企业（或单位）建筑施工活动的非本企业（或单位）人员，但不包括企业内部社会服务机构的人员以及由本企业支付工资单所从事的工作与本企业生产无关的人员。

第4章 施工文件档案资料的安全管理

施工文件档案资料是信息和载体的有机结合，前者表现为信息符号，后者表现为具体的物质承载物，是工程文件档案资料的具体承载方式。施工文件档案资料的安全管理是指文档资料形成单位、保存单位对施工文档资料采取有效保护措施，避免文档资料在收集、保存、发放和借阅过程中受到自然灾害和人为侵害，并使其处于安全状态的管理工作。施工文件档案资料的安全管理主要包括资料的信息安全管理和资料的物资载体的安全管理。

4.1 资料安全管理的有关规定

4.1.1 施工文档资料的收文与登记

施工文档收集管理单位应将收集的施工文档资料按类别在收文登记表上进行登记。登记时应记录施工文档资料名称、摘要信息、提供单位（部门）、编号以及收文日期、必要时应注明接收文件的具体时间，最后有负责收文人员签字。若施工文档资料在有追溯性要求的情况下，应注意核查所填部分内容是否可追溯。如水泥进场提供的质量证明文件中应注明该批水泥所使用的具体部位，提供的若是复印件应标明原件保存处。如不同时期、不同内容的文件资料之间存在相互对照和追溯关系时，在分期分类存放的情况下，应在文件和记录上注明相关文档资料编号和存放处。如监理工程师通知单和监理工程师通知回复单；工程暂停令与工程复工报审表等类似文件。

施工文档收文时应检查各项内容填写规范性和记录真实性，签字人员应为符合相关规定的责任人员。文档资料以及相关存储介质质量应符合要求，所有文档资料必须使用符合归档文件质量要求的书写材料和打印设备要求。图片和声像文件资料应注明拍摄日期及所反映工程建设部位等摘要信息。

收文登记后应将施工文档资料移交相应的人员进行处理，如分类分级存放；新收集文档资料必须经消毒、除尘后方能入库，并对消毒杀虫情况进行登记；重要的文件内容应在工程日记中记录或专栏予以公示。

4.1.2 施工文档资料的分级、分类存放

施工文档资料在完成收文登记后，应依照相关的分级、分类方法进行存放。这样既可满足项目实施过程中文件的查阅和求证的需要，又可方便项目竣工后施工文档资料的归档移交。目前，施工文档资料的分类方法可依照《建设工程文案归档规范》（GB/T 50328—2014）的要求实施分类。既建设工程文件分为工程准备阶段文件、监理文件、施工文件、竣工图、工程竣工验收文件五大类，并分别用 A 类、B 类、C 类、D 类、E 类命名；在每一大类中，又依据资料的属性和特点，将其划分为若干小类。在每一小类中，再细分为若

干种文件、资料或表格。

工程准备阶段文件包括：立项文件；建设用地、拆迁文件；勘察、设计文件；招投标文件；开工审批文件；工程造价文件；工程建设基本信息文件。

监理文件包括：监理管理文件；进度控制文件；质量控制文件；造价控制文件；工期管理文件；监理验收文件。

施工文件包括：施工管理文件、施工技术文件、进度及造价文件、施工物资出厂质量证明及进场检测文件、施工记录文件、施工试验记录及检测文件、施工质量验收文件、施工验收文件8类。

竣工图、工程竣工验收文件包括：竣工图；竣工验收预备案文件；竣工决算文件；工程声像资料；其他工程文件。

施工文档资料保存单位应具备存放工程文件资料的专用柜和用于分类归档存放的专用卷盒（夹），并可采用计算机对工程文件资料进行辅助管理。资料员应根据项目规模的大小规划资料柜和资料卷盒（夹）内容多少对工程文件资料进行适当存放。当文件内容较少时，可合并存放在一个卷盒（夹）内，当文件内容较多时可单独存放在一个文件卷盒（夹）内。若一个文件盒（夹）不够存放时，可在文件盒（夹）内附录说明文件编号的存放地点，然后将有关文件保存在指定位置。如资料缺项时，类号、分类号不变，资料可空缺。

施工文档资料应保持清晰，不得随意涂改记录，保存过程中应保持记录介质的清洁和不破损。文档管理人员应注意建立适宜的施工文档资料的存放地点，防止文档资料受潮霉变或虫害侵蚀。对老化、破损、褪色、霉变等受损资料载体，必须采取抢救措施，按资料保护技术要求进行修复或复制。

不同载体材质的文档资料应分类存放、规范保存。对特殊载体文件的存放，按其特性和要求，使用规范、合理的装具加以保管和保存。

存储涉密文档资料信息的载体，应按所存储信息的最高密级标明密级，并按相应密级文件的管理要求进行分类保存管理。

4.1.3　施工文档资料的发放与登记管理

施工文档资料管理单位应按施工文档资料分类和编号要求发文，并在发文登记簿上登记。登记内容包括：施工文档资料的分类编码、文件名称、摘要信息、接受文件单位（部门）、名称、发文日期（强调实效性的文件应注明发文的具体时间）。收件人收到文件后应签名。

发文应留有底稿，并附一份文件传阅纸，根据文件签发人指示确定文件责任人和相关传阅人。文件传阅过程中，每位传阅人阅后应签名并注明日期。发文的传阅期限不应超过其处理期限。重要的发文内容应在工程日记中予以记录。

4.1.4　施工文档资料借阅、更改

施工文档资料原则上不得外借，如政府部门、相关单位需求，应经单位（部门）负责人同意，并办理传阅手续。单位内部工作人员在项目实施过程中需要借阅施工文档资料时，应填写文件借阅单，并明确归还时间。办理有关借阅手续后，应在文件夹内附目录上做特殊标记，避免其他人员查阅该文件时，因找不到文件引起混乱。

施工文档资料的更改应由原指定部门相应责任人执行，涉及审批程序的，由原审批责任人执行。若指定其他责任人进行更改和审批时，新责任人必须获得所依据的背景资料。施工文档资料更改后，资料员填写文件档案更改通知单，并负责发放新版本文件。发放过程中必须保证项目参建单位所有相关部门都得到相应文件的有效版本。

4.2　资料安全管理责任制度及过程

施工文件档案资料载体的物质性，决定了施工文件档案资料存在的有限性。施工文件档案资料外部的生存环境如温度、湿度、气候、空气质量和档案资料内部本身制作、书写材料的优劣等，对档案资料的寿命都将产生直接的影响。施工文档资料载体的安全取决于载体的保存环境管理和载体本身的质量管理。

4.2.1　资料、档案室（库）的管理

资料档案室（库）的建设与管理直接影响到档案文件生存环境的质量要求，资料档案室（库）建设必须坚固适用，首先应考虑选择建在地势较高、排水顺畅的地方，并具有防盗、防火、防震、防高温、防潮、防霉、防尘、防光、防有害气体、防有害生物等"十防"设施，通常还应满足如下要求：

（1）资料室（库）房面积应符合收集和保管文件资料的需要。

（2）资料室（库）门窗应具有防火性能，良好的密闭性，要采取相应的防光设施，具有良好的防光能力。

（3）资料室（库）内应配备火灾自动报警系统和适合资料室使用的灭火设备。消防器材应定期检查，及时更换过期的消防器材。库区内消防通道畅通，应急照明完好、疏散标志清晰。库房内不得堆放与文件资料无关的物品，严禁将易燃、易爆及其他物品与档案一同存放。

（4）资料室（库）区内应安装安全防护监控系统或防盗报警装置，库房门窗应有防盗设施。资料室（库）区内通道与阅览室须配备视频监控录像设备。监控录像应至少保留 3 个月。

（5）资料室（库）区内应配置有效的温湿度调节设备与检测系统。温度应控制在 13～24℃（±2℃），相对湿度应控制在 45%～60%（±5%）。存放特殊载体的文件资料库房应配备空气净化装置或空气过滤设施。

（6）资料室（库）应配有防虫、霉、鼠等有害生物的药品，有效控制面积应达到100%。建立定期虫霉检查制度，适时更换过期防治药品，及时发现和杜绝档案霉变或虫蛀现象的产生和蔓延。

（7）资料室（库）照明应选择无紫外线光源，如乳白色防暴灯罩的白炽灯。使用荧光灯或其他含紫外线光源灯时，要采取相应过滤措施。

（8）资料室（库）应配备一定数量的档案柜、档案架、底图柜、防磁柜、包装材料以及装订材料。

（9）资料室（库）应建立特藏室或专柜，对馆藏重要、珍贵文件资料采取特殊的安全防护措施，确保重要、珍贵文件资料的绝对安全。

4.2.2 档案资料载体本身制作、书写材料的质量要求

应符合《城建档案业务管理规范》（CJJ/T 158—2011）的相关规定。

4.3 资料安全的保密措施

切实加强对资料管理部门安全管理工作的领导，明确分管领导，制定资料安全责任制，将资料安全工作列入本单位的议事日程和工作计划，及时研究和解决存在的问题，确保资料安全管理工作责任的落实。

4.3.1 资料管理部门应履行资料安全管理工作的职责

1. 概述

（1）各级资料管理部门负责单位工程资料安全的综合管理工作。

（2）上级资料管理部门负责指导下级资料管理部门的档案安全管理工作。

（3）各级资料管理部门对同级各单位资料安全管理工作负有指导、监督、检查的职责。

（4）上级机关对下级机关、单位的资料安全管理工作负有指导、监督、检查的职责。

2. 各单位应加强工程资料安全宣传教育，要采用多种形式开展教育活动，增强全员资料安全意识，并使资料安全教育经常化、制度化。

3. 建立健全工程资料安全管理制度，每年计划预算中应确保合理的经费投入，保证资料安全管理工作的需要，做到每年有计划、有检查、有总结。

4. 各资料管理部门应根据本单位实际情况制定周密细致、便于操作、切实有效的突发性灾害、事故应急处置预案（包括：应对火警、防台防汛、地震、信息管理系统受侵害、意外事故等），不断完善应急措施，随时应对可能出现的各种突发性事件，确保资料实体和资料信息的安全。

5. 工程资料管理人员应熟知资料安全保护知识，定期进行资料安全检查，做好检查记录，发现问题或安全隐患应及时向分管领导汇报，并采取相应的处理措施。

6. 各级资料管理部门应定期在所辖行政区域开展全面、细致的资料安全检查，对检查情况和发现的问题要进行认真分析，并采取切实有效的措施，督促有关单位限时整改。

7. 发生资料安全事故的单位应及时向主管领导和上级机关报告，同时组织在第一时间进行抢救恢复，严禁瞒报、迟报。

4.3.2 施工文档资料的保密制度

施工文档资料的保管应执行国家有关的保密制度，对涉密工程文档资料做好保密工作。在实施管理过程中应进行下列工作。

（1）认真执行国家有关档案工作的保密制度，制定各级单位文件资料信息安全管理制度，确保存储资料信息的安全。

（2）做好文档资料的鉴定工作，科学、准确的区分、判定资料开放与控制使用范围。对涉密资料的密级变更和解密，已解密的和未定密级的但仍需控制使用的文件资料，必须按照国家有关保密的法律法规和有关规定办理。

（3）企业各级资料管理部门对所保存的涉密资料和控制使用，在管理和利用时应当依照国家有关法规并根据实际工作需要，制定审批手续并严格执行，不得擅自开放或扩大利用范围。因利用工作需要汇编资料文件时，凡涉及到秘密文件，应当经原制发机关、单位批准，未经批准不得汇编入册。

（4）应加强对计算机及其他信息设备的使用管理，凡涉及保密资料的电子设备、通信和办公自动化系统均应符合保密要求。涉密计算机信息系统必须与互联网实行物理隔离，严禁用处理国家秘密信息的计算机上互联网。与互联网相连的计算机或其他电子信息设备不得存储、处理和传递涉密档案信息。

（5）各级各类文件资料管理机构面向社会开放的资料信息网站，应按规定报相关公安部门备案，并在接受安全评估合格后，方可接入互联网。应遵守国家关于计算机信息系统、信息网络的安全保密管理规定，建立资料信息、数据上网审批制度，加强上网资料信息管理。

（6）各级各类资料管理部门的档案信息管理系统应安全可靠。

1）应建立操作权限管理制度，明确权限和操作范围。

2）要建立操作人员密码管理制度，定期修改管理密码。

3）要建立计算机病毒防治制度，定期进行病毒检查。

4）要建立重要数据库和系统主要设备的火灾备份措施，确保档案信息接收、存储及利用的安全。

（7）计算机信息系统打印输出的涉密资料信息，应当按相应密级的文件进行管理。计算机信息系统存储、处理、传递、输出的涉密档案信息要有相应的密级标识，密级标识不能与正文分离。

（8）用介质交换资料信息或数据必须进行病毒预检，防止病毒破坏系统和数据。存储过涉密档案信息的载体的维修，应保证所存储涉密档案信息不被泄漏。

（9）到期存档资料经鉴定后，销毁资料载体应确保资料信息无法还原。

1）销毁纸介质资料载体，应当采用焚毁、化浆、碎纸等方法处理。

2）销毁磁介质、光盘等资料载体，应当采用物理或化学的方法彻底销毁。

3）禁止将资料载体作为废品出售。

4.3.3　施工文档资料安全管理的措施

安全保管施工文档资料包括严格遵守国家和地方的有关法律、法规和规定，建立完善的资料管理制度和安全责任制度，坚持全过程安全管理，采取必要的安全保密措施，包括资料的分级、分类管理方式，确保施工资料安全、合理、有效使用。

（1）保密原则：严格按照《中华人民共和国保密条例》执行，以确保安全防范工程中涉及用户单位机密以及公司自身工程技术机密的不对外泄漏。机密的保管实行点对点管理办法，落实到人头，做到有法可依，违法必究，责任落实到位。

（2）组织机构建立：为保证保密工作的顺利开展，公司名称以负责人牵头成立保密工作组，组员由档案管理专职人员、技术负责人、项目管理人员和公司经理组成，并为档案管理配备专用的档案室，针对每个工程由项目负责人兼任保密责任人。

（3）保密内容：工程技术实现原理、软硬件使用密码、工程施工线路及设备布局图，工程进度及扩展方式，通信及交换协议，工程实施细节合同等。

（4）保密实施细则

1）在工程合同签订前的技术方案由技术起草者负责保管，对其他部门及外单位人员不得透露任何技术内容及细节。

2）在使用单位的需求情况下，由项目负责人落实并保证不得向外界透露，并以书面形式传递给档案管理人员和技术负责人。

3）档案管理人员对以上信息以书面、电子等方式存档，公司员工在借阅时必须经领导同意且确定借阅时间后方可借阅。

4）档案管理人员不得将机密文件带回家中或带上出入公共场所，相关人员不准随意谈论、泄露机密事项、不准私人打印、复印、抄录文件内容，不得将朋友、他人带入档案室，不得外传、外借相关资料。

5）打印过的废纸和校对底稿应及时清理、销毁。

6）合同签订后的相关文档资料立即存档，并建立保密所必备的借阅制度。

7）出现泄密事件后，应立即上报公司负责人，做到机密不得扩散，同时认真追查相关人员的责任。

（5）施工文档管理检查

施工文档资料管理检查的内容通常包括：数量的检查、损坏情况的检查和归库的检查。

施工文档数量的检查就是核对现有的施工文档的数量与登记的数量是否相符，如有差错应及时清查，找出施工文档的去向和来源，及时归还或追还。

施工文档损坏情况检查就是查找有无虫蛀、鼠咬、霉变、磨损、脆化、字迹褪色等遭到毁损的情况，如有应及时处理，并进行记录。

施工文档归库检查就是对借阅归还的工程资料进行例行检查，在借出的档案归还时，资料员需调出该工程资料移出的等级，对照登记进行核对，如发现问题做好记录，并及时处理。

施工文档管理检查分为定期与不定期两种方式。定期检查是周期性检查，检查周期视具体情况确定，可按年、季进行。不定期检查就是临时检查，可以是全面检查，也可以是针对部分工程文档资料进行检查。并应对检查情况进行记录，内容包括：检查时间、检查项目、检查对象、检查人、检查情况、检查结论、备注等，由检查人填写。

第5章　施工文件档案资料管理计划

施工文件档案资料管理计划是指导施工单位施工文档资料编制、填写、审核、审批、收集、分类、组卷、移交和归档等资料管理工作的基础文件。施工文件档案资料管理计划编制收集文档内容应符合《建设工程文件归档规范》（GB/T 50328—2014）规定的范围。施工文件档案资料管理计划收集的施工文档资料管理计划由施工单位签订施工合同之后，开工前，有项目经理组织项目技术负责人、资料员等相关人员共同编制完成。

5.1　资料管理计划的特点

施工文件档案资料管理是建设工程项目管理任务之一，编制资料管理计划的作用是明确要完成的在建项目资料管理过程中的主要工作和任务清单及时间节点。在资料管理工作中的工作和任务清单中要清楚地描述出：项目各个实施阶段的任务划分；每个阶段的工作重点和任务的内容；完成本阶段工作和任务的资源需求，时间期限、阶段工作和任务的成果形式。资料管理计划应具有预见性、针对性、可行性和约束性的特点。

1. 预见性：资料管理计划是在资料管理活动之前对活动的任务、目标、方法、措施所作出的预见性确认。是以相关的规定为指导，以在建项目实际条件为基础，以相关的技术文件为依据，对即将实施开展的资料管理任务的发展趋势作出科学预测。

2. 针对性：计划一是根据确定的工作任务而定，二是针对本单位的主客观条件和相应能力而定。

3. 可行性：可行性是和预见性、针对性紧密联系在一起的，预见准确、针对性强的计划，在现实中才真正可行。

4. 约束性：计划一经通过、批准或认定，在其所指向的范围内就具有了约束作用，在这一范围内任务执行者都必须按计划的内容开展工作和活动。

5.2　施工文件档案资料管理计划的编制

施工文件档案资料管理计划的编制应依据《建设工程文件归档规范》（GB/T 50328—2014）、《建筑工程施工质量验收统一标准》（GB 50300—2013）和建筑工程施工质量专业验收规范等指导性文件，并按照建筑工程项目的施工组织设计、质量验收计划、工程合同及相关文件、同类项目的相关资料等实施性文件进行编制。编制施工文件档案资料管理计划的主要任务是依据资料收集的范围、类型和具体的施工过程，确定资料何时、向何单位（或责任人）收集符合要求文件档案资料。

施工文件档案资料管理计划的编制要求包括：建立资料管理计划的构成体系、建立资料分类编码系统、确定资料来源、拟定资料形成时间、复核资料传递途径和反馈的范围、确认负责人职能和工作流程等。

1. 施工文件档案资料管理计划的构成体系

施工文件档案资料管理计划的构成体系应符合施工文档文件立卷的原则。《建设工程文件归档规范》（GB/T 50328—2014）明确规定施工文件应按单位工程、分部（分项）工程进行立卷，分部、分项工程按照资料的类型（C1～C8类）立卷；专业承分包施工的分部、（子分部）工程应分别单独立卷；室外工程应按室外建筑环境和室外安装工程单独立卷；当施工文件中部分内容不能按一个单位工程分类立卷时，可按建设工程立卷。

施工文件档案资料管理计划分部、分项划分依据《建筑工程施工质量验收统一标准》（GB 50300—2013）划分原则进行划分。工程文件的具体归档范围应符合《建设工程文件归档规范》（GB/T 50328—2014）附录A和附录B的要求。

《建设工程文件归档规范》（GB/T 50328—2014）规定的归档文件资料的范围和类型具有指导性和通用性，与具体的工程项目内容实际产生的文件资料是有差异的。实际中，施工文档资料主要来源于施工过程。特别是施工技术文件、施工物资出厂质量证明及进厂检测文件、施工记录文件、施工试验记录及检测文件、施工质量验收文件等都是在施工过程中产生的。所以，资料计划的编制必须明确资料的来源（施工过程和形成单位）。目前，建设工程项目都是依据施工组织设计组织项目施工，依据建筑工程施工质量验收规范进行施工质量验收。施工组织设计是针对施工过程确定的施工方案和时间安排，施工质量验收规范是针对施工过程的实体质量验收和资料检查，两个文件均与施工过程有关。所以，对照施工组织设计的施工过程和建筑工程施工质量验收的范围和单位、分部、分项验收的要求，结合归档规范确定的范围和资料类型，既可合理取舍与实际工程项目相关的各个分部工程施工管理、施工技术、进度造价、施工物资出厂质量证明及进场检测、施工记录、施工试验记录、施工质量验收、施工验收等八类施工资料的目录。各分部、分项工程文件形成时间应与施工组织设计分部、分项工程施工过程的时间相一致，如此，施工文档文件的内容和文件完成时间构成施工文档文件资料管理计划。

2. 资料分类编码系统

资料分类编码系统应符合《建设工程文件归档规范》（GB/T 50328—2014）明确规定的资料分类要求，其编码系统应符合《建筑工程资料管理规程》（JGJ/T 185—2009）的编号的规定编制。

3. 资料传递途径和反馈的范围

根据资料传递的途径、反馈的范围和涉及的相关人员建立施工文件档案资料的工作职责和管理体系。资料管理计划既可以追溯施工文件档案资料的形成单位、传递途径、保存的范围和涉及的相关责任人。又可依据填写、编制、审核、审批、签字等资料的形成管理过程，对资料的形成质量进行监督和控制。同时，对收集、分类整理、组卷、移交、归档等资料的收集归档管理及保管使用工作进行有效控制。

4. 资料管理计划的编制过程

资料管理计划的编制过程具体应包括：建立资料形成管理的流程；分析资料收集的范围；确定施工过程和资料形成单位；依据资料的来源、内容、标准、时间要求编制资料收集目录；列出以分部工程为单位的资料管理计划；汇总各分部工程资料计划形成单位工程资料计划；确定岗位人员职责和工作程序进行资料技术交底。

（1）建立资料形成管理的流程

1）施工单位技术、管理、进度造价及相关报审文件资料形成管理流程

施工单位技术、管理、进度造价及相关报审资料形成管理流程如图 5-1 所示。

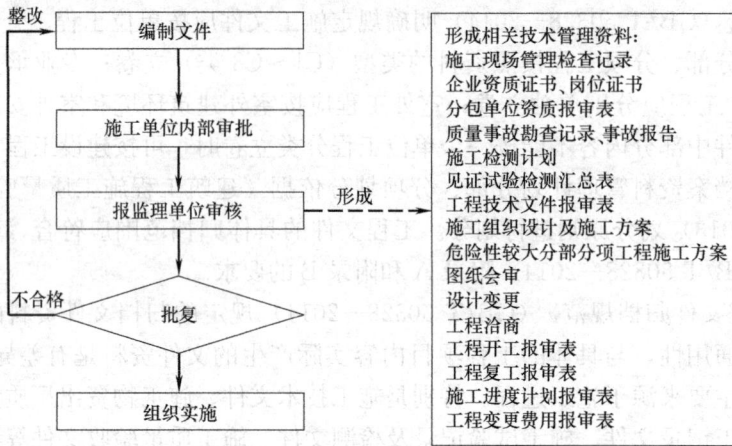

图 5-1　施工单位技术、管理、进度造价及相关资料形成管理流程

另外，施工档案文件资料报验、报审有时限性要求的，相关单位已在合同中约定报验、报审资料的报审时间及审批时间，并约定应承担的责任；当无约定时，施工文件资料的报审、审批不得影响正常施工。

2）施工物资资料形成管理流程

施工物资资料形成管理流程如图 5-2 所示。

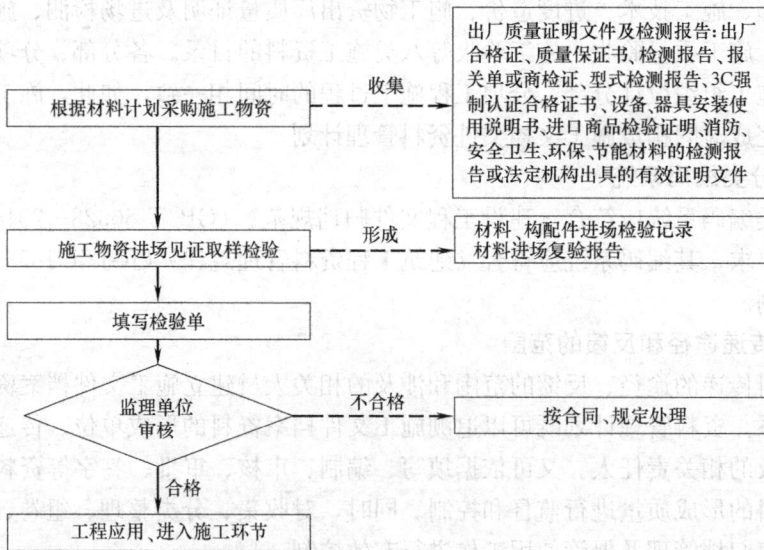

图 5-2　施工物资资料形成管理流程

3）施工记录资料形成管理流程

施工记录资料形成管理流程如图 5-3 所示。

4）施工试验记录及检测文件形成管理流程

施工试验记录及检测文件形成管理流程如图 5-4 所示。

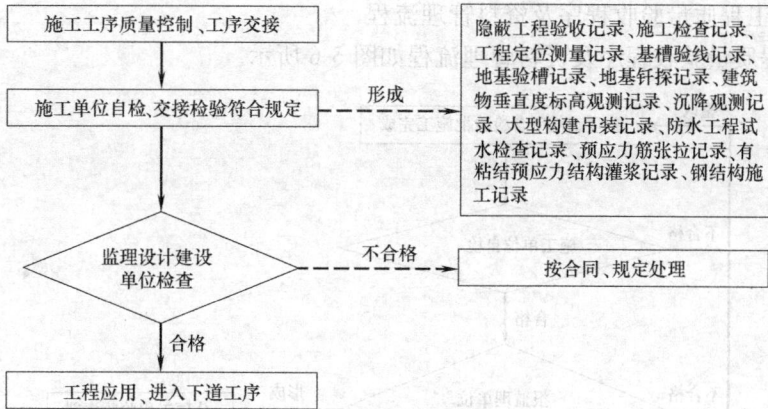

图 5-3 施工记录资料形成管理流程

施工工序质量控制、工序交接
↓
施工单位自检、交接检验符合规定 ──形成──→ 隐蔽工程验收记录、施工检查记录、工程定位测量记录、基槽验线记录、地基验槽记录、地基钎探记录、建筑物垂直度标高观测记录、沉降观测记录、大型构建吊装记录、防水工程试水检查记录、预应力筋张拉记录、有粘结预应力结构灌浆记录、钢结构施工记录
↓
监理设计建设单位检查 ──不合格──→ 按合同、规定处理
↓合格
工程应用、进入下道工序

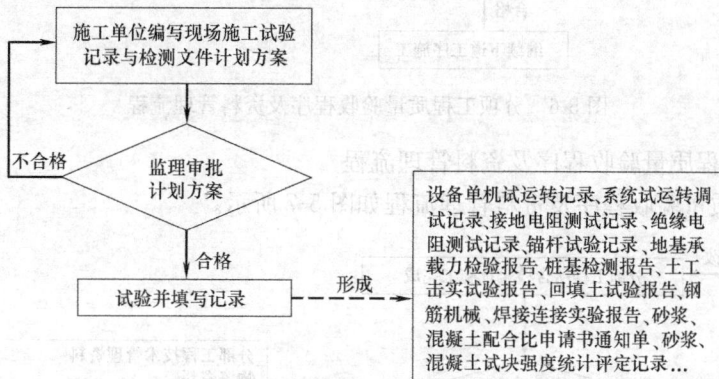

图 5-4 施工记录资料形成管理流程

施工单位编写现场施工试验记录与检测文件计划方案
↓
监理审批计划方案 ──不合格──→（返回）
↓合格
试验并填写记录 ──形成──→ 设备单机试运转记录、系统试运转调试记录、接地电阻测试记录、绝缘电阻测试记录、锚杆试验记录、地基承载力检验报告、桩基检测报告、土工击实试验报告、回填土试验报告、钢筋机械、焊接连接实验报告、砂浆、混凝土配合比申请书通知单、砂浆、混凝土试块强度统计评定记录…

5）检验批质量验收程序及资料管理流程

检验批质量验收程序及资料管理流程如图 5-5 所示。

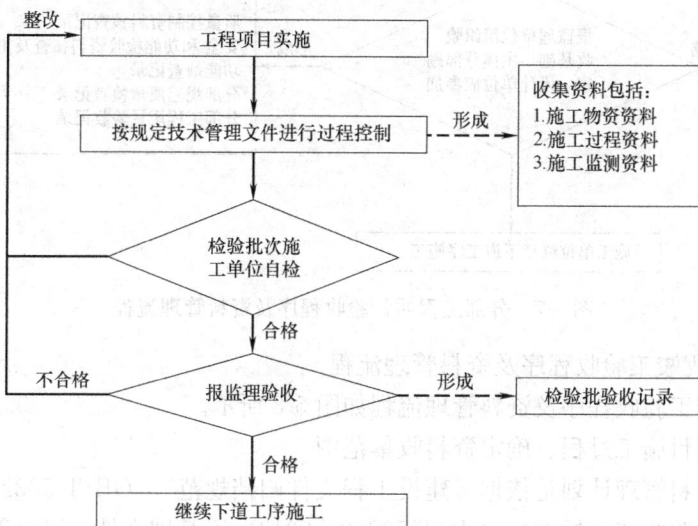

图 5-5 检验批质量验收程序及资料管理流程

工程项目实施
↓（整改）
按规定技术管理文件进行过程控制 ──形成──→ 收集资料包括：1. 施工物资资料 2. 施工过程资料 3. 施工监测资料
↓
检验批次施工单位自检
↓合格
报监理验收 ──不合格──→（返回） ──形成──→ 检验批验收记录
↓合格
继续下道工序施工

6）分项工程质量验收程序及资料管理流程

分项工程质量验收程序及资料管理流程如图 5-6 所示。

整改 → 分项工程所含检验批施工完成

不合格 → 施工单位自检

合格 ↓

不合格 → 报监理单位进行验收 — 形成 --→ 分项工程验收资料

合格 ↓

继续下道工序施工

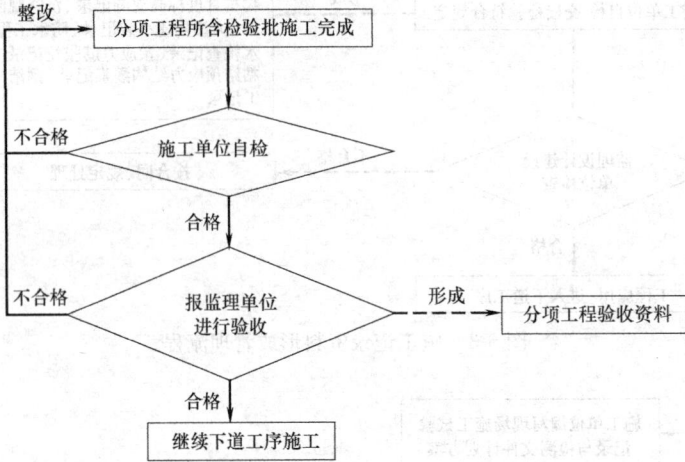

图 5-6　分项工程质量验收程序及资料管理流程

7）分部工程质量验收程序及资料管理流程

分部工程质量验收程序及资料管理流程如图 5-7 所示。

整改 → 分部工程所含检验批施工完成

不合格 → 施工单位自检 — 形成 --→ 分部工程技术管理资料
物资资料
分部工程施工质量控制资料
分部工程质量验收资料

合格 ↓

不合格 → 报监理单位组织验收基础、主体分部勘察、设计单位应参加 — 形成 --→ 质量控制资料核查记录
安全和功能检验资料核查及主要功能抽查记录
分部观感质量检查记录
分部工程质量验收记录

↓

施工单位继续下道工序施工

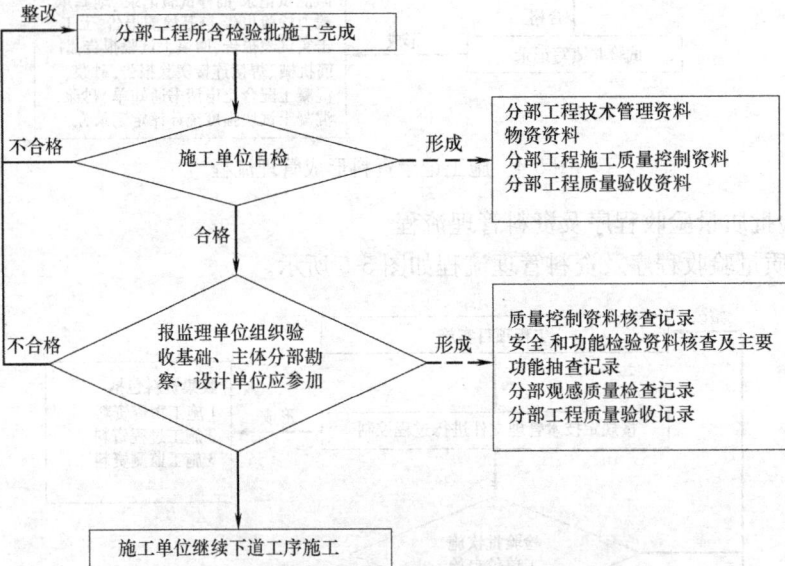

图 5-7　分部工程质量验收程序及资料管理流程

8）单位工程竣工验收程序及资料管理流程

单位工程竣工验收程序及资料管理流程如图 5-8 所示。

（2）分析项目施工过程、确定资料收集范围

编制施工资料管理计划是依据《建设工程文件归档规范》（GB/T 50328—2014）、《建筑工程施工质量验收统一标准》（GB/T 50300—2013）等基础文件，以分部工程为基本组卷单位，结合设计文件和施工组织设计文件、《建筑工程质量验收统一标准》有关建筑工

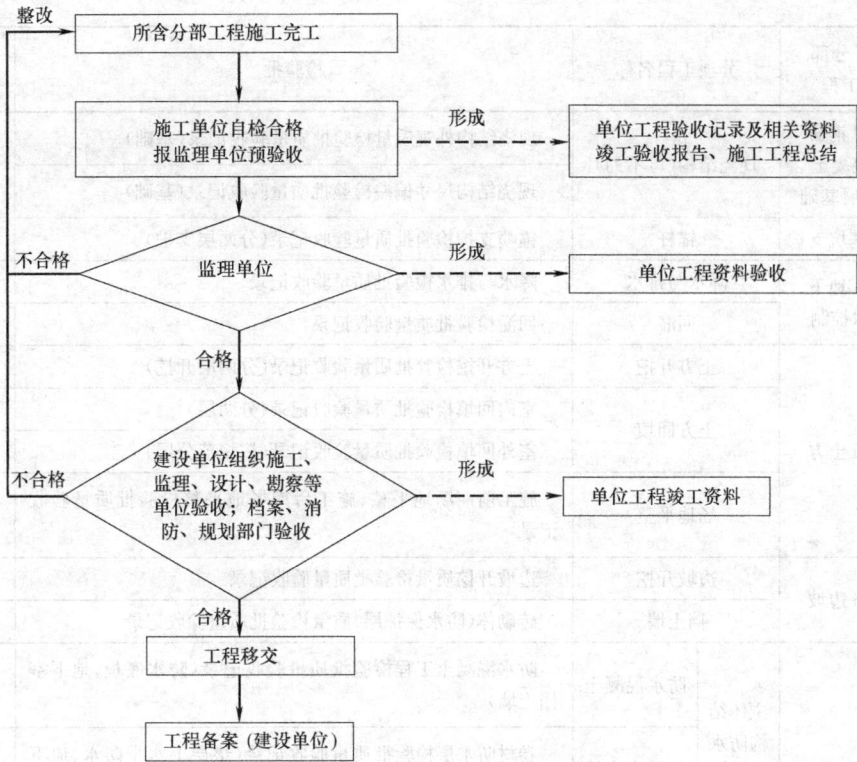

图 5-8　单位工程竣工验收程序及资料管理流程

程的分部、分项工程划分标准（表 7-2），分析项目的施工过程，再按照工程项目建造规律和基本的工艺流程，确定资料收集的范围；并列出划分表。例如，某工程地基与基础分部工程施工过程分析结果，见表 5-1。

地基与基础分部、分项、检验批划分表

表 5-1

分部工程	子分部工程	分项工程名称	检验批	检验批数量
01地基与基础	01 地基	土和灰土挤密桩复合地基	土和灰土挤密桩(CFG 桩)复合地基检验批质量验收记录	1
	02 钢筋混凝土扩展基础	模板	基础模板安装、拆除检验批质量验收记录(防水板、独立基础、墙下条基)	2
		钢筋	钢筋原材(防水板、独立基础、地梁)	按批次
			钢筋加工(防水板、独立基础、地梁)按楼层	1
			钢筋连接、安装(防水板、独立基础、地梁)按楼层	1
		混凝土	混凝土原材	按批次
			防水板 C30 S6、独立基础 C30 S6、墙下条基 C30 S6、混凝土原材及配合比设计检验批质量验收记录(配合比设计按强度等级和耐久性及工作性能划分)	1
			垫层;防水层保护层混凝土;独立基础、防水板、施工检验批质量验收记录	2

分部工程	子分部工程	分项工程名称		检验批	检验批数量
01 地基与基础	02 钢筋混凝土扩展基础	现浇结构（可不列）		现浇结构外观质量检验批质量验收记录（基础）	2
				现浇结构尺寸偏差检验批质量验收记录（基础）	2
	03 基坑支护	锚杆		锚喷支护检验批质量验收记录（分两层支护）	2
	04 地下水控制	降水与排水		降水与排水检验批质量验收记录	1
		回灌		回灌检验批质量验收记录	1
	05 土方	土方开挖		土方开挖检验批质量验收记录（分两层开挖）	2
		土方回填		室内回填检验批质量验收记录（分两层）	2
				室外回填检验批质量验收记录（按规范分层）	15
		场地平整		施工前期场地平整、施工后期场地平整检验批质量验收记录	2
	06 边坡	边坡开挖		边坡开挖质量检验批质量验收记录	1
		挡土墙		砖砌体（防水保护层）质量检验批质量验收记录	1
	07 地下防水	主体结构防水	防水混凝土	防水混凝土工程检验批质量验收记录（防水底板，地下室挡土墙）	2
			卷材防水层	卷材防水层检验批质量验收记录（垫层上水平防水、地下室挡土墙立面防水）	2
		细部构造防水	变形缝	变形缝检验批质量验收记录	1
			施工缝	施工缝检验批质量验收记录	1
			穿墙管	穿墙管检验批质量验收记录	1
			坑、池	坑、池检验批质量验收记录	1

（3）按资料的范围、施工过程、资料来源和时间要求编制资料计划汇总资料目录

1）在各分部工程的施工过程确定后既可按照《建筑工程施工资料计划编制导则》规定的资料范围内，依照每项资料的类别、名称、分目、细目对照施工过程，分析确定肯定发生的资料类别、可能发生的资料类别和肯定不发生的资料类别。

2）将分析筛选出的肯定发生的文件资料和可能发生的文件资料视具体情况列出资料的名称、分目或细目，舍去肯定不发生的资料。当每个分部按照计划编制导则的分类组合，形成新的有类别、名称、分目和细目的汇总计划表。

3）在表中还可以明确文件档案资料的来源单位、保存追溯单位、填写编制单位、审核、审批、签字等责任人便于资料的形成、交底和收集管理。

施工文件档案资料完成的时间应与分部分项施工完成的时间上基本同步，因此，施工文件档案资料管理计划应以分部工程为基本单位，按时间和质量要求完成资料收集分类、整理、组卷形成归档文件。施工文件档案资料管理计划文件，见表5-2（节选）。将施工文件档案资料移交归档时，按照工程文件立卷的要求参照文件计划的内容和顺序进行排列、编目、装订；排列所有案卷，形成案卷目录，见表5-3（节选）。

工程资料类别	工程资料名称	资料分目录	细目	保存单位					工程资料单位来源	填写或编制	审核审批签字
				建设单位	设计单位	施工单位	监理单位	城建档案馆			
	工程概况表			▲		▲	▲	△	施工单位	项目负责人	项目经理
	施工现场质量管理检查记录					△	△		施工单位	项目负责人	总监
	企业资质证书及相关专业人员岗位证书			△		△	△	△	施工单位	项目负责人	专业监理/总监
	分包单位资质报审表	按分包单位列分目录		▲		▲	▲		施工单位	项目经理	专业监理/总监
	建设工程质量事故勘查记录	按事故发生次数列分目录		▲		▲	▲	▲	调查单位	调查人	被调查人
	建设工程质量事故报告书	按事故发生次数列分目录		▲		▲	▲	▲	调查单位	报告人	调查负责人
施工管理资料 C1	施工检测计划	HPB300 钢筋原材送检	××批次	△		△	△		施工单位	项目负责人	专业监理
		HRB400 钢筋原材送检	××批次								
		普通 325♯ 水泥送检	××批次								
		矿渣 325 水泥送检	××批次								
		砂送检	××批次								
		石子送检	××批次								
		C30 混凝土试块送检	××批次								
		C40 混凝土试块送检	××批次								
		C30 混凝土配合比送检	××批次								
		...									

工程资料类别	工程资料名称	资料分目录	细目	保存单位					工程资料单位来源	填写或编制	审核审批签字
				建设单位	设计单位	施工单位	监理单位	城建档案馆			
施工管理资料 C1	见证试验检测汇总表	钢筋原材		▲		▲	▲	▲	施工单位	试验员	制表人/技术负责人
		水泥									
		砂									
		…									
	施工日志	按专业归类				▲			施工单位	记录人	专业工长项目负责人

地基基础分部工程资料收集总目录 　　　　表 5-3

地基基础分部工程资料总目录

工程名称						
序号	工程资料类别	工程资料名称	编制单位	编制日期	页次	备注
	施工管理资料 C1	工程概况表（表 C.1.1）	施工单位	××××年××月××日		
		施工现场质量管理检查记录＊（表 C.1.2）	施工单位	××××年××月××日		
		企业资质证书及相关专业人员岗位证书	施工单位	××××年××月××日		
		分包单位资质报审表＊（表 C.1.3）	施工单位	××××年××月××日		有分目录
		建设工程质量事故调查、勘查记录（表 C.1.4）	调查单位	××××年××月××日		有分目录
		建设工程质量事故报告书	调查单位	××××年××月××日		有分目录
		施工检测计划	施工单位	××××年××月××日		有分目录
		见证记录＊	监理单位	××××年××月××日		有分目录
		见证试验检测汇总表（表 C.1.5）	施工单位	××××年××月××日		有分目录

5. 岗位人员职责和工作程序

根据资料传递途径、反馈的范围和涉及的相关人员建立工作职责和管理程序。

（1）资料员的工作职责

1）参与制定施工资料管理计划，建立施工资料管理规章制度；

2）建立完整的资料控制管理台账，进行施工资料交底；

3）负责施工资料的及时收集、审查、整理；

4）负责施工资料的来往传递、追溯及借阅管理，负责提供管理数据、信息资料；

5）负责工程完工后资料的立卷、归档、验收、移交、封存和安全保密工作；

6）参与建立施工资料管理系统，负责管理系统的运用、服务和管理。

（2）资料管理工作控制程序（PDCA）

提出资料管理计划（P即计划、台账、交底）→资料管理实施（D即收集、审查、整理）→检查（C即检索、处理、存储、传递、追溯、应用）→处理（A即立卷、验收、移交、备案和归档）。

（3）施工单位相关人员职责

项目经理主要职责为主持编制项目管理实施规划，归集工程资料，准备结算资料，参与工程竣工验收。

项目技术负责人负责组织对施工组织设计和施工技术措施的编制。指导、检查各项施工资料的正确填写和收集管理。

根据《建筑与市政工程施工现场专业人员职业标准》（JGJ/T 250—2011），其他相关人员的职责为：

1）施工员负责编写施工日志、施工记录等相关施工资料；

2）质量员负责质量检查记录、编制质量资料；

3）安全员负责安全生产的记录、安全资料的编制；

4）材料员负责材料、设备资料的编制。负责汇总、整理移交设备资料；

5）标准员负责工程建设标准实施的信息管理；

6）机械员负责编制施工机械设备安全、技术管理资料；

7）劳务员负责编织劳务队伍和劳务人员管理资料。

6. 岗位人员工作要求

（1）工程项目图纸档案的收集、管理

1）工程项目的所有图纸的接收、清点、登记、发放、归档、管理工作，在收到工程图纸并进行登记以后，按规定向有关单位和人员签发，由收件方签字确认。负责收存全部工程项目图纸，且每一项目应收存不少于两套正式图纸，其中至少一套图纸有设计单位图纸专用章。竣工图采用散装方式折叠，按资料目录的顺序，对建筑平面图、立面图、剖面图、建筑详图、结构施工图、设备施工图等建筑工程图纸进行分类管理。

2）收集整理施工过程中的工程资料并归档。负责对每日收到的管理文件、技术文件进行分类、登录、归档；负责项目文件资料的登记、受控、分办、催办、签收、用印、传递、立卷、归档和销毁等工作；负责做好各类资料积累、整理、处理、保管和归档立卷等工作，注意保密的原则。来往文件资料收发应及时登记台账，视文件资料的内容和性质准确及时递交项目经理批阅，并及时送有关部门办理。确保设计变更、洽商的完整性，要求各方严格执行接收手续，所接收到的设计变更、洽商，须经各方签字确认，并加盖公章。设计变更（包括图纸会审纪要）原件存档。所收存的技术资料须为原件，无法取得原件的，应有详细的文字说明和经手人签名详细背书，并加盖公章。作好信息收集、汇编工作，确保管理目标的全面实现。

（2）参加分部分项工程的验收工作

1）负责备案资料的填写、会签、整理、报送、归档；负责工程备案管理，实现对竣工验收相关指标（包括质量资料审查记录、单位工程综合验收记录）做备案处理。对桩基工程、基础工程、主体工程、结构工程备案资料核查。严格遵守资料整编要求，符合分类方案、编码规则，资料份数应满足资料存档的需要。

2）监督检查施工单位施工资料的编制、管理，做到完整、及时，与工程进度同步：对施工单位形成的管理资料、技术资料、物资资料及验收资料，按施工顺序进行全程督查，保证施工资料的真实性、完整性、有效性。

3）按时向公司档案室移交：在工程竣工后，负责将文件资料、工程资料立卷移交公司。文件材料移交与归档时，应有"归档文件材料交接表"，交接双方必须根据移交目录清点核对，履行签字手续。移交目录一式二份，双方各持一份。

4）指导工程技术人员对施工技术资料（包括设备进场开箱资料）的保管；指导工程技术人员对工作活动中形成的，经过办理完毕的，具有保存价值的文件材料进行鉴定验收；对已竣工验收的工程项目的工程资料分级保管交资料室。

（3）负责计划、统计的管理工作

1）参与资料管理计划的编制工作，依据资料管理计划按分部工程的资料分类要求完成资料的交底和收集整理工作。

2）负责对施工部位、产值完成情况的汇总、申报，按月编制施工统计报表：在平时统计资料基础上，编制整个项目当月进度统计报表和其他信息统计资料。编报的统计报表要按现场实际完成情况严格审查核对，不得多报、早报、重报、漏报。

3）负责与项目有关的各类合同的档案管理：负责对签订完成的合同进行收编归档，并开列编制目录。做好借阅登记，不得擅自抽取、复制、涂改，不得遗失，不得在案卷上随意划线、抽拆。

4）负责向销售策划提供工程主要形象进度信息：向各专业工程师了解工程进度、随时关注工程进展情况，为销售策划提供确实、可靠的工程信息。

（4）负责工程项目的内业管理工作

1）协助项目经理做好对外协调、接待工作：协助项目经理对内协调公司、部门间，对外协调施工单位间的工作。做好与有关部门及外来人员的联络接待工作，树立企业形象。

2）负责工程项目的内业管理工作：汇总各种内业资料，及时准确统计，登记台账，报表按要求上报。通过实时跟踪、反馈监督、信息查询、经验积累等多种方式，保证汇总的内业资料反映施工过程中的各种状态和责任，能够真实地再现施工时的情况，从而找到施工过程中的问题所在。对产生的资料进行及时地收集和整理，确保工程项目的顺利进行。有效地利用内业资料记录、参考、积累，为企业发挥它们的潜在作用。

负责工程项目的后勤保障工作：负责做好文件收发、归档工作。负责部门成员考勤管理和日常行政管理等经费报销工作。负责对竣工工程档案整理、归档、保管、便于有关部门查阅调用。负责公司文字及有关表格等打印。保管工程印章，对工程盖章登记，并留存备案。

5.3 建筑工程施工资料计划、交底编制导则

见表5-4。

表 5-4

建筑工程施工资料计划、交底编制导则

工程资料类别		工程资料名称（子目录）	资料分目录	细目	工程资料单位来源	填写或编制	审核、审批、签字
施工管理资料 C1	1	工程概况表			施工单位	项目负责人	项目经理
	2	施工现场质量管理检查记录			施工单位	项目负责人	总监
	3	企业资质证书及相关专业人员岗位证书			施工单位	项目负责人	专业监理/总监
	4	分包单位资质报审表	按分包单位列分目录		施工单位	项目负责人	专业监理/总监
	5	建设工程质量事故勘查记录	按事故发生事项列分目录		调查单位	调查人	被调查人
	6	建设工程质量事故报告书	按事故发生事项列分目录		调查单位	报告人	调查负责人
	7	施工检测计划	按检测项目列分目录	按检测项目的批次列细目	施工单位	项目负责人	专业监理
	8	见证试验检测汇总表	按检测项目列分目录	按检测项目的批次列细目	施工单位	试验员	（制表人）技术负责人
	9	施工日志	按专业归类（不单列分目录和细目）		施工单位	记录人	专业工长项目负责人
施工技术资料 C2	1	工程技术文件报审表	施工组织设计文件报审表	按首次和修改次列细目	施工单位	项目经理/责任人	专业监理/总监
			施工方案文件报审表	按专业列细目			
			重点部位、关键施工工序施工工艺文件报审表	按部位、工序列细目			
			专项技术方案文件报审表	按专业列细目			
	2	施工组织设计及施工方案	施工组织设计文件	按首次和修改次列细目	施工单位	项目经理/项目责任人	施工单位技术负责人、专业监理/总监
			专项施工方案文件	按专业列细目			
	3	危险性较大分部分项工程施工方案专家论证表	基坑支护、降水工程		施工单位	项目经理/项目责任人	组长、专家
			土方开挖工程				
			模板工程及支撑体系				

工程资料类别		工程资料名称（子目录）	资料分目录	细目	工程资料单位来源	填写或编制	审核、审批、签字
施工技术资料 C2	3	危险性较大分部分项工程施工方案专家论证表	起重吊装及安装拆卸工程		施工单位	项目经理/项目责任人	组长、专家
			脚手架工程				
			拆除爆破工程				
			幕墙安装工程				
			钢结构、网架、索膜结构安装工程				
			人工挖扩孔桩工程				
			地下暗挖、顶管及水下作业工程				
			预应力工程				
			其他四新及尚无技术标准工程				
	4	技术交底记录	按分项设细目录		施工单位	交底人	审核人、接受交底人
	5	图纸会审记录	按专业归类（不单列分目和细目）		施工单位	技术、专业负责人	各方技术、专业负责人
	6	设计变更通知单	按专业列分目		设计单位	技术、专业负责人	各方技术、专业负责人
	7	工程洽商记录（技术核定单）	按专业列分目		提出单位	技术、专业负责人	各方技术、专业负责人
进度造价资料 C3	1	工程开工报审表			施工单位	项目经理	总监
	2	工程复工报审表			施工单位	项目经理/项目责任人	专业监理/总监
	3	施工进度计划报审表	施工总进度计划报审表	按分部工程名称列细目	施工单位	项目经理	专业监理/总监
			单位工程进度计划报审表				
			分部工程进度计划报审表				

工程资料类别	序号	工程资料名称（子目录）	资料分目录	细目	工程资料来源单位	填写或编制	审核、审批、签字
进度造价资料 C3	4	施工进度计划	施工总进度计划 / 单位工程进度计划 / 分部工程进度计划	按分部工程名称列细目	施工单位	项目负责人	项目经理/项目责任人
	5	人、机、料动态表	按月列分目录		施工单位	机械员、材料员、劳务员	项目经理
	6	工程延期申请表	按延期事项设分目录		施工单位	项目经理/责任人	总监
	7	工程款支付申请表	按合同约定设分目录		施工单位	项目经理	总监
	8	工程变更费用报审表	按事项设分目录		施工单位	项目经理/责任人	监理工程师/总监
	9	费用索赔申请表	按事项设分目录		施工单位		总监
施工物资出厂质量证明及进场检测文件 C4类	1	砂、石、砖、水泥、钢筋、轻集料、隔热保温、防腐材料出厂质量证明文件	按砂材料品种设分目录 / 按石材料品种设分目录 / 按砖材料品种设分目录 / 按水泥材料品种设分目录 / 按钢筋材料品种设分目录 / 按隔热保温材料品种设分目录 / 按防腐材料材料品种设分目录 / 按轻集料材料品种设分目录	出厂质量证明文件及检测报告 / 按砂材料进场批次设细目录 / 按石材料进场批次设细目录 / 按砖材料进场批次设细目录 / 按水泥材料进场批次设细目录 / 按钢筋材料进场批次设细目录 / 按隔热保温材料进场批次设细目录 / 按防腐材料材料进场批次设细目录 / 按轻集料材料进场批次设细目录	供货单位	材料员	专业质量员

工程资料类别	工程资料名称（子目录）	资料分目录	细目	工程资料单位来源	填写或编制	审核、审批、签字
施工物资出厂质量证明及进场检测文件 C4类	2 其他物资出厂合格证、质量保证书、检测报告和报关单或商检证等	按其他物资类别设分目录	按各类物资进场批次设细目录	供货单位	材料员	专业质量员
	3 材料、设备的相关检验报告、型式检验报告、3C强制认证合格证书或3C标志	按材料、设备类别设分目录	按各类材料、设备进场批次设细目录	供货单位	材料员	
	4 主要设备、器具的安装使用说明书	按设备、器具类别设分目录	按类别进场批次设细目录	供货单位	材料员	
	5 进口的主要材料设备的商检证明文件	按进口材料类别设分目录	按类别进场批次设细目录	供货单位	材料员	
	6 涉及消防、安全、卫生、环保、节能的材料、设备的检测报告或法定机构出具的检测证明文件	按消防材料、设备类别设分目录	按类别进场批次设细目录			
		按安全材料、设备类别设分目录	按类别进场批次设细目录			
		按卫生材料、设备类别设分目录	按类别进场批次设细目录	供货单位	材料员	
		按环保材料、设备类别设分目录	按类别进场批次设细目录			
		按节能材料、设备类别设分目录	按类别进场批次设细目录			
		进场检验通用表格				
	1 材料、构配件进场检验记录	按材料、构配件类别设分目录	按类别进场批次设细目录	施工单位	专业工长	专业工程师
	2 设备开箱检验记录	按设备类别设分目录	按类别进场批次设细目录	施工单位	专业工长	
	3 设备及管道附件试验记录	按设备及管道附件类别设分目录	按类别进场批次设细目录	施工单位	专业工长	

工程资料类别		工程资料名称（子目录）	资料分目录	细 目	工程资料来源单位	填写或编制	审核、审批、签字
				进场复试报告			
	1	钢材试验报告	按钢材品种设分目录	按进场批次设细目录	检测单位		
	2	水泥试验报告	按水泥品种设分目录	按进场批次设细目录	检测单位		
	3	砂试验报告	按砂品种设分目录	按进场批次设细目录	检测单位		
	4	碎（卵）石试验报告	按碎（卵）石品种设分目录	按进场批次设细目录	检测单位		
	5	外加剂试验报告	按外加剂品种设分目录	按进场批次设细目录	检测单位	专业试验员	
	6	防水涂料试验报告	按防水涂料品种设分目录	按进场批次设细目录	检测单位		
	7	防水卷材试验报告	按防水卷材品种设分目录	按进场批次设细目录	检测单位		
	8	砖（砌块）试验报告	按砖品种设分目录	按进场批次设细目录	检测单位		
	9	预应力筋复试报告	按预应力筋品种设分目录	按进场批次设细目录	检测单位		专业试验师
	10	预应力锚具、夹具和连接器复试报告	按预应力锚具、夹具和连接器品种设分目录	按进场的批次设细目录	检测单位		
	11	装饰装修用门窗复试报告	按门窗厂家品种类别规格设分目录	按进场的批次设细目录	检测单位		
	12	装饰装修用人造木板复试报告	按人造木板厂家品种类别设分目录	按进场的批次设细目录	检测单位		
	13	装饰装修用花岗石复试报告	按花岗石厂家品种类别设分目录	按进场的批次设细目录	检测单位	专业试验员	
	14	装饰装修用安全玻璃复试报告	按安全玻璃厂家品种类别设分目录	按进场的批次设细目录	检测单位		
	15	装饰装修用外墙面砖复试报告	按外墙面砖厂家品种类别设分目录	按进场的批次设细目录	检测单位		
	16	钢结构用用钢材复试报告	按钢结构用钢材厂家炉罐品种类别设分目录	按进场的批次设细目录	检测单位		

工程资料类别		工程资料名称（子目录）	资料分目录	细目	工程资料来源单位	填写或编制	审核、审批、签字
	17	钢结构用防火涂料复试报告	按防火涂料厂家品种类别设分目录	按进场的批次设细目录	检测单位	专业试验员	专业试验师
	18	钢结构用焊接材料复试报告	按焊接材料厂家品种类别设分目录	按进场的批次设细目录	检测单位		
	19	钢结构用高强度大六角头螺栓连接副复试报告	按高强度大六角头螺栓连接副厂家品种类别设分目录	按进场的批次设细目录	检测单位		
	20	钢结构用扭剪型高强螺栓连接副复试报告	按扭剪型高强螺栓连接副厂家品种类别设分目录	按进场的批次设细目录	检测单位		
	21	幕墙用铝塑板、石材、玻璃、结构胶复试报告	按铝塑板、石材、玻璃、结构胶厂家品种类别设分目录	按进场的批次设细目录	检测单位		
	22	散热器、采暖系统保温材料、风机盘管机组、低压配电系统电缆的见证取样复试报告	按散热器厂家品种类别设分目录 按采暖系统保温材料品种类别设分目录 按绝缘材料厂家品种类别设分目录 按风机盘管类别设分目录 按低压配电系统电缆厂家品种类别设分目录	按进场的批次设细目录 按进场的批次设细目录 按进场的批次设细目录 按进场的批次设细目录 按进场的批次设细目录	检测单位		
	23	节能工程材料复试报告	按节能工程材料厂家品种类别设分目录	按进场的批次设细目录	检测单位	专业试验员	
	24	其他物资进场复试报告					
施工记录文件 C5类	1	隐蔽工程验收记录	按隐蔽工程分项列分目录	按隐蔽工程检验批次设细目录	施工单位	专业技术负责人/专业质量员/专业工长	专业监理工程师
	2	施工检查记录	按施工检查分项列分目录	按项目检查批次设细目录	施工单位	专业质量员	专业技术负责人/专业工长

工程资料类别	序号	工程资料名称（子目录）	资料分目录	细目	工程资料单位来源	填写或编制	审核、审批、签字
	3	交接检查记录	按交接分部分项列分目录	按交接的工序设细目录	施工单位	移交单位	接收单位/见证单位
	4	工程定位测量记录			施工单位	施测人	
	5	基槽验线记录			施工单位	验线人	
	6	楼层平面放线记录	按楼层列分目录		施工单位	施测人/专业	
	7	楼层标高抄测记录	按楼层列分目录		施工单位	技术负责人/	专业工程师
	8	建筑物垂直度、标高观测记录	按楼层列分目录		施工单位	专业质量员	
	9	沉降观测记录	按规定或约定列分目录		建设单位委托测量单位提供供施工单位	观测人	
	10	基坑支护水平位移监测记录	按规定或约定列分目录		施工单位	施测人	测量单位负责人/施工技术负责人/监理工程师
	11	桩基、支护测量放线记录			施工单位	施测人	施工技术负责人/监理工程师
	12	地基验槽记录	按施工段列分目录		施工单位	专业质量员	施工、设计、勘察、监理、建设单位项目负责人、总监
施工记录文件 C5类	13	地基钎探记录	按施工段列分目录		施工单位勘察单位	记录人	专业工长/技术负责人? 勘察单位负责人
	14	混凝土浇灌申请书	按强度等级设分目录	按浇筑部位、批次设细目录	施工单位	专业工长、质量员	专业技术负责人
	15	预拌混凝土运输单	按强度等级设分目录	按浇筑部位、批次设细目录	施工单位混凝土供应商	供应单位质量员/供应单位签发人	现场验收人
	16	混凝土开盘鉴定	按混凝土强度等级列分目录		施工单位	混凝土试配单位负责人	施工技术负责人/监理工程师
	17	混凝土拆模申请单	按楼层、部位设分目录	按检验批设细目录	施工单位	专业工长	
	18	混凝土预拌测温记录	按楼层、部位设分目录	按检验批设细目录	施工单位	记录人	专业工长/质量员
	19	混凝土养护测温记录	按楼层、部位设分目录	按检验批设细目录	施工单位	测温员	
	20	大体积混凝土养护测温记录	按楼层、部位设分目录	按检验批设细目录	施工单位	测温员	
	21	大型构件吊装记录	按楼层、部位设分目录	按检验批设细目录	施工单位	专业质量员	

工程资料类别	序号	工程资料名称（子目录）	资料分目录	细目	工程资料来源单位	填写或编制	审核、审批、签字
施工记录文件 C5类	22	焊接材料烘焙记录	按楼层、部位设分目录	按检验批设细目录	施工单位	专业质量员	
	23	地下工程防水效果检查记录	按楼层、部位设分目录	按检验批设细目录	施工单位	专业工长/专业技术负责人/专业质检员	专业工程师
	24	防水工程试水检查记录	按楼层、部位设分目录	按检验批设细目录	施工单位	专业工长/专业技术负责人/专业质检员	专业工程师
	25	通风（烟）道、垃圾道检查记录	按类分目		施工单位		专业工长、技术负责人
	26	预应力筋张拉记录	按楼层、部位设分目录	按检验批设细目录	施工单位		
	27	有粘结预应力结构灌浆记录	按楼层、部位设分目录	按检验批设细目录	施工单位		专业技术负责人
	28	钢结构施工记录	按楼层、部位设分目录	按检验批设细目录	施工单位		
	29	网架（索膜）施工记录	按楼层、部位设分目录	按检验批设细目录	施工单位		
	30	木结构施工记录	按楼层、部位设分目录	按检验批设细目录	施工单位		
	31	幕墙注胶检查记录	按楼层、部位设分目录	按检验批设细目录	施工单位	专业质量员	
	32	自动扶梯、自动人行道的相邻区域检查记录	按部设分目录	按检验批设细目录	施工单位		
	33	电梯电气装置安装检查记录	按部设分目录	按检验批设细目录	施工单位		
	34	自动扶梯、自动人行道电气装置检查记录	按楼层、部位设分目录	按检验批设细目录	施工单位		
	35	自动扶梯、自动人行道整机安装质量检查记录	按楼层、部位设分目录	按检验批设细目录	施工单位		专业技术负责人/专业监理工程师
	36	其他施工记录					

工程资料 类别		工程资料名称（子目录）	资料分目录	细 目	工程资料 单位来源	填写或编制	审核、审批、签字
				通用表格			
	1	设备单机试运转记录	按设备厂家类别规格分目录	按批次设细设分目录	施工单位	专业质量员	专业工长/ 专业技术负责人/ 专业工程师
	2	系统试运转调试记录		按系统类别层级设分目录	施工单位	专业质量员	
	3	接地电阻测试记录		按接地类别（中性点、重复、防雷）设分目录	施工单位	专业质量员/ 专业测试员	
	4	绝缘电阻测试记录		按子分部分项设分目录	施工单位	专业质量员/测试人	
				专用表格			
				建筑与结构工程			
施工 试验 记录 及检 测文 件 C6 类	1	锚杆试验报告	按检验批次设分目录		检测单位		
	2	地基承载力检验报告	按检验批列分目录		检测单位		
	3	桩基检测报告	按检验批设分目录		检测单位		
	4	土工击实试验报告	按检验批列分目录		检测单位		专业检测负责人
	5	回填土试验报告（应附图）	按检验批列分目录		检测单位	专业检测员	
	6	钢筋机械连接试验报告	按品种和规格种类列分目录		检测单位		
	7	钢筋焊接连接试验报告	按品种和规格种类列分目录		检测单位		
	8	砂浆配合比申请单、通知单	按砂浆强度设分目录		施工单位		专业技术负责人
	9	砂浆抗压强度试验报告	按砂浆强度设分目录		检测单位		专业检测负责人
	10	砌筑砂浆试块强度统计、评定记录	按砂浆强度设分目录		施工单位	现场试验员统计	专业工长/技术负责人
	11	混凝土配合比申请单、通知单	按砼强度设分目录		施工单位	专业试验员	专业技术负责人
	12	混凝土抗压强度试验报告	按砼强度设分目录		检测单位	专业检测员	专业检测负责人
	13	混凝土试块强度统计、评定记录	按砼强度设分目录		施工单位	现场试验员统计	专业工长/技术负责人

工程资料类别		工程资料名称(子目录)	资料分目录	细　目	工程资料来源单位	填写或编制	审核、审批、签字
施工试验记录及检测文件 C6类	14	混凝土抗渗试验报告	按砼抗渗等级、砼强度设分目录	按批次设细目录	检测单位	专业检测员	专业检测负责人
	15	砂、石、水泥放射性指标报告	按类别设分目录		施工单位 检测单位		专业检测负责人
	16	混凝土碱总量计算书	按强度等级设分目录		施工单位		专业技术负责人
	17	外墙饰面砖样板粘结强度试验报告	按厂家品种规格列分目录		检测单位		
	18	后置埋件抗拔试验报告	按检验批列分目录		检测单位		
	19	超声波探伤报告、探伤记录	按检验批列分目录		检测单位		
	20	钢构件射线探伤报告	按检验批列分目录		检测单位		
	21	磁粉探伤报告	按检验批列分目录		检测单位		
	22	高强度螺栓抗滑移系数检测报告	按检验批列分目录		检测单位		
	23	钢结构焊接工艺评定	按检验批列分目录		检测单位		
	24	网架节点承载力试验报告	按检验批列分目录		检测单位	专业检测员	专业检测负责人
	25	钢结构防腐、防火涂料厚度检测报告	按检验批列分目录		检测单位		
	26	木结构胶缝试验报告	按检验批列分目录		检测单位		
	27	木结构件力学性能试验报	按检验批列分目录		检测单位		
	28	木结构防护剂试验报告	按检验批列分目录		检测单位		
	29	幕墙双组分硅酮结构密封胶;混匀性及拉断试验报告	按检验批列分目录		检测单位		
	30	幕墙的抗风压性能、空气渗透性能、雨水渗透性能及平面内变形性能检测报告	按厂家品种规格类别验验批列目录		检测单位		

工程资料类别	序号	工程资料名称（子目录）	资料分目录	细目	工程资料单位来源	填写或编制	审核、审批、签字
	31	外门窗的抗风压性能、空气渗透性能和雨水渗透性能检测报告	按厂家品种规格检验批设分目录		检测单位	专业检测员	专业检测负责人
	32	墙体节能工程保温板材与基层粘结强度现场拉拔试验	按厂家品种规格检验批设分目录		检测单位		
	33	外墙保温浆料同条件养护试件试验报告	按检验批列分目录		检测单位		项目技术负责人/专业监理工程师
	34	结构实体混凝土强度检验记录	按检验批列分目录		施工单位	质量员	
	35	结构实体钢筋保护层厚度检验记录	按检验批列分目录		施工单位	质量员	
	36	围护结构现场实体检验	按检验批列分目录		检测单位		专业检测负责人
施工试验记录及检测文件 C6 类	37	室内环境检测报告	按检验批列分目录		检测单位	专业检测员	
	38	节能性能检测报告	按检验批列分目录		检测单位		
	39	其他建筑与结构施工试验记录与检测文件					
		给排水及采暖工程					
	1	灌（满）水试验记录	按非承压系统工程设分目录	按系统列细目	施工单位		专业工长/专业技术负责人/专业监理工程师
	2	强度严密性试验记录	按承压系统工程设分目录	按系统列细目	施工单位		
	3	通水试验记录	按系统工程设分目录	按分项列细目	施工单位		
	4	冲（吹）洗试验记录	按系统分项工程设分目录	按分项列细目	施工单位		
	5	通球试验记录	按系统工程设分目录	按分项列细目	施工单位	专业质量员	
	6	补偿器安装记录	按系统工程设分目录	按分项列细目	施工单位		
	7	消火栓试射记录	按系统工程设分目录	按分项列细目	施工单位		
	8	安全附件安装检查记录	按热源及辅助设备列分目录	按检验批列细目	施工单位		
	9	锅炉烘炉试验记录	按热源及辅助设备列分目录	按检验批列细目	施工单位		
	10	锅炉煮炉试验记录	按热源及辅助设备列分目录	按检验批列细目	施工单位		

工程资料类别	序号	工程资料名称（子目录）	资料分目录	细目	工程资料来源单位	填写或编制	审核、审批、签字
	11	锅炉试运行记录	按热源及辅助设备列目录	按检验批列细目	施工单位	专业技术负责人	建设、监理管理施工单位项目负责人
	12	安全阀定压合格证书	按热源及辅助设备列目录	按检验批列细目	检测单位	专业检测员	专业检测单位负责人
	13	自动喷水灭火系统联动试验记录	按给水系统列分目录	按检验批列细目	施工单位	专业技术负责人	建设、监理、施工单位项目负责人
	14	其他给水排水及供暖施工试验记录与检测文件	按子分部分项列分目录	按检验批列细目	施工单位	专业技术负责人	建设、监理、施工单位项目负责人
施工试验记录及检测文件 C6 类	建筑电气工程						
	1	电气接地装置平面示意图表	按接地类别（中性点、重复、防雷）设置分目录	按图次设细目	施工单位	专业质量员	
	2	电气器具通电安全检查记录	按子分部各系统设分目录	按批次列细目	施工单位	专业质量员/专业测试人	
	3	电气设备空载试运行记录	按子分部设备类型设分目录	按批次列细目	施工单位	专业质量员	
	4	建筑物照明通电试运行记录	按室外电气、电气照明子分部列分目录	按每 2 小时列细目	施工单位		专业工长/专业技术负责人/专业工程师
	5	大型照明灯具承载试验记录	按电气照明子分部列分目录	按批次列细目	施工单位		
	6	漏电开关模拟试验记录	按室外电气、变配电室、电气动力、电气照明备用和不同断电源子分部列分目录	按分项检验批列细目	施工单位	专业质量员	
	7	大容量电气线路结点温度测试记录	按子分部列分目录	按分项列细目	施工单位		
	8	低压配电电源质量测试记录	按电源电压列分目录	按批次列细目	施工单位		
	9	建筑物照明系统照度测试记录	按电气照明子分部列分目录	按批次列细目	施工单位		

工程资料类别	工程资料名称(子目录)	资料分目录	细目	工程资料来源单位	填写或编制	审核、审批、签字
	10 其他建筑电气施工试验记录与检测文件	按子分部各系统设分目录	按批次列细目			
	智能建筑工程					
	1 综合布线测试记录	按系统设分目录	按批次列细目	施工单位		专业工长/专业技术负责人/专业工程师
	2 光纤损耗测试记录	按系统设分目录	按用途批次列细目	施工单位		
	3 视频系统末端测试记录	按系统设分目录	按用途批次列细目	施工单位	专业质量员	
	4 子系统检测记录	按子系统工程设分目录	按用途批次列细目	施工单位		检测负责人
	5 系统试运行记录	按系统设分目录	按用途批次列细目	施工单位		专业工长/专业技术负责人/专业工程师
施工试验记录及检测文件 C6类	6 其他智能建筑施工试验记录与检测文件	按系统设分目录	按用途批次列细目	施工单位		
	通风与空调工程					
	1 风管漏光检测记录	按系统设分目录	按用途批次列细目	施工单位		专业工长/专业技术负责人/专业工程师
	2 风管漏风检测记录	按系统设分目录	按用途批次列细目	施工单位		
	3 现场组装除尘器、空调机漏风检测记录	按系统设分目录	按用途批次列细目	施工单位		
	4 各房间室内风量测量记录	按系统设分目录	按用途批次列细目	施工单位		
	5 管网风量平衡记录	按系统设分目录	按用途批次列细目	施工单位	专业质量员	
	6 空调系统试运转调试记录	按系统设分目录	按用途批次列细目	施工单位		
	7 空调水系统试运转调试记录	按系统设分目录	按用途批次列细目	施工单位		
	8 制冷系统气密性试验记录	按系统设分目录	按用途批次列细目	施工单位		
	9 净化空调系统检测记录	按系统设分目录	按用途批次列细目	施工单位		
	10 防排烟系统联合试运行记录	按系统设分目录	按用途批次列细目	施工单位		

工程资料类别	工程资料名称（子目录）	资料分目录	细目	工程资料单位来源	填写或编制	审核、审批、签字
11	其他通风空调施工试验记录与检测文件	按系统设分目录				
			电梯工程			
施工试验记录及检测文件 C6类 1	轿厢平层准确度测量记录	按部设分目录	按批次列细目	施工单位		
2	电梯层门安全装置检测记录	按部设分目录	按批次列细目	施工单位		
3	电梯电气安全装置检测记录	按部设分目录	按批次列细目	施工单位		
4	电梯整机功能检测记录	按部设分目录	按批次列细目	施工单位		
5	电梯主要功能检测记录	按部设分目录	按批次列细目	施工单位		
6	电梯负荷运行试验记录	按部设分目录	按批次列细目	施工单位	专业质量员	专业工长/专业技术负责人/专业工程师
7	电梯负荷运行试验曲线图表	按部设分目录	按批次列细目	施工单位		
8	电梯噪声测试记录	按部设分目录	按批次列细目	施工单位		
9	自动扶梯、自动人行道安全装置检测记录	按部设分目录	按批次列细目	施工单位		
10	自动扶梯、自动人行道整机性能运行试验记录	按部设分目录	按批次列细目	施工单位		
11	其他电梯施工试验记录与检测文件	按部设分目录	按批次列细目	施工单位		
施工质量验收记录 C7类 1	检验批质量验收记录	按分项工程设分目录	按检验批列细目	施工单位		专业监理工程师
2	分项工程质量验收记录	按分部工程设分目录	按分项设细目	施工单位		专业技术负责人/专业监理工程师
3	分部（子分部）工程质量验收记录	按分部工程设分目录		施工单位		施工项目经理、设计勘察/项目负责人/总监
4	建筑节能分部工程质量验收记录			施工单位		

工程资料类别	序号	工程资料名称（子目录）	资料分目录	细目	工程资料单位来源	填写或编制	审核、审批、签字
施工质量验收记录 C7类	5	自动喷水系统验收缺陷项目划分记录	按室内给水系统列分目录		施工单位	专业质量员	施工项目负责人/建设单位项目负责人、专业监理工程师
	6	程控电话交换系统分项工程质量验收记录			施工单位	专业质量员	
	7	会议电视系统分项工程质量验收记录			施工单位	专业质量员	专业技术负责人/专业监理工程师
	8	卫星数字电视系统分项工程质量验收记录			施工单位	专业质量员	
	9	有线电视系统分项工程质量验收记录			施工单位	专业质量员	
	10	公共广播与紧急广播系统分项工程质量验收记录			施工单位	专业质量员	
	11	计算机网络系统分项工程质量验收记录	按分部工程设分目录	按分项设细目	施工单位	专业质量员	
	12	应用软件系统分项工程质量验收记录			施工单位	专业质量员	
	13	网络安全系统分项工程质量验收记录			施工单位	专业质量员	专业技术负责人/专业监理工程师
	14	空调与通风系统分项工程质量验收记录			施工单位	专业质量员	
	15	变配电系统分项工程质量验收记录			施工单位	专业质量员	
	16	公共照明系统分项工程质量验收记录			施工单位	专业质量员	

工程资料类别		工程资料名称（子目录）	资料分目录	细目	工程资料来源单位	填写或编制	审核、审批、签字
	17	给排水系统分项工程质量验收记录	按分部工程设分目录	按分项设细目	施工单位	专业质量员	
	18	热源和热交换系统分项工程质量验收记录			施工单位	专业质量员	专业技术负责人/专业监理工程师
	19	冷冻和冷却水系统分项工程质量验收记录			施工单位	专业质量员	
	20	电梯和自动扶梯系统分项工程质量验收记录			施工单位	专业质量员	
	21	数据通信接口分项工程质量验收记录			施工单位	专业质量员	
施工质量验收记录 C7类	22	中央管理工作站及操作分站分项工程质量验收记录			施工单位	专业质量员	
	23	系统实时性、可维护性、可靠性分项工程质量验收记录			施工单位	专业质量员	
	24	现场设备安装及检测分项工程质量验收记录			施工单位	专业质量员	
	25	火灾自动报警及消防联动系统分项工程质量验收记录			施工单位	专业质量员	
	26	综合防范功能分项工程质量验收记录			施工单位	专业质量员	专业技术负责人/专业监理工程师
	27	视频安防监控系统分项工程质量验收记录			施工单位	专业质量员	
	28	入侵报警系统分项工程质量验收记录			施工单位	专业质量员	
	29	出入口控制（门禁）系统分项工程质量验收记录			施工单位	专业质量员	

续表

工程资料类别		工程资料名称（子目录）	资料分目录	细目	工程资料来源单位	填写或编制	审核、审批、签字
施工质量验收记录 C7类	30	巡更管理系统分项工程质量验收记录	按分部工程设分目录	按分项设细目	施工单位	专业质量员	
	31	停车场（库）管理系统分项工程质量验收记录			施工单位	专业质量员	
	32	综合布线系统安装分项工程质量验收记录			施工单位	专业质量员	
	33	综合布线系统性能检测分项工程质量验收记录			施工单位	专业质量员	
	34	系统集成网络连接分项工程质量验收记录			施工单位	专业质量员	专业技术负责人/专业监理工程师
	35	系统集成数据集成分项工程质量验收记录			施工单位	专业质量员	
	36	系统集成整体协调分项工程质量验收记录			施工单位	专业质量员	
	37	系统集成综合管理及冗余功能分项工程质量验收记录			施工单位	专业质量员	
	38	系统集成可维护性和安全性分项工程质量验收记录			施工单位	专业质量员	
	39	电源系统分项工程质量验收记录			施工单位	专业质量员	
竣工验收资料 C8类	1	工程竣工报告			施工单位	项目负责人	总监
	2	单位（子单位）工程竣工预验收报验表			施工单位	项目经理	总监
	3	单位（子单位）工程质量竣工验收记录			施工单位	项目技术负责人/项目经理/施工单位技术负责人	建设单位（项目）负责人、总监、施工单位负责人、设计单位（项目）负责人签字并盖公章

工程资料类别		工程资料名称（子目录）	资料分目录	细目	工程资料单位来源	填写或编制	审核、审批、签字
竣工验收资料 C8类	4	单位（子单位）工程质量控制资料核查记录	按分部工程设分目录		施工单位	核查人	项目经理/总监
	5	单位（子单位）工程安全和功能检验资料核查及主要功能抽查记录	按分部工程设分目录		施工单位	核查人	
	6	单位（子单位）工程观感质量检查记录	按分部工程设分目录		施工单位	核查人	
	7	施工决算（结算）资料			施工单位	造价负责人	
	8	施工资料移交书			施工单位	移交单位技术负责人	移交单位技术负责人/接受单位技术负责人
	9	房屋建筑工程质量保修书			施工单位	承包人	发包人/承包人
C类其他资料							

第6章　施工资料收集台账

6.1　建立施工资料台账及收集登记制度

6.1.1　资料台账的建立

1. 资料台账的概念

建立完整的工程资料台账既是加强工程资料管理的需要，也是提高企业内部管理水平的需要。工程资料台账建立的主要目的一是在台账的记录、整理和积累过程中起到自我监督、强化项目管理；二是促进企业规范管理，提高企业管理水平的需要；三是对项目和项目管理人员起到自我保护作用。工程资料台账建立的方法就是将资料里一些内容按照既定的格式打印出来，一些内容人工手写完成，另外有相关人员的签字确认，然后按相同内容的资料进行分类归档并进行管理登记，并做好卷内目录。

2. 施工资料台账的具体内容

建立完整的施工资料台账既是加强工程资料管理的需要，也是提高公司内部管理水平的需要。依据《中华人民共和国档案法》，各级人员应做好文件材料的立卷归档工作是各自的义务和岗位职责。施工资料台账包括多种类别，如材料采购台账、使用台账、试验台账等，具体内容见表6-1。

施工资料台账　　　　　　　　　　　　表 6-1

序号	内　　容	细　　目
一	项目工程质量和安全生产管理目标	—
二	工程报建手续	工程项目立项文件
		设计文件
		规划许可,包括建设用地规划许可证和建设工程规划许可证
		中标通知书
		合同备案,包括《施工合同》备案表和《监理合同》备案表
		具备施工条件的证明,包括项目开工安全生产条件审查报告、建设工程质量监督申报书、项目开工监理证明、拆迁许可证与拆迁进度证明
		施工许可证
三	施工质量终身责任制承诺书	—
四	施工单位资格证书	资质证书
		营业执照
		安全生产许可证

序号	内　　容	细　　目
五	施工项目部成立文件	—
六	施工单位质量安全保障体系核实表	施工总承包单位监管人员证书
		施工总承包单位项目部关键岗位人员证书
		施工总承包单位企业带班领导证书
		专业分包单位资格证书
		专业分包单位项目部关键岗位人员
七	图纸会审记录	—
八	施工方案技术交底记录	—
九	企业推行建筑施工安全质量标准化工作实施方案	—
十	企业贯彻推行建筑施工安全质量标准化技术手册目录	—
十一	企业质量、安全生产管理体系的全套资料目录	—
十二	重大危险源控制记录	—
十三	安全文明措施费使用情况记录	—
十四	工程劳务分包合同履行核查表	—
十五	工程款及民工工资支付情况记录	—
十六	民工上岗培训	民工学校成立图片
		民工培训记录
十七	关键部位质量、安全生产企业控制记录	—
十八	项目部关键岗位人员上岗履职评价	—
十九	地基与基础工程	地基(桩基验孔)工程质量验收申请表
		地基(桩基验孔)工程质量验收会议记录
		桩基工程质量验收申请表
		桩基工程质量验收会议记录
		基础阶段质量安全达标验收申请表
		基础阶段质量安全达标验收会议记录
		基础工程质量验收申请表
		基础工程质量验收会议记录
二十	主体工程	主体阶段质量安全达标验收申请表
		主体阶段质量安全达标验收会议记录
		主体工程质量验收申请表
		主体工程质量验收会议记录
二十一	装饰装修阶段质量安全达标验收	装饰装修阶段质量安全达标验收申请表
		装饰装修阶段质量安全达标验收会议记录

序号	内　容	细　目
二十二	建筑节能工程质量验收	建筑节能工程质量验收申请表
		建筑节能工程质量验收会议记录
二十三	工程初验	工程初验申请表
		工程初验验收会议记录
二十四	工程竣工验收	工程竣工验收申请表
		工程竣工验收会议记录
二十五	企业领导带班记录	
二十六	企业文函	施工企业质量安全工作会议纪要
		施工企业质量安全整改通知
		施工企业质量安全停工通知
二十七	工程使用质量回访记录	—

3. 施工资料台账的建立要求

施工资料台账管理系统要做到项目详细、条理清晰需要有一系列庞大的有紧密联系相关数据库的支持，如果在这过程中能有效地将计算机技术加以利用，就可以大大提高工作效率。在施工资料台账管理系统建立过程中应尽可能地把各种基础资料，如会议纪要、图片、变更报告等列入，那么整个系统将更完善。施工资料台账管理系统建立的具体要求如下：

工程资料台账编制内容主要应包括序号、工程资料题名、原编字号、编制单位、编制日期、页数和备注。资料台账工作是工程建设过程的一部分，应纳入建设全过程管理并与工程建设同步。

建立资料台账时，施工资料应该按照先后顺序分类，对同一类型的资料应按照时间先后顺序进行排序。

档案资料室对接收工程文件应及时建立工程文件接收总登记账和分类账。

按施工资料的内容不同进行台账分类整理，如施工管理资料、施工技术资料、施工物资资料、施工测量记录、施工记录、隐蔽工程检查验收记录、施工检测资料、施工质量验收记录、工程竣工验收资料等。

施工单位及项目经理部应配置适当的房间、器具（如文件筐、文件夹、文件盒、文件柜）等来存放文件资料，并加强管理和增强防范意识，做好防火、防盗、防虫、防露、防光、防尘等工作。

6.1.2　施工资料收登制度的制定

为加强施工项目部对施工资料的收文登记管理所确立的施工资料收登制度，其目的是加强收文管理，规范施工资料的管理流程，提高办事效率，避免文件资料的丢失和损坏。施工资料收登管理负责人一般由施工单位技术负责人担任，具体实施人由资料员来实施。关于施工资料的收登制度，可参照下列规定。

1. 工程资料接收规定

（1）各单位提供给工程部（项目部）的工程资料（工程技术文件、来文、图纸资料等）由档案资料室统一接收，并应指定资料员填写《工程资料接收记录》（如表 6-2 所示）和《收文登记表》（如表 6-3 所示）；上级党政主管机关所发的行政及党务方面的文件由办公室统一接收。

（2）工程部或其他部门从外单位带回或通过其他途径收到的工程文件，一律交档案资料室，并应指定资料员登记。

（3）工程设备进场后，工程部（项目部）会同有关部门对设备开箱验收，及时将设备资料交由收集整理并应填写《工程资料接收记录》（如表 6-4 所示），设备文件资料由档案资料室统一归口发放给相关单位。

（4）资料员对接收的工程资料必须进行规范性检查，重点检查资料的数量是否正确、是否有缺漏、错误、损坏等现象，如发生这类问题，该资料应予以退回处理，并应及时通知该单位补发。

（5）资料员对接收的工程应及时建立工程资料接收总登记台账和分类台账（簿式台账和电子台账），并能利用计算机进行各类工程文件的查询检索。

（6）资料员对登记完毕的工程资料，应及时报部门领导审阅处理，并按处理意见归档或分发有关单位或部门执行。

（7）资料员对接收的密级文件资料，要严格按保密规定妥善收存，并认真执行密级文件资料的借阅规定。

（8）资料员应根据资料载体不同，妥善存放，原则上同类载体资料统一存放。

（9）资料员应定期的对施工资料按照资料保存年限、归类要求进行整理，具体标准可参照《建筑工程资料管理规程》（JGJ/T 185—2009）。

2. 工程资料发放规定

（1）资料员统一归口办理分发外单位和部门的工程资料（如工程技术文件、发文、图纸资料等）。

（2）呈送上级单位的工程资料由工程部（项目部）确定发放单位、发放部门及数量。

（3）资料员按工程部领导审定的施工图分发表、设备资料分发表分发工程文件资料（当工程施工图、设备资料份数有限时），资料员仅提供施工单位项目部一套或二套文件，不足部分施工单位可委托相关部门向设计院提出增加施工图供应数量；设备资料文件不足部分，由施工单位自行联系复制，复制的设备资料应加盖"复制件"印章。

（4）资料员对工程中发放的图纸资料应编制《图纸资料分发清单》，分发的图纸资料至少预留一份，连同《图纸资料分发清单》原件存档。

（5）为避免工程资料分发过程中可能出现的错发现象，图纸、资料领取单位应指定专人领取，并书面通知资料员。资料员填写《图纸、资料发放领用登记表》（如表 6-3 所示）。

3. 设计变更、工程联系单管理规定

（1）设计变更、工程联系单统一由资料员按设计变更、工程联系单中所指定的部门及时分发并建立签收记录。

（2）设计变更、工程联系单原件一律及时归档保存。

（3）凡涉及设计修改、变更，资料员应及时在归档图纸的副本对应卷册图纸目录上加盖设计修改印章，并将变更单复印件及时放入卷册内。

工程资料接收记录 表 6-2

序号	接收文件名称	份数	原（复印）件	经办人	接收日期	备注

收文登记本 表 6-3

日期	来文		文件标题	传阅		复文字号	归档卷号	承办		备注
	字	号		签收	单位			单位	签收	

图纸、资料发放领用登记表 表 6-4

文件标题	
发放范围	

发　放　记　录

单位	数量	原（复印）件	领取日期	领收人	备注

6.2 工程资料分类、编号与分卷，施工资料章、节、项、目的建立

6.2.1 工程资料分类、编号与分卷及归档

1. 工程资料的分类

建筑工程资料的分类是按照文件资料的来源、类别、形成的先后顺序以及收集和整理单位的不同来进行分类的，以便于资料的收集、整理、组卷。具体工程资料的分类、整理可参照《建筑工程资料管理规程》JGJ/T 185—2009 中的工程资料分类表（表6-5）。

工程资料分类表 　　　　　　　　　　　　　　　　表 6-5

类别编号		工程资料名称	资料来源	归档保存单位			
				施工单位	监理单位	建设单位	城建档案馆
A 类		工程准备阶段文件					
A1	决策立项文件	项目建议书	建设单位			●	●
		项目建议书的批复文件	建设行政主管部门			●	●
		可行性研究报告及附件	建设单位			●	●
		可行性报告的批复文件	建设行政主管部门			●	●
		关于立项的会议纪要、领导批示	建设单位			●	●
		工程立项的专家建议资料	建设单位			●	●
		项目评估研究资料	建设单位			●	●
A2	建设用地文件	选址申请及选址规划意见通知书	建设单位规划部门			●	●
		建设用地批准文件	土地行政管理部门			●	●
		拆迁安置意见、协议、方案等	建设单位			●	●
		建设用地规划许可证及其附件	规划行政管理部门			●	●
		国有土地使用证	土地行政管理部门			●	●
		划拨建设用地文件	土地行政管理部门			●	●
A3	勘察设计文件	岩土工程勘察报告	勘察单位	●	●	●	●
		建设用地钉桩通知单（书）	规划行政管理部门	●	●	●	●
		地形测量和拨地测量成果报告	测绘单位			●	●
		审定设计方案通知书及审查意见	规划行政管理部门			●	●
		审定设计方案通知书要求征求有关部门的审查意见和要求取得的有关协议	有关部门			●	●
		初步设计图及设计说明	设计单位			●	
		消防设计审核意见	公安机关消防机构	○	○	●	●
		施工图设计文件审查通知书及审查报告	施工图审查机构	○	○	●	●
		施工图设计及说明	设计单位	○	○	●	

类别编号		工程资料名称	资料来源	归档保存单位			
				施工单位	监理单位	建设单位	城建档案馆
A4	招投标及合同文件	勘察招投标文件	建设、勘察单位			●	
		设计招投标文件	建设、设计单位			●	
		施工招投标文件	建设、施工单位		●	●	
		监理招投标文件	建设、监理单位	●	○	●	
		勘察合同 *	建设、勘察单位			●	●
		设计合同 *	建设、设计单位			●	●
		施工合同 *	建设、施工单位	●	○	●	●
		委托监理合同 *	建设、监理单位		●	●	●
A5	开工文件	建设项目列入年度计划的申报文件	建设单位			●	●
		建设项目列入年度计划的批复文件或年度计划项目表	建设行政管理部门			●	●
		规划审批申报表及报送的文件和图纸	建设、设计单位			●	●
		建设工程规划许可证及其附件	规划部门			●	●
		建设工程施工许可证及其附件	建设行政管理部门	●	●	●	●
		工程质量安全监督注册登记	质量监督机构	○		●	●
		工程开工前的原貌影像资料	建设单位	●	●	●	●
		施工现场移交单	建设单位	○	○	○	
A6	商务文件	工程投资估算资料	建设单位			●	
		工程设计概算资料	建设单位			●	
		工程施工图预算资料	建设单位			●	
		A类其他文件					
B类			监理资料				
B1	监理管理资料	监理规划	监理单位		●	●	●
		监理实施细则	监理单位	○	●	●	●
		监理月报	监理单位		●		
		监理会议纪要	监理单位	○	●	●	
		监理工作日志	监理单位		●		
		监理工作总结	监理单位		●	●	●
		工作联系单	监理、施工单位	○	○		
		监理工程师通知	监理单位	○	○		
		监理工程师通知回复单 *	施工单位	○	○		
		工程暂停令	监理单位	○	○	○	●
		工程复工报审表 *	施工单位	●	●	●	●
B2	进度控制资料	工程开工报审表 *	施工单位	●	●	●	●
		施工进度计划申报表 *	施工单位	○	○		

类别编号		工程资料名称	资料来源	归档保存单位			
				施工单位	监理单位	建设单位	城建档案馆
B3	质量控制资料	质量事故报告及处理资料	施工单位	●	●	●	●
		旁站监理记录 *	监理单位	●	●	●	●
		见证取样和送检见证人员备案表	监理单位或建设单位	●	●	●	●
		见证记录 *	监理单位	●	●	●	●
		工程技术文件报审表 *	施工单位	○	○		
B4	造价控制资料	工程款支付申请表	施工单位	●	●	●	
		工程款支付证书	监理单位	○	○	●	
		工程变更费用报审表 *	施工单位	●	●	●	
		费用索赔申请表	施工单位	○	●	●	
		费用索赔审批表	监理单位	○	○	●	
B5	合同管理资料	委托监理合同 *	监理单位		●	●	●
		工程延期申请表	施工单位	●	●	●	●
		工程延期审批表	监理单位	●	●	●	●
		分包单位资质报审表 *	施工单位	●	●		
B6	竣工验收资料	单位(子单位)工程竣工预验证报验表 *	施工单位	●	●		
		单位(子单位)工程质量竣工验收记录 * *	施工单位	●	●	●	●
		单位(子单位)工程质量控制资料核查记录 *	施工单位	●	●	●	●
		单位(子单位)工程安全和功能检验资料核查及主要功能抽查记录 *	施工单位	●	●	●	●
		单位(子单位)工程观感质量检查记录 *	施工单位	●	●	●	●
		工程质量评估报告	监理单位	●	●	●	●
		监理费用决算资料	监理单位		○	●	
		监理资料移交书	监理单位		●	●	
B类其他资料							
C类			施工资料				
C1	施工管理资料	工程概况表	施工单位	●	●	●	●
		施工现场质量管理检查记录 *	施工单位	●			
		企业资质证书及相关专业人员岗位证书	施工单位	○	○		
		分包单位资质报审表 *	施工单位	●	●	●	
		建设工程质量事故调(勘)查记录	调查单位	●	●	●	●
		建设工程质量事故报告书	调查单位	●	●	●	●
		施工检测计划	施工单位	○	○		
		见证记录 *	监理单位	●	●	●	
		见证试验检测汇总表	施工单位	●			

类别编号		工程资料名称	资料来源	归档保存单位			
				施工单位	监理单位	建设单位	城建档案馆
C1	施工管理资料	施工日志	施工单位	●			
		监理工程师通知回复单*	施工单位	○	○		
C2	施工技术资料	工程技术文件报审表*	施工单位	○	○		
		施工组织设计及施工方案	施工单位	○	○		
		危险性较大分部分项工程施工方案专家论证表	施工单位	○	○		
		技术交底记录	施工单位	○			
		图纸会审记录**	施工单位	●	●	●	●
		设计变更通知单**	设计单位	●	●	●	●
		工程洽商记录(技术核定单)**	施工单位	●	●	●	●
C3	造价进度资料	工程开工报审表*	施工单位	●	●	●	●
		工程复工报审表*	施工单位	●	●	●	●
		施工进度计划报审表*	施工单位	○	○		
		施工进度计划	施工单位	○	○		
		人、机、料动态表	施工单位	○	○		
		工程延期申请表	施工单位	●	●	●	●
		工程款支付申请表	施工单位	○	○	○	
		工程变更费用报审表*	施工单位	○	○	○	
		费用索赔报审表*	施工单位	○	○	○	
C4	施工物资资料	出厂质量证明文件及检测报告					
		砂、石、砖、水泥、钢筋、隔热保温、防腐材料、轻骨料出厂质量证明文件	施工单位	●	●	●	●
		其他物资出厂合格证、质量保证书、检测报告和报关单或商检证等	施工单位	●	○	○	
		材料、设备的相关检验报告、型式检测报告、3C强制认证合格证书或3C标志	采购单位	●	○	○	
		主要设备、器具的安装使用说明书	采购单位	●	○	○	
		进口的主要材料设备的商检证明文件	采购单位	●	○	●	●
		涉及消防、安全、卫生、环保、节能的材料、设备的检测报告或法定机构出具的有效证明文件	采购单位	●	●	●	
		进场检验通用表格					
		材料、构配件进场检验记录*	施工单位	○	○		
		设备开箱检验记录*	施工单位	○	○		
		设备及管道附件试验记录*	施工单位	●	○	●	

类别编号			工程资料名称	资料来源	归档保存单位			
					施工单位	监理单位	建设单位	城建档案馆
C4	施工物资资料		进场复试报告					
			钢材试验报告	检测单位	●	●	●	●
			水泥试验报告	检测单位	●	●	●	●
			砂试验报告	检测单位	●	●	●	●
			碎(卵)石试验报告	检测单位	●	●	●	●
			外加剂试验报告	检测单位	●	●	○	●
			防水涂料试验报告	检测单位	●	○	●	
			防水卷材试验报告	检测单位	●	●	●	
			砖(砌块)试验报告	检测单位	●	●	●	●
			预应力筋复试报告	检测单位	●	●	●	
			预应力锚具、夹具和连接器复试报告	检测单位	●	●	●	
			装饰装修用门窗复试报告	检测单位	●	○	●	
			装饰装修用人造木板复试报告	检测单位	●	○	●	
			装饰装修用花岗石复试报告	检测单位	●	○	●	
			装饰装修用安全玻璃复试报告	检测单位	●	○	●	
			装饰装修用外墙面砖复试报告	检测单位	●	○	●	
			钢结构用钢材复试报告	检测单位	●	●	●	●
			钢结构用防火涂料复试报告	检测单位	●	●	●	
			钢结构用焊接材料复试报告	检测单位	●	●	●	
			钢结构用高强度大六角头螺栓连接副复试报告	检测单位	●	●	●	●
			钢结构用扭剪型高强螺栓连接副复试报告	检测单位	●	●	●	●
			幕墙用铝塑板、石材、玻璃、结构胶复试报告	检测单位	●	●	●	●
			散热器、采暖系统保温材料、通风与空调工程绝热材料、风机盘管机组、低压配电系统电缆的见证取样复试报告	检测单位	●	○	●	
			节能工程材料复试报告	检测单位	●	●	●	
C5	施工记录		通用表格					
			隐蔽工程验收记录 *	施工单位	●	●	●	●
			施工检查记录	施工单位	○			
			交接检查记录	施工单位	○			
			专用表格					
			工程定位测量记录 *	施工单位	●	●	●	●

类别编号		工程资料名称	资料来源	归档保存单位			
				施工单位	监理单位	建设单位	城建档案馆
C5	施工记录	基槽验线记录	施工单位	●	●	●	●
		楼层平面放线记录	施工单位	○	○		
		楼层标高抄测记录	施工单位	○	○		
		建筑物垂直度、标高观测记录 *	施工单位	●	○		
		沉降观测记录	建设单位委托测量单位提供	●		●	●
		基坑支护水平位移监测记录	施工单位	○	○		
		桩基、支护测量放线记录	施工单位	○	○		
		地基验槽记录 * *	施工单位	●	●	●	●
		地基钎探记录	施工单位	○	○	●	●
		混凝土浇灌申请书	施工单位	○			
		预拌混凝土运输单	施工单位	○			
		混凝土开盘鉴定	施工单位	○	○		
		混凝土拆模申请单	施工单位	○			
		混凝土预拌测温记录	施工单位	○			
		混凝土养护测温记录	施工单位	○			
		大体积混凝土养护测温记录	施工单位	○			
		大型构件吊装记录	施工单位	○	○	●	●
		焊接材料烘焙记录	施工单位	○			
		地下工程防水效果检查记录 *	施工单位	○	○	●	
		防水工程试水检查记录 *	施工单位	○	○	●	
		通风(烟)道、垃圾道检查记录 *	施工单位	○	○		
		预应力筋张拉记录	施工单位	○	○		●
		有粘结预应力结构灌浆记录	施工单位	●		●	●
		钢结构施工记录	施工单位	●	○	●	●
		网架(索膜)施工记录	施工单位	●	○	●	●
		木结构施工记录	施工单位	●	○	●	
		幕墙注胶检查记录	施工单位	●	○		
		自动扶梯、自动人行道的相邻区域检查记录	施工单位	●	○	●	
		电梯电气装置安装检查记录	施工单位	●	○	●	
		自动扶梯、自动人行道电气装置检查记录	施工单位	●	○	●	
		自动扶梯、自动人行道整机安装质量检查记录	施工单位	●	○	●	

类别编号		工程资料名称	资料来源	归档保存单位			
				施工单位	监理单位	建设单位	城建档案馆
C6	施工试验记录及检测报告	通用表格					
		设备单机试运转记录*	施工单位	●	○	●	●
		系统试运转调试记录*	施工单位	●	○	●	●
		接地电阻测试记录*	施工单位	●	○	●	●
		绝缘电阻测试记录*	施工单位	●	○	●	●
		专用表格					
		建筑与结构工程					
		锚杆试验报告	检测单位	●	○	●	●
		地基承载力检验报告	检测单位	●	○	●	●
		桩基检测报告	检测单位	●	○	●	●
		土工击实试验报告	检测单位	●	○	●	●
		回填土试验报告(应附图)	检测单位	●	○	●	●
		钢筋机械连接试验报告	检测单位	●	○	●	●
		钢筋焊接连接试验报告	检测单位	●	○	●	●
		砂浆配合比申请书、通知单	施工单位	○	○		
		砂浆抗压强度试验报告	检测单位	●	○	●	●
		砌筑砂浆试块强度统计、评定记录	施工单位	●		●	●
		混凝土配合比申请书、通知单	施工单位	○	○		
		混凝土抗压强度试验报告	检测单位	●		●	●
		混凝土试块强度统计、评定记录	检测单位	●		●	●
		混凝土抗渗试验报告	检测单位	●		●	●
		砂、石、水泥放射性指标报告	施工单位	●		●	●
		混凝土碱总量计算书	施工单位	●		●	●
		外墙饰面砖样板粘结强度试验报告	检测单位	●	○	●	●
		后置埋件抗拔试验报告	检测单位	●	○	●	●
		超声波探伤报告、探伤记录	检测单位	●	○	●	●
		钢构件射线探伤报告	检测单位	●	○	●	●
		磁粉探伤报告	检测单位	●	○	●	●
		高强度螺栓抗滑移系数检测报告	检测单位	●	○	●	●
		钢结构焊接工艺评定	检测单位	○	○		
		网架节点承载力试验报告	检测单位	●	○	●	●
		钢结构防腐、防火涂料厚度检测报告	检测单位	●	○	●	●
		木结构胶缝试验报告	检测单位	●	○	●	●
		木结构构件力学性能试验报告	检测单位	●	○	●	●

类别编号		工程资料名称	资料来源	归档保存单位			
				施工单位	监理单位	建设单位	城建档案馆
C6	施工试验记录及检测报告	木结构防护剂试验报告	检测单位	●	○	●	●
		幕墙双组分硅酮结构胶混匀性及拉断试验报告	检测单位	●	○	●	●
		幕墙的抗风压性能、空气渗透性能、雨水渗透性能及平面内变形性能检测报告	检测单位	●	○	●	●
		外门窗的抗风压性能、空气渗透性能和雨水渗透性能检测报告	检测单位	●	○	●	●
		墙体节能工程保温板材与基层粘结强度现场拉拔试验	检测单位	●	○	●	
		外墙保温浆料同条件养护试件试验报告	检测单位	●	○	●	
		结构实体混凝土强度检验记录 *	施工单位	●	○	●	
		结构实体钢筋保护层厚度验收记录 *	施工单位	●	○	●	
		围护结构现场实体检验	检测单位	●	○	●	
		室内环境检测报告	检测单位	●	○	●	
		节能性能检测报告	检测单位	●	○	●	●
		给水排水及采暖工程					
		灌(满)水试验记录 *	施工单位	○	○	●	
		强度严密性试验记录 *	施工单位	●	○	●	
		通水试验记录 *	施工单位	○	○	●	
		冲(吹)洗试验记录 *	施工单位	○	○	●	
		通球试验记录	施工单位	○	○	●	
		补偿器安装记录	施工单位	●	○	●	
		消火栓试射记录	施工单位	●	○		
		安全附件安装检查记录	施工单位	●	○		
		锅炉烘炉试验记录	施工单位	●	○		
		锅炉煮炉试验记录	施工单位	●	○		
		锅炉试运行记录	施工单位	●	○	●	
		安全阀定压合格证书	检测单位	●	○		
		自动喷水灭火系统联动试验记录	施工单位	●	○		●
		建筑电气工程					
		电气接地装置平面示意图表	施工单位	●	○	●	●
		电气器具通电安全检查记录	施工单位	○	○	●	
		电气设备空载试运行记录 *	施工单位	●	○	●	
		建筑物照明通电试运行记录	施工单位	●	○		●
		大型照明灯具承载试验记录 *	施工单位	●	○	●	

类别编号		工程资料名称	资料来源	归档保存单位			
				施工单位	监理单位	建设单位	城建档案馆
C6	施工试验记录及检测报告	漏电开关模拟试验记录	施工单位	●	○	●	
		大容量电气线路结点测温记录	施工单位	●	○	●	
		低压配电电源质量测试记录	施工单位	●	○	●	
		建筑物照明系统照度测试记录	施工单位	○	○	●	
		智能建筑工程					
		综合布线测试记录 *	施工单位	●	○	●	●
		光纤损耗测试记录 *	施工单位	●	○	●	●
		视频系统末端测试记录 *	施工单位	●	○	●	●
		子系统检测记录 *	施工单位	●	○	●	●
		系统试运行记录 *	施工单位	●	○	●	●
		通风与空调工程					
		风管漏光检测记录 *	施工单位	○	○	●	
		风管漏风检测记录 *	施工单位	●	○	●	
		现场组装除尘器、空调漏风检测记录	施工单位	○	○	●	
		各房间室内风量测量记录	施工单位	●	○	●	
		管网风量平衡记录	施工单位	●	○	●	
		空调系统试运转调试记录	施工单位	●	○	●	●
		空调水系统试运转调试记录	施工单位	●	○	●	●
		制冷系统气密性试验记录	施工单位	●	○	●	●
		净化空调系统检测记录	施工单位	●	○	●	
		防排烟系统联合试运行记录	施工单位	●	○	●	●
		电梯工程					
		轿厢平层准确度测量记录	施工单位	○	○	●	
		电梯层门安全装置检测记录	施工单位	●	○	●	
		电梯电气安全装置检测记录	施工单位	●	○	●	
		电梯整机功能检测记录	施工单位	●	○	●	
		电梯主要功能检测记录	施工单位	●	○	●	
		电梯负荷试运行试验记录	施工单位	●	○	●	●
		电梯负荷运行试验曲线图表	施工单位	●	○	●	
		电梯噪声测试记录	施工单位	○	○	○	
		自动扶梯、自动人行道安全装置检测记录	施工单位	●	○	●	
		自动扶梯、自动人行道整机性能、运行试验记录	施工单位	●	○	●	●

类别编号		工程资料名称	资料来源	归档保存单位			
				施工单位	监理单位	建设单位	城建档案馆
C7	施工质量验收记录	检验批质量验收记录*	施工单位	○	○	●	
		分项工程质量验收记录*	施工单位	●	●	●	
		分部(子分部)工程质量验收记录**	施工单位	●	●	●	●
		建筑节能分部工程质量验收记录**	施工单位	●	●	●	●
		自动喷水系统验收缺陷项目划分记录**	施工单位	●	○	○	
		程控电话交换系统分项工程质量验收记录	施工单位	●	○	●	
		会议电视系统分项工程质量验收记录	施工单位	●	○	●	
		卫星数字电视系统分项工程质量验收记录	施工单位	●	○	●	
		有线电视系统分项工程质量验收记录	施工单位	●	○	●	
		公共广播与紧急广播系统分项工程质量验收记录	施工单位	●	○	●	
		计算机网络系统分项工程质量验收记录	施工单位	●	○	●	
		应用软件系统分项工程质量验收记录	施工单位	●	○	●	
		网络安全系统分项工程质量验收记录	施工单位	●	○	●	
		空调与通风系统分项工程质量验收记录	施工单位	●	○	●	
		变配电系统分项工程质量验收记录	施工单位	●	○	●	
		公共照明系统分项工程质量验收记录	施工单位	●	○	●	
		给水排水系统分项工程质量验收记录	施工单位	●	○	●	
		热源和热交换系统分项工程质量验收记录	施工单位	●	○	●	
		冷冻和冷却系统分项工程质量验收记录	施工单位	●	○	●	
		电梯和自动扶梯系统分项工程质量验收记录	施工单位	●	○	●	
		数据通信接口分项工程质量验收记录	施工单位	●	○	●	
		中央管理工作站及操作分站分项工程质量验收记录	施工单位	●	○	●	
		系统实时性、可维护性、可靠性分项工程质量验收记录	施工单位	●	○	●	
		现场设备安装及检测分项工程质量验收记录	施工单位	●	○	●	
		火灾自动报警及消防联动系统分项工程质量验收记录	施工单位	●	○	●	
		综合防范功能分项工程质量验收记录	施工单位	●	○	●	
		视频安防监控系统分项工程质量验收记录	施工单位	●	○	●	

类别编号		工程资料名称	资料来源	归档保存单位			
				施工单位	监理单位	建设单位	城建档案馆
C7	施工质量验收记录	入侵报警系统分项工程质量验收记录	施工单位	●	○	●	
		出入口控制(门禁)系统分项工程质量验收记录	施工单位	●	○	●	
		巡更管理系统分项工程质量验收记录	施工单位	●	○	●	
		停车场(库)管理系统分项工程质量验收记录	施工单位	●	○	●	
		安全防范综合管理系统分项工程质量验收记录	施工单位	●	○	●	
		综合布线系统安装分项工程质量验收记录	施工单位	●	○	●	
		综合布线系统性能检测分项工程质量验收记录	施工单位	●	○	●	
		系统集成网络连接分项工程质量验收记录	施工单位	●	○	●	
		系统数据集成分项工程质量验收记录	施工单位	●	○	●	
		系统集成整体协调分项工程质量验收记录	施工单位	●	○	●	
		系统集成综合管理及冗余功能分项工程质量验收记录	施工单位	●	○	●	
		系统集成可维护性和安全性分项工程质量验收记录	施工单位	●	○	●	
		电源系统分项工程质量验收记录	施工单位	●	○	●	
C8	竣工验收资料	工程竣工报告	施工单位	●	●	●	●
		单位(子单位)工程竣工预验收报验表*	施工单位	●	●	●	
		单位(子单位)工程质量竣工验收记录**	施工单位	●	●	●	●
		单位(子单位)工程质量控制资料核查记录*	施工单位	●	●	●	●
		单位(子单位)工程安全和功能检验资料核查及主要功能抽查记录*	施工单位	●	●	●	●
		单位(子单位)工程观感质量检查记录**	施工单位	●	●	●	●
		施工决算资料	施工单位	○	○	●	
		施工资料移交书	施工单位	●		●	
		房屋建筑工程质量保修书	施工单位	●	●	●	
		C类其他资料					

类别编号		工程资料名称		资料来源	归档保存单位			
					施工单位	监理单位	建设单位	城建档案馆
D类		竣工图						
D	竣工图	建筑与结构竣工图	建筑竣工图	编制单位	●	●	●	●
			结构竣工图	编制单位	●	●	●	●
			钢结构竣工图	编制单位	●	●	●	●
		建筑装饰与装修竣工图	幕墙竣工图	编制单位	●	●	●	●
			室内装饰竣工图	编制单位	●	●	●	●
		建筑给水排水及供暖竣工图		编制单位	●	●	●	●
		建筑电气竣工图		编制单位	●	●	●	●
		智能建筑竣工图		编制单位	●	●	●	●
		通风与空调竣工图		编制单位	●	●	●	●
		室外工程竣工图	室外给水、排水、供热、供电、照明管线等竣工图	编制单位	●	●	●	●
			室外道路、园林绿化、花坛、喷泉等竣工图	编制单位	●	●	●	●
D类其他资料								
E类		工程竣工文件						
E1	竣工验收文件	单位(子单位)工程质量竣工验收记录 **		施工单位	●	●	●	●
		勘察单位工程质量检查报告		勘察单位	○	○	●	●
		设计单位工程质量检查报告		设计单位	○	○	●	●
		工程竣工验收报告		建设单位施工单位	●	●	●	●
		规划、消防、环保等部门出具的认可文件或准许使用文件		政府主管部门	●	●	●	●
		房屋建筑工程质量保修书		施工单位	●	●	●	●
		住宅质量保证书、住宅使用说明书		施工单位			●	
		建设工程竣工验收备案表		建设单位	●	●	●	●
E2	竣工决算文件	施工决算资料 *		施工单位	○	○	●	
		监理费用决算资料 *		监理单位		○	●	
E3	竣工交档文件	工程竣工档案预验收意见		城建档案管理部门			●	●
		施工资料移交书 *		施工单位	●		●	
		监理资料移交书 *		监理单位		●	●	
		城市建设档案移交书		建设单位			●	

类别编号		工程资料名称	资料来源	归档保存单位			
				施工单位	监理单位	建设单位	城建档案馆
E4	竣工总结文件	工程竣工总结	建设单位			●	●
		竣工新貌影像资料	建设单位	●		●	●
		E类其他资料					

注：1. 表 6-1 中工程资料名称与资料保存单位所对应的栏中"●"表示"归档保存"；"○"表示"过程保存"，是否归档保存可自行确定。

2. 表 6-1 中注明"＊"的表，宜由施工单位和监理或建设单位共同形成；表 6-1 中注明"＊＊"的表，宜由建设、设计、监理、施工等多方共同形成。

3. 勘察单位保存资料内容应包括工程地质勘察报告、勘察招投标文件、勘察合同、勘察单位工程质量检查报告以及勘察单位签署的有关质量验收记录等。

4. 设计单位保存资料内容应包括审定设计方案通知书及审查意见、审定设计方案通知书要求征求有关部门的审查意见和要求取得的有关协议、初步设计图及设计说明、施工图及设计说明、消防设计审核意见、施工图设计文件审查通知书及审查报告、设计招投标文件、设计合同、图纸会审记录、设计变更通知单、设计单位签署意见的工程洽商记录（包括技术核定单）、设计单位工程质量检查报告以及设计单位签署的有关质量验收记录。

2. 工程资料的编号原则

建筑工程资料有多种来源且种类繁多，应对其进行科学、规范的编号，其目的是便于整理、立卷、查找、利用，尤其是采用计算机管理时更为便利。工程准备阶段文件、工程竣工文件、监理文件、竣工图宜按规定的类别和形成时间顺序编号。施工资料编号宜符合下列规定。

（1）施工资料编号可由分部、子分部、分类、顺序号四组代号组成，组与组之间应用横线隔开（见图 6-1），如从施工资料管理软件中调取的《砖砌体工程检验批质量验收记录表》，其编号为 020301□□□。

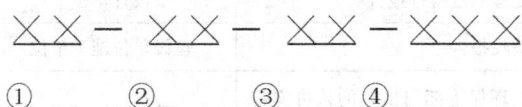

$$\overline{\times\times} - \overline{\times\times} - \overline{\times\times} - \overline{\times\times\times}$$

①   ②   ③   ④

图 6-1 施工资料编号

注：① 为分部工程代号（2位）。

② 为子分部工程代号（2位）。

③ 为资料的类别编号（2位）。

④ 为顺序号（共3位），按资料形成时间的先后顺序从 001 开始逐张编号。

（2）属于单位工程整体管理内容的资料，编号中的分部、子分部工程代号可用"00"代替。

（3）同一厂家、同一品种、同一批次施工物资用在两个以上分部、子分部工程中时，其资料编号中的分部、子分部工程代号按主要使用部位的分部、子分部工程代号填写。

（4）竣工图已按规定的类别和形成时间顺序编号。

（5）工程资料的编号应及时填写，专用表格的编号应填写在表格右上角的编号栏中；

非专用表格应在资料右上角的适当位置注明资料编号。

3. 工程资料的收集、整理与组卷

(1) 工程资料的收集、整理与组卷应符合下列规定：工程准备阶段文件和工程竣工文件应由建设单位负责收集、整理与组卷；监理资料应由监理单位负责收集、整理与组卷；施工资料应由施工单位负责收集、整理与组卷；竣工图由建设单位负责组织，也可委托其他单位组织。

(2) 工程资料组卷应遵循自然形成规律，保持卷内文件、资料内在联系。例如，工程资料中同一事项的请示与批复应组合在一起，按批复在前、请示在后。施工资料中的设计变更、洽商记录中有正文及附图应组合在一起，按正文在前、附图在后顺序排列。同一厂家、同一产品质量合格证与检测报告应组合在一起，按合格证在前、检测报告在后顺序排列。

(3) 工程准备阶段文件和工程竣工文件可按建设项目或单位工程进行组卷；监理资料应按单位工程进行组卷；施工资料应按单位工程组卷，并应符合下列规定：

1) 专业承包工程形成的施工资料应由专业承包单位负责，并应单独组卷；

2) 电梯应按不同型号每台电梯单独组卷；

3) 室外工程应按室外建筑环境、室外安装工程单独组卷；

4) 当施工资料中部分内容不能按一个单位工程分类组卷时，可按建设项目组卷；

5) 施工资料目录应与其对应的施工资料一起组卷。

(4) 竣工图应按专业分类组卷。竣工图既是工程文件的重要组成部分，又是区别于普通文字的特殊工程文件。由于竣工图组卷要折叠，因此，竣工图应独立组卷，原则上不要与文字资料混合组卷。

(5) 工程资料组卷应编制封面、卷内目录及备考表，其格式及填写要求可按现行国家标准《建设工程文件归档整理规范》（GB/T 50328—2014）的有关规定执行。

4. 工程资料移交与归档

(1) 工程资料移交时应办理相关手续，这是明确各方资料责任的必要手段。在移交时，接收单位应按照移交目录对移交的资料内容逐一核对，无误后双方在移交书上签字盖章。

(2) 工程资料移交应符合下列规定：施工单位应向建设单位移交施工资料，实行施工总承包的，各专业承包单位应向施工总承包单位移交施工资料；监理单位应向建设单位移交监理资料；建设单位应按国家有关法规和标准的规定向城建档案管理部门移交工程档案并办理相关手续。有条件时，向城建档案管理部门移交的工程档案应为原件，如果工程资料中的原件同时有正本和副本，宜将副本原件移交城建档案管理部门，而将正本原件留在建设单位归档保存。

(3) 工程资料归档保存期限应符合国家现行有关标准的规定。根据《建设工程文件归档整理规范》（GB/T 50328—2014），对于归档资料的保存期限给出了规定，其中保管期限分为永久、长期、短期三种期限。其中永久是指工程档案无限期地、尽可能长远地保存下去；长期指保存到该工程彻底被拆除；短期是指工程档案保存 10 年以下。在此基础上《建筑工程资料管理规程》（JGJ 185—2009）为适应施工过程中对资料使用和保存的要求，提出了"过程保存"的概念。所谓"过程保存"是指某些重要的工程资料，如由监理批准的施工方案等技术资料，反映了施工的方法手段，并可追溯施工过程中的责任。但这些资料的价值主要体现在施工过程中，竣工后不需要长期保存，具体可以参照表 6-5 所示，○表示过程保存，●表示归档保存。

（4）归档应符合下列规定：

1）归档文件必须完整、准确、系统，能够反映工程建设活动的全过程。

2）归档的文件必须经过分类整理，并应组成符合要求的案卷。

（5）归档时间应符合下列规定：

1）根据建设程序和工程特点，归档可以分阶段分期进行也可以在单位或分部工程通过竣工验收后进行。

2）勘察、设计、施工单位在收齐工程文件并整理立卷后，建设单位、监理单位应根据城建档案管理机构的要求对档案文件完整、准确、系统情况和案卷质量进行审查。审查合格后向建设单位移交。

3）勘察、设计单位应当在任务完成时，施工、监理单位应当在工程竣工验收前，将各自形成的有关工程档案向建设单位归档。

（6）工程档案一般不少于两套，一套由建设单位保管，一套（原件）移交当地城建档案馆（室）。

（7）勘察、设计、施工、监理等单位移交档案时，应编制移交清单，双方签字、盖章后方可交接。

（8）凡设计、施工及监理单位需要向本单位归档的文件，应按国家有关规定要求单独立卷归档。

6.2.2　工程资料章、节、项、目的构建

工程资料章、节、项、目的构建，可参照相关的规范进行，以《建筑工程资料管理规程》（JGJ/T 185—2009）为例来说明，工程资料的章节可按照工程资料的分类来划分，见图 6-2。

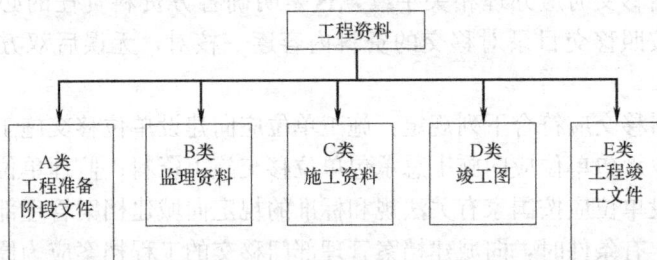

图 6-2　资料的分类

1. 工程准备阶段文件

工程准备阶段文件是指建筑工程开工前，在立项、审批、征地、拆迁、勘察、设计、招投标等工程准备阶段形成的文件，包括决策立项文件、建设用地文件、勘察设计文件、招投标及合同文件、开工文件、商务文件。工程准备阶段文件的章节可参照下面进行建立。

（1）决策立项文件主要内容为项目建议书、可行性研究报告、管理机构的审批意见和

领导批示、专家建议等。

（2）建设用地文件主要内容为选址申请、建设用地规划许可证、国有土地使用证等。

（3）勘察设计文件主要内容为岩土工程勘察报告、初步设计图及设计说明、施工图及设计说明、施工图设计文件审查通知书及审查报告等。

（4）招投标及合同文件是指建设单位在通过工程招投标市场对工程项目的勘察、设计、施工、监理等进行招标过程中形成的资料，主要包括勘察、勘察、设计、施工、监理招投标文件及相应的合同。

（5）开工文件是指建设单位在办理工程开工应具备的各种审批手续中形成的资料，主要包括建设工程规划许可证及其附件、建设工程施工许可证及其附件、工程质量安全监督注册登记等。

（6）商务文件是指在建设工程项目建设实施过程中发生的投资与财务支出及其管理各方面的文件。主要包括工程投资估算资料、工程设计概算资料、工程施工图预算资料。

2. 监理资料

监理资料是指建筑工程在工程建设监理过程中形成的资料，包括监理管理资料、进度控制资料、质量控制资料、造价控制资料、合同管理资料和竣工验收资料。监理资料的章节可参照下面进行建立。

（1）监理管理资料是指监理单位实施工程项目施工监理过程中形成的管理性资料。主要包括监理规划、监理实施细则、监理月报、监理日志、监理总结、监理通知单、工作联系单等。

（2）进度控制资料是指在项目的各建设阶段监理单位检查施工单位的实际进度是否按照计划进行，如有偏差，分析原因并补救中形成的资料。主要包括工程开工报审表、工程开工令、工程复工令、施工组织设计/（专项）施工方案报审表等。

（3）质量控制资料是指监理单位致力于满足工程质量的要求，即为了保证工程质量满足工程合同、规范标准所采取的方法、手段过程中形成的资料。主要包括旁站记录、见证取样和送检见证人员备案表、工程材料、构配件、设备报审表等。

（4）造价控制资料是指监理单位根据工程设计图纸、设计说明、设计变更、工程洽商记录和国家与地方工程预算定额、取费标准、工期定额以及施工合同、完成工程量对工程造价实施控制过程中形成的资料。主要包括工程款支付申请表、工程款支付证书、费用索赔报审表。

（5）合同管理资料是指监理单位在工程建设监理过程中，依据监理合同对工程承包合同的签订、履行、变更和解除进行监督、检查，对合同双方的争议进行调解和处理过程中形成的资料。主要包括工程变更单、索赔意向通知书、分包单位资质报审表等。

（6）竣工验收资料是指监理单位参加建设工程项目竣工验收、竣工验收前组织预验收、竣工验收合格后组织移交工程过程中形成的资料。主要包括工程质量评估报告、单位工程质量竣工验收记录、监理资料移交书等。

3. 施工资料

施工资料是指建筑工程在工程建设施工过程中形成的资料，包括施工管理资料、施工技术资料、施工进度及造价资料、施工物资资料、施工记录、施工试验记录及检测报告、施工质量验收记录、竣工验收资料。施工资料的章节可参照下面建立。

（1）施工管理资料是指施工单位在工程项目施工过程中形成的管理类的资料。主要包括工程概况表、施工现场质量管理记录、企业资质证书及相关专业人员岗位证书、分包单位资质报审表、施工日志等。

（2）施工技术资料是指施工单位在施工过程中产生的各种反映施工技术工作的文件，是用以指导、规范和科学化施工的文件。主要包括施工组织设计（方案）报审表、技术交底记录、图纸会审记录、工程洽商记录等。

（3）施工进度及造价资料是指施工单位在施工过程是否按照计划完成施工进度，在完成相应进度时向监理单位提出费用支付过程形成的资料。主要包括工程开工报审表、工程复工报审表、施工进度计划、工程款支付申请表、费用索赔报审表等。

（4）施工物资资料是反映工程所用物资（包括建筑材料、成品、半成品、构配件、器具、设备等）质量及性能指标是否满足设计和规范要求的各种证明文件与相关配套文件的统称。主要包括工程物资出厂质量证明文件（产品合格证、质量保证书、检测报告、进口物资商检证等）、检验及试验报告，复试试验报告等。

（5）施工记录是指施工单位对工程重要和特殊部位的施工情况及工程发生异常情况时的记载施工过程中形成的资料。主要包括通用部分资料：隐蔽工程验收记录、预检记录、施工检查记录、交接检查记录。

（6）施工试验记录及检测报告是指施工单位根据设计要求和规范规定，对施工材料、施工质量进行的试验以及对工程结构和安全有影响的施工工艺、工程性能、系统运转等应进行的检测所形成的资料。主要包括通用部分：设备单机试运转记录、系统试运转调试记录、接地电阻测试记录、绝缘电阻测试记录。

（7）施工质量验收记录是指施工单位在自行质量检查评定的基础上，参与建设活动的有关单位共同对检验批、分项、分部、单位工程的质量进行抽样复验并依据相关标准以书面形式对工程质量达到合格与否做出确认的资料。主要包括检验批验收记录、分项工程质量验收记录、分部工程质量验收记录等。

（8）竣工验收资料是指施工单位在工程完工后，在自检合格基础上提请建设单位对工程进行质量验收形成的资料。主要包括工程竣工报验单、单位工程质量竣工验收记录、施工资料移交书、房屋建筑工程质量保修书等。

4. 竣工验收文件

竣工验收文件是指建筑工程竣工验收、备案和移交等活动中形成的文件，包括竣工验收文件、竣工决算文件、竣工交档文件、竣工总结文件。竣工验收文件的章节可参照下面建立。

（1）竣工验收文件是指工程在竣工验收过程中记载和反映工程质量的文件，以及工程竣工验收合格后去主管部门备案产生的文件。主要包括单位（子单位）工程质量竣工验收记录、工程竣工验收报告、房屋建设工程质量保修书、建设工程竣工验收备案表等。

（2）竣工决算文件是综合、全面反映竣工项目建设成果及财务情况的总结性文件。主要包括施工决算文件、监理费用决算文件。

（3）竣工交档文件是指在工程完工后各资料的形成单位向建设单位移交以及建设单位

向城建档案馆归档所形成的资料。主要包括施工资料移交书、监理资料移交书、城市建设档案移交书等。

（4）竣工总结文件是指建设单位在工程竣工后全面、客观、简要地记述和介绍工程建设全过程，总结建设的经验和教训形成的资料。主要包括工程竣工总结、竣工新貌影像资料。

第7章　施工资料交底

7.1　施工资料交底的对象

7.1.1　施工资料交底的内部对象

施工资料交底的内部对象包括项目经理、项目技术负责人、施工员、质量员、安全员、材料员、机械员、劳务员、标准员等相关人员。交底是指在某一项工作开始前，由主管领导向参与人员进行的技术性交代，其目的是使参与人员对所要进行的工作技术上的特点、技术质量要求、工作方法与措施等方面有一个较详细的了解，以便科学地组织开展施工，避免技术质量等事故的发生。各项技术交底记录也是工程技术档案资料中不可缺少的部分。一般技术交底包括设计交底和施工交底。设计交底，即设计图纸交底，是在建设单位主持下，由设计单位向各施工单位进行的交底，主要交代建筑物的功能与特点、设计意图与要求等。施工技术交底一般由施工单位组织，在管理单位专业工程师的指导下，主要介绍施工中遇到的问题以及经常犯错误的关键问题，要让具体施工人员知晓按照设计图纸和规范如何进行施工等。施工技术交底的内容包括施工范围、工程量、工作量、施工进度、操作工艺和保证质量安全的措施、技术检验和检查验收要求等。一般的管理程序中组织与参加交底的都由项目技术负责人来负责组织交底，由项目技术负责人组织并带领施工员及各分包的技术人员与设计方、建设单位代表相互答疑交底；由项目经理组织参与涉及合同与重大变化导致的巨大经济治商，对分包方的重要管理如因为质量安全问题出现的重新返工等与重大经济相关的交底。安全管理方案及涉及安全的重大危险源及项目技术变化等，由项目经理负责组织编制，而安全技术措施是由项目技术负责人负责交底。

在施工资料交底过程中，质量验收记录也是施工资料非常重要的部分。根据《建筑工程施工质量验收统一标准》（GB 50300—2013），检验批质量验收记录资料形成过程中施工单位的相关责任人为项目专业质量检查员、专业工长等；分项工程质量验收记录资料形成过程中施工单位的相关责任人为项目专业技术负责人、项目专业质量检查员等；分部工程质量验收记录资料形成过程中施工单位的相关责任人为项目经理、项目技术负责人等；单位工程质量验收记录资料形成过程中施工单位的相关责任人为项目经理等。在施工资料交底时，一定要向相关责任人员明确"签认手续齐全"的含义，即在资料上签字、审核、批准、盖章等的相关人员和单位应当及时签认，不应出现空缺、代签、补签或代章等。

7.1.2　施工资料交底的近外层对象

施工资料交底的近外层对象是指与施工资料管理有着间接联系的人员，主要包括质量监督站、安全监督站、建设单位、监理单位、设计单位、勘察单位、试验检测单位及材料、设备、构配件供货单位等相关单位。施工资料的形成来源广泛，涉及的人员也众多。如工程设计变更是对施工图纸的补充和修改，不论是何原因都要由设计单位发出工程设计变更通知单，由设计专业负责人、监理及建设单位和施工单位相关负责人签认；工程物资进场后，应由建设、监理单位会同施工单位对进场物资进行检查验收，形成"工程物资进场检验记录"；分部工程的验收由总监理工程师组织施工单位项目负责人和项目技术负责人等进行验收，勘察、设计单位项目负责人和施工单位技术、质量部门负责人应参加地基与基础分部工程的验收，设计单位项目负责人和施工单位技术、质量部门负责人应参加主体结构、节能分部工程的验收，形成"分部工程质量验收记录"；建设单位收到施工单位的工程竣工报告后，应由建设单位项目负责人组织监理、施工、设计、勘察等单位项目负责人进行单位工程验收，形成"单位工程质量验收记录"等。

7.2 施工资料交底的内容

7.2.1 施工文件资料相关人员的管理职责

项目经理的职责为主持编制项目管理规划，归集工程资料，准备结算资料，参与工程竣工验收。项目技术负责人负责组织对施工组织设计和施工技术措施的编制。指导、检查各项施工资料的正确填写和收集管理。

《建筑与市政工程施工现场专业人员职业标准》（JGJ/T 250—2011）明确了施工单位的资料员和其他参建人员在施工文件资料管理中的职责。

1. 施工单位资料员的职责

参与制定施工资料管理计划；参与建立施工资料管理规章制度；负责建立施工资料台账，进行施工资料交底；负责施工资料的收集、审查及整理；负责施工资料的往来传递、追溯及借阅管理；负责提供管理数据、信息资料；负责施工资料的立卷、归档；负责施工资料的封存和安全保密工作；负责施工资料的验收与移交；参与建立施工资料管理系统；负责施工资料管理系统的运用、服务和管理。

2. 其他相关人员的职责

施工员负责编写施工日志、施工记录等相关施工资料，负责汇总、整理和移交施工资料；质量员负责质量检查的记录，编制质量资料，负责汇总、整理、移交质量资料；安全员负责安全生产的记录、安全资料的编制，负责汇总、整理、移交安全资料；标准员负责工程建设标准实施的信息管理；材料员负责材料、设备资料的编制，负责汇总、整理、移交材料和设备资料；机械员负责编制施工机械设备安全、技术管理资料，负责汇总、整理、移交机械设备资料；劳务员负责编制劳务队伍和劳务人员管理资料，负责汇总、整理、移交劳务管理资料。

7.2.2 施工文件资料的形成流程

施工资料的形成流程包括施工技术资料管理流程、施工物资资料管理流程和施工质量验收记录管理流程等。

1. 施工技术资料管理流程（图7-1）

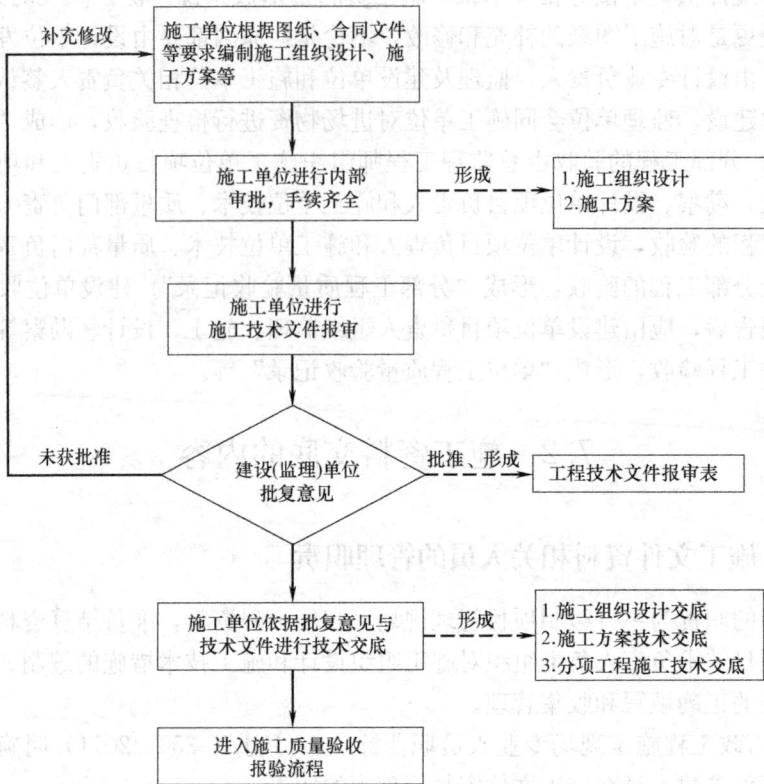

图 7-1　施工技术资料管理流程

2. 施工物资资料管理流程（图7-2）

3. 施工质量验收记录管理流程（图7-3～图7-7）

7.2.3　施工文件资料的收集目录

施工文件资料的收集内容、归档目录应按照施工项目不同和工程所在地的要求执行。可以参照执行的国家标准《建设工程文件归档整理规范》（GB/T 50328—2014）、行业标准《建筑工程资料管理规程》（JGJ/T 185—2009），具体的收集目录见表6-5。

7.2.4　施工文件资料的编制、审核和审批规定

1. 施工资料编制要求

（1）施工资料具有永久和长期保存价值，必须真实反映竣工后的实际情况，材料必须完整、准确、系统，各种程序责任者的签章手续必须齐全。

（2）施工资料必须使用原件，如有特殊情况不能使用原件的，应在复印件或抄件上加盖公章并注明原件存放处。

（3）施工资料不得随意修改；当需要修改时，应实行划改，并由划改人签署。

（4）施工资料的签字必须使用档案规定用笔，工程资料应采用打印的形式并手工签

供应单位根据供货合同组织工程物资进场 —— 提交相关质量证明文件

相关质量证明文件
1. 出厂合格证
2. 厂家质量检验报告
3. 厂家质量保证书
4. 进口商品商检证明
5. 质量检验部门出具的检验报告
6. 环保、消防部门出具的认可文件等
提交的质量证明文件内容应由供求双方事先约定

施工单位组织工程物资进场检验

抽样复试 —— 不合格 —— 开箱检查

合格

施工单位进行工程物资进场验收 —— 形成
1. 材料、构配件进场检验记录
2. 材料试验报告(通用)
3. 设备开箱检验记录
4. 设备及管道附件试验记录
5. 物资进场复试报告(试验或检验单位提供)

报送

建设(监理)单位审核 —— 审批签认形成 —— 工程物资进场报验表

退货或按合同约定处理

合格

工程使用

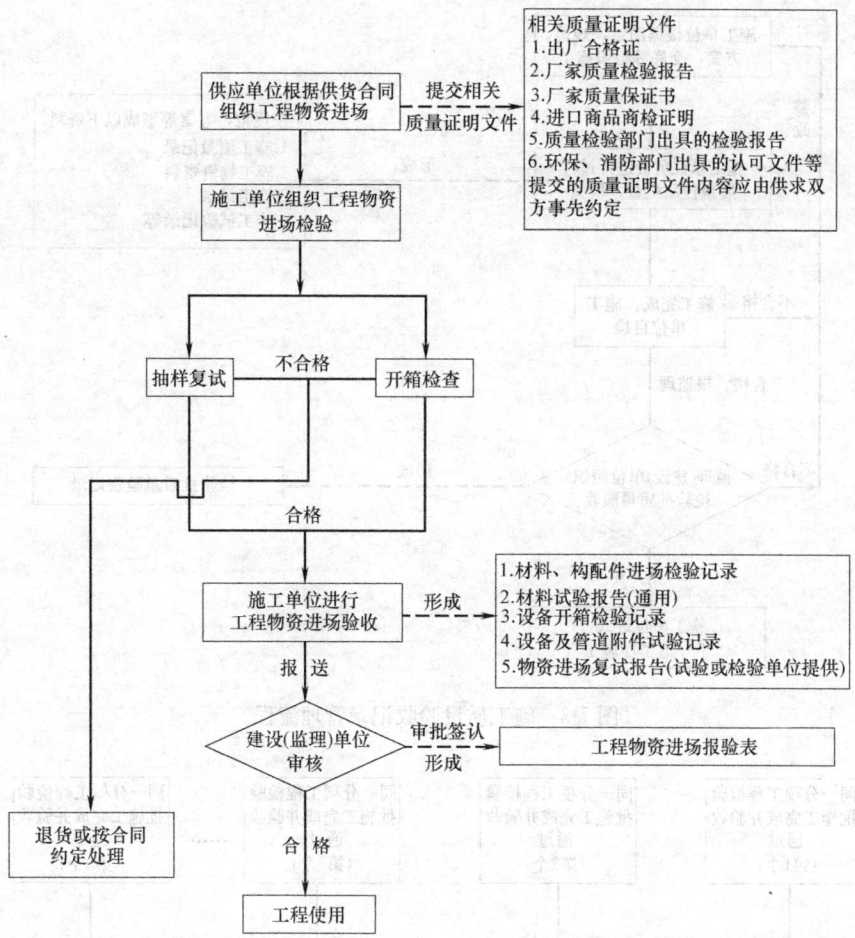

图 7-2 施工物资资料管理流程

字,在资料上签字、审核、批准、盖章等的相关人员和单位应当及时签认不应出现空缺、代签、补签或代章等。

(5) 施工资料的照片(含底片)及声像档案,要求图像清晰、声音清晰、文字说明或内容准确。

2. 施工资料的审核和审批

施工资料的审核和审批应及时进行,其内容应符合相关规定。施工中编制形成的施工文件资料有报验、报审要求的,施工单位应按报验、报审程序,经过本单位审核签认后,方可报建设(监理)单位审批签认。如项目经理负责主持编制的单位工程施工组织设计应提交给施工单位技术负责人或负责人授权的技术人员审批;由专业分包单位编制的分部(分项)工程或专项工程的施工方案,应由专业承包单位技术负责人或技术负责人授权的技术人员审批,审批后再交由总包单位技术负责人审核。施工单位完成审核、审批签认后,根据施工合同要求提交建设(监理)单位审批签认,形成"单位工程施工组织设计报审表"。

施工文件资料的报验、报审有时限性要求的,相关单位宜在合同中约定报验、报审资

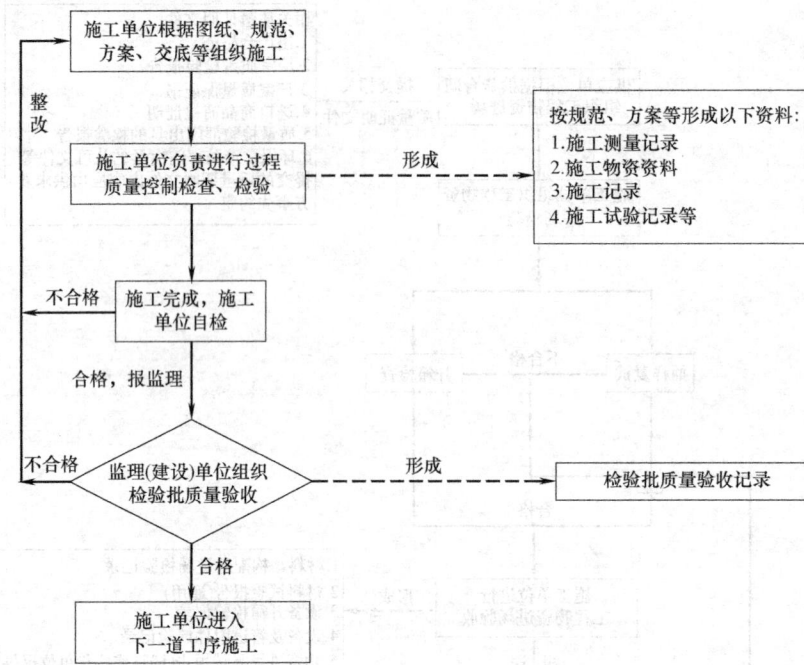

图 7-3　施工质量验收记录管理流程

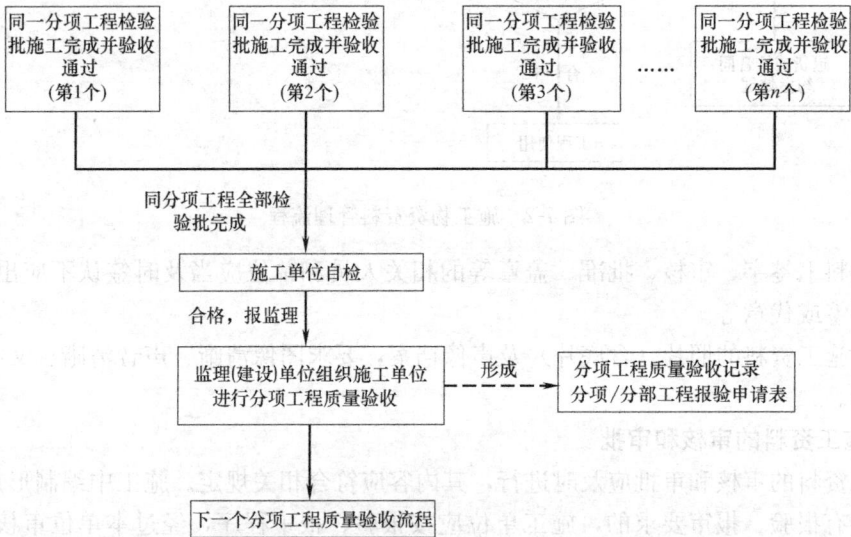

图 7-4　分项工程质量验收流程

料的申报时间及审批时间，并约定应承担的责任；当无约定时，施工文件资料的申报、审批不得影响正常施工。如《建设工程施工合同（示范文本）》（GF-2013—0201）中关于隐蔽工程验收作出如下的约定：

(1) 第 5.3.1 条承包人自检约定"承包人应当对工程隐蔽部位进行自检，并经自检确认是否具备覆盖条件。"

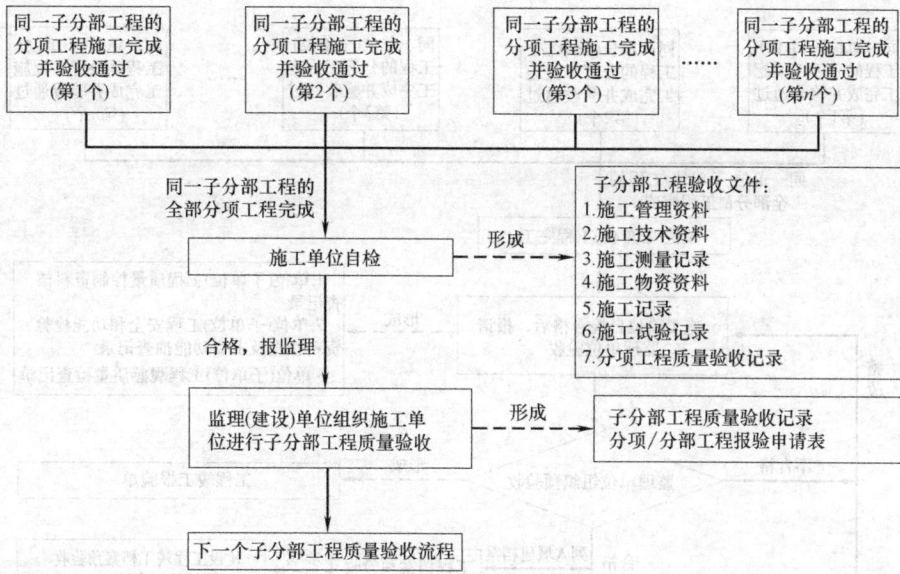

图 7-5　子分部工程质量验收流程

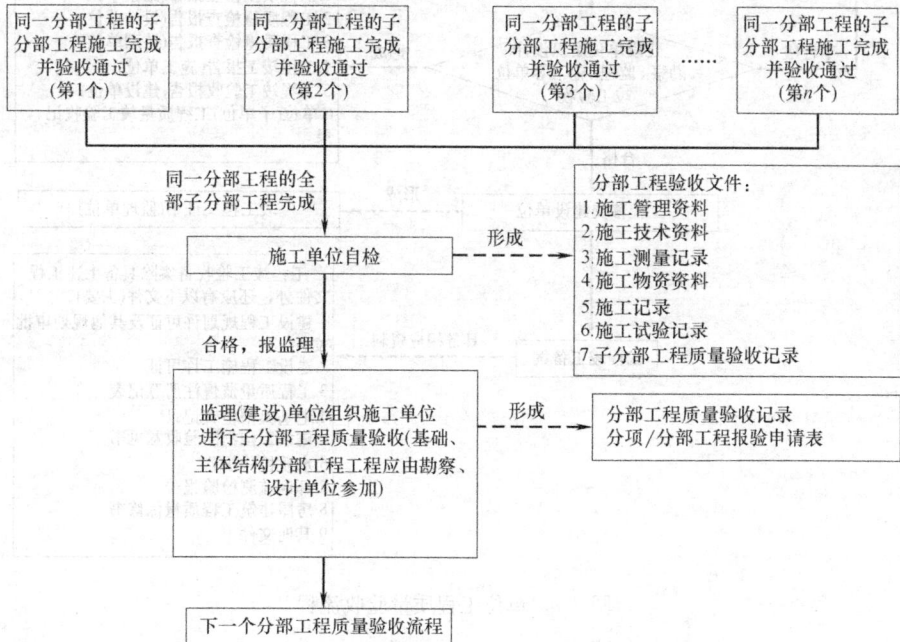

图 7-6　分部工程质量验收流程

（2）第 5.3.2 条检查程序约定"工程隐蔽部位经承包人自检确认具备覆盖条件的，承包人应在共同检查前 48 小时书面通知监理人检查，通知中应载明隐蔽检查的内容、时间和地点，并应附有自检记录和必要的检查资料；监理人应按时到场，并对隐蔽工程及其施工工艺、材料和工程设备进行检查。经监理人检查确认质量符合隐蔽要求，并在验收记录

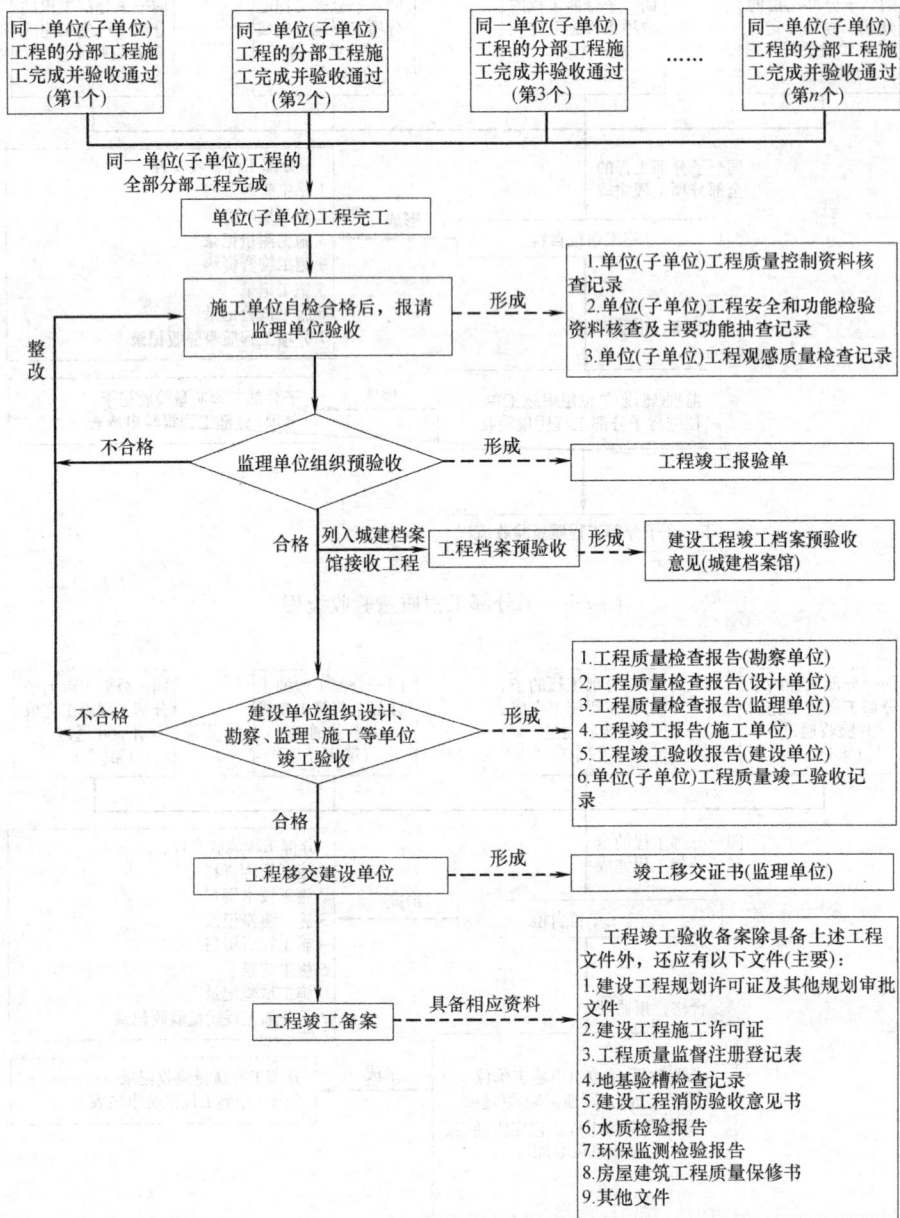

图 7-7　单位工程质量验收流程

上签字后，承包人才能进行覆盖。经监理人检查质量不合格的，承包人应在监理人指示的时间内完成修复，并由监理人重新检查，由此增加的费用和（或）延误的工期由承包人承担；除专用合同条款另有约定外，监理人不能按时进行检查的，应在检查前 24 小时向承包人提交书面延期要求，但延期不能超过 48 小时，由此导致工期延误的，工期应予以顺延。监理人未按时进行检查，也未提出延期要求的，视为隐蔽工程检查合格，承包人可自行完成覆盖工作，并作相应记录报送监理人，监理人应签字确认。监理人事后对检查记录有疑问的，可按第 5.3.3 项（重新检查）的约定重新检查。"

（3）第 5.3.3 条重新检查约定"承包人覆盖工程隐蔽部位后，发包人或监理人对质量有疑问的，可要求承包人对已覆盖的部位进行钻孔探测或揭开重新检查，承包人应遵照执行，并在检查后重新覆盖恢复原状。经检查证明工程质量符合合同要求的，由发包人承担由此增加的费用和（或）延误的工期，并支付承包人合理的利润；经检查证明工程质量不符合合同要求的，由此增加的费用和（或）延误的工期由承包人承担。"

7.2.5 施工文件资料的立卷和归档要求

1. 立卷方法

一个工程建设项目可由一个或多个单位工程组成，工程文件的积累和收集是按单位工程进行汇总的，整理也要按单位工程立卷，这是工程文件立卷和工程档案管理的基本要求。单位工程的施工文件立卷可按分部工程、专业和阶段等立卷。

（1）按分部工程立卷

工程施工是按分部或子分部工程进行的，所以按分部工程整理立卷是合理可行的。如建筑安装工程的分部工程可以分为地基与基础、主体结构、装饰装修、屋面、建筑给水排水、电气、智能化等，每个分部工程又可分为若干项子分部工程，如主体结构又可分为砌体结构、混凝土结构、钢结构等。这些分部工程、子分部工程都可以独立组织施工，施工文件可独立整理立卷。

（2）按专业立卷

工程也是按专业分开施工的，施工文件应按专业立卷。以智能建筑工程为例，该工程由若干个系统组成，如智能化集成系统、综合布线系统、有线电视及卫星电视接收系统等，每个系统应按本专业形成的工程文件整理立卷。按专业立卷内容清楚、类目明了，分类、归卷以及划分保管期限、划分密级易于判断和掌握。

（3）按阶段立卷

工程施工又是按照专业分阶段进行的，施工文件可遵循这一规律进行立卷。以建筑安装工程为例说明，土建施工一般可分为施工准备、施工实施和施工检查验收等阶段，施工准备阶段包括施工技术准备、施工现场准备和施工物资准备；施工实施阶段包括基础施工、主体施工、装饰装修施工及屋面施工；施工检查验收阶段分为（部位）工程质量及专业工程质量、工程验收等。工程施工文件可按施工阶段及各阶段实施过程组卷，能做到类目清楚，有序进行。

（4）注意事项

如一个单位工程由几家施工单位施工，各自形成了施工文件，此时，应确定某一施工单位负责牵头按统一组卷的要求，明确组卷方法和步骤，防止由于各施工单位随便自行整理组卷，最终破坏文件的自然形成规律及内在联系的发生。

2. 卷内文件的排列

案卷内文件排列分文字文件、图纸排列以及既有文字文件又有图纸混装的排列。

（1）文字文件排列

文字文件按事项、专业顺序排列。同一事项的请示与批复、同一文件的印本与定稿、主件与附件不能分开，并按批复在前、请示在后，印本在前、定稿在后，主件在前、附件在后的顺序排列。工程文件按专业排列符合文件形成规律的，脉络清楚，操作方便。施工单位文件也按专业分开，如建筑安装工程一般分为土建、给水排水、电气、暖通等专业，然后再按文件形成时间排序。

（2）图纸排列

图纸应先按专业分开，再按图号排列。竣工图应按专业分卷，组成独立案卷，不同专业的图纸原则上不能混在一起排列。如建筑中的电话与电视系统虽然都为弱电系统，但它们专业性质不同，应分别单独组卷。如果图纸数量太少，可先按专业分开，然后在不同专业内再分别排序。同专业竣工图纸应按图号顺序排列，小号排前，大号排后。取消（作废）的图纸应剔除，此图后面的图纸依次前提，图号不变。增加的图纸应附在本专业图纸之后，按补图图号顺序排列。如某工程结构竣工图原有图纸最末编号为结构20，设计单位增加1张图纸，编号为结构补1；竣工图修改又增加了3张图纸，编号为结构补2、结构补3、结构补4，最终本工程结构竣工图共24张。图纸排列按图号顺序排列，从结构1到结构20，结构20后面为结构补1，依次排列，最后为结构补4。

（3）既有文字材料又有图纸的案卷

案卷由文字文件和图纸混合组成（为一卷），其内容构成有两种情况：一是一卷内只有一个专业的文字文件和竣工图纸时，卷内文件应遵循"文字文件排前，图纸排后的原则"。二是卷内有几个专业的文字文件和图纸时，也要先把给专业文字文件按专业分开，再按时间排序，汇总排在前面。同样各专业竣工图纸也应这样处理后，排在文字文件后面。

3. 案卷的编目

案卷编目是按照一定的规范要求，通过一定形式，固定工程文件整理成果，揭示工程文件内容、成分的工作。案卷的编目包括卷内文件的页号、案卷封面、卷内目录、卷内备考表、案卷脊背的编制。

（1）编制卷内文件页号应符合下列规定：

卷内文件均按有书写内容的页面编号。每卷单独编号，页号从"1"开始；单面书写的文件在右下角；双面书写的文件，正面在右下角，背面在左下角。折叠后的图纸一律在右下角；成套图纸或印刷成册的科技文件材料，自成一卷的，原目录可代替卷内目录，不必重新编定页码；案卷封面、卷内目录、卷内备考表不编写页号。

（2）卷内目录的编制应符合下列规定：

1）序号：以一份文件为单位，用阿拉伯数字从1依次标注；

2）责任者：填写文件的直接形式单位和个人，有多个责任者时，选择两个主要责任者，其余用"等"代替；

3）文件编号：填写工程文件原有的文号或图号；

4）文件题名：填写文件标题的全称；

5）日期：填写文件形式的日期；

6）页次：填写文件在卷内所排的起始页号，最后一份文件填写起止页号；卷内目录排列在卷内文件首页之前。

（3）卷内备考表的编制应符合下列规定：

卷内备考表主要标明卷内文件的总页数、各类文件页数（照片张数），以及立卷单位对案卷情况的说明；卷内备考表排列在卷内文件的尾页之后。

（4）案卷封面的编制应符合下列规定：

1）案卷封面印刷在卷盒、卷夹的正表面，也可采用内封面形式；

2）案卷封面的内容应包括：档号、档案馆代号、案卷题名、编制单位、起止日期、密级、保管期限、共几卷、第几卷；

3）档号应由分类号、项目号和案卷号组成，档号由档案保管单位填写；

4）档案馆代号应填写国家给定的本档案馆的编号，档案馆代号由档案馆填写；

5）案卷题名应简明、准确地提示卷内文件的内容。案卷题名应包括工程名称、专业名称、卷内文件的内容；

6）编制单位应填写案卷内文件的形成单位或主要责任者；

7）起止日期应填写案卷内全部文件形成的起止日期；

8）保管期限分为永久、长期和短期三种期限，永久是指工程档案需永久保存，长期是指工程档案的保存期限等于该工程的使用寿命，短期是指工程档案保存 20 年以下，同一案卷内有不同保管期限的文件，该案卷保管期限应从长；

9）密级分为绝密、机密和秘密三种，同一案卷内有不同密级的文件，应以高密级为本卷密级；

10）卷内目录、卷内备考表、案卷内封面应采用 70g 以上白色书写纸制作，幅面统一采用 A4 幅面。

4. 案卷装订与装具

案卷可采用装订与不装订两种形式。文字材料必须装订。既有文字材料，又有图纸的案卷应装订。装订应采用线绳三孔左侧装订法，要整齐、牢固，便于保管和利用。装订时必须剔除金属物。

5. 施工资料移交的时间和途径

施工单位是工程项目的实施者，施工过程中会产生大量的施工文件。由于施工文件种类多、数量多，应分阶段归档。建设单位与施工单位签订施工合同时，应根据工程项目规模、施工季节和施工特点等明确施工任务及时限要求，并在完成施工任务的同事，分阶段、分专业及时收集整理施工文件。整个施工任务完成后，工程竣工验收前向建设单位归档，以保证竣工验收工作的顺利进行。

工程项目中如有分包工程，分包单位应将形成的工程文件整理后，按总包单位明确的时限要求，及时向总包移交。

第8章 收集、审查与整理施工资料

8.1 房屋建筑和市政施工资料的形成和收集

8.1.1 概述

施工资料指的是在工程施工过程中所形成的文件资料。

1. 施工资料的形成应符合下列规定

（1）施工资料形成单位应对资料内容的真实性、完整性、有效性负责；由多方形成的资料，应各负其责。

由一方单独形成的资料，由形成单位自己负责。由两方以上形成的资料，按照"谁形成，谁负责"的原则，由各方对自己签署内容的真实性、完整性、有效性负责。如进场材料见证取样检测，施工单位对取样负责；监理单位对见证取样送检负责；检测单位对来样检测正确性负责。

（2）施工资料的填写、编制、审核、审批、签认应及时进行，其内容应符合相关规定。

施工中编制形成的施工资料有报验、报审要求的，施工单位应按报验、报审程序，经过本单位审核签认后，方可报建设（监理）单位审批签认。如项目经理负责主持编制的单位工程施工组织设计应提交施工单位技术负责人或负责人授权的技术人员审批；由专业分包单位编制的分部（分项）工程或专项工程的施工方案，应由专业承包单位技术负责人或技术负责人授权的技术人员审批，若有总承包单位时，应由总承包单位项目技术负责人核准备案。施工单位完成审核、审批签认后，根据施工合同要求提交建设（监理）单位审批签认，形成单位工程施工组织设计报审表。

施工资料报验、报审有时限性要求的，相关单位宜在合同中约定报验、报审资料的申报时间及审批时间，并约定应承担的责任；当无约定时，施工文件资料的申报、审批不得影响正常施工。如《建设工程施工合同（示范文本）》（GF-12013-0201）5.3.1 条承包人自检约定"承包人应当对工程隐蔽部位进行自检，并经自检确认是否具备覆盖条件。"；5.3.2 条检查程序约定"工程隐蔽部位经承包人自检确认具备覆盖条件的，承包人应在共同检查前 48 小时书面通知监理人检查，通知中应载明隐蔽检查的内容、时间和地点，并应附有自检记录和必要的检查资料。监理人应按时到场并对隐蔽工程及其施工工艺、材料和工程设备进行检查。经监理人检查确认质量符合隐蔽要求，并在验收记录上签字后，承包人才能进行覆盖。经监理人检查质量不合格的，承包人应在监理人指示的时间内完成修复，并由监理人重新检查，由此增加的费用和（或）延误的工期由承包人承担。除专用合同条款另有约定外，监理人不能按时进行检查的，应在检查前 24 小时向承包人提交书面延期要求，但延期不能超过 48 小时，由此导致工期延误的，工期应予以顺延。监理人未按时进行检查，也未提出延期要求的，视为隐蔽工程检查合格，承包人可自行完成覆盖工作，并作相应记录报送监理人，监理人应签字确认。监理人事后对检查记录有疑问的，可按第 5.3.3 项〔重新检查〕的约定重新检查。"；5.3.3 重新检查约定"承包人覆盖工程隐蔽部位后，发包人或监理人对质量有疑问的，可要求承包人对已覆盖的部位进行钻孔探测或揭开重新检查，承包人应遵照执行，并在检查后重新覆盖恢复原状。经检查证明工程质量符合合同要求的，由发包人承担由此增加的费用和（或）延误的工期，并支付承包人合理的利润；经检查证明工程质量不符合合同要求的，由此增加的费用和（或）延误的工期由承包人承担。"

（3）施工资料不得随意修改；当需修改时，应实行划改，并由划改人签署。

施工资料应真实有效、完整及时、字迹清楚、图样清晰、图表整洁并留出装订边。施工资料不得随意修改是指原则上施工文件资料不应进行修改，以保证施工资料的真实性。但有时由于笔误等原因需要对资料的个别内容进行更正，此时应执行划改（也称"杠改"），划改人应签署并承担责任。

（4）施工资料的文字、图表、印章应清晰。

施工文件资料的填写、签字应采用耐久性强的书写材料，不得使用易褪色的书写材料。

2. 施工资料的收集应符合下列规定

（1）施工资料的收集应有针对性

伴随着工程项目建设活动的开展形成许多施工资料，同时工程项目的不同产生施工资料有所不同，各工程参建单位应针对项目特点和实际情况有针对性收集施工文件资料，并在工程开工前预先计划收集的工程文件资料的种类、名称和要求，这样就能做到收集时有针对性。

（2）收集的施工资料应有真实性

建设施工文件资料是建设工程档案资料的重要组成部分，为处理工程质量、安全事故和评定工程质量提供重要技术依据，因此收集的施工资料应具备真实性。

施工档案资料与工程建设同步是保证工程文件档案资料真实性的必要手段。"同步"的含义，是工程建设进展到哪个环节，施工文件资料的形成与管理就应当跟进到哪个环节。只有这样，才能够使资料的真实性得到基本保证，发挥资料在工程建设过程中的作用，起到提高建设工程管理水平，规范建设工程资料管理，从而保证工程质量的目的。"同步"的含义并不是非常严格的"同时"，而是要求工程资料与工程进度应基本保持对应、及时形成，如混凝土分工程检验批验收时，有可能因混凝土试验龄期未到而不能对混凝土强度进行评定，需待混凝土试块标养 28 天后，再进行评定、补填数据。

（3）收集的施工资料应为原件

施工资料是档案的基础，原件是构成档案的基本要求。原件是原始记录，能够真实反映资料的原始内容，使资料的真实性得到有效保证，施工文件资料应为原件。但是工程施工过程中，原件数量往往难以满足对资料份数的需求，因此在工程资料中，允许采用复印件；当为复印件时，提供单位应在复印件上加盖单位印章，并应有经办人签字及日期。提供单位应对资料的真实性责，旨在保持复印件便利性的前提下，最大程度地提高复印件的可靠性。

（4）收集的施工资料应内容完整

施工文件档案资料的填写、编制、审核、审批、签认等其内容应符合国家规范和技术标准的相关规定，内容完整、结论明确、签认手续齐全。"内容完整"是要求资料中对其有效性、有决定性影响的项目和内容应填写齐全，不应空缺。"结论明确"是指当资料中需要给出结论时，例如某些检验报告中的"试验结果"或验收记录中的"验收意见"，应当按照相关设计或标准的要求给出明确结论，不应填写成"基本合格"、"已验收"、"未发现异常"等不确切词语。"签认手续齐全"是指应该在资料上签字、审核、批准、盖章等的相关人员和单位应当及时签认，不应出现空缺、代签、补签或代章等。内容的深度符合国家的关技术规范和标准要求。工程资料的文字、图表、印章应清晰。

（5）施工资料收集宜采用信息化技术进行辅助管理

施工档案资料宜优先采用计算机网络技术进行管理，使管理规范化、标准论和电子信息化，如江苏省境内的建设工程文件档案资料使用"工程档案资料管理系统"进行归档。

施工文件通常包括：施工管理文件、施工技术文件、进度造价文件、施工物资出厂质量证明及进场检测文件（施工物资文件）、施工记录文件、施工试验记录及检测文件、施工质量验收记录、施工验收文件等，其形成流程如图 8-1 所示。

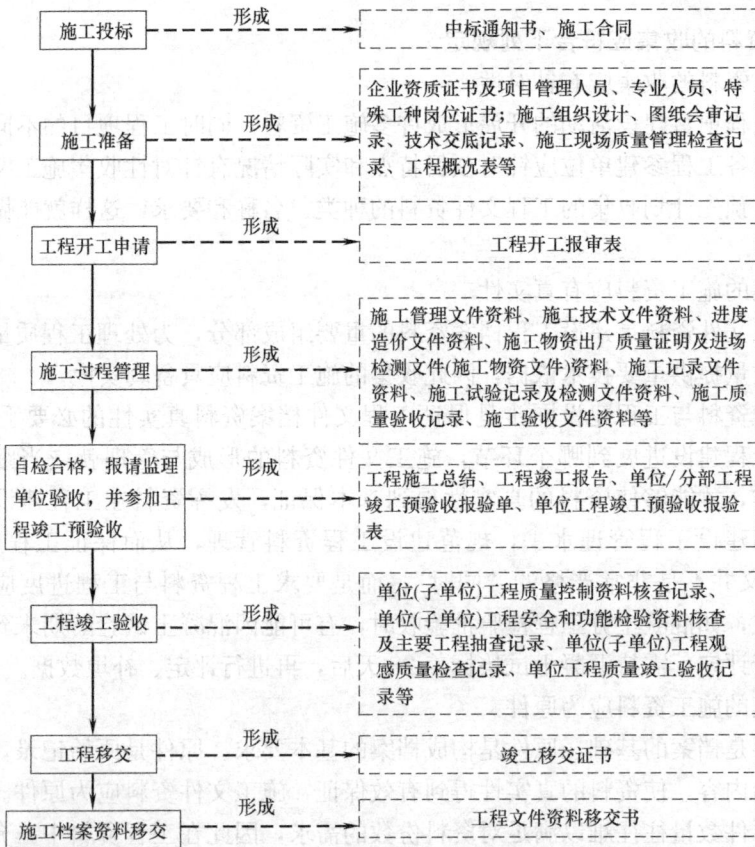

图 8-1　施工资料的形成流程

8.1.2 施工管理文件

1. 工程概况表

工程概况表是对工程基本情况的简介，通常包括一般情况、构造特征、机电系统名称和其他等四方面内容。一般情况中的工程名称应该与规划许可证、施工许可证和施工图相一致。构造特征按设计要求和施工图填写。机电系统主要填写本工程中采用的工程系统及主要设备的参数据、机电承受的容量和电压等级等。其他主要填写采用四新（新材料、新工艺、新产品、新设备）的情况与独特技术等。

施工单位填写的工程概况表应一式四份，并应由建设单位、监理单位、施工单位和城建档案馆各保存一份。工程概况表宜采用表 8-1 的格式。

工程概况表 (C.1.1) 表 8-1

工程名称		×××住宅楼	编号	×××
一般情况	建设单位	×××置业公司		
	建设用途	住宅	设计单位	×××设计院
	建设地点	××区×路××号	勘察单位	×××勘察院
	建设面积	5040m²	监理单位	×××监理公司
	工期	280 天	施工单位	×××建筑公司
	工期计划开工日期	××年×月×日	计划竣工日期	××年×月×日
	结构类型	框架混凝土结构	基础类型	钢筋混凝土箱形基础
	层次	地下一层、地上六层	建筑檐高	18m
	地上面积	720m²	地下面积	4320m²
	人防等级	一	抗震等级	二
构造特征	地基与基础	C30 钢筋混凝土箱型基础		
	柱、内外墙	柱为 C30 混凝土，围护墙为陶粒砌块		
	梁、板、楼盖	梁、板为 C30 混凝土		
	内墙装饰	内墙装饰耐擦洗涂料		
	外墙装饰	外墙装饰浮雕涂料		
	楼地面装饰	楼地面为 1：2.5 水泥砂浆地面		
	屋面构造	SBS 改性沥青防水卷材		
	防火设备			
机电系统名称		220V 交流电		
其他		给水管为 PPR，排水管为 PVC		

2. 施工现场质量管理检查记录

《建筑工程施工质量验收统一标准》（GB 50300—2013）规定：施工现场应具有健全的质量管理体系、相应的施工技术标准、施工质量检查制度和综合施工质量水平评定考核制度。施工现场质量管理可按施工现场质量管理检查记录的要求进行检查记录。施工单位开工前，填写施工现场质量管理检查记录，报监理单位检查，检查符合要求后方可开工。施工现场质量管理检查记录主要检查项目包括：

（1）现场质量管理制度：工程报建制度、投标前评审制度、工程项目总承包负责制、技术交底制度、材料进场检验制度、样板引路制度、施工挂牌制度、过程三检制度、质量否决制度、成品保护制度、工程质量评定及检验制度、竣工服务承诺制度、培训上岗制度和工程质量事故报告及调查制度。

（2）质量责任制检查：质量管理框图，现场质量负责人、各工程质量负责人、操作者的质量责任，专职质量检查员的责任，材料、设备采购员的质量责任等。

（3）主要专业工种操作上岗证书：项目经理、专业技术负责人、八大员、特殊工种和普通工种操作人员等。

（4）专业承包单位资质管理制度：分包单位的资质应具备分包工程项目的资质要求。

（5）施工图审查情况：施工所用图纸要取得设计审查合格证书，施工图应有图审机构盖章。施工图施工前的技术交底和图纸会审的检查。

（6）地质勘察资料：工程建设范围内的地质特征和地质结构、不良地质的处理、地下水情况及侵蚀性和氡浓度是否符合标准的说明等。

（7）施工组织设计编制及审批：监理单位的总监理工程审定承包单位提交的开工报告、施工组织设计、技术方案、进度计划等。

（8）施工技术标准：工法、工艺标准、操作规程、企业标准、管理标准、优质工程评价标准等。

（9）工程质量检验制度：材料、半成品、成品、构配件、设备等进场验收和复验制度，各工序的"三检"制度等。

（10）混凝土搅拌站及计量设置检查：检查有无计量设备、计量设备有没有经过校验等。

（11）现场材料、设备存放与管理制度：施工过程中材料和设备的合理存放与管理等。

施工现场质量管理检查记录中"内容"栏写上文件的名称或编号，检查时将文件附在表后供检查，检查后文件归还原单位；"检查结论"栏由监理单位总监理工程师或建设单位项目负责人填写"符合要求"或"不符合要求"，如是"不符合要求"，施工单位必须限期改正，否则不准许开工。

施工单位填写的施工现场质量管理检查记录应一式两份，并应由监理单位、施工单位各保存一份。施工现场质量管理检查记录宜采用表8-2的格式。

施工现场质量管理检查记录（C.1.2）　　　　　　　　　　　　　表8-2

工程名称	×××工程	施工许可证（开工证）		×××号	
建设单位	×××置业公司	项目负责人		×××	
设计单位	×××设计院	项目负责人		×××	
监理单位	×××监理公司	总监理工程师		×××	
施工单位	×××建筑公司	项目经理	×××	项目技术负责人	×××

序号	项　　目	内　　容
1	现场质量管理制度	质量例会制度；月评比及奖罚制度；三检及交接检制度；质量与经济挂钩制度
2	质量责任制	岗位责任制；设计交底会制；技术交底制；挂牌制度
3	主要专业工种操作（上岗）证书	测量工、钢筋工、起重工、木工、混凝土工、电焊工、架子工有证
4	分包方资质与对分包单位的管理制度	—
5	施工图审查情况	审查报告及审查批准书××设××号
6	地质勘察资料	地质勘探报告
7	施工组织设计、施工方案及审批	施工组织设计编制、审核、批准齐全

序号	项　目	内　容
8	施工技术标准	有模板、钢筋、混凝土等 20 多种
9	工程质量检验制度	有原材料及施工检验制度；抽测项目的检验计划
10	搅拌站及计量设置	有管理制度和计量设施精确度及控制措施
11	现场材料、设备存放与管理	钢材、砂石、水泥及玻璃、地面砖的管理办法
12		

检查结论：

施工现场质量管理制度完整，符合《建筑工程施工质量验收统一标准》(GB 50300—2013)的规定。

总监理工程师：×××

（建设单位项目负责人） ××××年×月 ×日

3. 企业资质证书及相关专业人员岗位证书

《建筑业企业资质管理规定》（住房和城乡建设部令第 22 号）将建筑业企业资质分为施工总承包资质、专业承包资质、施工劳务资质。施工总承包资质、专业承包资质按照工程性质和技术特点分别划分为若干资质类别，各资质类别按照规定的条件划分为若干资质等级。施工劳务资质不分类别与等级。建筑企业应在取得的资质等级证许可的范围内承担施工任务，同时有关人员应具备相应的注册执业证书、职称证书、岗位证书和考核或者培训合格证书等。施工单位收集企业资质证书和相关专业人员的岗位证书，填写工程项目施工管理人员名单及岗位证书，并附相应岗位证书复印件，报监理单位总监理工程（或建设单位项目负责人）审核确认。

施工单位填写的企业资质证书及相关专业人员岗位证书应一式四份，并应由建设单位、监理单位、施工单位和城建档案馆各保存一份，如表 8-3 所示。

工程项目施工管理人员名单及岗位证书（参考用表） 表 8-3

工程名称	×××工程		施工单位	×××建筑公司	
技术部门负责人	×××	执业证号	×××	联系电话	×××
质量部门负责人	×××	执业证号	×××	联系电话	×××
项目经理	×××	执业证号	×××	联系电话	×××
项目技术负责人	×××	执业证号	×××	联系电话	×××
专职质检员	×××	执业证号	×××	联系电话	×××
以下略					

上述人员是我单位为　×××　工程配备的施工管理人员，请建设(监理)单位审核。

企业技术负责人：×××

企业法人代表：×××

（公章） ××××年×月 ×日

审核意见：

施工现场管理人员配备齐全，并具有相关岗位证书，符合人员资格要求。

总监理工程师：×××

（建设单位项目负责人） ××××年×月 ×日

4. 分包单位资质报审表

分包工程开工前，施工总承包单位需填写分包单位资质报审表，报送监理单位审核签认。分包单位资质报审表应符合现行国家标准《建设工程监理规范》（GB/T 50319—2013）有关规。分包单位资质报审表附件包括：分包单位的营业执照、企业资质等级证书、特殊行业施工许可证、国外（境外）企业在国内承包工程许可证；分包单位的业绩（指分包单位近三年所承建的分包工程名称、质量等级证书或经建设单位组织验收后形成的各方签章的单位工程质量验收记录应附后）；拟分包工程的内容和范围；专职管理人员和特种作业人员的资格证、上岗证等。

施工总承包单位填报的分包单位资质报审表应一式三份，并应由建设单位、监理单位和施工总承包单位各保存一份。分包单位资质报审表宜采用表 8-4 的格式。

分包单位资质报审表（C.1.3）　　　　　　　表 8-4

工程名称	×××工程	施工编号	×××
		监理编号	×××
		日期	××××年×月 ×日

致：　×××　项目监理机构(单位)

经考察，我方认为拟选择的　×××专业承包单位　（专业承包单位）具有承担下列工程的施工资质和施工能力，可以保证本工程项目按合同的约定进行施工。分包后，我方仍然承担总包单位的资任。请予以审查和批准。
　　附：1.☑分包单位资质材料
　　　　2.☑分包单位业绩材料
　　　　3.☑中标通知书

分包工程名称(部位)	工程量	分包工程合同额	备注
场地平整土方工程	10000m³	×××万元	
	—	—	
合计	10000m³	×××万元	

施工总承包单位(章)　×××建筑公司
项目经理　　×××

专业监理工程师审查意见：
　　经审核，分包单位资料齐全、业绩材料真实。

专业监理工程师(章)　　　×××
日　期××××年×月 ×日

总监理工程师审核意见：
　　经审查，具备承担本工程施工的能力和资质。

监理单位　×××监理公司
总监理工程师　　×××
日　期　××××年×月 ×日

5. 建设单位质量事故勘查记录

施工中出现质量事故的处理程序为：工程暂停和事故报告；成立事故调查组，进行事故调查；调查组编写事故调查报告；制定事故处理方案；进行事故处理；编写质量事故处理报告；质量事故处理结论，恢复正常施工。成立事故调查组，进行事故调查时，调查人员进行现场事故勘查、核实事故基本情况，形成建设单位质量事故勘查记录。建设单位质量事故勘查记录中"调（勘）查笔录"栏应填写工程质量如故发生的时间、具体部位、原因（设计原因、施工原因、不可抗力等），并初步估计造成的损失，对于现场勘察所形成的记录宜采用影像的形式真实记录现场情况，作为分析事故的依据。

调查单位填写的建设工程质量事故调查、勘查记录应一式五份，并应由调查单位、建设单位、监理单位、施工单位和城建档案馆各保存一份。建设工程质量事故调查、勘查记录宜采用表 8-5 的格式。

建设工程质量事故调查、勘查记录（C.1.4）　　　　　　表 8-5

工程名称	×××工程	编号	×××
		日期	××××年×月 ×日
调（勘）查时间	××××年 ×月 × 日× 时× 分至 × 时× 分		
调（勘）查地点	××区×路××号		
参加人员	单位	姓名	职务	电话
被调查人	×××	×××	×××	×××
陪同调（勘）查人员	×××	×××	×××	×××
	×××	×××	×××	×××
调（勘）查笔录	略			
现场证物照片	☑有　□无　共× 张　共× 页			
事故证据资料	☑有　□无　共× 张　共× 页			
被调查人签字	×××	调（勘）查人签	×××	

6. 建设工程质量事故报告书

施工中出现质量事故的处理程序为：工程暂停和事故报告；成立事故调查组，进行事故调查；调查组编写事故调查报告；制定事故处理方案；进行事故处理；编写质量事故处理报告；质量事故处理结论，恢复正常施工。建设工程质量事故经过事故调查后，调查组编写事故调查报告。事故调查报告包括下列内容：事故项目及各参建单位概况；事故发生经过和事故救援情况；事故造成的人员伤亡和直接经济损失；事故项目有关质量检测报告和技术分析报告；事故发生的原因和事故性质；事故责任的认定和事故责任者的处理建议；事故防范和整改措施。事故调查报告应当附具有关证据材料，事故调查组成员应当在事故调查报告上签名。

调查单位填写的建设工程质量事故报告书应一式五份，并应由调查单位、建设单位、监理单位、施工单位和城建档案馆各保存一份。

7. 施工检测计划

工程质量检测是确认工程质量的一个重要手段。为了做好检测试验工作，施工单位在工程开工前，将工程拟检测试验的项目、内容、检测部位、检测的数量和检测时间，以表格的形式编制成检测试验计划，报监理单位审核。施工检测计划所包括的检测项目有：材料进场抽样检测、现场实体检测、热工性能检测、系统节能性能检测、系统而候性检测和产品检测等，具体视工程项目的不同而有所不同。

施工单位填写的施工检测计划应一式三份，并应由建设单位、监理单位和施工单位各保存一份。

8. 见证检测汇总表

见证取样送检是指，在监理（建设）单位人员的见证下，施工单位人员在现场取样，送到有资质的试验检测单位进行检测。

建设部建建 2000（211）号《关于印发〈房屋建筑工程和市政基础设施工程实行见证取样和送检的规定〉的通知》规定下列试块、试件和材料必须实施见证取样和送检：

（1）用于承重结构的混凝土试块；

（2）用于承重墙体的砌筑砂浆试块；

（3）用于承重结构的钢筋及连接接头试件；

（4）用于承重墙的砖和混凝土小型砌块；

（5）用于拌制混凝土和砌筑砂浆的水泥；

（6）用于承重结构的混凝土中使用的掺加剂；

（7）地下、屋面、厕浴间使用的防水材料；

（8）国家规定必须实行见证取样和送检的其他试块、试件和材料。

检测单位在检测报告上加盖有"有见证检测"印章。施工单位将检测单位提供盖有"有见证检测"印章的检测报告进行汇总，填写的见证试验检测汇总表。见证试验检测汇总表应一式两份，并应由监理单位、施工单位各保存一份。见证试验检测汇总表宜采用表 8-6 的格式。

见证试验检测汇总表　（C. 1. 5）　　　　　　表 8-6

工程名称	×××工程		编　　号	×××
			填表日期	×××年×月 ×日
建设单位	×××房地产公司		检测单位	×××
监理单位	×××监理公司		见证人员	×××
施工单位	×××建筑公司		取样人员	×××
试验项目	应试验组/次数	见证试验组/次数	不合格次数	备注
水泥	20	20	—	
钢筋	27	27	—	
略				
制表人（签字）	×××			

9. 施工日志

施工单位用施工日志的形式，记录从工程开工之日起至工程竣工之日止，每日的工程施工情况。记录的内容包括：施工情况（施工部位、施工内容、机械使用情况、劳动力情况，施工中存在问题）和技术、质量、安全情况（技术、质量安全活动、检查验收、技术质量安全问题）等内容。

施工单位填写的施工日志应一式一份，自行保存。施工日志宜采用表 8-7 的格式。

施工日志 （C.1.6） 表8-7

工程名称	×××工程	编号	×××
		日期	××××年×月 ×日
施工单位		×××建筑公司	
天气状况		风力	最高/最低温度
晴		2~3	25℃/12℃

施工情况记录:(施工部位、施工内容、机械使用情况、劳动力情况、施工中存在问题等)
地下二层
(1)Ⅰ段(①~⑬/Ⓐ~Ⓙ轴)顶板钢筋绑扎,埋件固定,塔式起重机作业,型号××,钢筋班组 15 人,组长、×××。
(2)Ⅱ段(⑭~⑲/Ⓐ~Ⓙ轴)梁开始钢筋绑扎,塔式起重机作业,型号××,钢筋班组 18 人。
(3)Ⅲ段(⑲~㉘/Ⓑ~Ⓕ轴)该部位施工图纸由设计单位提出修改,待设计通知单下发后,组织相关人员施工。
(4)Ⅳ段(㉘~㊶/Ⓑ~Ⓖ轴)剪力墙、柱模板安装,塔式起重机作业,型号××,木工班组 21 人。
(5)发现问题:Ⅰ段顶板(1~13/Ⓐ~Ⓙ轴)钢筋保护层厚度不够,马凳铁间距未按要求布置。

技术、质量、安全工作记录:(技术、质量安全活动、检查验收、技术质量安全问题等)
(1)建设、设计、监理、施工单位在现场召开技术质量安全工作会议,参加人员:×××(职务)等。
会议决定。
1)±0.000 以下结构于×月×日前完成。
2)地下三层回填土×月×日前完成,地下二层回填土×月×日前完成。
3)对施工中发现问题(×××××××问题),立即返修,整改复查,符合设计、规范要求。
(2)安全生产方面:由安全员带领 3 人巡视检查,主要是"三宝,四口、五临边",检查全面到位,无隐患。
(3)检查评定验收:各施工班组施工工序合理、科学,Ⅱ段(⑭~⑲/Ⓐ~Ⓙ轴)梁、Ⅳ段(㉘~㊶/Ⓑ~Ⓖ轴)剪力墙、柱予以验收,实测误差达到规范要求。

记录人(签字)	×××

10. 监理工程师通知回复单

施工单位在接到监理工程师通知单之后,根据通知中提到的问题,认真分析、制定措施并及时整改。把整改的结果填写在监理工程师通知回复单,经项目经理签字、项目经理部盖章后,报监理单位。施工单位填报的监理工程师通知回复单应一式两份,并应由监理单位、施工单位各保存一份。监理工程师通知回复单宜采用表8-8的格式。

监理工程师通知回复单 （C.1.7） 表8-8

工程名称	×××工程	施工编号	×××
		监理编号	×××
		日 期	××××年×月 ×日

致:×××监理公司(监理单位)
我为接到编号为B2—×× 的监理工程师通知后,已按要求完成了对硬质阻燃塑料管(PVC)暗敷设工程质量问题的整改 工作现报上,请予以复查。
详细内容:
(1)对于稳埋盒、箱先用后坠找正,位置正确后再进行固定稳埋。
(2)间装的盒口或箱口与墙面平齐,不出现凸出墙面或凹陷的现象。
(3)间箱的贴脸与墙面缝隙预留适中。
(4)用水泥砂浆将盒底部四周填实抹平,盒子收口平整。
经自检达到了电气工程质量验收规范的要求。同时对电气工程施工人员进行了质量意识教育,并保证在今后的施工过程中严格控制施工质量,确保工程质量目标的实现。

<table>
<tr><td>专业承包单位 　×××设备安装公司　</td><td>项目经理/责任人 　×××　</td></tr>
<tr><td>施工总承包单位 　　×××建筑公司　</td><td>项目经理/责任人 　×××　</td></tr>
</table>

复查意见:
经对编号B2—××《监理工程师通知单》提出的问题复查,项目部已按《监理工程师通知单》整改完毕,经检查符合要求。
(如不符合要求,应具体指明不符合要求的项目或部位,签署"不符合要求,要求承包单位继续整改"的意见)

<table>
<tr><td>监 理 单 位×××监理公司</td></tr>
<tr><td>总/专业监理工程师 　×××</td></tr>
<tr><td>日 期 ××××年×月 ×日</td></tr>
</table>

8.1.3 施工技术文件

1. 工程技术文件报审表

施工技术文件包括施工组织设计、施工方案等，在实施前需经项目监理机构审批后方能实施。若在施工过程中工程技术文件发生变更时，应重新办理变更审批手续。

施工单位填报的工程技术文件报审表应一式两份，并应由监理单位、施工单位各保存一份。工程技术文件报审表宜采用表 8-9 的格式。

工程技术文件报审表（表 C.2.1）　　　　　　　　　表 8-9

工程名称	×××工程	施工编号	×××
		监理编号	×××
		日　期	××××年×月×日

致：×××项目监理机构（监理单位）

我方已编制完成 ×××工程单位施工组织设计 技术文件，并经相关技术负责人审查批准，请予以审定。

附：技术文件×× 页××　册

施工总承包单位×××建筑公司　　　　项目经理/责任人 ×××

专业承包单位　　　　　　　　　　　项目经理/责任人　　　　　　

专业监理工程师审查意见：

经审查，该施工组织设计对施工中的重点、难点分析透彻，施工任务明确，施工方案合理，施工技术上可行，符合有关规范、标准和图纸及合同要求

专业监理工程师 ×××

日　期 ×××年×月×日

总监理工程师审查意见：

审定结论：☑同意　　□修改后再报　　□重新编制

监理单位×××监理公司

总监理工程师 ×××

日　期×××年×月×日

2. 施工组织设计及施工方案

施工单位在工程开工前，需编制施工组织总设计、单位工程施工组织设计或施工方案等工程技术文件，用以指导工程施工。

单位工程施工组织设计是以单位（子单位）工程为主要对象编制的施工组织设计，对施工过程起指导和制约作用。单位工程施工组织设计内容包括：

（1）工程概况：工程名称、相关建设单位情况、承包范围、各专业设计简介、施工条件等；

（2）施工部署：施工目标、管理组织、施工起点流向、施工程序、施工顺序等；

（3）施工进度计划；

（4）施工准备与资源配置计划：技术准备、现场准备、资金准备、劳动力计划、物资配置计划等；

（5）主要施工方案：施工方法、施工机械等；

（6）施工现场平面布置等内容；

（7）进度管理计划；

（8）质量管理计划；

（9）安全管理计划；

（10）环境管理计划；

（11）成本管理计划；

（12）其他管理计划：绿色施工管理计划、防火保安管理计划、合同管理计划、组织协调管理计划、创优质工程管理计划、质量保修计划等。

施工方案以分部（分项）工程或专项工程为主要对象编制的施工技术与组织方案，用以具体指导其施工过程。施工方案包括：

（1）工程概况；

（2）施工安排；

（3）施工进度计划；

（4）施工准备与资源配置计划；

（5）施工方法及工艺要求等。

施工单位编制的施工组织设计（或施工方案）必须经过审批加盖公章后方为有效。对于单位工程施工组织设计由施工单位技术负责人或技术负责人授权的技术人员审批。对于施工方案由项目技术负责人审批。对于重点、难点分部（分项）工程和专项工程施工方案应由施工单位技术部门组织相关专家评审，施工单位技术负责人批准。对于由专业承包单位施工的分部（分项）工程或专项工程的施工方案，应由专业承包单位技术负责人或技术负责人授权的技术人员审批，若有总承包单位时，应由总承包单位项目技术负责人核准备案。

施工单位填报的工程技术文件报审表应一式两份，并应由监理单位、施工单位各保存一份。

3. 危险性较大的分部分项工程施工方案

《建设工程安全生产管理条例》（国务院第 393 号令）规定，对基坑支护与降水工程、土方开挖工程、模板工程、起重吊装工程、脚手架工程、拆除爆破工程、国务院建设行政主管部门或者其他有关部门规定的其他危险性较大的工程，应编制专项施工方案并附具安全验算结果。对工程中涉及深基坑、地下暗挖工程、高大模板工程的专项施工方案，施工单位还应当组织专家进行论证、审查。

建质［2009］87 号《关于印发〈危险性较大的分部分项工程安全管理办法〉的通知》明确了危险了性较大或超过一定规模的危险性较大的分部分项工程范围、专项方案编制内容及审批、专家论证等相关的规定。

（1）危险性较大的分部分项工程范围包括：

1）基坑支护、降水工程

开挖深度超过 3m（含 3m）或虽未超过 3m 但地质条件和周边环境复杂的基坑（槽）支护、降水工程。

2）土方开挖工程

开挖深度超过 3m（含 3m）的基坑（槽）的土方开挖工程。

3）模板工程及支撑体系

① 各类工具式模板工程：包括大模板、滑模、爬模、飞模等工程。

② 混凝土模板支撑工程：搭设高度 5m 及以上；搭设跨度 10m 及以上；施工总荷载 10kN/m² 及以上；集中线荷载 15kN/m² 及以上；高度大于支撑水平投影宽度且相对独立无联系构件的混凝土模板支撑工程。

③ 承重支撑体系；用于钢结构安装等满堂支撑体系。

4）起重吊装及安装拆卸工程

① 采用非常规起重设备、方法，且单件起吊重量在 10kN 及以上的起重吊装工程。

② 采用起重机械进行安装的工程。

③ 起重机械设备自身的安装、拆卸。

5）脚手架工程

① 搭设高度 24m 及以上的落地式钢管脚手架工程。

② 附着式整体和分片提升脚手架工程。

③ 悬挑式脚手架工程。

④ 吊篮脚手架工程。

⑤ 自制卸料平台、移动操作平台工程。

⑥ 新型及异形脚手架工程。

6）拆除、爆破工程

① 建筑物、构筑物拆除工程。

② 采用爆破拆除的工程。

7）其他

① 建筑幕墙安装工程。

② 钢结构、网架和索膜结构安装工程。

③ 人工挖扩孔桩工程。

④ 地下暗挖、顶管及水下作业工程。

⑤ 预应力工程。

⑥ 采用新技术、新工艺、新材料、新设备及尚无相关技术标准的危险性较大的分部分项工程。

（2）超过一定规模的危险性较大的分部分项工程范围包括：

1）深基坑工程

① 开挖深度超过 5m（含 5m）的基坑（槽）的土方开挖、支护、降水工程。

② 开挖深度虽未超过 5m，但地质条件、周围环境和地下管线复杂，或影响相邻建（构筑）物安全的基坑（槽）土方开挖、支护、降水工程。

2）模板工程及支撑体系

① 工具式模板工程：包括滑模、爬模、飞模工程。

② 混凝土模板支撑工程：搭设高度 8m 及以上；搭设跨度 18m 及以上；施工总荷载 15kN/m² 及以上；集中线荷载 20kN/m² 及以上。

③ 承重支撑体系用于钢结构安装等满堂支撑体系也承受单点集中荷载 700kg 以上。

3）起重吊装及安装拆卸工程

① 采用非常规起重设备、方法，且单件起吊重量在 100kN 及以上的起重吊装工程。

② 起重量 300kN 及以上的起重设备安装工程；高度 200m 及以上内爬起重设备的拆除工程。

4）脚手架工程

① 搭设高度 50m 及以上落地式钢管脚手架工程。

② 提升高度 150m 及以上附着式整体和分片提升脚手架工程。

③ 架体高度 20m 及以上悬挑式脚手架工程。

5）拆除、爆破工程

① 采用爆破拆除的工程。

② 码头、桥梁、高架、烟囱、水塔或拆除中容易引起有毒有害气体液体或粉尘扩散、易燃易爆事故发生的特殊建、构筑物的拆除工程。

③ 可能影响行人、交通、电力设施，通信设施或其他建、构筑物安全的拆除工程。

④ 文物保护建筑、优秀历史建筑或历史文化风貌区控制范围的拆除工程。

6）其他

① 施工高度 50m 及以上的建筑幕墙安装工程。

② 跨度大于 36m 及以上的钢结构安装工程；跨度大于 60m 及以上的网架和索膜结构安装工程。

③ 开挖深度超过 16m 的人工挖孔桩工程。

④ 地下暗挖工程、顶管工程、水下作业工程。

⑤ 采用新技术、新工艺、新材料、新设备及尚无相关技术标准的危险性较大的分部分项工程。

（3）专项方案编制应当包括以下内容：

① 工程概况：危险性较大的分部分项工程概况、施工平面布置、施工要求和技术保证条件。

② 编制依据：相关法律、法规、规范性文件、标准、规范及图纸（国标图集）施工组织设计等。

③ 施工计划：包括施工进度计划、材料与设备计划。

④ 施工工艺技术：技术参数、工艺流程、施工方法、检查验收等。

⑤ 施工安全保证措施：组织保障、技术措施、应急预案、监测监控等。

⑥ 劳动力计划：专职安全生产管理人员、特种作业人员等。

⑦ 计算书及相关图纸。

实行施工总承包的，专项方案应当由施工总承包单位组织编制，若实行专业分包的，如起重机械安装拆卸工程、深基坑工程、附着式升降脚手架工程等，其专项方案可由专业承包单位组织编制。编制的专项方案应当由施工单位技术部门组织本单位施工技术、安全、质量等部门的专业技术人员进行审核。经审核合格的，由施工单位技术负责人签字。实行施工总承包的，专项方案应当由总承包单位技术负责人及相关专业承包单位技术负责人签字。不需专家论证的专项方案，经施工单位审核合格后报监理单位，由项目总监理工程师审核签字。

施工单位填报的危险性较大的分部分项工程施工方案应一式两份，并应由监理单位、施工单位各保存一份。

4. 危险性较大分部分项工程施工方案专家论证表

超过一定规模的危险性较大的分部分项工程专项方案应当由施工单位组织召开专家论证会，实行施工总承包的，由施工总承包单位组织召开专家论证会。专家论证的主要内容包括：

① 专项方案内容是否完整、可行。

② 专项方案计算书和验算依据是否符合有关标准规范。

③ 安全施工的基本条件是否满足现场实际情况。

专项方案经论证后，专家组应当提交论证报告球对论证的内容提出明确的意见，并在论证报告上签字。该报告作为专项方案修改完善的指导意见。

施工单位填报危险性较大分部分项工程施工方案专家论证表应一式两份，并应由监理单位、施工单位各保存一份。危险性较好大分部分项工程施工方案专家论证表可采用表8-10的格式。

危险性较大分部分项工程施工方案专家论证表（C. 2. 2）　　　　表8-10

工程名称		×××工程	编号			×××
施工总承包单位		×××建筑公司	项目负责人			×××
专业承包单位		—	项目负责人			—
分项工程名称			深基坑支护			
专家一览表						
姓名	性别	年龄	工作单位	职务	职称	专业
×××	男	××	×××	×××	×××	工业与民用建筑
×××	男	××	×××	×××	×××	岩土工程
×××	男	××	×××	×××	×××	建筑工程
×××	女	××	×××	×××	×××	建筑工程
×××	男	××	×××	×××	×××	工程机械

专家论证意见：

①方案内容是否完整、可行；

②方案计算书和验算依据符合有关标准规范；

③安全施工的基本条件满足现场实际情况。

×××年×月×日

签字栏	组　　长：×××
	专　　家：×××、×××、×××、×××、×××

5. 技术交底记录

工程开工前，施工单位的各级专业技人员需就工程施工的各项要求逐级进行技术交底。技术交底按内容不同分为：施工组织设计交底、专项施工方案交底、分项工程施工技术交底、"四新技术"交底和设计变更交底等。重点和大型工程施工组织设计交底应由施工企业的技术负责人对项目主要管理人员进行交底，其他工程施工组织设计交底由项目技术负责人进行交底。专项施工方案交底由项目专业技术负责人负责，根据专项施工方案对专业务工长进行交底。分项工程施工技术交底由专业工长对专业施工班组进行交底。"四新技术"交底由项目技术负责人组织有关专业人员编制，专业工长进行交底。设计变更交底由项目技术负责部门根据变更要求，并结合具体施工步骤、措施注意事项等对专业工长进行交底。

施工组织设计交底的内容包括：工程概况、施工部署、主要施工方法及质量保证措施、进度计划、施工准备工作、文明施工规划。专项施工方案交底的内容包括：施工准备、操作工艺、质量要求、施工措施等。分项工程施工技术交底的内容包括：工程概况、功能概况、建筑设计关键部位、结构设计关键部位及等。

技术交底过程中，各级技术人员应对交底对象、交底内容进行记录。施工单位填写的技术交底记录应一式一份，并由施工单位自行保存。技术交底记录宜采用表 8-11 的格式。

技术交底记录（C.2.3） 表 8-11

工程名称	×××工程	编号	×××
		交底日期	×××年×月×日
施工单位	×××建筑公司	分项工程名称	斜坡格构梁
交底摘要	格构梁支模、钢筋绑扎、混凝土浇筑	页数	共　页，第　页

交底内容：

1. 基本要求

(1)坡比要符合设计要求。

(2)碎石规格、质量应符合设计要求。

(3)混凝土强度和配合比应符合设计要求。

(4)基坑开挖必须符合施工图纸要求，过水断面尺寸不得小于设计尺寸。

(5)钢筋出厂合格证必须齐全，经复检合格后才可使用。

(6)模板的轴线和截面尺寸必须符合设计要求。

2. 施工准备

(1)在工程施工前，先对坡面进行削坡整形或清理。

(2)按设计图定出开挖基础范围，准备放出基础大样，请业主或监理工程师检验签证，在基槽开挖前做好基槽及地面排水工程。

(3)混凝土施工前必须组织好混凝土所用原材料、设备、人员。

3. 基槽开挖

(1)基槽开挖采取凿岩机凿岩和人工修底、修边相结合的方式进行。

(2)首先使用凿岩机进行粗放式开凿，基槽的每条边、底均应留出 2～5cm 的人工铲平层。

(3)人工修整槽壁(底)时严禁大力锤凿，防止造成大块岩土崩落，影响槽壁(底)的平整度。当槽壁凹凸不平或其出现较大正偏差时，可用 M10 砂浆修补找平。

(4)施工中应严格控制槽底的标高，标高控制在±20mm。

(5)槽宽的尺寸偏差按一般现浇结构模板安装的允许偏差控制，为±10mm。

(6)基槽的轴线偏差控制在 5mm 内。

(7)在绑扎钢筋笼前进行砾砂垫层施工(砾砂的质量要求为：2mm 以上的颗粒占总质量的 25%～50%)，垫层厚度为 10cm，且应边铺砾砂边用人工夯实，其压实度不低于 95%。

4. 绑扎钢筋笼

(1)进场钢筋必须经复检和焊接性能试验合格后才能使用。

(2)钢筋在使用前应进行除锈、调直处理，然后按照钢筋笼的制安要求进行箍筋、主筋的下料、加工。

以下略

签字栏	交底人	×××	审核人	×××
	接受交底人	×××		

6. 图纸会审记录

工程开工前，应进行图纸会审，以找出需要解决的技术难题，解决图纸中存在的问题，减少图纸的差错。在图纸会审前，监理、施工单位应将各自提出的问题及意见，按专业整理汇总后报建设单位，由建设单位提交设计单位做好交底准备。图纸会审后，施工单位整理汇总图纸会审记录，经各方签字后即成为设计文件的一部分，作为施工的依据。图纸会审记录应根据专业（建筑、结构、给排水及采暖、电气、通风空调、智能建筑等）汇总、整理。

施工单位整理汇总的图纸会审记录应一式五份，并应由建设单位、设计单位、监理单位、施工单位、城建档案馆各保存一份。图纸会审记录宜采用表8-12的格式。表中设计单位签字栏应为项目专业设计负责人的签字，建设单位、监理单位、施工单位签字栏应为项目技术负责人或相关专业负责人的签字。

图纸会审记录（C.2.4）   表 8-12

工程名称		×××工程		编号		×××
设计单位		×××勘察设计院		日期		×××年×月×日
地点		×××		专业名称		建筑结构
序号	图号	图 纸 问 题		答 复 意 见		
1	结-08	结构标高表中二层～三层是不标注错误，是否应为5.600而不是6.100		应为5.600		
2		下略				
签字栏	建设单位		监理单位	设计单位		施工单位
	×××		×××	×××		×××

7. 设计变更通知单

设计变更是设计部门对原施工图纸和设计文件中所表达的设计标准状态的改变和修改。设计变更有可能是建设单位、设计单位、施工单位或监理单位中的任何一个单位或几个单位联合提出，由设计单位签发设计变更通知单经项目总监理工程师（建设单位负责人）审定后，转交施工单位实施。设计变更通知单按专业办理，不同专业的设计变更应分别办理，不得办理在同一份设计变更通知单上。

设计单位签发的设计变更通知单应一式五份，并应由建设单位、设计单位、监理单位、施工单位、城建档案馆各保存一份。设计变更通知单宜采用表8-13的格式。

设计变更通知单（C.2.5）   表 8-13

工程名称		×××工程	编号	×××
			日期	×××年×月×日
设计单位		×××设计院	专业名称	地基基础
变更摘要			页数	共×页，第×页
序号	图号	变更内容		
1	结施6	阳台悬臂梁的混凝土强度等级更改为C30		
	下略			
签字栏	建设单位	设计单位	监理单位	施工单位
	×××	×××	×××	×××

8. 工程洽商记录（技术核定单）

工程洽商记录（技术核定单）是用于工程施工过程对技术问题的核定，协调建设单位与施工单位、施工单位与设计单位的记录。不同专业的洽商应分别办理，不得办理在同一份上。签字栏内只填写人员姓名，不得另写其他意见。可由建设单位、监理单位和施工单位其中任一方提出，由提出方填写工程洽商记录（技术核定单），各参加方签字后存档。

工程洽商提出单位填写的工程洽商记录应一式五份，并应由建设单位、设计单位、监理单位、施工单位、城建档案馆各保存一份。工程洽商记录宜采用表 8-14 的格式。

工程洽商记录（技术核定单）（C. 2. 6）　　　　　　　　　　表 8-14

工程名称	×××工程		编号	×××
			日期	××××年×月×日
提出单位	×××建筑公司		专业名称	地基基础
洽商摘要	地基处理		页数	共×页，第×页
序号	图号	洽商内容		
1	基施 1	从勘察及设计验槽情况看,本工程的地基原土被雨水浸泡,应在原设计标高－6.500m 基础上再下挖 0.500m,所涉及的范围为宽度 12m,长度 17m。挖到－7.000m 后,回填级配砂石,并进行人工夯实。需增加的工程量为:4 台 2 寸的潜水泵排水 1.5 台班,人工挖土方 102.00m³;人工回填夯实级配砂石。		
		略		
签字栏	建设单位	设计单位	监理单位	施工单位
	×××	×××	×××	×××

8.1.4 进度造价文件

1. 工程开工报审表

工程开工报审表为承包单位在所有开工准备工作完成之后，向项目监理机构申请工程开工的用表，分包工程的开工申请手续也使用此表办理报批手续。如整个项目为一个承包单位承担，只填报一次，如项目涉及较多子单位（分部）工程，建设单位分别发包和开工时间不同，则每个子单位（分部）工程开工都应填报一次。

项目监理机构应根据工程施工合同，按照表中的内容检查是否具备开工条件。工程开工日期一般应为工程施工合同中约定的开工日期，如承包单位申报的开工日期与工程施工合同中约定的日期不一致，总监理工程师应与建设单位协商取得一致意见后签署监理审核意见。

开工的条件是：施工许可证已获政府主管部门批准；征地拆迁工作能满足工程进度的需要；施工组织设计已获总监理工程师批准；承包单位现场管理人员已到位，机具、施工人员已进场，主要工程材料已落实；进场道路及水、电、通信等已满足开工要求。

工程开工报审表应符合现行国家标准《建设工程监理规范》（GB/T 50319—2013）的有关规定：施工单位在准备工作完成之后，在开工前48小时向项目监理机构申请办理工程开工手续等。施工单位填报的工程开工报审表应一式四份，并应由建设单位、监理单位、施工单位和城建档案馆各保存一份。工程开工报审表宜采用表8-15的格式。

工程开工报审表（C.3.1） 表8-15

工程名称	×××工程	施工编号	×××
		监理编号	×××
		日　期	××××年×月×日

致：　×××监理公司　（监理单位）

我方承担的　×××　工程，已完成了以下各项工作，具备了开工条件，特此申请施工，请核查并签发开工指令。

附件：1. 报验通过下列内容：
　①　工程施工组织设计
　②　首道工序的分项施工方案
　③　施工起重机械设备
　④　项目部施工安全管理体系
　⑤　工程用材料和设备
　⑥　分包单位资质
　⑦　施工测量
　⑧　工程安全防护措施费使用计划报审表
　2. 项目经理部管理人员情况一览表及有关证件。
　3. 进场材料、设备的名称、数量、规格和性能一览表。
　4. 特殊工种人员的姓名、上岗证一览表及有关证件。

施工总承包单位（章）　×××建筑公司
项目经理　×××

审查意见：

所报工程开工资料齐全、有效，具备动工条件，同意××××年×月×日开工。

监理单位　×××监理公司
总监理工程师　×××
日　期　××××年×月×日

2. 工程复工报审表

工程复工报审表是施工单位在收到工程暂停令后，在规定时间内完成有关整改工作，报请项目监理机构进行复工核查用表。表8-16中"具备复工条件的说明或证明包括"栏填写；工程暂停原因是由施工单位的原因引起时，施工单位应报告整改情况和预防措施；非施工单位的原因引时，承包单位仅提供工程暂停原因消失证明。

复工报审表应符合现行国家标准《建设工程监理规范》（GB/T 50319—2013）的有关规定：项目监理机构应当在收到工程复工报审表后48小时内完成对复工申请的审批，未能在收到承包单位复工申请后48小时（或施工合同规定时间）内提出审查意见，承包单位可自行复工等。施工单位填报的工程复工报审表应一式四份，并应由建设单位、监理单位、施工单位、城建档案馆各保存一份。工程复工报审表宜采用表8-16的格式。

工程名称	×××工程	施工编号	×××
		监理编号	×××
		日　期	××××年×月×日

致：___×××监理公司___（监理单位）

根据×××号《工程暂停令》，我方已按照要求完成了以下各项工作，具备了复工条件，特此申请，请核查并签发复工指令。

附：具备复工条件的说明或证明

(1)对第二层④～⑤/Ⓐ～Ⓗ轴范围内的砌体及构造柱已按工程变更单(编号：×××)的要求施工完毕。

(2)对完成的工程变更单的内容自检合格。

专业承包单位_____　项目经理/责任人_____

施工总承包单位___×××建筑公司___　项目经理/责任人___×××___

审查意见：

(1)承包单位已完成工程变更单所发生的工程项目。

(2)工程暂停的原因已经消除，证据齐全、有效。

综上所述，工程具备了复工条件，同意复工。

监理单位___×××监理公司___

专业监理工程师___×××___

总监理工程师___×××___

日　期___××××年×月×日___

3. 施工进度报审表

施工进度计划报审表是用于施工单位编制的工程施工进度计划报备项目监理机构审核用表。项目监理机构按施工合同约定的时间，对承包单位所报工程施工进度计划予以确认或者提出修改意见。项目监理机构主要从以下几个方面进行审核：进度安排是否符合工程项目建设总进度，计划中总目标和分目标的要求是否符合施工合同中开竣工日期的规定；施工总进度计划中所列工作内容是否齐全，分期施工是否满足分批动用的需要和配套动用的要求；施工顺序的安排是否合理；人、材、机和水、电、气等供应计划是否能保证进度计划的实现，供应是否均衡；总分包进度计划是否相互协调，分工和计划是否衔接合理；工期是否进行了优化；建设单位提供的资金、施工场地、施工图纸和材料设备是否明确、合理。项目监理机构对施工进度计划的审查和批准，并不解除承包单位对工程进度计划的责任和义务。

施工单位填报施工进度计划报审表应一式三份，并应由建设单位、监理单位、施工单位各保存一份。施工进度计划报审表宜采用表 8-17 的格式。

4. 施工进度计划

施工单位在开工前需要编制施工进度计划，施工中需要对施工进度计划进行动态调整。施工进度计划是施工组织设计的主要内容，施工必须按施工进度计划的要求进行，这样才能保证建设工程按合同规定的期限交付使用。

施工进度计划分为施工总进度计划，单位工程施工进度计划，分部分项工程进度计划和季度（月、旬、周）进度计划四个层次，通常用横道图或网络图表示。

施工单位编制的施工进度计划应一式两份，并应由监理单位、施工单位各保存一份。

工程名称	×××工程	施工编号	×××
		监理编号	×××
		日　期	××××年×月×日

致:___×××监理公司___ (监理单位)

我方已根据施工合同的有关约定完成了___×××工程___工程总/年第___×___季度___×___月份工程施工进度计划的编制,请予以审查。

附:施工进度计划及说明

单位工程施工进度计划(横道图)略。

施工总承包单位(章)×××建筑公司　　　　项目经理×××

专业监理工程师审查意见:

单位工程施工进度计划安排合理,资料需求平衡,满足施工合同的要求。

专业监理工程师　×××

日　期××××年×月×日

总监理工程师审核意见:

同意

监理单位　×××监理公司

总监理工程师　×××

日　期××××年×月×日

5. 人、机、料动态表

施工单位按合同约定,定期将施工现场的人员、机械和材料的动态情况通报项目监理机构 (或建设单位)。施工单位填报的____年____月人、机、料动态表应一式两份,监理单位、施工单位各保存一份。月度人、机、料动态表宜采用表 8-18 的格式。

__年__月人、机、料动态表 (C.3.4)　　　　　　表 8-18

工程名称	×××工程	编号	×××
		日期	××××年×月×日

致:___×××监理公司___ (监理单位)

根据×××年×月施工进度情况,我方现报上×××年×月人、机、料统计表。

劳动力	工种	木工	砌筑工	钢筋工			合计
	人数	20	40	10			
	持证人数	14	28	7			
主要机械	机械名称	生产厂家		规格、型号		数量	
	圆盘锯	×××		×××		3	
	对焊机	×××		×××		2	
	钢筋弯曲成型机	×××		×××		2	
主要材料	名称	单位	上月库存	本月进场		本月消耗量	本月库存量
	水	t	100	80		120	60
	砂	m³	300	240		360	180
	石	m³	600	480		720	360
	钢筋	t	200	160		240	120

附件:

略

施工单位×××建筑公司

项目经理　×××

6. 工程延期申请表

施工中可能导致工程延期的原因有：延期提供施工图，工程暂停，工程变更，不利的施工条件，停水、停电和停气超过合同约定的时间等。施工单位向项目监理机构申请延长工期使用工程延期申请表。工程延期申请表中的合同竣工日期是指建设单位与承包单位签订的施工合同中确定的事竣工日期可以最终批准的竣工日期。申请延长竣工日期是指合同竣工日期加上本次申请延长工期后的竣工日期。

施工单位填报的工程延期申请表应一式三份，并应由建设单位、监理单位和施工单位各保存一份。工程延期申请表宜采用表8-19的格式。

工程延期申请表（C.3.5）　　　　　　　　　　　　　表8-19

工程名称	×××工程	编号	×××
		日期	××××年×月×日

致：　×××监理公司　（监理单位）

根据施工合同　××　条　××　款的约定,由于　建设单位在项目部完成主体结构一至四层施工后未能及时支付工程款,造成项目部资金周转困难　的原因,我方申请工程延期,请予以批准。

附件：

1. 工程延期的依据及工期计算

合同竣工日期：×××年×月×日

申请延长竣工日期：×××年×月×日

①资金周转困难,工程材料不能及时到位。

②合同中的相关约定。

③影响施工进度网络计划。

④工期计算（略）。

2. 证明材料

　　　（略）

专业承包单位_____　项目经理/责任人_____
施工总承包单位　×××建筑公司　项目经理/责任人　　×××

7. 工程款支付申请表

施工单位根据施工合同中对工程款支付的约定,用工程款支付申请表向建设单位申请支付工程进度款。申请支付的工程款包括合同内已完工程费用、工程变更增减费用、批准的索赔费用减去应扣预付款、保留金及施工合同中约定的其他费用后所余费用。

工程款支付申请表应符合现行国家标准《建设工程监理规范》（GB 50319—2013）的有关规定。施工单位填报的工程款支付申请表应一式三份,并应由建设单位、监理单位、施工单位各保存一份。工程款支付申请表宜采用表8-20的格式。

工程款支付申请表（C.3.6）　　　　　　　　　　　　　表8-20

工程名称	×××工程	编号	×××
		日期	××××年×月×日

致：　×××监理公司　（监理单位）

我方已完成了±0.000～+10.500 的主体结构工程混凝土施工,工程量为×××m³ 工作,按照施工合同　××__条　××　款的约定,建设单位应在×××年×月×日前支付该项工程款共(大写)　壹佰叁拾伍万柒仟贰佰捌拾玖元整 (小写：¥1357289.00),现报上　混凝土　工程付款申请表,请予以审查并开具工程款支付证书。

附件：

1. 工程量清单　（略）

2. 计算方法　（略）

施工总承包单位(章)　×××建筑公司　　项目经理　　×××

253

8. 工程变更费用报审表

《建设工程施工合同（示范文本）》（GF-2013-0201）规定：施工单位在工程变更确定后 14d 内，向项目监理机构（建设单位）提出工程变更费用报审表，经工程师确认后调整合同价款。施工单位在工程变更后 14d 内不向工程师提出变更工程变更费用报审表时，视为该项变更不涉及合同价款的变更。工程师应在收到工程变更费用报审表之日起 14d 内予以确认，工程师无正当理由不确认时，自工程变更费用报审表送达之日起 14d 后视为变更工程价款报告已被确认。工程师确认增加的工程变更价款作为追加合同价款，与工程款同期支付。

施工单位填报的工程变更费用报审表应一式三份，并应由建设单位、监理单位、施工单位各保存一份。工程变更费用报审表宜采用表 8-21 的格式。

工程变更费用报审表 （C.3.7）　　　　　　　　　表 8-21

工程名称	×××工程	编号	×××
		日期	××××年×月×日

致：　×××监理公司　（监理单位）

　　兹申报第　××　号工程变更单，申请费用见附表，请予以审核。

附件：工程变更费用计算书（略）

　　　　　　　　专业承包单位＿＿＿＿＿＿＿＿　　　项目经理/责任人＿＿＿＿＿＿＿
　　　　　　　　施工总承包单位　×××建筑公司　　项目经理/责任人＿×××＿＿

监理工程师审核意见：

　　按合同已有的价格变更合同价款，计算正确。

　　　　　　　　　　　　　　　　　　　　　　　　监理工程师＿＿＿×××＿＿＿
　　　　　　　　　　　　　　　　　　　　　　　　日　　期＿××××年×月×日＿

总监理工程师审查意见：

　　　　　　　　　　同意

　　　　　　　　　　　　　　　　　　　　　　　　监理单位＿×××监理公司＿
　　　　　　　　　　　　　　　　　　　　　　　　总监理工程师＿＿×××＿＿
　　　　　　　　　　　　　　　　　　　　　　　　日　　期＿××××年×月×日＿

9. 费用索赔申请表

工程施工中，因建设单位的原因造成施工单位损失，施工单位向建设单位提出索赔应使用费用索赔申请表。索赔的原因主要有：合同文件内容出错引起的索赔、由于图纸延迟造成的索赔、由于不利的施工条件引起的索赔、由于变更造成的索赔、由于施工的暂停或停工造成的索赔等原因。施工单位提交的索赔证明材料包括：合同文件、监理工程师批准的施工进度计划、合同履行过程中的来往函件、施工现场记录、工地会议纪要、工程照片、监理工程师发布的各项指令、检查和试验记录等其他有关资料。索赔的费用包括：人工费、材料费、机械费、管理费和税金等。项目监理机构应根据施工合同的约定，与建设单位协商后，签署监理审核意见。

费用索赔申请表应符合现行国家标准《建设工程监理规范》（GB 50319—2013）的有关规定。施工单位填报的费用索赔申请表应一式三份，并由建设单位、监理单位、施工单位各保存一份。费用索赔申请表宜采用表 8-22 的格式。

| 工程名称 | ×××工程 | 编号 | ××× |
| | | 日期 | ××××年×月×日 |

致：×××监理公司 （监理单位）

根据施工合同条 ××× 条 × 款的约定，由于 五层②～⑦/④～⑪轴混凝土工程已按原设计图施工完毕,设计单位变更通知修改,按洽商附图施工的 的原因,我方要求索赔金额(大写) 贰拾玖万叁仟零伍拾 元,请予以批准。

附件：

1. 索赔的详细理由及经过

五层②～⑦/④～⑪轴混凝土工程已按施工图纸(结—10,结—1)施工完毕后,设计单位变更通知修改,以核发的新设计图为准。因平面布置、配筋等均发生重大变动,造成我方直接经济损失。

2. 索赔金额的计算

(根据实际情况,依照工程概预算定额计算)

3. 证明材料

(证明材料主要包括有:合同文件;监理工程师批准的施工进度计划;合同履行过程中的来往函件;施工现场记录;工地会议纪要;工程图片;监理工程师发布的各种书面指令;工程进度款支付凭证;检查和试验记录;汇率变化表;各种财务凭证;其他有关资料。)

专业承包单位 _____ 项目经理/责任人 _____

施工总承包单位 ×××建筑公司 项目经理/责任人 ×××

8.1.5 施工物资出厂质量证明及进场检测文件

《建筑工程施工质量验收统一标准》（GB 50300—2013）规定：建筑工程采用的主要材料、半成品、成品、建筑构配件、器具和设备应进行进场检验。凡涉及安全、节能、环境保护和主要使用功能的重要材料、产品，应按各专业工程施工规范、验收规范和设计文件等规定进行复验，并经监理工程师（建设单位技术负责人）检查认可。验收内容包括查验产品合格证、出厂检验报告和复验报告。验收数量按施工物资进场的批次和产品的抽样检验方案确定。施工物资进场检查、验收流程，如图8-2所示。

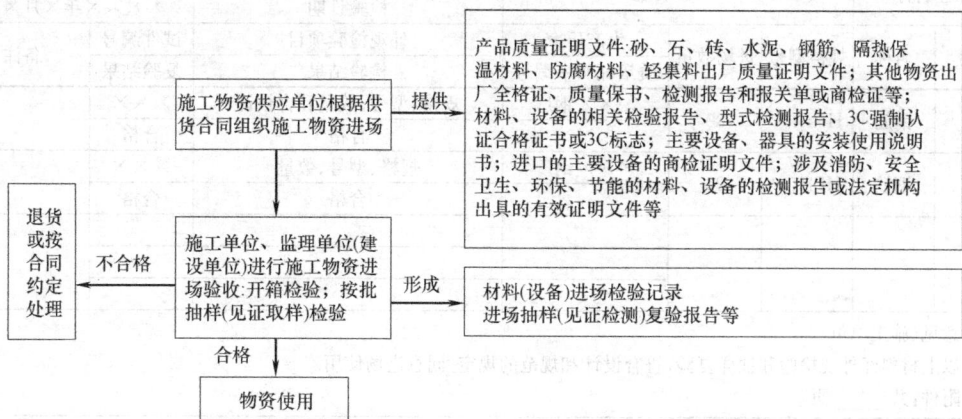

图 8-2 施工物资进场验收流程

1. 施工物资出厂质量证明

产品合格证和出厂检测报告均属于施工物资出厂质量证明文件，有时两者可以合一。质量证明文件通常包括：砂、石、砖、水泥、钢筋、隔热保温材料、防腐材料、轻集料出厂质量证明文件；其他物资出厂合格证、质量保书、检测报告和报关单（或商检证）等；材料、设备的相关检验报告、型式检测报告、3C强制认证合格证书或3C标志；主要设备、器具的安装使用说明书；进口的主要设备的商检证明文件；涉及消防、安全卫生、环保、节能的材料、设备的检测报告或法定机构出具的有效证明文件等。

质量证明文件由产品供应单位提供。施工单位收集的质量证明文件应为原件，如果质量证明为复印件，应与原件内容一致并必须加盖原件存放单位公章，注明原件存放处，由经办人签字和注明签字日期。如果质量证明为传真件，则应转换成为复印件再保存。有关验收人员应在质量证明文件背面注明工程名称、使用部位、进场日期、进场数量、供应单位和人员等相关信息，并签字确认。质量证明文件幅面小于A4幅面纸时，将质量证明文件按其先后顺序粘贴在A4纸上。施工物资资料的质量证明文件（出厂合格证、检测报告）应按批组合，按时间先后顺序排列编号，并能对应一到致，不得遗漏。质量证明文件由产品供应单位需提供。

2. 进场检验通用表格

建筑工程采用的主要材料、半成品、成品、建筑构配件、器具和设备进场检验。进场检验由施工单位组织，项目监理机构（建设单位）和供货单位参加，共同进行检验，由施工单位填写验收记录。检验记录，按主要材料、半成品、成品、建筑构配件、器具和设备等种类的不同，可采用材料、构配件进场检验记录或设备开箱检验记录和设备或管道附件试验记录等方式进行检验记录。

砂、石、水泥、钢筋等材料和构件进场检验，均应填写材料、构配件进场检验记录。材料、构配件进场检验记录应符合国家现行有关标准的规定。施工单位填写的材料、构配件进场检验记录应一式两份，并应由监理单位、施工单位各保存一份。材料、构配件进场检验记录宜采用表8-23的格式。

材料、构配件进场检验记录（C.4.1）　　　　　　　　　　　　　　　表8-23

工程名称		×××工程		编号		×××
				检验日期		××××年×月×日
序号	名称	规格型号	进场数量	生产厂家	外观检验项目	试件编号	备注
				质量证明书编号	检验结果	复验结果	
1	钢筋	HRB400	30	×××钢厂	规格、型号、数量和合格证	×××	
				×××	合格	合格	
2	钢筋	HPB300	20	×××钢厂	规格、型号、数量	×××	
				×××	合格	合格	
3							

检查意见（施工单位）

　　以上材料经外观检验和抽样复验,符合设计和规范的规定,同意进场使用。

　　附件：共　×　页

验收意见（监理/建设单位）：

☑同意　　　□重新检验　　　□退场　　验收日期：××××年×月×日				
签字栏	施工单位	×××建筑公司	专业质检员	专业工长	检验员
			×××	×××	×××
	监理或建设单位	×××监理公司	专业工程师		×××

空调、电梯等设备进场检验，均应填写设备开箱检验记录。施工单位填写的设备开箱检验记录应一式两份，并应由监理单位、施工单位各保存一份。设备开箱检验记宜采用表8-24 的格式。

设备开箱检验记录（C.4.2）　　　　　　　　　　　　　　表8-24

工程名称	×××工程	编号	×××
		检验日期	××××年×月×日
设备名称	空压机	规格型号	×××
生产厂家	×××机械厂	产品合格证编号	×××
总数最	10	检验数量	10

进场检验记录

包装情况	包装完整、无缺损，标识清晰
随机文件	设备装箱单1份、合格证1份,安装使用说明书1份
备件与附件	配套法兰、螺栓、螺母齐全
外观情况	外观良好,无损坏
测试情况	良好

缺、损附备件明细

序号	附备件名称	规格	单位	数量	备注
	—	—	—	—	

检查意见(施工单位)

设备经检验:包装完好、外观良好、随机文件和备件齐全、测试合格,符合设计和规范要求,同意进场使用。

附件:共__×__页

验收意见　监理/建设单位:

☑同意　　□重新检验　　□退场　　　验收日期:

签字栏	供应单位	×××机械厂	责任人	×××
	施工单位	×××建筑公司	专业工长	×××
	监理或建设单位	×××监理公司	专业工程师	×××

设备、阀门、闭式喷头、密闭水箱或水罐、风机盘管、成组散热器及其他散热设备等在安装前按规定进行试验时，均应填写设备及管道附件试验记录，并应由建设单位、监理单位、施工单位各保存一份。设备及管道附件试验记录宜采用表8-25 的格式。

3. 土建工程进场检验、复试

建筑工程采用的主要材料、半成品、成品、建筑构配件、器具和设备，凡涉及安全、节能、环境保护和主要使用功能的重要材料、产品，应按各专业工程施工规范、验收规范和设计文件等规定进行复验，并经监理工程师（建设单位技术负责人）检查认可。

复验时，由施工单位按现行国家有关标准的规定抽取试样，交由具有相应资质的检测、试验机构进行复试，复试结构合格方可使用。进场材料凡复试不合格的，应按原标准规定的要求再次进行复试，再次复试的结果合格方可认为该批材料合格，两次报告必须同时归入施工技术文件资料。对按国家规定只提供技术参数的测试报告，应由使用单位的技术负责人依据有关技术标准对技术参数进行判别并签字认可。对有见证取样送检要求的必须按有关规定实行有见证取样和送检，其记录应归入施工技术文件资料。

设备及管道附件试验记录（C.4.3）   表 8-25

工程名称		×××工程		编号		×××
使用部位		风机盘管		试验日期		××××年×月×日
试验要求		风机盘管进场逐个进行打压试验，工作压力为 1.6MPa，试验压力为 2.4MPa，在实验压力下观察 10min，压力降不应大于 0.02MPa，然后降压至工作压力进行检查，不渗、不漏为合格。				
设备/管道附件名称		风机盘				
材质、型号		×××				
规格		×××				
试验数量		3				
试验介质		水				
公称或工作压力(MPa)		1.6				
强度试验	试验压力(MPa)	2.4				
	试验持续时间(s)	10				
	试验压力降(MPa)	0				
	渗漏情况	无				
	试验结论	合格				
严密性试验	试验压力(MPa)					
	试验持续时间(s)					
	试验压力降(MPa)					
	渗漏情况					
	试验结论					
签字栏	施工单位	×××建筑公司	专业技术负责人	专业质检员		专业工长
			×××	×××		×××
	监理或建设单位	×××监理公司		专业工程师		×××

检测报告的内容应包括：检测报告名称；委托单位名称、工程名称、工程地点等基本信息；工程质量监督注册号；可追溯的原始记录的相关编号；样品名称、生产单位、批量、规格型号、等级、生产或进场日期；检测机构的名称和地址；检测报告的唯一性编号；委托方的名称和委托协议书的编号；见证检测应注明见证单位和见证人；委托接收日期、检测日期及报告日期；主要检测设备及编号；产品技术指标；复验材料的结构部位；检测和判断依据；检测结果。对含抽样结果在内的检测报告还应包括抽样日期；抽样的物质、材料或产品的清晰标识（适当时包括生产者的名称、标识的型号或类型和相应原系列号）；抽样地点可包括示意图或照片；所用的抽样计划和程序；抽样过程中可能影响检测结果的环境条件详细信息及解释；与抽样方法或程序有关标准或规范，以及对规范的偏离、增添或删减的说明等。

检测报告应有检测结论、必要时应有主要原始数据、计算参数、计算过程；要有检测、审核、签发人员的签名；检测报告要有每页及总页标识。检测报告必须字迹清楚，项目齐全，内容真实，无未了项目，没检的项目一律填"无"或划上"/"线不留空白。对于一次取样检测不合格，进行二次取样检测的应将复试合格单或处理的结论附于此报告单的后面，一起存档。施工物资资料的进场验收记录和复验报告，应按批组合，按时间先后顺序排列编号，并能对应一到致，不得遗漏。

（1）钢筋混凝土中用的钢筋

《混凝土结构工程施工质量验收规范》（GB 50204—2015）规定：钢筋进时应按国家现行相关标准的规定抽取试件作力学性能和重量偏差检验，检验结果必须符合有关标准的规定；检查数量按进场批次和产品抽样检验方案确定；检查方法是检查产品合格证、出厂检验报告和进场复验报告。

产品合格证和出厂检验报告在钢筋时进场时由供应单位提供。产品合格证、出厂检验报告通常应列出产品的主要性能指标，当用户有特殊要求时，还应列出某些专门检验数据，当遇到进口钢筋时产品合格证、出检检验报告应有中文文本，质量标准不得低于我国有关标准。产品合格证及出厂检验报告中需注明出厂日期、检验部门印章、合格证的编号、钢种、规格、数量、机械性能、化学成分等数据和结论，备注栏内应由施工单位填写说明使用工程的名称、使用部位等。产品合格证和出厂检试报告单应按批组合，按时间先后顺序排列编号，并能对应一致，不得遗漏。

钢筋混凝土中钢筋有热轧钢筋、冷轧钢筋、预应力钢丝和钢绞线等。其中，对于热轧钢筋钢筋的复验，每批由同一牌号、同一炉罐号、同一规格的钢筋 60t 为一批，抽取 5 个试件进行重量偏差检验，再取其中两个试件进行拉伸试验、弯曲试验；超过 60t 的部分，每增加 40t（或不是 40t 的余数）增加一个拉伸试验试件和一个弯曲试验试件。复验的项目包括：屈服强度、抗拉强度、断后伸长率、最大力下总伸长率、弯曲等，当发现钢筋脆断、焊接性能不良或力学性能显著不正常等现象时，还应对钢筋进行化学成分检验或其他专项检验，检测钢材中碳（C）、硫（S）、硅（Si）、锰（Mn）、磷（P）的含量。

钢筋进场复验报告是进场钢筋抽样检验的结果，它是该批钢筋能否在工程中应用的最终判断。复验报告单中的委托单位、工程名称及部门、委托试样编号、试件种类、试验项目、试件代表数量、送样时间、试验委托人等，由试验委托单位填写。试验报告中试验编号、各项试验测算数据及结论、报告日期等由检测单位填写。钢材试验报告如表 8-26 所示。

（2）水泥

《混凝土结构工程施工质量验收规范》（GB 50204—2015）规定：水泥进场时应对其品种、级别、包装或散装仓号，出厂日期等进行检查，并应对其强度、安定性及其他必要的性能指标进行见证取样复验，其质量必须符合现行国家标准《通用硅酸盐水泥》（GB 175）等的规定；当在使用中对水泥质量有怀疑或水泥出厂超过三个月（快硬水泥超过一个月）时，应进行复验，并按复验结果使用；检验按同一生产厂家、同一等级、同一品种、同一批号且连续进场的水泥，袋装不超过 200t 为一批，散装不超过 500t 为一批，每批抽样不少于一次；检验方法是检查产品合格证、出厂检验报告和进场复验报告。

产品合格证、出厂检验报告属于产品质量保证资料，有时产品合格和出厂检测报告可以合并，生产者应在水泥发出之日起 7d 内寄发除 28d 强度以外的各项检验结果，32d 内补报 28d 强度的检验结果。产品合格证和出厂检验报告中应含有水泥的品种、强度等级、出厂日期、强度（抗折和抗压）、安定性、试验编号等内容。

钢材试验报告（参考用表） 表 8-26

试验编号：<u>×××</u> 委托编号：<u>×××</u>

工程名称	×××工程			试件编号	×××
委托单位	×××建筑公司			试验委托人	×××
钢材种类	热轧带肋钢筋	规格或牌号	HRB335	生产厂	×××厂
代表数量	20t	来样日期	××年×月×日	试验日期	××年×月 ×日
公称直径（厚度）	25.00mm			公称面积	490.0mm²

		力学性能试验结果				弯曲性能		
试验结果	屈服点（MPa）	抗拉强度（MPa）	伸长率（%）	σ_b 实/σ_s 实	σ_s 实/σ_b 标	弯心直径	角度（°）	结果
	385	605	26	1.57	1.15	75	180	合格
	385	605	26	1.57	1.15	75	180	合格
	化学分析							
	分析编号	化学成分（%）						其他：
		C	Si	Mn	P	S	cep	

结论：

依据《钢筋混凝土用钢 第 2 部分：热轧带肋钢筋》(GB 1499.2—2007)标准,符合热轧带肋 HRB335 级力学性能。

批准	×××	审核	×××	试验	×××
试验单位	×××试验室				
报告日期	××年×月 ×日				

注：表 8-26 由试验单位提供，建设单位、施工单位、城建档案馆各保存一份。

水泥进场复验需见证取样，对于混凝土结构工程用水泥应对其强度、安定性及其他必要性能指标进行复验；对于抹灰工程应对水泥的凝结时间和安定性进行复验。强度指标必须符合规定，安定性不合格的水泥严禁使用。水泥试验报告如表 8-27 所示。

（3）外加剂

混凝土中掺用的外加剂进场时应进行检查验收，其质量应符合现行国家标准《混凝土外加剂》(GB 8076—2008)、《混凝土外加剂应用技术规范》(GB 50119—2013) 等规定。检查内容包括产品合格证、出厂检验报告和进场复验报告。

产品合格证和出厂检验报告上标注说明生产厂家名称、产品名称、产品特性、主要成分与含量、适用范围、适宜掺量、使用方法与说明、注意事项、匀质性指标、掺外加剂混凝土性能指标、包装、质量、储存条件、出厂日期、有效期等内容。

外加剂进场时应进行见证取样复验。复验检测项目包括减水率、泌水率、含气量、凝结时间、抗压强度比、坍落度增加值、坍落度保留值、收缩率等。复验报告中的委托单位、委托人、工程名称、用途、样品名称、产地及厂家、试样收到日期、要求试验的项目，均由委托人填写。其余部分由试验人员依据试验结果填写。混凝土外加剂试验报告如表 8-28 所示。

水泥试验报告（参考用表）

表 8-27

试验编号：×××　委托编号：×××

工程名称	×××工程		试样编号		×××
委托单位	×××建筑公司		试验委托人		×××
品种及强度等级	P·S 32.5	出厂编号及日期	××年×月×日	厂别牌号	×××
代表数量(t)	200	来样日期	××年×月×日	试验日期	××年×月×日

	一、细度	80μm 方孔筛余量			%				
		比表面积			m³/kg				
	二、标准稠度用水量(P)				25.4%				
	三、凝结时间		初凝		03h 30min		终凝		05h 25min
	四、安定性		雷氏法		mm		饼法		合格
	五、其他								

试验结果	六、强度(MPa)							
	抗折强度				抗压强度			
	3d		28d		3d		28d	
	单块值	平均值	单块值	平均值	单块值	平均值	单块值	平均值
	4.5		8.7		23.0		52.5	
					23.8		53.2	
	4.3	4.4	8.8	8.7	23.2	23.5	52.7	53.1
					24.1		53.8	
	4.3		8.7		23.8		53.2	
					22.9		53.1	

结论：

　　依据《通用硅酸盐水泥》(GB 175—2007)标准,符合 P·S32.5 水泥强度要求,安定性合格,凝结时间合格。

批准	×××	审核	×××	试验	×××
试验单位	×××试验室				
检查日期	××年×月×日				

注：表 8-27 由试验单位提供,建设单位、施工单位、城建档案馆各一份。

混凝土外加剂试验报告（参考用表）

表 8-28

试验编号：×××委托编号：×××

工程名称	×××工程			试样编号	×××
委托单位	×××建筑公司			试验委托人	×××
产品名称	缓凝减水剂	生产厂	×××厂	生产日期	××年×月×日
代表数量	30kg	来样日期	××年×月×日	试验日期	××年×月×日
试验项目	必试项目				

试验结果	试验项目	试验结果
	(1)钢筋锈蚀	无锈蚀作用
	(2)凝结时间	初凝 165min,终凝 205min
	(3)28d 抗压强度比	116%
	(4)减水率	21.3%

结论：

　　依据《混凝土外加剂》(GB 8076—2008)标准,所检项目达到合格品指标要求,对钢筋无锈蚀。

批准	×××	审核	×××	试验	×××
试验单位	×××试验室				
报告日期	××年×月×日				

注：表 8-28 由试验单位提供,建设单位、施工单位、城建档案馆各一份。

（4）掺合料

混凝土中掺合料主要有粉煤灰、粒化高炉矿渣粉、沸石粉、硅灰和复合掺合料等，其质量应符合现行国家标准《用于水泥和混凝土中的粉煤灰》（GB/T 1596—2005）等相关规定。进场检查验收按批次和产品的抽样检验方案确定。检查内容包括产品合格证、出厂检验报告和进场复验报告。

粉煤灰进场需见证取样复验，以连续供应的200t相同等级的粉煤灰为一批，不足200t者按一批论，粉煤灰的数量按干灰（含水量小于1%）的重量计算。复验的项目包括细度、烧失量、含水量、活性指数、需水量比、三氧化硫等。混凝土掺合料试验报告如表8-29所示。

混凝土掺合料试验报告（参考用表）　　　　　　表 8-29

试验编号：×××　委托编号：×××

工程名称	×××工程			试样编号	×××
委托单位	×××建筑公司			试验委托人	×××
掺合料种类	粉煤灰	等级	Ⅱ	产地	×××
代表数量	200t	来样日期	××年×月×日	试验日期	××年×月×日
试验结果	一、细度	1.0.045方孔筛筛余	□17.4		%
		最大粒径	0		%
	二、需水量比		99		%
	三、吸铵量		/		%
	四、28d 水泥胶砂抗压强度比		128		%
	五、烧失量		7.5		%
	六、其他		/		

结论：

依据《用于水泥和混凝土中的粉煤灰》(GB/T 1596—2005)标准,符合Ⅱ级粉煤灰要求。

批准	×××	审核	×××	试验	×××
试验单位	×××试验室				
报告日期	××年×月×日				

注：表 8-29 由试验单位提供，建设单位、施工单位、城建档案馆各一份。

（5）砂、石

砂、石进场验收需见证取样复验，检查内容为进场复验报告。复验按批进行，砂、石用大型工具（如火车、货船或汽车）运输的，以 400m³ 或 600t 为一验收批；用小型工具（如马车等）运输的，以 200m 或 300t 为一验收批，不足上述数量者也按一批计。质量应符合国家标准《普通混凝土用砂、石质量及检验方法标准》（JGJ 52—2006）的规定。砂每验收批至少进行颗粒级配、含泥量、泥块含量检验，对于海砂还应检验贝壳含量，对人工砂及混合砂还应检验石粉含量。碎石或卵石应进行颗粒级配、含泥量、泥块含量检验，还应检验针、片状颗粒含量。重要工程或特殊工程应根据工程要求增加检测项目，对其他指标的合格性有怀疑时应予检验。砂试验报告如表 8-30 所示。碎（卵）石试验报告如表8-31 所示。

试验编号：＿×××＿委托编号：＿×××＿

工程名称	×××工程		试样编号	×××
委托单位	×××建筑公司		试验委托人	×××
种类	中砂		产地	×××
代表数量	600t	来样日期 ××年×月 ×日	试验日期	××年×月 ×日
试验结果	一、筛分析	细度模数(μf)	2.7	
		级配区域	Ⅱ区	
	二、含泥量	2.6	%	
	三、泥块含量	0.5	%	
	四、表观密度	/kg/m³		
	五、堆积密度	1460	kg/m³	
	六、碱活性指标	/		
	七、其他	含水率/有机质含量/云母含量/碱活性/孔隙率/坚固性/轻物质含量/氯离子含量/紧密密度		

结论：
依据《普通混凝土用砂、石质量及检验方法标准》（JGJ 52—2006）标准，含泥量合格，泥块含量合格，属Ⅱ区中砂。

批准	×××	审核	×××	试验	×××
试验单位	×××试验室				
报告日期	××年×月 ×日				

注：表 8-30 由试验单位提供，建设单位、施工单位、城建档案馆各一份。

试验编号：×××委托编号：×××

工程名称	×××工程		试样编号	×××
委托单位	×××建筑公司		试验委托人	×××
种类、产地	碎石×××		公称粒径	5～10mm
代表数量	600t	来样日期 ××年×月 ×日	试验日期	××年×月 ×日
试验结果	一、筛分析	级配情况	☑ 连续粒级 □ 单粒级	
		级配结果	符合 5～10mm 卵石连续级配	
		最大粒径	10.00mm	
	二、含泥量	0.6	%	
	三、泥块含量	0.2	%	
	四、针、片状颗粒含量	0	%	
	五、压碎指标值	0	%	
	六、表观密度	/	kg/m³	
	七、堆积密度	/	kg/m³	
	八、碱活性指标	/		
	九、其他	含水率/氯离子含量/孔隙率/坚固性/轻物质含量/		

结论：
依据《普通混凝土用砂、石质量及检验方法标准》（JGJ 52—2006）标准，含泥量合格，泥块含量合格，针片状含量合格，符合 5～10mm 卵石连续级配，累计筛余 0。

批准	×××	审核	×××	试验	×××
试验单位	×××试验室				
报告日期	××年×月 ×日				

注：表 8-31 由试验单位提供，建设单位、施工单位、城建档案馆各一份。

（6）砖（砌块）

砖（砌块）进场应按批进行检查，检验实行见证取样送检。检验组批按每一生产厂家，烧结砖、混凝土实心砖每15万块，烧结多孔砖、混凝土多孔砖、蒸压灰砂砖及蒸压粉煤灰砖每10万块为一验收批，不足上述数量时按1批计。检查内容包括产品合格证、产品性能检测报告和复验报告。

砖（砌块）检验。烧结多孔砖检测项目包括外观质量、尺寸偏差、强度等级、孔型孔洞率及孔洞排列、泛霜、石灰爆裂、吸水率和饱和系数、冻融等。蒸压灰砂抽样检验项目包括尺寸偏差、外观、抗折强度 和抗压强度。检测单位提供检测报告应有试验编号，并应有明确的结论，签字、盖章齐全。

（7）防水和保温

防水材料主要有防水卷材、防水涂料、胶粘剂、止水带、膨胀胶条、密封膏、密封胶等。防水材料进场时应按批检查验收，材料的品种、规格、性能等应符合现行国家产品标准和设计要求。检查验收内容包括产品合格证、性能检测报告和出厂复验报告。

防水材料产品合格证和性能检测报告由供应单位提供。合格证上需注明出厂日期、检验部门印章、合格证的编号、品种、规格、数量、各项性指标、包装、标识、重量、面积、产品外观、物理性能等。检测报告应有检测单位的计量合格标志，有检验（试验）、审核、负责人（技术）三级人员签字，产品出厂检验项目齐全、结论明确、执行技术标准号、产品注册号、生产许可证号，产品名称、规格、型号、制造厂、生产日期、出厂日期、出厂编号、代表数量、检验（测）值、标准值、质量等级等。保温材料质量合格证上需有生产厂家名称、产品名称、型号、保温方式、施工方式、规格、适用标准、防火等级、检验人及日期等内容。

防水工程材料进场验收按规定见证取样复验，并提出复验报告，不合格的材料，不得使用。高聚物改性沥青防水卷材、合成高分子防水卷材，大于1000卷抽5卷，每500～1000卷抽4卷，100～499卷抽3卷，100卷以下抽2卷，进行规格尺寸和外观质量检验。在外观质量检验合格的卷材中，任取一卷做物理性能检验。用于屋面防水现场抽样复验项目有拉力、最大拉力时延伸率、耐热度、低温柔度、不透水性。用于地面防水现场抽样复验项目有拉力、最大拉力时延伸率、低温柔度、不透水性。对于高聚物改性沥青防水涂料、合成高分子防水涂料每10t为一批，不足10t按一批抽样。高聚物改性沥青防水涂料检测内容包括固含量、耐热度、柔性、不透水性、延伸。合成高分子防水涂料检测内容包括固含量、拉伸强度、断裂延伸率、柔性、不透水性。检测报告应有检测单位的计算合格标志，有检验（试验）、审核、负责人（技术）三级人员签字，产品出厂检验项目齐全、结论明确、材料名称、规格、型号、数量、质量等级与现场材料相附。防水卷材试验报告如表8-32。防水涂料试验报告如表8-33所示。

（8）饰面板（砖）

饰面板（砖）应进行进场检验，其品种、规格、颜色和性能应符合设计要求。检验按相同材料、工艺和施工条件的室内饰面板（砖）工程每50间（大面积房间和走廊按施工面积30m³为一间）应划分为一个检验批，不足50间也应划分为一个检验批；室外饰面板（砖）工程每500～1000m³应划分为一个检验批，不足500m³也应划分为一个检验批。检查内容包括产品合格证、进场验收记录、性能检测报告和复验报告。对于室内用花岗石的放射性，外墙陶瓷面砖的吸水率和寒冷地区外墙陶瓷面砖的抗冻性进行复验。

防水卷材试验报告（参考用表） 表 8-32

试验编号：×××　委托编号：×××

工程名称及部位	×××工程　地下室底板、外墙防水层				试样编号		×××
委托单位	×××建筑公司				试验委托人		×××
种类、等级、牌号	弹性体沥青防水卷材Ⅰ类复合胎				生产厂		×××
代表数量	250卷	来样日期	××年×月×日		试验日期		××年×月×日
试验结果	一、拉力试验	1. 拉力			纵	536.0N	横	510.0N
		2. 拉伸强度			纵	7MPa	横	7MPa
	二、断裂伸长率（延伸率）				纵	9.6%	横	9.6%
	三、耐热度	温度（℃）			评定		
	四、不透水性	1. 压力 0.2MPa；2. 恒压时间 30min；3. 评定：合格						
	五、柔韧性（低温柔性、低温弯折性）	温度（℃）			−15℃	评定	合格	
	六、其他	有见证试验						

结论：
　依据《弹性体改性沥青防水卷材》（GB 18242—2008）标准，符合Ⅰ类复合胎弹性体沥青防水卷材质量标准。

批准	×××	审核	×××	试验	×××
试验单位	×××试验室				
报告日期	××年×月×日				

　注：表 8-32 由试验单位提供，建设单位、施工单位、城建档案馆各一份。

防水涂料试验报告（参考用表） 表 8-33

试验编号：×××委托编号：×××

工程名称及部位	×××工程　一～四层厕浴间				试样编号	×××
委托单位	×××建筑公司				试验委托人	×××
种类、型号	聚氨酯防水涂料 1∶1.5				生产厂	×××
代表数量	300kg	来样日期	××年×月×日		试验日期	××年×月×日
试验结果	一、延伸性	/		mm		
	二、拉伸强度	3.83		MPa		
	三、断裂伸长率	556		%		
	四、粘结性	0.7		MPa		
	五、耐热度	温度（℃）	110	评定	合格	
	六、不透水性	1. 压力 0.3MPa；2. 恒压时间 30min，不透水合格；3. 评定：合格				
	七、柔韧性（低温）	温度（℃）	−30	评定	2h 无裂纹，合格	
	八、固体含量	95.5		%		
	九、其他	有见证试验				

结论：
　依据《聚氨酯防水涂料》（GB/T 19250—2013）标准，符合聚氨酯防水涂料合格品要求。

批准	×××	审核	×××	试验	×××
试验单位	×××试验室				
报告日期	××年×月×日				

　注：表 8-33 由试验单位提供，建设单位、施工单位、城建档案馆各一份。

（9）吊顶

吊顶材料包括轻钢龙骨、铝合金龙骨、木龙骨、石骨板、金属板、矿棉板、木板、塑料板等材料。吊顶材料进场应进行检查验收，检验时按同一品种的吊顶工程每 50 间（大面积房间和走廊按施工面积 30m³ 为一间）应划分为一个检验批，不足 50 间也应划分为一个检验批，检查验收内容包括产品合格证、进场验收记录、性能检测报告和复验报告。对于人造木板的甲醛含量进行复验，检验取样组批的要求是，民用建筑工程室内装修采用的某一种人造木板或饰面人造木板面积大于 500m² 时，对不同产品分别进行游离甲醛含量或游离甲醛释放量的复验。

（10）隔墙板材料

隔墙材料有钢龙骨、铝合金龙骨、木龙骨、石膏板、人造板、水泥纤维板、玻璃砖隔等。其中，对于墙板材料的品种、规格、性能、颜色应符合设计要求；对于骨架隔墙所用龙骨、配件、墙面板、填充材料及嵌缝材料的品种、规格、性能和木材的含水率应符合设计要求；有隔声、隔热、阻燃、防潮等特殊要求的工程材料应有相应性能等级的报告。

材料进场检查验收按同一品种的吊顶工程每 50 间（大面积房间和走廊按施工面积 30m³ 为一间）应划分为一个检验批，不足 50 间也应划分为一个检验批。检查验收内容包括检验产品合格证书、进场验收记录、性能检测报告和复验报告。

对于人造木板的甲醛含量进行复验时，民用建筑工程室内装修采用的某一种人造木板或饰面人造木板面积大于 500m² 时，应对不同产品分别进行游离甲醛含量或游离甲醛释放量的复验。

（11）涂料产品

涂料产品主要有合成树脂乳液内、外墙涂料和溶剂型外墙涂料，涂料的品种、型号和性能应符合设计要求。进场检查验收，按室内涂饰工程每一栋楼的同类涂料每 50 间（大面积房间和走廊按施工面积 30m³ 为一间）应划分为一个检验批，不足 50 间也应划分为一个检验批；室外涂饰工程每一栋楼的同类涂料每 500～1000m³ 应划分为一个检验批，不足 500m³ 也应划分为一个检验批。检查验收内容：产品合格证书、性能检测报告和进场验收记录。

工程现场堆放的建筑涂料应按品种、批号、颜色分别堆放，按随机取样的方法对产品进行取样。检测项目为在容器中状态、施工性、涂膜外观、干燥时间、对比率、耐水性、耐碱性、耐洗刷性、涂料耐冻融性。

（12）裱糊和软包

裱糊工程的壁纸，墙布的种类、规格、图案、颜色和燃烧性能等级必须符合设计要求和国家现行标准的有关规定。软包面料、内衬材料及边框的材质、颜色、图案、燃烧性能等级和木材的含水率应符合设计要求及国家现行标准的有关规定。进场检查验收同一品种的裱糊或软包工程每 50 间（大面积房间和走廊按施工面积 30m² 为一间）应划分为一个检验批，不足 50 间也应划分为一个检验批。检查内容有产品合格证、进场验收记录和性能检测报告。

（13）地面材料

地面材料包括陶瓷锦砖、缸砖、陶瓷地砖、大理石、花岗石、木地板、实木复合地面、中密度板等。进场的材料应有中文质量合格证明文件、规格、型号及性能检测报告，对重要的材料应有复验报告。大理石、花岗岩等天然石材必须有放射性害检测报告，人造板材应有甲醛含量试验报告。

（14）玻璃

进场的玻璃有产品合格证、检测报告、3C 认证、中空玻璃型式检验报告。取样检测玻璃的遮阳系数、可见光透射比透光、中空玻璃露点、传热系数等。

（15）装饰装修胶粘剂

室内装饰装修用胶粘剂有氯丁橡胶胶粘剂、SBS 胶粘剂、缩甲醛胶粘剂等。用于室内的胶粘剂应标明有害物质的名称和含量。进场抽样检测胶粘剂的性能，如粘结强度、游离甲醛、苯、TVOC 等含量。

（16）预制构件

预制构件包括在预制厂和施工现场制作的构件，按构件生产数量划分检验批进行验收。检查预制构件的产品合格证的目的是保证外观质量、尺寸偏差和结构性能符合要求。预制构件出厂合格证中的各项填写齐全，不得有错填和漏填，如：委托单位、工程名称、构件名称、型号、数量及生产日期、合同证编号、合同编号、混凝土设计强度等级、配合比编号、出厂强度、主筋种类、规格、机械性能、结构性能、生产许可证等。

预制构件按标准图或设计要求的试验参数及检验指标进行结构性能检验。混凝土构件结构性能检测是针对结构构件的承载力、挠度、裂缝控制性能等各项指标所进行的检测，通过对试验的构件施加荷载，观测结构的变化情况（承载力、裂缝、破坏），从而判定被测构件的结构性能（承载力）。对于构件结构性能检验数量为成批生产的混凝土构件应按同一生产工艺正常生产的不超过 1000 件，且不超过 3 个月的同类型产品为一批；当连续检验 10 批且每批的结构性能检验结果均符合规范规定要求时，对同一生产工艺正常生产的构件，可改为不超过 2000 件且不超过 3 个月的同类产品为一批。在每批中应随机抽取一个构件作为试件，进行结构性能检测，同时每批中应随机抽取 2 个备用试件，以便在需要进行复验时使用。

（17）预拌混凝土

预拌混凝土进场时需向施工单位提供预拌混凝土出厂合格证。合格证的内容包括：出厂合格证编号，合同编号，工程名称，需方，供方，供货日期，浇筑部位，混凝土标记，其他技术要求，供货量，原材料的品种，规格，级别及复验报告编号，混凝土配合比编号，混凝土强度等级，其他性能指标，质量评定等内容。总含碱量有要求的地区，应提供混凝土碱含量报告。

（18）门窗

进场门窗的品种、规格、等级应符合设计和有关标的要求。检验按批进行，同一品种、类型、规格和同一厂家，按 100 樘划分为一个检验批，不足 100 樘也应划分为一个检验批；同一品种、类型、规格和同一厂家的特种门按 50 樘划分为一个检验批，不足 50 樘也应划分为一个检验批。检查内容有产品合格证、性能检测报告、进场验收记录和复验报告。

产品合格证应注明产品名称、产品执行标、门窗施工企业资质及编号、门窗施工企业的安全生产许可证编号、节能认证书编号、节能备案证书编号、企业名称、工程名称、规格型号、批量、批号、检验日期、检验结果出厂日期、质检员签章等内容。外门窗复验项目包括抗风压性能、气密性能、水密性能。

(19) 钢结构工程用材料

钢结构工程用材料包括：钢材、钢铸件、焊接材料、连接用紧固标准件、焊接球、螺栓球、封板、锥头和套筒，涂装材料，网架节点等。

1) 钢材

《钢结构工程施工质量验收规范》（GB 50205—2001）4.2.1 条规定，钢材、钢铸件的品种、规格、性能等应符合现行国家产品标准和设计要求，进口钢材产品的质量应符合设计和合同规定标准的要求。检查要全数进行，检查质量合格证明文件、检验报告和中文标志等。

对属于下列情况之一的钢材，应进行见证抽样复验，其复验结果应符合现行国家产品标准和设计要求：国外进口钢材；钢材混批；板厚等于或大于 40mm，且设计有 z 向性能要求的厚板；建筑结构安全等级为一级，大跨度钢结构中主要受力构件所采用的钢材；设计中有复验要求的钢材；对质量有疑义的钢材。

施工单位收集、整理由供应单位提供的钢材质量合格证明文件。检测单位提供钢材复验报告。

2) 焊接材料

钢筋结构焊接用材料有焊条、焊剂、焊钉和焊接瓷环等，焊接材料的品种、规格、性能等应符合现行国家产品标准和设计要求。焊接材料进场时，需进行全数检查，检查焊接材料的质量合格证明文件、中文标志及检验报告。施工单位收集、整理由供应单位提供的焊接材料合格证明文件。

《钢结构工程施工质量验收规范》（GB 50205—2001）4.3.2 条规定，重要的钢结构采用的焊接材料应进行抽样复验，复验结果符合现行国家产品标准。重要的钢结构是指：建筑结构安全等级为一级的一、二级焊缝；建筑结构安全等级为二级的一级焊缝；大跨度结构中的一级焊缝；重级工作制吊车梁结构中一级焊缝。检测单位提供焊接材料复验报告。

3) 连接用紧固标准件

《钢结构工程施工质量验收规范》（GB 50205—2001）4.4.1 条规定，钢结构连接用高强度大六角头螺栓连接副、扭剪型高强度螺栓连接副、钢网架用高强度螺栓、普通螺栓、铆钉、自攻钉、拉铆钉、射钉、锚栓（机械型和化学试剂型）、地脚锚栓等紧固标准件及螺母、垫圈等标准配件，其品种、规格、性能等应符合国家产品标准和设计要求。高强度大六角头螺栓连接副和扭剪型高强度螺栓连接副出厂时应分别随箱带有扭矩系数和紧固轴力（预拉力）的检验报告。施工单位收集、整理由供应单位提供连接用紧固件质量合格证明文件、中文标志。

对扭剪型高强度螺栓连接副需由检测单位提供高强度螺栓连接副预拉力检验报告。对高强度大六角头螺栓连接副需由检测单位提供高强度螺栓连接副扭矩系数检验报告。对普通螺栓作为永久性连接时，以及设计有要求或对其质量有疑义时，需进行实物最小拉力载荷试验，由检测单位提供螺栓实物最小拉力载荷复验报告。钢结构制作和安装单位应按规范规定分别进行高强度螺栓连接摩擦面的抗滑移系数的试验和复验，现场处理的构件摩擦面应单独进行摩擦面抗滑移系数试验，由检测单位提供摩擦面抗滑移系数复验报告。

4) 焊接球

《钢结构工程施工质量验收规范》（GB 50205—2001）4.5.1 条规定，焊接球及制造焊接球所采用的原材料，其品种、规格、性能等应符合现行国家产品标准和设计要求。

施工单位收集、整理由供应单位提供的螺栓球、焊接球、封板、锥头和套筒、压型金属板合格证明文件、中文标志及原材料质量合格证明文件、中文标志。焊接球焊缝应进行无损检验，由检测单位提供焊接球焊缝超声波探伤或检查检验报告。

5）螺栓球、封板、锥头和套筒

《钢结构工程施工质量验收规范》（GB 50205—2001）4.6.1条、4.7.1条规定，螺栓球、封板、锥头和套筒及制造螺栓球节点、封板、锥头和套筒所采用的原材料其品种、规格、性能等应符合国家产品标准和设计要求，并取样进行抽检。

施工单位收集、整理由供应单位提供的螺栓球、焊接球、封板、锥头和套筒、压型金属板合格证明文件、中文标志及原材料质量合格证明文件、中文标志。检测单位提供螺栓球、焊接球、封板、锥头和套筒等检测报告。

6）涂装材料

按《钢结构工程施工质量验收规范》（GB 50205—2001）4.9.1、4.9.2条规定，钢结构防腐涂料、稀释剂和固化剂等材料的品种、规格、性能等应符合现行国家产品标准和设计要求，并取样进行检测。

施工单位收集、整理，由供应单位提供的钢结构防腐涂料、稀释剂、固化剂等产品质量合格证明文件、中文标志。检测单位提供防火涂料的粘结强度、抗压强度复验报告，并符合国家现行标准《钢结构防火涂料应用技术规范》（CECS 24：90）规定。

7）网架节点

《钢结构工程施工质量验收规范》（GB 50205—2001）12.3.3条规定，对建筑结构安全等级为一级、跨度40m及以上的公共建筑钢网架结构，且设计有要求时，进行节点承载力试验，由检测单位提供网架节点承载力试验报告。

（20）幕墙工程

幕墙材料、五金配件、构件及组件应进行进场验收。进场验收包括产品合格证、性能检测报告和进场验收记录。

幕墙工程应对下列材料及其性能指标进行复验：铝塑复合板的剥离强度；石材的弯曲强度；寒冷地区石材的耐冻融性；室内用花岗石的放射性；玻璃幕墙用结构胶的邵氏硬度、标准条件拉伸粘结强度、相容性试验；石材用结构胶的粘结强度；石材用密封胶的污染性。

施工单位收集、整理供应单位提供的产品出厂质量证明文件。检测单位提供幕墙工程材料、五金配件、构件和组件等材料复验报告。

4. 建筑给水排水及采暖工程

《建筑给水排水及采暖工程施工质量验收规范》（GB 50242—2002）规定：建筑给水排水及采暖所用的主要材料、成品、半成品、配件、器具和设备必须具有中文质量合格证明文件，规格、型号及性能检测报告应符合国家技术标准或设计要求，所用材料进场时应对品种、规格、外观等进行验收，包装完好，表面无划痕及外力冲击破损，并经监理工程师确认；主要器具和设备必须有完整的安装使用说明书，在运输、保管和施工过程中，应采取有效措施防止损坏或腐蚀；阀门安装前，应做强度和严密性试验。

建筑给水排水及采暖所用的主要材料、成品、半成品、配件、器具和设备进场时，由供应单位提供相关的质量证明文件，施工单位填写相关的进场验收记录。

（1）阀门

进场的阀门应做强度和严密性试验，试验应在每批（同牌号、同型号、同规格）数量中抽查 10%，且不少于一个。对于安装在主干管上起切断作用的闭路阀门，应逐个做强度和严密性试验。

阀门的强度和严密性试验，应符合以下规定：阀门的强度试验压力为公称压力的 1.5 倍；严密性试验压力为公称压力的 1.1 倍；试验压力在试验持续时间内保持不变，且壳体填料及阀瓣密封面无渗漏。

检测单位提供《阀门的强度和严密性试验报告》。

（2）给水管道

进场的给水管道必须采用管材相适应的管件。生活给水系统所涉及的材料必须达到以饮用水卫生标准。检测单位提供给水管道消毒检测报告。

5. 建筑电气工程

《建筑电气工程施工质量验收规范》（GB 50303—2015）规定：主要材料、设备、半成品和成品进场检验结论应有记录，确认符合规范要求后，才能在施工中应用。有异议时，抽样检测送有资质试验室进行，试验室应出具检测报告，确认符合规范要求，才能在工程施工中应用。依法定程序批准进入市场的新电气设备、器具和进场验收，除符合规范要求外，尚应提供安装、使用、维修和试验要求等技术文件。进口电气设备、器具和材料进场验收，除符合规范要求外，尚应提供商检证明和有中文说明的质量合格证明文件和规格、型号、性能检测报告以及中文说明的安装、使用、维修和试验要求等技术文件。经批准的免检产品或认定的名牌产品，当进场验收时，宜不做抽样检测。

材料、设备出厂合格证书及进场检（试）验要求如下：

（1）变压器、箱式变电所、高压电器及电瓷制品应有合格证、随带技术文件、变压器出厂试验记录。

（2）高压成套配电柜、蓄电池柜、不间断电源、柜控制柜（屏、台）及动力、照明配电箱（柜）应有合格证、随带技术文件；实行生产许可证和安全认证制度的产品，有许可证编号和安全论证标志。不间断电源有出场试验记录。

（3）柴油发电机应有合格证、随带技术文件、出厂试运行记录、发电机及其控制柜有出厂试验记录。

（4）电动机、电加热器、电动执行机构和低压开关设备应有出厂合格证、随带技术文件；实行生产许可证和安全认证制度的产品，有许可证编号和安全论证标志。

（5）照明灯具及附件应有出厂合格证，新型气体放电灯具随带技术文件。防爆灯有防爆标志和防爆合格证，普通灯具有安全论证标志。成套灯具的绝缘电阻、内部接线等进行现场抽样检测。

（6）开关、插座、接线盒和风扇应有合格证，防爆产品有防爆合格证，实行生产许可证和安全认证制度的产品有许可证编号和安全认证标志。对开关、插座的电气和机械性能进行现场抽样检测。

（7）电线、电缆应有合格证，合格证有生产许可证编号和安全认证标志。对绝缘性能、导电性能和阻燃性能有异议时，按批抽样送检。

（8）导管应有合格证。对绝缘导管及配件的阻燃性有异议时，按批抽样送检。

（9）型钢和电焊条按批查验合格证和材质证明书；有异议时，按批抽样送有资质的试验室检测。

（10）镀锌制品（支架、横担、接地极、避雷用型钢等）和外线金具应有出厂合格证明或镀锌质量证明书。对镀锌质量有异议时，按批抽样送检。

（11）电缆桥架、线槽、裸母线、裸导线、电缆头部件及接线端子、电焊条、钢制灯柱、混凝土电杆和其他混凝土制品应有出厂合格证。

施工单位收集、整理供应单位提供的材料、设备质量证明文件和检测单位提供的检测报告，并填写进场检验报告。

6. 智能建筑工程

智能建筑工程中所用设备、材料包括智能化系统中的硬件设备、软件产品和工程中应用的各种系统接口等。进场产品质量检查应包括列入《中华人民共和国实施强制性产品认证的产品目录》或实施生产许可证和上网许可证管理的产品，未列入强制性认证产品目录或未实施生产许可证和上网许可证管理的产品应按规定程序通过产品检测后方可使用。

产品功能、性能等项目的检测应按相应的现行国家产品标准进行，供需双方有特殊要求的产品，可按合同规定或设计要求进行。对不具备现场检测条件的产品，可要求进行工厂检测并出具检测报告。

（1）硬件设备及材料的质量检查重点应包括安全性、可靠性及电磁兼容性等项目，可靠性检测可参考生产厂家出具的可靠性检测报告。

（2）软件产品质量应按下列内容检查：

① 商业化的软件，如操作系统、数据库管理系统、应用系统软件、信息安全软件和网络管理软件等应做好使用许可证及使用范围的检查；

② 由系统承包商编制的用户应用软件、用户组态软件及接口软件等应用软件，除进行功能测试和系统测试之外，还应根据需要进行容量、可靠性、安全性、可恢复性、兼容性、自诊断等多项功能测试，并保证软件的可维护性；

③ 所有自编软件均应提供完整的文档（包括软件资料、程序结构说明、安装调试说明、使用和维护说明书等）。

（3）系统接口的质量应按下列要求检查：

① 系统承包商应提交接口规范，接口规范应在合同签订时由合同签订机构负责审定；

② 系统承包商应根据接口规范制定接口测试方案。接口测试方案经检测机构批准后实施。系统接口测试应保证接口性能符合设计要求，实现接口规范中规定的各项功能，不发生兼容性及通信瓶颈问题，并保证系统接口的制造和安装质量。

（4）依规定程序获得批准使用的新材料和新产品除符合前述条款规定外，尚应提供主管部门规定的相关证明文件。

（5）进口产品应有原产地证明和商检证明及配套的质量合格证明、检测报告及安装、使用、维护说明书等文件的中文说明书等。

供应单位提供进口产品原产地证明和商检证明及配套的质量合格证明、检测报告及安装、使用、维护说明书等文件的中文说明书等。检测单位提供主要材料、设备产品进场检（试）验报告。施工单位汇总并填写设备材料现场检验表。

7. 通风与空调工程

《通风与空调工程施工质量验收规范》（GB 50243—2002）3.0.5 条规定：通风与空调工程所用的主要原材料、成品、半成品和设备的进场，必须对其进行验收。验收内容包括：合格证、出现检验报告和进场复验报告。验收应经监理工程师认可，并形成相应质量记录。

（1）各类管材、板材等型材应有材质检测报告。

（2）风管部件、水管管件、法兰等应有出厂合格证。

（3）焊接材料和胶粘剂等应有出厂合格证、使用期限及检验报告。

（4）阀门、开（闭）式水箱、分水器、除污器、过滤器、软接头、绝热材料、衬垫等应有产品出厂合格证及相应检验报告。

（5）制冷机组、空调机组、风机、水泵、热交换器、冷却塔、风机盘管、诱导器、水处理设备、加湿器、空气幕、消声器、补偿器、防火阀、防排烟风口等应有产品合格证和型式检测报告。

（6）压力表、温度计、湿度计、流量计、传感器等应有产品合格证和有效检测报告。

（7）主要设备应有安全使用说明书。

供应单位提供材料出厂合格证，供应单位、施工单位和监理单位的代表共同参加，并形成质量记录材料进场验收记录。

8. 建筑节能工程

《建筑节能工程施工质量验收规范》（GB 50411—2007）3.2 条规定：

① 建筑节能工程使用的材料、设备应符合施工图设计要求及国家有关标准的规定。严禁使用国家明令禁止和已淘汰使用的材料、设备。

② 材料和设备进场时应对其品种、规格、包装、外观和尺寸进行验收并应经监理工程师（建设单位代表）检查认可，并形成相应的质量记录。材料和设备应有质量合格证明文件、中文说明书及相关性能检测报告；进口材料和设备应按规定进行出入境商品检验。

③ 建筑节能工程所使用材料的燃烧性能等级和阻燃处理，应符合设计要求和现行国家标准《建筑设计防火规范》（GB 50016—2014）、《建筑内部装修设计防火规范》（GB 50222—1995）的规定。

④ 建筑节能工程使用的材料应符合国家现行有关材料有害物质限量标准的规定，不得对室内外环境造成污染。目前判断室内环境是否污染仍按照《民用建筑工程室内环境污染控制规范》（GB 50325—2010）的要求进行。

⑤ 建筑节能工程进场材料和设备的复验项目应符合规范的规定。复验项目中应有30％为见证取样送检。

⑥ 建筑节能性能现场检验应由建设单位委托具有相应资质的检测机构对围护结构节能性能和系统功能进行检验。

⑦ 现场配制的材料如保温浆料、聚合物砂浆等，应按设计要求或试验室给出的配合比配制。当无上述要求时，应按照施工方案和产品说明书配制。

⑧ 暖通与空调系统及其他建筑机电设备的技术性能参数应符合国家有关标准的规定。严禁使用技术性能不符合国家标准的机电设备。

建筑节能常用材料中凡涉及安全和使用功能的应进行见证取样复验。施工单位按专业验收规范要求对进场材料分批取样，监理单位的见证员见证送检，由检测单位提供检测报告，全格后方能在工程中应用。建筑节能工程中的主要材料、设备和构件进场复验的项目如表 8-34 所示。

建筑节能常用材料抽样复验及现场实体检验项目一览表　　　　　　表 8-34

类型	检验内容及项目	复验性能指标	复验批次
配件	耐碱玻纤网格布	单位面积质量、耐碱拉伸断裂强力、断裂强力保留率	同一厂家、同一品种的产品，当工程建筑面积 20000m² 以下时各抽查不少于 3 次；当工程建筑面积在 20000m² 以上时各抽查不少于 6 次。（用于屋面、地面节能工程时，同一厂家、同一品种的产品各抽查不少于 3 组）
	热镀锌电焊钢丝网	网孔大小、丝径、焊点抗拉力、热镀锌质量（抗腐蚀性能）	
聚苯板（EPS、XPS）等	板材	尺寸（现场自检）、表观密度、尺寸稳定性、抗拉强度、导热系数	
	胶粘剂	干燥状态和浸水 48h 拉伸粘结强度（与水泥砂浆）	
	抹面砂浆抗裂砂浆界面砂浆	干燥状态和浸水 48h 拉伸粘结强度（与保温层）	
	板材粘贴强度	拉拔强度	每个检验批不少于 3 处
		粘贴面积（现场自检）	
复合保温砂浆	材料	干密度、压缩强度、吸水率、导热系数	同聚苯板
	完成保温层厚度	尺寸	每个检验批不少于 3 处
	保温浆料同条件试件	导热系数、干密度和压缩强度	每检验批应抽样制作同条件试块不少于 3 组
硬质泡沫聚氨酯	材料	表观密度、压缩性能、拉拔强度、导热系数、吸水率	同聚苯板
自保温墙体材料	块材	导热系数、密度和抗压强度、平衡含水率	同一厂家、同一品种的产品，当工程建筑面积 20000m² 以下时各抽查不少于 3 次；当工程建筑面积在 20000m² 以上时各抽查不少于 6 次
	板材	导热系数、平衡含水率	
锚固件	锚固力	拉拔力	每个检验批不少于 3 处
幕墙	幕墙玻璃	可见光透射比、传热系数、遮阳系数、中空玻璃露点	同一厂家、同一品种的产品抽查不少于一组。
	隔热型材	抗拉强度、抗剪强度	
	气密性指标	气密性	幕墙面积大于建筑外墙面积 50% 或 3000m² 时，对一个单位工程中面积超过 1000m² 的每一种幕墙均取一个试件进行检测
外窗	原材料	气密性、传热系数、中空玻璃露点（严寒、寒冷地区）	同一厂家、同一品种、同一类型的产品抽查不少于 3 樘
		气密性、传热系数、玻璃遮阳系数、可见光透射比、中空玻璃露点（夏热冬冷地区）	
	实体检验	现场气密性	每个单位工程的外窗至少抽查 3 樘。当一个单位工程外窗有 2 种以上品种、规格和开启方式时，每种品种、规格和开启方式的外窗均应抽查不少于 3 樘

类型	检验内容及项目	复验性能指标	复验批次
围护结构节能保温做法实体检验	围护结构各层做法、保温层厚度	每个单位工程的外窗至少抽查3樘。当一个单位工程外窗有2种以上品种、规格和开启方式时，每种品种、规格和开启方式的外窗均应抽查不少于3樘
采暖节能工程	散热器的单位散热量、金属热强度，保温材料的导热系数、密度、吸水率	同一厂家、同一规格的散热器按其数量的1%进行复验，但不得少于2台，同一厂家同一材质的保温材料复试次数不得少于2次
通风与空调节能工程	风机盘管机组的供冷量、供热量、风量、出口静压、噪声及功率，绝缘材料的导热系数、密度、吸水率	同一厂家、同一规格的散热器按其数量的1%进行复验，但不得少于2台，同一厂家同一材质的保温材料复试次数不得少于2次
空调与采暖系统、热源及管网节能工程	绝缘材料的导热系数、密度、吸水率	同一厂家同材质的绝缘材料复验次数不得少于2次
配电与照明节能工程	电缆、电线截面和每芯导体电阻值	同一厂家各种规格的10%，且不少于2个规格
现场热工性能检测	屋面、墙体传热系数及隔热性能	同一居住小区围护结构保温措施及建筑平面布局基本相同的建筑物作为一个样本随机抽样。公共建筑应逐幢抽样检测

9. 电梯工程

《电梯工程施工质量验收规范》（GB 50310—2002）3.0.2条规定：电梯安装前应进行电梯设备进场验收；应进行土建交接检验；电梯的各分项工程应按企业标准进行质量控制，每个分项工程应有自检记录。3.0.3条规定：隐蔽工程应在电梯安装单位检查合格后，于隐蔽前通知有关单位检查验收，并形成验收文件。

电梯安装前应进行电梯设备进场验收。验收由施工单位组织项目监理机构（建设单位）和供应单位共同开箱检验，并进行记录，施工单位填写设备开箱检验记录。

电力驱动的曳引式或强制式电梯安装设备进场验收内容有：随机文件（土建布置图；产品出厂合格证；门锁装置、限速器、安全钳及缓冲器的型式试验证书复印件；装箱单；安装、使用说明书；动力电路和安全电路的电气原理图），设备零部件与装箱单相符，设备外观不应存在明显的损坏。

液压电梯安装设备进场验收内容有：随机文件（土建布置图；产品出厂合格证；门锁装置、限速器、安全钳及缓冲器的型式试验证书复印件；装箱单；安装、使用说明书；动力电路和安全电路的电气原理图；液压原理图），设备零部件与装箱单相符，设备外观不应存在明显的损坏。

自动扶梯、自动人行道安装设备进场验收内容有：技术资料（梯级或踏板的型式试验报告复印件或胶带的断裂强度证明文件复印件；对公共交通型自动扶梯、自动人行道应有扶手带的断裂强度证书复印件），随机文件（土建布置图；产品出厂合格证；装箱单；安装、使用说明书；动力电路和安全电路的电气原理图），设备零部件与装箱单相符，设备外观不应存在明显的损坏。

8.1.6 施工记录文件

1. 隐蔽工程验收记录

《建设工程施工合同（示范文本）》（GF-2013-0201）规定：工程具备隐蔽条件或达到专用条款约定的中间验收部位，承包人进行自检，并在隐蔽或中间验收前48h以书面形式通知工程师验收。工程师不能按时进行验收，应在验收前24h以书面形式向承包人提出延期要求，延期不得超过48h。隐蔽验收的流程如图8-3所示。

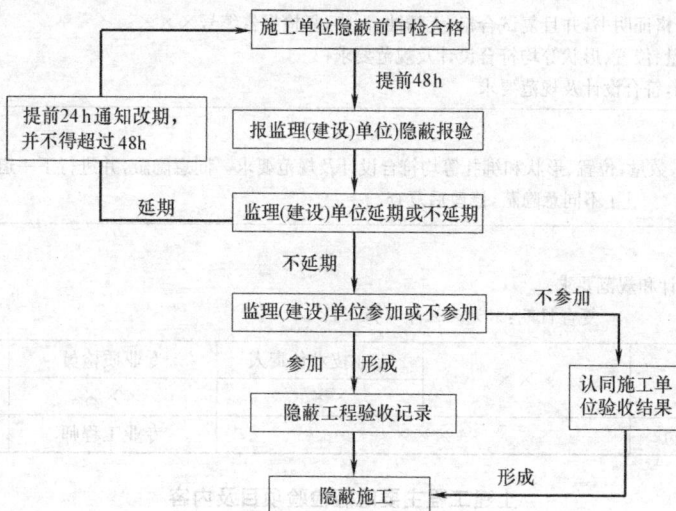

图8-3 隐蔽验收报验流程

《建筑工程施工质量验收统一标准》（GB 50300—2013）规定：隐蔽工程在隐蔽前应由施工单位通知监理单位进行验收，并应形成验收文件，验收合格后方可继续施工。

隐蔽工程验收记录应符合国家相关标准的规定。施工单位填写的隐蔽工程验收记录应一式四份，并应由建设单位、监理单位、施工单位、城建档案馆各保存一份。隐蔽工程验收记录（通用表格）宜采用表8-35的格式。

（1）土建工程主要隐蔽检验项目及内容

土建工程主要隐蔽检验项目及内容如表8-36所示。

（2）建筑给排水及采暖工程

建筑给水排水及采暖分部工程的隐蔽工程验收及中间验一般包括以下内容：

1）埋于地下或结构中和暗敷设于沟槽、管井及进入吊顶内的给水、排水、雨水、采暖、消防和相关设备检验。

① 管材、管件、阀门、设备的材质与型号；

② 安装位置、标高、坡度；

③ 包括管道连接做法、质量及支架固定。

2）有防水要求的套管检查其定位及尺寸。

3）塑料管检查是否铺设在砂土垫层上。

4）是否按规定完成强度、严密性、冲洗等试验。

隐蔽工程验收记录 （C. 5. 1）　　　　　　　　表 8-35

工程名称	×××工程		编号	×××
隐检项目	梁、楼板钢筋绑扎工程		隐检日期	××××年×月×日
隐检部位	第二层②～⑦/Ⓐ～Ⓗ　　　轴线　　　+7.500m　　标高			

隐检依据:施工图号结构施工说明、结施二、结施三　，设计变更/洽商/技术核定单(编号 /)及有关国家现行标准等。

主要材料名称及规格/型号：　HPB300、HRB400

隐检内容：
1. 钢筋有质量合格证明书,并且复试合格,无锈蚀、污染,复检报告编号×××;
2. 钢筋规格、数量、位置、形状等均符合设计及规范要求;
3. 钢筋绑扎牢固,符合设计及规范要求。

检查结论：
经检查钢筋规格、数量、位置、形状和绑扎等均符合设计及规范要求。同意隐蔽,并进行下一道工序施工。
　☑ 同意隐蔽　　　□ 不同意隐蔽,修改后复查

复查结论：
　　符合设计和规范要求。
复查人:×××　　　　　　复查日期:××××年×月×日

签字栏	施工单位	×××	专业技术负责人	专业质检员	专业工长
			×××	×××	×××
	监理或建设单位	×××		专业工程师	×××

土建工程主要隐蔽检验项目及内容　　　　　　　表 8-36

项　　目		内　　容
地基基础与主体结构工程	土方工程	土方基槽、房心回填前检查基底清理、基底标高情况等
	支护工程	锚杆、土钉的品种、规格、数量、位置、插入长度、钻孔直径、深度和角度等;地下连续墙的成槽宽度、深度、倾斜度垂直度、钢筋笼规格、位置、槽底清理、沉渣厚度等
	桩基	钢筋笼规格和尺寸、清孔情况、沉渣厚度等
	地下防水工程	混凝土变形缝、施工缝、后浇带、穿墙套管、埋设件等设置的形式和构造;人防出口止水做法;防水层基层、防水材料规格、厚度、铺设方式、阴阳角处理、搭接密封处理等
	结构工程(基础、主体)	用于绑扎的钢筋的品种、规格、数量、位置、锚固和接头位置、搭接长度、保护层厚度和除锈、除污情况、钢筋代用变更及胡子筋处理等;钢筋焊(连)接形式、焊(连)接种类、接头位置、数量及焊条、焊剂、焊口形式、焊缝长度、厚度及表面清渣和连接质量等
	预应力工程	检查预留孔道的规格、数量、位置形状、端总后预埋垫板;预应力筋的下料长度、切断方法、竖向位置偏差、固定、护套的完整性;锚具、夹具、连接点的组装等
	钢结构工程	地脚螺栓规格、位置、埋设方法、紧固,钢结构焊接的焊条、焊口形式,焊缝长度、厚度及表面清渣及连接质量等
装饰装修工程	地面工程	各基层材料品种、规格、铺设厚度、方式、坡度、标高、表面情况、节点密封处理、粘结情况等
	抹灰工程	具有加强措施的抹灰应检查其加强构造的材料规格、铺设、固定、搭接等

项 目		内 容
装饰装修工程	门窗工程	预埋件和锚固件、螺栓等的数量、位置、间距、埋设方式、与框的连接方式、防腐处理、缝隙的嵌填、密封材料的粘结等
	吊顶工程	吊顶龙骨及吊件材质、规格、间距、连接方式、固定、表面防火、防腐处理、外观情况、接缝和边缝情况、填充和吸声材料的品种、规格及铺设、固定等
	轻质隔墙工程	预埋件、连接件、拉结筋的位置、数量、连接方法、与周边墙体及顶棚的连接、龙骨连接、间距、防火、防腐处理、填充材料设置等
	饰面板(砖)工程	预埋件(后置埋件)、连接件规格、数量、位置、连接方式、防腐处理等。有防水构造部位应检查找平层、防水层、找平层的构造做法,同地面基层工程检查
	幕墙工程	预埋件(或后置埋件);构件的连接节点;变形缝及墙面转角处的构造节点;幕墙防雷装置;幕墙防火构造
	细部工程	预埋件或后置埋件和连接件的数量、规格、位置连接方式、防腐
建筑屋面工程		基层、找平层、保温层、防水层、隔离层情况、材料的品种、规格、厚度、铺贴方式、搭接宽度、接缝处理、粘结情况;附加层、天沟、檐沟、泛水和变形缝细部做法、隔离层设置、密封处理部位等

5) 有绝热、防腐要求的给水、排水、采暖、消防、喷淋管道和相关设备检验。

① 绝热方式、绝热材料的材质与规格;

② 绝热管道与支、吊架之间的防结露措施、防腐处理及做法等。

6) 埋地的采暖、热水管道,保温层、保护层检验。

① 安装位置、标高、坡度、支架做法;

② 保温层、保护层设置等。

7) 地面辐射采暖,检查加热管是否有接头、绝热层的材质及厚度以及是否按要求完成压力试验。

(3) 建筑电气工程

埋于结构内的各种电线导管;结构钢筋避雷引下线;等电位及均压环暗敷设;接地装置埋设;金属门窗、幕墙金属框架接地;不进入吊顶内的电线导管;不进入吊顶内的电线槽直埋电缆;不进入的电缆沟敷设电缆;管(线)路经过建筑变形缝的补偿装置;大型灯具及吊扇的预埋(吊钩)等。

(4) 智能建筑工程

智能建筑工程隐蔽验收随工检验,隐检项目有:管道排列隐蔽工程验收;管道连接隐蔽工程验收;管口安放护圈标识隐蔽工程验收;接线盒及桥架加盖隐蔽工程验收;线缆对管道及线间绝缘电阻隐蔽工程验收;线缆接头处理隐蔽工程验收等。

(5) 通风与空调工程

敷设于竖井内、不进入吊顶内的风道,要检查风道的标高、材质、接头、接口的严密性,附件、部件是否安装到位,支、吊、托架安装、固定,活动部件是否灵活可靠、方向正确,风道分支、变径处理是否符合要求,是否已经完成风管的漏光、检测、空调水管道的强度严密性、冲洗等试验。

有绝热、防腐要求的风管、空调水管及设备:检查绝热形式和做法、绝热材料的材质和规格、防腐处理材料及做法。

施工单位在自检合格的基础上，由施工单位质检员填写隐蔽工程验收记录，报监理单位审核认可，后方可进入下道工序施工。

（6）建筑节能工程

① 墙体节能工程

保温层附着的基层及其表面处理；保温板粘结或固定；锚固件；增强网铺设；墙体热桥部位处理；预置保温板或预制保温墙板的板缝及构造节点；现场喷涂或浇筑有机类保温材料的界面；被封闭的保温材料厚度；保温隔热砌块填充墙体。

② 幕墙节能工程

被封闭的保温材料厚度和保温材料的固定；幕墙周边与墙体缝隙保温材料的填充；构造缝、结构缝；隔汽层；热桥部位、断热节点；单元式幕墙板块间的接缝构造；冷凝水收集和排放构造；幕墙的通风换气装置。

③ 建筑外门窗工程施工

门窗框与墙体缝隙的保温填充做法。

④ 屋面保温隔热工程

基层；保温层的敷设方式、厚度；板材缝隙填充质量；突出屋面构造处的保温层做法；屋面热桥部位；隔汽层。

⑤地面节能工程

基层；被封闭的保温材料厚度；保温材料粘结；隔断热桥部位。

（7）电梯工程

电梯承重梁埋设、电梯钢丝头组装灌注、电梯井道内导轨支架、层门支架、螺栓埋设等工序完成后应进行隐蔽工程验收，由施工单位填写隐蔽工程验收记录，经监理单位认可后，方可进入下道工序施工。

2. 施工检查记录

《建筑工程施工质量验收统一标准》（GB 50300—2013）规定：对于监理单位提出检查的重要工序，应经监理工程师检查认可，才能进行下一道工序施工。施工检查记录是对重要工程项目或关键部位的施工方法、使用材料、构配件、操作人员、时间、施工情况等进行的记载。

施工单位填写的施工检查记录应一式一份，并由施工单位自行保存。施工检查记录（通用表格）宜采用表 8-37 的格式。

3. 交接检查记录

《建筑工程施工质量验收统一标准》（GB 50300—2013）规定：各施工工序应按施工技术标准进行质量控制，每道工序完成后，经施工单位自检符合规定后，才能进行下道工序施工。各专业工种之间的相关工序应进行交接检验，并进行记录。

交接双方共同填写的交接检查记录应一式三份，并应由移交单位、接收单位和见证单位各保存一份。交接检查记录（通用格式）宜采用表 8-38 的格式。

4. 工程定位测量记录

工程开工前，施工单位根据建设单位提供的规划红线（钉桩）进行工程定位，并将工程定位测量结果用《工程定位测量记录》形式报建设单位，建设单位据此报请规划部门测绘验线后，方可进行工程施工。工程定位测量记录的内容包括：建筑物位置、主控轴线及尺寸、建筑物±0.000 的绝对标高等内容。"平面坐标依据"、"高程依据"栏由测绘院或建设单位提供，应以规划部门钉桩坐标为标准，在填写时应注明点位编号，且与交桩文件资料中的点位编号一致。

施工检查记录 (C.5.2)　　　　　　　　　表 8-37

工程名称	×××工程	编　号	×××
		检查日期	××××年×月×日
检查部位	第一层②～⑦/Ⓐ～Ⓗ楼板	检查项目	模板工程

检查依据：《混凝土结构工程施工质量验收规范》(GB 50204—2015)

检查内容：
1. 第一层②～⑦/Ⓐ～Ⓗ楼板模板；
2. 模板支撑的承载力、刚度和稳定性符合规范要求；
3. 位置、尺寸和标高符合设计；
4. 模板拼缝严密、隔离剂涂刷均匀，板内清理干净

检查结论：
经检查第一层②～⑦/Ⓐ～Ⓗ楼板模板已安装完成,质量符合规范要求。

复查结论：
符合设计和规范要求。

复查人：×××　　　　　复查日期：××××年×月×日

签字栏	施工单位		×××建筑公司
	专业技术负责人	专业质检员	专业工长
	×××	×××	×××

交接检查记录 (C.5.3)　　　　　　　　　表 8-38

工程名称	×××工程	编　号	×××
		检查日期	××××年×月×日
移交单位	×××建筑公司	见证单位	×××监理公司
交接部位	电梯井道	接收单位	×××设备安装公司

交接内容：
1. ②～⑦/Ⓐ～Ⓗ钢筋混凝土电梯井道位置、标高和几何尺寸；
2. 钢筋混凝土井道内预埋件的位置、标高和几何尺寸；

检查结论：
经检查②～⑦/Ⓐ～Ⓗ钢筋混凝土电梯井道已完成,井道和井道内预埋件的位置、标高和几何尺寸符合设计及规范要求。

复查结论(由接收单位填写)：
符合设计和规范要求。
　　　　　复查人：×××　　　　　复查日期：××××年×月×日

见证单位意见：
符合设计和规范要求。

签字栏	移交单位	接收单位	见证单位
	×××	×××	×××

施工位填写的工程定位测量记录应一式四份，并应由建设单位、监理单位、施工单位、城建档案馆各保存一份。工程定位测量记录宜采用表 8-39 的格式。

工程名称	××市×中学教学楼	编　　号	×××
		图纸编号	×××
委托单位	×××建筑安装有限公司	施测日期	××××年××月××日
复测日期	××××年××月××日	平面坐标依据	DZS3-1
高程依据	甲方指定	使用仪器	DS3、DJ6
允许误差	$m_\beta=6''k \leqslant 1/10000 f_h \leqslant \pm 12\sqrt{L}mm$	仪器校验日期	××××年××月××日

定位抄测示意图：

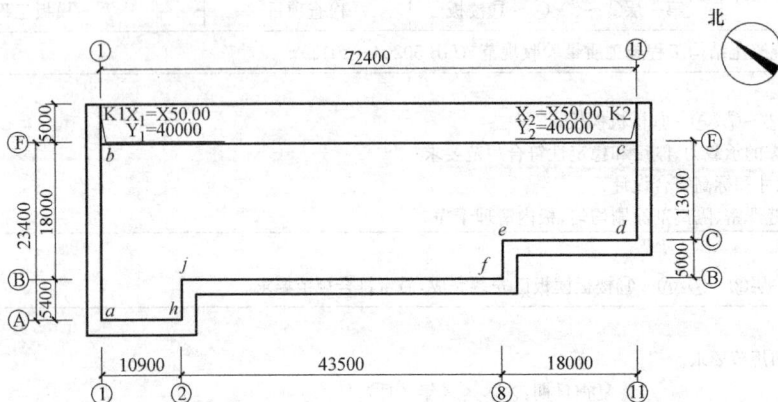

说明：1. 依据规划部门（或建设单位）提供的控制点 K1 和 K2 的坐标及 K1K2 与轴间的平行距离关系可计算出教学楼个拐点的坐标。

a. X＝X78.4，Y＝XX400.00；b. X＝X55.00，Y＝XX400.00；c. X＝X55.00，Y＝XX472.33；d. X＝X68.00，Y＝XX472.33；e. X＝X68.00，Y＝XX454.40；f. X＝X73.40，Y＝XX454.00；j. X＝X73.40，Y＝XX410.90；h. X＝X78.40，Y＝XX410.90。

2. 以 K1 点位测站将全站仪置于其上对中整平，后视 K2 点，将 K1、K2 坐标点坐标输入全站仪，应用坐标放样将 a、b、c、d、e、f、j、h 教学楼拐点分别放样到地面，并用钢尺检查各两点间距离符合图纸尺寸。定位放线完成。

定位抄测示意图：

复查结果：

1. 平面控制网测角中误差 $m_\beta=6''$、边长相对误差 $k \leqslant 1/25200$ 符合《工程测量规范》(GB 50026—2007)中二级建筑物平面控制网精度及设计要求；

2. 高程控制网闭合差 $f_h=3mm$，符合《工程测量规范》(GB 50026—2007)中三等水准测量精度及设计要求；

签字栏	施工单位	×××建筑安装有限公司	测量人员岗位证书号	×××	专业技术负责人	×××
	施工测量负责人	×××	复测人	×××	施测人	×××
	监理或建设单位	×××监理有限责任公司			专业工程师	×××

5. 基槽验线记录

施工单位根据测量控制桩（轴线桩、龙门桩）进行基坑（槽）定位放线后，施工单位的质量员进行验收，用《基槽验线记录》对验收过程进行记录，并报监理单位审核。

6. 楼层平面放线记录

施工单位根据测量控制桩（轴线桩、龙门桩）引测到各楼层，进行楼层墙、柱、板和梁等定位放线，用《楼层平面放线记录》对放线过程进行记录，并报监理单位审核。

7. 楼层标高抄测记录

施工单位根据水准控制桩引测到各楼层，进行楼层抄平，用《楼层标高抄测记录》对抄平过程进行记录，并报监理单位审核。

8. 建筑物垂直度、标高观测记录

施工单位在结构工程施工和工程竣工时,通过预先选定测量点和确定测量频次,对建筑物垂直度、标高和全高进行实测,将结果填入《建筑物垂直度、标高观测记录》。

施工单位填写的建筑物垂直度、标高观测记录应一式三份,并应由建设单位、监理单位和施工单位各保存一份。建物垂直度、标高观测记录宜采用表 8-40 的格式

建筑物垂直度、标高观测记录 (C.5.5) 表 8-40

工程名称	×××工程	编　　号	×××
施工阶段	工程竣工	观测日期	××××年×月×日

观测说明(附观测示意图):

1. 用 2″精度激光垂准仪配合量距测得全高和垂直度;
2. 用计量 30mm 钢尺进行精确测量,量得总高偏差。
3. 测量位置见附图。

垂直度测量(全高)		标高测量(全高)	
观测部位	实测偏差(mm)	观测部位	实测偏差(mm)
①/○轴	偏西 2	①/○轴	+1
①/○轴	偏南 1		
①/○轴	偏西 3	①/○轴	+3
①/○轴	偏北 2		
⑩/○轴	偏东 2	⑩/○轴	+2
⑩/○轴	偏南 1		
⑩/○轴	偏东 4	⑩/○轴	+1
⑩/○轴	偏北 6		

结论:

经实测,本建筑工程垂直(全高)偏差最大 6mm,标高(全高)偏差最大 3mm,符合《工程测量规范》(GB 50026—2007)及设计要求。

签字栏	施工单位	×××建筑公司	专业技术负责人	专业质检员	施测人
			×××	×××	×××
	监理或建设单位	×××监理公司	专业工程师		×××

9. 沉降观测记录

建筑物在施工和使用期间,应进行沉降观测,设计等级为甲级、地质条件复杂、设置沉降后浇带及软土地区的建筑物,沉降观测应由有资质的检测单位检测,测量精度不低于Ⅱ级;工程竣工验收时,沉降没有达到稳定标准的,沉降观测应继续进行。沉降观测用《沉降观测记录》进行记录,并报监理单位审核。

10. 基坑支护水平位移监测记录

基坑支护常用放坡、逆作拱墙、土钉墙、水泥土墙、排桩和地下连续墙等方式。《建筑地基基础工程施工质量验收规范》(GB 50202—2002)要求:基坑(槽)、管沟土方工程验收以确保支护结构安全和周围环境安全为前提。当设计有指标时,以设计要求为依据,如无设计时应按照规范规定执行。基坑监测内容通常分为变形监测和内力监测,按基坑安全等级确定监测内容。变形监测包括:围护结构墙顶位移、围护结构墙体最大位移和地面最大沉降进行监控等内容。施工单位对基坑支护水平位移监测用《基坑支护水平位移监测记录》,并报监理单位审核。

11. 地基验槽记录

《建筑地基基础工程施工质量验收规范》（GB 50202—2002）要求：所有建（构）筑物均应进行施工验槽，遇有特殊情况时，应进行施工勘察。地基验槽的内容包括：核对基坑的位置、平面尺寸、坑底标高；核对基坑土质及地下水位情况；空穴、古墓、古井、防空掩体及地下埋设物的位置、深度、性状等。验槽由监理单位组织，勘察单位、设计单位和施工单位参加。

地基验槽记录应符合现行国家标准《建筑地基基础工程施工质量验收规范》（GB 50202—2002）的有关规定。施工单位填写的地基验槽记录应一式六份，并应由建设单位、监理单位、勘察单位、设计单位、施工单位、城建档案馆各保存一份。地基验槽记录宜采用表 8-41 的格式。

地基验槽记录（C.5.6）　　　　　　　　　　　　　　表 8-41

工程名称	×××工程		编号	×××
验槽部位	①～⑩/○～○轴		验槽日期	××××年×月×日

依据：施工图号 ＿＿×××＿＿ 、设计变更/洽商/技术核定编号 ＿＿/＿＿ 及有关规范、规程。

验槽内容：
1. 基槽开挖至勘探报告第 ＿×＿ 层，持力层为 ＿×＿ 层。
2. 土质 ＿＿老黏土，均匀密实＿＿ 。
3. 基坑位置、平面尺寸 ＿＿符合设计＿＿ 。
4. 基底绝对高程和相对标高绝对标高＋23.360m，相对标高－1.800m 。

申报人：×××

检查结论：
1. 基坑位置、平面尺寸符合设计；
2. 土质与勘察报告相符。

　　☑无异常，可进行下道工序　　□需要地基处理

签字公章栏	施工单位	勘察单位	设计单位	监理单位	建设单位
	×××	×××	×××	×××	×××

12. 地基钎探记录

《建筑地基基础工程施工质量验收规范》（GB 50202—2002）要求：所有建（构）筑物均应进行施工验槽，遇有特殊情况时，应进行施工勘察。地基验槽的内容包括：核对基坑的位置、平面尺寸、坑底标高；核对基坑土质及地下水位情况；空穴、古墓、古井、防空掩体及地下埋设物的位置、深度、性状等。地基验槽的方法有表面观察法、洛阳铲法、钎探和轻型动力触探等。钎探验槽由监理单位组织，勘察单位、设计单位和施工单位参加。施工单位填写的地基钎探记录应一式六份，并应由建设单位、监理单位、勘察单位、设计单位、施工单位、城建档案馆各保存一份。

13. 混凝土浇筑申请书

混凝土浇筑前，施工单位做好准备工作、隐蔽工程验收，并自检合格，填写《混凝土浇筑申请书》报监理单位审批，同意后，方可进行混凝土浇筑。

14. 预拌混凝土运输单

工程采用预拌混凝土（商品混凝土），供应单位应随车向施工单位提供《预拌混凝土

运输单》，做为交货的凭证，并注明预拌混凝土的技术参数。

15. 混凝土开盘鉴定

首次拌制混凝土，施工单位应依据实验室提供的实验室配合比并根据现场砂、石含水率调整成施工配合比，并据此试配混凝土。试配混凝土的目的是确定混凝土拌合物和硬化后的力学性能是否满足施工、设计和规范的要求。通常采用坍落度实验方法测定混凝土拌合物的流动性，辅以直观经验评定黏聚性和保水性。混凝土硬化后的力学性能根据各专业技术规范的要求进行确定，如混凝土立方体抗压强度是以 150mm³ 立方体试件、标养 28d 测得。试配混凝土时，对于现场搅拌的混凝土，由施工单位组织、监理单位、配合比提供和搅拌人员参加；对于预拌混凝土，由预拌混凝土供应单位自行组织，并由组织单位填写混凝土开盘鉴定。

16. 混凝土拆模申请单

混凝土浇筑用的模板达到拆模条件后，由施工单位填写混凝土拆模申请单报监理单位审核，同意后方可拆模。《混凝土结构工程施工质量验收规范》（GB 50204—2015）对于不同结构、不同性质的模板拆除提出了具体要求，对于混凝土结构的侧模只要拆除时不缺棱掉角就可拆除；对于混凝土结构的底模板则需达到规定混凝土立方体抗压强度后方能拆除。混凝土立方体抗压强度以同条件养护的混凝土试块为依据确定。

17. 混凝土预拌测温记录

混凝土配制时，施工单位应记录原材料的温度、搅拌的温度、混凝土出料的出机温度、入模温度和养护温度，如为冬期施工尚需记录大气的温度，填写混凝土预拌测温记录，供监理单位需要时提供。混凝土预拌测温记录应注明测温地点、测温时间和测温深度等现场情况。

18. 混凝土养护测温记录

《建筑工程冬期施工规程》（JGJ/T 104—2011）规定：当室外日平均气温连续 5d 稳定低于 5℃时，混凝土工程进入冬期施工。混凝土冬期施工时，应避免在混凝土达到临界强度前受冻，而影响解冻后的混凝土强度。因此，在进行混凝土养护时，除采用相应的防冻措施外，尚需对混凝土的温度进行测控，由施工单位将温度测控情况填写入混凝土养护测温记录，在需要时提供给监理单位。

混凝土养护测温位置应设置在有代表性的结构部位和温度变化大、易冷却的部位。测温的频次为：蓄热法、综合蓄热法养护从混凝土入模开始至混凝土达到临界强度或混凝土降到 0℃或设计温度前，应至少每隔 6h 测量一次；掺防冻剂的混凝土达到临界强度之前每隔 2h 测量一次，达到受冻临界强度以后每 6h 测量一次；加热法养护混凝土时，升温和降温阶段应每隔 1h 测量一次，恒温阶段每隔 2h 测量一次。

19. 大体积混凝土养护测温记录

大体积混凝土浇筑后，为了避免由于水泥水化热造成混凝土内外温差过大引起混凝土开裂，大体积混凝土每次浇筑完毕后应进行保温保湿养护。大体积混凝土的养护除应按普通混凝土进行常规养护外，尚应及时按温控技术措施的要求进行保温养护，并应符合下列规定：应由专人负责保温养护工作，按规范的规定操作，同时应做好测温记录；保温养护的持续时间不得少于 14d，并应经常检查塑料薄膜或养护涂层的完整情况，保持混凝土表面湿润；保温覆盖层的拆除应分层逐步进行，当混凝土的表面温度与环境最大温差小于 20℃时，可完全拆除。施工单位按规定进行温控并进行记录，填写大体积混凝土养护测温记录。

《大体积混凝土工程施工规范》（GB 50496—2009）规定：

（1）温度控制标准：混凝土入模温度不宜大于 30℃，混凝土浇筑体最大温升不宜大于 50℃；在覆盖养护或带模养护阶段，混凝土浇筑体表面以内 40～100mm 位置处的温度与混凝土浇筑体表面温度差值不应大于 25℃，结束覆盖养护或拆模后，混凝土浇筑体表面以内 40～100mm 位置处的温度与环境温度差值不应大于 25℃；混凝土浇筑体内产相邻两侧温点的温差不应大于 25℃；混凝土降温速率不宜大于 2.0℃/d，当有可靠经验时，降温速度要求可适当放宽。

（2）测温点的设置：宜选择具有代表性的两个交叉竖向剖面进行测温，竖向剖面交叉位置宜通过基础中部区域；每个竖向剖面的周边部位应设置测温点，两个竖向剖面交叉处应设置测温点，混凝土浇筑体表面测温点应设置在保温覆盖层底部或模板内侧表面，并应与两个剖面上的周边测温点位置及数量对应，环境测点不应少于 2 处；每个剖面的测温点应设置在混凝土浇筑体表面以内 40～100mm 位置处，每个剖面的测温点宜竖向、横向对齐，每个剖面设置的测温点不应少于 3 处，间距不应小于 0.4m，每个剖面横向设置的测温点不应少于 4 处，间距不应小于 0.4m 且不应大于 0m；对于基础厚度不大于 1.6m，裂缝控制措施完善的工程，可不进行测温。

（3）柱、墙、梁测点设置：柱、墙、梁结构实体最小尺寸大于 2m，且混凝土强度等级不低于 C20 时应进行测温；宜选择沿构件纵向的两个横向剖面进行测温，每个横向剖面的周边及中部区域应设置测温点，混凝土浇筑体表面测温点应设置在模板内侧表面，并应与两个剖面上的周边测温点位置及数量对应，环境测温点不应少于 1 处；每个横向剖面的周边测温点应设置在混凝土浇筑体表面以内 40～100mm 位置处，每个横向部面的测温点宜对齐，每个剖面的测温点不应少于 2 处，间距不应小于 0.4m 且不应大于 10m；可根据第一次测温结果，完善温差控制技术措施，后续施工可不进行测温。

（4）测温规定：第一天到第四天，每 4h 不应少于一次；第五天至第七天，第 8h 不应少于一次；第七天到测温结束，每 12h 不应少于一次。

20. 大型构件吊装记录

结构吊装是指构件在施工现场或工厂预制成型后，在现场用起重机械将各种预构件吊起并安装到设计的位置上的施工过程。构件的吊装工艺包括绑扎、吊升、对位、临时固定、校正和最后固定等工序。

大型构件指的是大型混凝土结构构件、钢结构构件和木结构构件等。大型构件吊装过程中，由安装单位对吊装工作进行记录，填写大型构件吊装记录，供监理单位查验。记录内容包括：构件的名称、型号、外观质量；安装的位置、标高；绑扎和吊装方法；对位、临时固定、校正和最后固定的方法等内容。

21. 焊接材料烘焙记录

焊条、焊剂、药芯焊丝、熔嘴舌在使用前，应按产品说明书及焊接工艺文件的规定进行烘焙和存放，以备焊接所用。施工单位对焊条、焊剂、药芯焊丝、熔嘴舌进行烘焙并进行记录，填写焊接材料烘焙记录，供监理单位备查。烘焙内容包括：烘焙方法、烘焙温度、要求烘焙时间、实际烘焙时间和保温要求等内容。

22. 地下工程防水效果检查记录

《地下防水工程质量验收规范》（GB 50208—2011）要求：房屋建筑地下工程应调查混凝土结构内表面的侧墙和底板的渗（漏）水情况，地下商场、地铁车站、军事地下库等单建地下工程，应调查混凝土结构内表面的侧墙、底板和顶板的渗漏水情况。地下工程渗（漏）水调查与检测，应由施工单位项目技术负责人组织质量员、施工员实施。施工单位填写地下工程渗漏水检测记录，并签字盖章；监理单位应在记录上填写处理意见与结论，并签字盖章。

地下工程防水效果检查记录应符合现行国家标准《地下防水工程质量验收规范》（GB 50208—2011）的有关规定。由施工单位填写的地下工程防水效果检查记录应一式三份，并应由建设单位、监理单位、施工单位各保存一份。地下工程防水效果检查记录宜采用表8-42的格式。

地下工程防水效果检查记录表 (C. 5.7)　　　　　　　　　　表8-42

工程名称	×××工程	编　号		×××
施工阶段	地下二层	观测日期		××××年×月×日
检查方法及内容： 检查人员用干手触摸或用报纸粘贴的方式,检查地下二层侧墙和底板的渗漏水情况。				
检查结论： 经检查和检测,地下二层混凝土结构底板和侧墙无渗水、漏水,观感质量好,符合设计和《地下防水工程质量验收规范》(GB 50208—2011)的要求。				
复查结论： 符合有关设计和规范要求。				
复查人：×××		复查日期：××××年×月×日		
签字栏	施工单位	×××建筑公司	专业技术负责人	专业质检员	施测人
			×××	×××	×××
	监理或建设单位	×××监理公司		专业工程师	×××

23. 防水工程试水检查记录

《建筑地面工程施工质量验收规范》（GB 50209—2010）要求：有防水要求的分项工程，如浴、厕间等，应进行蓄水试验。《屋面工程质量验收规范》（GB 50207—2012）要求：对细部、接缝处和保护层等，如天沟、檐沟、泛水和变形缝，应进行淋水和蓄水试验。淋水和蓄水试验，由监理单位组织，施工单位参加并进行记录。

防水工程试水检查记录应符合现行国家标准《建筑地面施工质量验收规范》（GB 50209—2010）、《屋面工程质量验收规范》（GB 50207—2012）的有关规定。由施工单位填写的防水工程试水检查记录应一式三份，并由建设单位、监理单位和施工单位各保存一份。防水工程试水检查记录宜采用表8-43的格式。

24. 通风（烟）道、垃圾道检查记录

通风道（烟道）施工完成后，应全数进行通风、漏风和串风检查，要求100%检查，并做好检查记录。垃圾道施工完成后，应全数检查其是否畅通情况，并做好检查记录。检查时，主烟（风）道可在副烟（风）前先行检查，检查部位按轴线记录，副烟（风）道可按户门编号记录，检查合格记（√），不合格记（×）。

由施工单位填写的通风道、烟道、垃圾道检查记录应一式三份，并应由建设单位、监

理单位、施工单位各保存一份。通风道、烟道、垃圾道检查记录宜采用表8-44的格式。

防水工程试水检查记录（C.5.8）　　　　　　　　　　　　　表8-43

工程名称	×××工程		编　　号	×××
施工阶段	二层浴、厕间防水层施工		观测日期	2013年8月9日
检查方式	☑第一次蓄水　　☐第二次蓄水		蓄水时间	从13年8月9日13时 至13年8月10日13时
	☐淋水　　　　☐雨期观察			

检查方法及内容：
　　封堵地漏，蓄水深20~30mm，经24h，到下层检查渗漏情况。

检查结论：
　　防水层，经蓄水24h，到下层检查无渗漏现象，检查合格。

复查结论：
　　二层浴、厕间防水层施工，经检查符合设计和规范要求。

复查人：×××　　　　　　　　　复查日期：××××年×月×日

签 字 栏	施工单位	×××建筑公司	专业技术负责人	专业质检员	施测人
			×××	×××	×××
	监理或建设单位	×××监理公司	专业工程师		×××

通风道、烟道、垃圾道检查记录（C.5.9）　　　　　　　　表8-44

工程名称	×××工程				编号	×××	
					检查日期	××××年×月×日	
	检查部位和检查结果					检查人	复检人
检查部位	主烟（风）道		副烟（风）道		垃圾道	×××	×××
	烟道	风道	烟道	风道			
1层①~⑥轴	√						
2层①~⑥轴	√						
3层①~⑥轴	√						
4层①~⑥轴	√						
5层①~⑥轴	√						
6层①~⑥轴	√						
签 字 栏	施工单位		×××设备安装公司				
	专业技术负责人		专业质检员		专业工长		
	×××		×××		×××		

25. 应力筋张拉记录

预应力的张拉应由有资质的专业施工队伍施工。施工单位对预应力张拉过程进行记录，填写预应力筋张拉记录。

预应力混凝土中预应力钢筋的张拉和放张时，混凝土强度应符合设计要求，当设计无要求时应不低于设计的混凝土立方体抗压强度标准值的75％；张拉和放张顺序及工艺应符合设计、施工技术方案和规范的规定；张拉过程中应避免预应力钢筋断裂或滑脱，当发生断裂或滑脱时，对于后张法预应力结构构件，断裂或滑脱的数量严禁超过同一截面预应力筋总根数的3％，且每束钢丝不得超过一根，对于多跨双向连续板，其同一截面应按每跨计算；对于先张法预应力构件，在浇筑混凝土前发生断裂或滑脱的预应力筋必须予以更换。

26. 有粘结预应力结构灌浆记录

预应力混凝土结构按预应力钢筋与混凝土有无粘结，分为有粘结预应力混凝土结构和无粘结预应混凝土结构。后张法有粘结预应力混凝土结构施工中，先将预应力筋穿入预留的孔道中并对预应力筋进行张拉，随后尽早对预留孔道进行灌浆和封锚，以保证预应力钢筋、锚具不受腐蚀。施工单位对孔道灌浆过程进行记录，填写有粘结预应力结构灌浆记录。

灌浆用水泥浆的水灰比不应大于 0.45，搅拌后 3h 泌水率不宜大于 2％，且不应大于 3％，泌水应能在 2h 内全部重新被水泥浆吸收。灌浆有水泥浆的抗压强度不应小于 $30N/mm^2$。

27. 钢结构施工记录

钢结构构件加工工艺流程为：绘制加工制作图、放样、号料、切割下料、坡口加工、开孔、组装和钢结构构件的验收。钢结构的连接方法有焊接和螺栓连接，其中螺栓连接又分为普通螺栓连接和高强度螺栓连接。钢结构工程施工中，由施工单位对施工过程进行记录，填写钢结构施工记录。钢结构施工记录的内容有多种，如：高强度螺栓施工记录，钢结构矫正施工记录，钢结构零部件矫正成型施工记录，焊缝的焊前预热、焊后热处理施工记录，钢结构零部件边缘加工施工记录，焊接材料的烘焙记录，新材料、新工艺的施工记录等。

28. 网架（索膜）施工记录

网架结构（索膜）结构属于钢结构的一种，施工单位除在施工中填写常规的钢结构施工记录外，对于网架结构尚应有总拼完成及屋面工程完成后的挠度值和安装偏差记录等；对于索膜结构尚应有现场焊接检查记录、施工预张力记录、施工过程检查记录和膜结构安装完工检查记录等。

29. 木结构施工记录

木结构的施工分为木结构的制作安装和木结构的防护。施工中，由承担木结构施工任务的施工单位对木桁架、梁和柱等构件的制作安装、屋架安装的偏差和屋盖横向支撑的完整性等进行检查，并填写木结构施工记录。

30. 幕墙注胶检查记录

《建筑装饰装修工程质量验收规范》（GB 50210—2001）要求：幕墙验收应检查打胶、养护环境的测试、湿度记录，双组分硅酮结构胶的混匀性试验记录及拉断试验记录。由幕墙施工单位填写幕墙注胶检查记录，记录内容包括：注胶的宽度、厚度、连续性、均匀性、密实度和饱满度等。

31. 自动扶梯、自动人行道的相邻区域检查记录

《电梯工程施工质量验收规范》（GB 50310—2002）规定：电梯的各分项工程应按企业标准进行质量控制，每个分项工程应有自检记录。由电梯施工单位填写自动扶梯、自动人行道的相邻区域检查记录，记录内容包括：出入口畅通区、照明、防碰挡板、净空高度、防护栏、防护网、护板、扶手带外缘、标志须知等。

32. 电梯电气装置安装检查记录

《电梯工程施工质量验收规范》（GB 50310—2002）规定：电梯的各分项工程应按企业标准进行质量控制，每个分项工程应有自检记录。由电梯施工单位填写电梯电气装置安装检查记录，记录内容包括：主电源开关、机房照明、轿厢照明和通风电路、轿顶照明及插

座、井道照明、接地保护、控制屏柜、防护罩壳、线路敷设、电线管槽、电线槽、电线管、金属软管、轿厢操作盘及显示板面防腐、导线敷设、绝缘电阻等。

33. 自动扶梯、自动人行道电气装置检查记录

《电梯工程施工质量验收规范》(GB 50310—2002) 规定：电梯的各分项工程应按企业标准进行质量控制，每个分项工程应有自检记录。由电梯施工单位填写自动扶梯、自动人行道电气装置检查记录，记录内容包括：主开关、照明电路、开关、插座、防护罩壳、接地保护、线路敷设、金属软管、导线连接和绝缘电阻等。

34. 自动扶梯、自动人行道整机安装质量检查记录

《电梯工程施工质量验收规范》(GB 50310—2002) 规定：电梯的各分项工程应按企业标准进行质量控制，每个分项工程应有自检记录。由电梯施工单位填写自动扶梯、自动人行道整机安装质量检查记录，记录内容包括：一般要求、装饰板（围板）、护壁板（护栏板）、围裙板体积踏板、扶手带、桁架（机架）、驱动装置、盘车装置、应设置有防护装置的部件等。

8.1.7 施工试验记录及检测文件

1. 设备单机试运转记录

给水系统、热水系统、机械排水系统、消防系统、采暖系统等设备和通风与空调系统的各类水泵、风机、冷水机组、冷却塔、空调机组、新风机组等设备安装后应进行设备单机试运转。设备单机试运转由施工单位组织，并需提前通知监理单位（或建设单位）共同进行，由施工单位进行记录。记录表格应逐台填写，一台（组）设备填写一张。

设备单机试运转记录应符合《建筑给水排水及采暖工程施工质量验收规范》(GB 50242—2002)、《通风与空调工程施工质量验收规范》(GB 50243—2002) 和《建筑节能工程施工质量验收规范》(GB 50411—2007) 的有关规定。施工单位填写的设备单机试运转记录应一式四份，并应由建设单位、监理单位、施工单位、城建档案馆各保存一份。设备单机试运转记录（通用格式）宜采用表 8-45 的格式。

设备单机试运转记录 (C.6.1)　　　　　　　　　　　　　表 8-45

工程名称		×××工程	编号	×××
			试运转时间	××××年×月×日
设备名称		排风机	设备编号	×××
规格型号		PD-4.5	额定数据	$N=4.5\text{kW}, L=\times\times\times\text{m}^3/\text{h}$
生产厂家		×××	设备所在系统	排风系统
序号	试验项目		试验记录	试验结论
1	无负荷运行		试运转 2h,电机温升及风机运转正常	符合设计、规范要求
2				

试运转结论：
　　对×××风机进行 2h 的单机试运转,运转稳定、正常、无异常现象,试运转测试符合设计和《通风与空调工程施工质量验收规范》(GB 50243—2002)要求。

签字栏	施工单位	×××设备安装公司	专业技术负责人	专业质检员	专业工长
			×××	×××	×××
	监理或建设单位	×××监理公司	专业工程师		×××

2. 系统运转调试记录

采暖、水处理、通风、制冷、净化空调等系统安装后应进行系统试运行及调试。系统试运行及调试的前提是设备单机试运转合格。系统试运行及调试由监理单位（或建设单位）组织，并提前通知施工单位共同进行，由施工单位进行记录。

系统运转调试记录应符合《建筑给水排水及采暖工程施工质量验收规范》（GB 50242—2002）、《通风与空调工程施工质量验收规范》（GB 50243—2002）和《建筑节能工程施工质量验收规范》（GB 50411—2007）的有关规定。

施工单位填写的系统试运转调试记录（通用格式）应一式四份，并应由建设单位、监理单位、施工单位及城建档案馆各保存一份。系统试运转调试记录宜采用表 8-46 的格式。

系统试运转调试记录（C. 6. 2）　　　　　　　　　　　　　表 8-46

工程名称	×××工程	编号		×××
		试运转时间		××××年×月×日
试运转调试项目	低区采暖系统	试运转调试部位		地下一层至十层

试运转调试内容：

低区室内采暖系统冲洗完毕充水、加热，进行试运行和调试，通过观察、测量室温满足设计要求。

试运转调试结论：

低区采暖系统试运转调试结果符合设计和《建筑给水排水及采暖工程施工质量验收规范》（GB 0242—2002）的规定。

签字栏	施工单位	×××设备安装公司	专业技术负责人	专业质检员	专业工长
			×××	×××	×××
	监理或建设单位	×××监理公司	专业工程师		×××

3. 接地电阻测试记录

接地电阻检测的项目有设备和系统的防雷接地、保护接地、工作接地、防静电接地等设计有要求的各种接地检测项目。接地电阻测试工作应在接地装置敷设后、隐蔽前及时进行。测试时由施工单位提前报请监理（或建设）单位共同进行，由施工单位进行记录。测试部位宜绘制建筑物及接地装置的位置示意图表。

接地电阻测试记录应符合《建筑电气工程施工质量验收规范》（GB 50303—2002）、《智能建筑工程质量验收规范》（GB 50339—2013）、《电梯工程施工质量验收规范》（GB 50310—2002）的有关规定。施工单位填写的接地电阻测试记录应一式四份，并应由建设单位、监理单位、施工单位、城建档案馆各保存一份。接地电阻测试记录（通用格式）宜采用表 8-47 的格式。

4. 绝缘电阻测试记录。

绝缘电阻测试项目有电气设备和动力、照明线路及其他必须确认绝缘电阻的测试。测试由施工单位提前报请监理（或建设）单位共同进行，由施工单位进行记录。记录应符合《建筑电气工程施工质量验收规范》（GB 50303—2002）、《智能建筑工程质量验收规范》（GB 50339—2013）、《电梯工程施工质量验收规范》（GB 50310—2002）的有关规定。施工单位填写的接地电阻测试记录应一式三份，并应由建设单位、监理单位、施工单位各保存一份。接地电阻测试记录（通用格式）宜采用表 8-48 的格式。

接地电阻测试记录 (C.6.3)　　　　　　　　　　　　　表 8-47

工程名称	×××工程		编号	×××
			检查日期	××××年×月×日
仪表型号	ZC-8	天气情况	晴	气温(℃)	29

接地类型	☑防雷接地　　□计算机接地　　□工作接地 □保护接地　　□防静电接地　　□逻辑接地 □重复接地　　□综合接地　　□医疗设备接地
设计要求	□≤10Ω　　□≤4Ω　　☑≤1Ω □≤0.1Ω　　□≤Ω　　□

测试部位：

1、2、3 号接地电阻测试点,附图(略)。

测试结论：

经测试计算,接地电阻值 0.1Ω,符合设计和《建筑电气工程施工质量验收规范》(GB 50303—2002)规定。

签字栏	施工单位	×××设备安装公司		
	专业技术负责人	专业质检员	专业工长	专业测试人
				×××
	×××	×××		×××
	监理或建设单位	×××监理公司	专业工程师	×××

绝缘电阻测试记录 (C.6.4)　　　　　　　　　　　　　表 8-48

工程名称	×××工程		编号	×××
			检查日期	××××年×月×日
计量单位	MΩ	天气情况		晴
仪表型号	ZC-7	电压	380V	环境温度	29℃

层数	箱盘编号	回路号	相间			相对零			相对地			零对地
			L1-L2	L2-L3	L3-L1	L1-N	L2-N	L3-N	L1-PE	L2-PE	L3-PE	N-PE
3	ZAL3-1	1	400			500			400			500
3	ZAL3-1	2		300			400			500		400
3	ZAL3-1	3			500			500			400	400
3	ZAL3-1	4	500			400			400			300
3	ZAL3-1	5		400			500			500		400
3	ZAL3-1	6			500				400		400	500

测试结论：

绝缘电阻测试,符合设计和《建筑电气工程施工质量验收规范》(GB 50303—2002)的规定。

签字栏	施工单位	×××设备安装公司		
	专业技术负责人	专业质检员	专业工长	测试人
				×××
	×××	×××	×××	×××
	监理或建设单位	×××监理公司	专业工程师	×××

5. 锚杆试验报告

根据《建筑地基基础工程施工质量验收规范》（GB 50202—2002）规定：基坑采用锚杆及土钉墙支护时，需对锚杆的锁定力进行现场实测。锚杆的张拉与施加预应力（锁定）应符合的规定是：锚固段强度大于 15MPa 并达到设计强度等级的 75% 后方可进行张拉；锚杆张拉顺序应考虑对邻近锚杆的影响；锚杆张拉应力不应超过锚杆设计荷载 1.05～1.1 倍后再按设计要求；锚杆张拉控制应力不应超过锚杆杆体强度标准值的 0.75 倍，锁定拉力可取锚杆轴向拉力值的 0.75～0.85 倍。土钉采用抗拉试验检测承载力，同一条件下，试验数量不宜少于土钉总数的 1%，且不应少于 3 根。

检测由检测单位进行，并由检测单位出具的锚杆试验报告，报告一式三份，并应由施工单位、建设单位和城建档案馆各一份。

6. 地基承载力检验报告

根据《建筑地基基础工程施工质量验收规范》（GB 50202—2002）规定：对于灰土地基、砂和砂石地基、土工合成材料地基、粉煤灰地基、强夯地基、注浆地基、预压地基，其竣工后的结果（地基强度或地基承载力）必须达到设计要求的标准；对于水泥土搅拌桩地基复合地基、高压喷射注浆复合地基、砂桩复合地基、振冲桩复合地基、土和灰土挤密桩复合地基、水泥粉煤灰碎石桩复合地基及夯实水泥土桩复合地基，其承载力检验数量为总数的 0.5%～1%，但不应少于 3 处；有单桩强度检验要求时，数量为总数的 0.5%～1%，但不应少于 3 根。

检测由检测单位进行，采用平板载荷试验。检测单位出具地基承载力检验报告，报告一式三份，并应由施工单位、建设单位和城建档案馆各保存一份。

7. 桩基检测报告

根据《建筑地基基础工程施工质量验收规范》（GB 50202—2002）规定：工程桩应进行承载力检验。对于地基基础设计等级为甲级或地质条件复杂、成桩质量可靠性低的灌注桩，应采用静载荷试验的方法进行检验，检验桩数不应少于总数的 1%，且不应少于 3 根；总桩数少于 50 根时，不应少于 2 根。

桩基检测包括承载力检测和桩身完整性检测，对于承载力检测采用静载试验或高应变检测法检测；桩身完成性检测采用钻芯法、低应变法、高应变法和声波透射法。检测由检测单位进行，检测单位出具地基承载力检验报告，报告一式三份，并应由施工单位、建设单位和城建档案馆各保存一份。

8. 土工击实试验报告

《建筑地基基础工程施工质量验收规范》（GB 50202—2002）和《建筑地面工程施工质量验收规范》（GB 50209—2010）中要求，有密实度要求的回填土，在每层夯实和压实后，要对回填土的质量进行检验。回填土的干密度和密度的检测方法有环刀法、灌水（砂）法和小型轻便触探仪检测等。检测单位通过测定土的最干密度和最优含水量，确定最小干密度控制值，由检测单位出具土工击实试验报告，报告一式三份，并应由施工单位、建设单位和城建档案馆各保存一份。

9. 回填土试验报告（应附图）

《建筑地基基础工程施工质量验收规范》（GB 50202—2002）和《建筑地面工程施工质量验收规范》（GB 50209—2010）中要求，有密实度要求的回填土，在每层夯实和压实后，要对回填土的质量进行检验。回填土的干密度和密度的检测方法有环刀法、灌水（砂）法和小型轻便触探仪检测等。检测单位按预先绘制的回填土取点平面示意图进行分段、分层取样，检测回填土的质量是否达到最小干密度控制值，检测单位出具回填土试验报告，报告一式三份，并应由施工单位、建设单位和城建档案馆各一份。

10. 钢筋机械连接试验报告

《混凝土结构工程施工质量验收规范》（GB 50204—2015）规定：在施工现场，应按国家现行标准《钢筋机械连接通用技术规程》（JGJ 107—2010）、《钢筋焊接及验收规程》（JGJ 18）的规定抽取钢筋机械连接接头、焊接接头试件做力学性能检验，其质量应符合有关规程的规定。

钢筋机械连接接头现场检验按批进行。同一施工条件下采用一批材料的同等级、同型式、同规格接头，应以 500 个为一个验收批进行检验，不足 500 个也作为一个验收批。对接头的每一验收批，在工程结构中随机截取 3 个接头试件做抗拉强度试验，按设计要求的接头等级进行评定。当 3 个接头试件的抗拉强度均符合规定要求，该验收批评为合格。如有 1 个试件的强度不符合要求，应再取 6 个试件进行复检。复检中如仍有 1 个试件的强度不符合要求，则该验收批评为不合格。现场检验连续 10 个验收批抽样试件抗拉强度试验 1 次合格率为 100% 时，验收批接头数量可以扩大 1 倍。

检验由检测单位进行，检测单位出具钢筋机械连接试验报告，报告一式三份，并应由检测单位、施工单位、建设单位和城建档案馆各保存一份。钢筋机械连接试验报告如表8-49所示。

钢筋连接试验报告（参考用表） 表 8-49

试验编号：×××　委托编号：×××

工程名称及部位	×××工程 1~4 层柱			试件编号			×××
委托单位	×××建筑公司			试验委托人			×××
接头类型	滚轧直螺纹连接			检验形式			/
设计要求接头性能等级	A 级			代表数量			300 个
连接钢筋种类及牌号	HRB335	公称直径	20	原材试验编号			×××
操作人	×××	来样日期	××年×月×日	试验日期			×××
接头试件			母材试件		弯曲试件		备注
公称面积（mm）	抗拉强度（MPa）	断裂特征及位置	实测面积（mm²）	抗拉强度（MPa）	弯心直径	角度	结果
314.2	595	母材拉断	314.2	600			
314.2	600	母材拉断	314.2	595			
314.2	605	母材拉断	/	/			

结论：

根据《钢筋机械连接技术规程》（JGJ 107—2016），符合滚轧直螺纹 A 级接头性能。

批准	×××	审核	×××	试验	×××
试验单位	×××试验室				
报告日期	××××年×月×日				

注：表 8-49 由试验单位提供，建设单位、施工单位、城建档案馆各保存一份。

11. 砂浆抗压强度试验报告

《砌体结构工程施工质量验收规范》（GB 50203—2011）规定：砌筑砂浆的强度等级必须符合设计要求。砂浆抗压强度试块的检测实行见证取样送检。取样抽检数量为：每一检验批且不超过250m³ 砌体的各类、各强度等级的普通砌筑砂浆，每台搅拌机应至少抽检一次；验收批的预拌砂浆、蒸压加气混凝土砌块专用砂浆，抽检可为 3 组。砂浆试块一组 3 块。检验方法为：在砂浆搅拌机出料口或在湿拌砂浆的储存容器出料口随机取样制作砂浆试块（现场拌制的砂浆，同盘砂浆只应制作 1 组试块），试块标养 28d 后做强度试验。试验结果取三个试件强度的算术平均值作为每组试件强度的代表值；当一组试件中强度最大值或最小值与中间值之差超过中间值15％时，取中间值作为该组试件的强度代表值；当一组试件强度最大值和最小值与中间值均超过中间值15％时，该组试件的强度不应作为评定的标准。

检验由检测单位进行，检测单位出具砂浆抗压强度试验报告，报告一式三份，并应由检测单位、施工单位、建设单位和城建档案馆各保存一份。砂浆抗压强度试验报告如表8-50所示。

砂浆抗压强度试验报告（参考用表）　　　　　　　　　表8-50

试验编号：×××委托编号：×××

工程名称及部位	×××工程　1层①~⑥/ A~F轴砌体					试件编号		×××
委托单位	×××建筑公司					试验委托人		×××
砂浆种类	水泥混合砂浆	强度等级		M10		稠度		70mm
水泥品种及强度等级	P·O　32.5					试验编号		×××
矿产地及种类	×××地　中砂					试验编号		×××
掺合料种类	/					外加剂种类		/
配合比编号	×××							
试件成型日期	×××	要求龄期		28 天		要求试验日期		××年×月 ×日
养护方法	标准	试件收到日期		××年×月 ×日		试件制作人		×××

试验结果	试压日期	实际龄期(d)	试件边长(mm)	受压面积(mm²)	荷载(kN)		抗压强度(MPa)	达设计强度等级(%)
					单块	平均		
	××年×月 ×日	28	70.7	5000	69.8	65.3	13.1	131
					65.5			
					60.7			

结论：

试验符合《建筑砂浆基本性能试验方法标准》(JGJ/T 70—2009)标准规定。

批准	×××	审核	×××	试验	×××
试验单位	×××试验室				
报告日期	××年×月 ×日				

注：表8-50由试验单位提供，建设单位、施工单位、城建档案馆各保存一份。

12. 砌筑砂浆试块强度统计、评定记录

《砌体结构工程施工质量验收规范》（GB 50203—2011）规定：砌筑砂浆试块强度验收时其强度合格的标准应符合下列规定：同一验收批砌筑砂浆试块抗压强度平均值应大于或等于设计强度等级值的 1.10 倍；同一验收批砌筑砂浆试块抗压强度的最小一组平均值应

大于或等于设计强度等级值的 0.85 倍。砌筑砂浆的验收批，同一类型是、强度等级的砂浆试块不应少于 3 组；同一验收批砂浆只有 1 组或 2 组时，每组试块抗压强度平均值应大于或等于设计强度等级值的 1.10 倍；对于建筑结构安全等级为一级或设计使用年限为 50 年及以上的房屋，同一验收批砂浆试块的数量不应小于 3 组。

砌筑砂浆试块强度统计、评定工作由施工单位依据检测单位提供的砂浆抗压强度试验报告进行统计、评定，施工单位填写砌筑砂浆试块强度统计、评定记录应一式三份，并应由建设单位、施工单位、城建档案馆各保存一份。砌筑砂浆试块强度统计、评定记录宜采用表 8-51 的格式。

砌筑砂浆试块强度统计、评定记录 (C.6.5)　　　　　　表 8-51

工程名称		×××工程				编号		×××	
						强度等级		M10	
施工单位		×××建筑公司				养护方法		标准养护	
统计期		××××年×月×日至××××年×月×日				结构部位		砖混结构承重墙	
试块组数 n		强度标准值 f_2（MPa）		平均值 $f_{2.m}$（MPa）		最小值 $f_{2.min}$（MPa）		$0.85 f_2$	
10		10		12.2		10.6		8.5	
每组强度值（MPa）	13.1	12.3	10.6	13.6	12.0	11.2	10.9	12.3	13.0	12.9
判定式		$f_{2.m} \geqslant 1.1 f_2$				$f_{2.min} \geqslant 0.85 f_2$			

结论：
　　根据《砌体结构工程施工质量验收规范》(GB 50203—2011)，该验收批砂浆强度合格。

签字栏	批准		审核		统计	
	×××		×××		×××	
	报告日期		××××年×月×日			

13. 混凝土抗压强度试验报告

《混凝土结构工程施工质量验收规范》(GB 50204—2015) 规定：结构构件的混凝土强度应按现行国家标准《混凝土强度检验评定标准》(GB/T 50107—2010) 的规定分批验收评定。结构混凝土的强度等级必须符合设计要求。用于检查结构构件混凝土强度的试件，应在混凝土浇筑地点见证取样，随机抽取。取样与试件留置应符合下列规定：每拌制 100 盘且不超过 100m³ 的同配合比的混凝土，取样不得少于一次；每工作班拌制的同配合比的混凝土不足 100 盘时，取样不得少于一次；当一次连续浇筑超过 1000m³ 时，同一配合比的混凝土每 200m³ 取样不得少于一次；每一楼层、同一配合比的混凝土，取样不得少于一次；每次取样应至少留置一组标准养护试件，同条件养护试件的留置组数应根据实际需要确定。有抗渗要求的混凝土结构，其混凝土试件应在浇筑地点见证取样，随机抽取。同一工程、同一配合比的混凝土，取样不应少于一次，留置的组数根据实际需要确定。混凝土试件一组3块。采用标准养护（温度为20±2℃，相对湿度达95％以上）时，养护至龄期达28d时进行试压。试验结果取三个试件强度的算术平均值作为每组试件强度的代表值；当一组试件中强度最大值或最小值与中间值之差超过中间值15％时，取中间值作为该组试件的强度代表值；当一组试件强度最大值和最小值与中间值均超过中间值15％时，该组试件的强度不应作为评定的标准。

检验由检测单位进行，检测单位出具混凝土抗压强度试验报告，报告一式三份，并应由施工单位、建设单位和城建档案馆各保存一份。检测单位出具的试验报告应有工程名称，部位或构件名称，搅拌、振捣、养护方法（制度），混凝土强度等级，试压日期，试块制作日期，龄期，试块编号，试块尺寸，强度等内容。并应有试验、复核、试验室负责人签字，同时注明试验报告的编号。混凝土抗压强度试验报告如表8-52所示。

混凝土试块试验报告（参考用表）　　　　　　　　　表8-52

试验编号：×××委托编号：×××

工程名称及部位	×××工程　1～4层框架柱、梁		试件编号	×××
委托单位	×××建筑公司		试验委托人	×××
设计强度等级	C30　P8		实测坍落度、扩展度	160mm
水泥品种及强度等级	P·O　42.5		试验编号	×××
砂种类	中砂		试验编号	×××
石种类、公称直径	碎石5～10 mm		试验编号	×××
外加剂名称	UEA		试验编号	×××
掺合料名称	Ⅱ级粉煤灰		试验编号	×××
配合比编号	×××			

成型日期	××年×月×日		要求龄期	28d		要求试验日期	××年×月 ×日
养护方法	标养	收到日期		××年×月 ×日		试块制作人	×××

试验结果	试验日期	实际龄期(d)	试件边长(mm)	受压面积(mm²)	荷载(kg) 单块值	荷载(kg) 平均值	平均抗压强度(MPa)	折合150mm立方体抗压强度(MPa)	达到设计强度等级(％)
	××年×月×日	28	150	22500	720 750 780	750	33.3	33.3	111

结论：
试验符合《混凝土强度检验评定标准》（GB/T 50107—2010)规定。

批准	×××	审核	×××	试验	×××
试验单位	×××试验室				
报告日期	××年×月 ×日				

注：表8-52由试验单位提供，建设单位、施工单位、城建档案馆各保存一份。

14. 混凝土试块强度统计、评定记录

《混凝土强度检验评定标准》（GB/T 50107—2010）规定：混凝土强度应分批进行检验评定。一个检验批的混凝土应由强度等级相同、试验龄期相同、生产工艺条件和配合比基本相同的混凝土组成，采用统计或非统计方法。采用统计方法评定，应按下列规定进行：

(1) 当连续生产的混凝土，生产条件在较长时间内保持一致，且同一品种、同一强度等级混凝土的强度变异性保持稳定时采用统计方法评定。一个检验批的样本容量应为连续的 3 组试件，其强度应同时符合下列规定：

$$m_{f_{cu}} \geqslant f_{cu,k} + 0.7\sigma_0$$

$$f_{cu,min} \geqslant f_{cu,k} - 0.7\sigma_0$$

检验批混凝土立方体抗压强度的标准差应按下式计算：

$$\sigma_0 = \sqrt{\dfrac{\sum\limits_{i=1}^{n} f_{cu,i}^2 - n m_{f_{cu}}^2}{n-1}}$$

当混凝土强度等级不高于 C20 时，其强度的最小值尚应满足下式要求：

$$f_{cu,min} \geqslant 0.85 f_{cu,k}$$

当混凝土强度等级高于 C20 时，其强度的最小值尚应满足下列要求：

$$f_{cu,min} \geqslant 0.90 f_{cu,k}$$

式中：$m_{f_{cu}}$——同一检验批混凝土立方体抗压强度的平均值（N/mm²），精确到 0.1（N/mm²）；

$f_{cu,k}$——混凝土立方体抗压强度标准值（N/mm²），精确到 0.1（N/mm²）；

σ_0——检验批混凝土立方体抗压强度的标准差（N/mm²），精确到 0.01（N/mm²）；当检验批混凝土强度标准差 σ_0 计算值小于 2.0N/mm² 时，应取 2.5 N/mm²；

$f_{cu,i}$——前一个检验期内同一品种、同一强度等级的第 i 组混凝土试件的立方体抗压强度代表值（N/mm²），精确到 0.1（N/mm²）；该检验期不应少于 60d，也不得大于 90d；

n——前一检验期内的样本容量，在该期间内样本容量不应少于 45；

$f_{cu,min}$——同一检验批混凝土立方体抗压强度的最小值（N/mm²），精确到 0.1（N/mm²）。

(2) 当样本容量不少于 10 组时，采用统计方法评定时，其强度应同时满足下列要求：

$$m_{f_{cu}} \geqslant f_{cu,k} + \lambda_1 \cdot S_{f_{cu}}$$

$$f_{cu,min} \geqslant \lambda_2 \cdot f_{cu,k}$$

同一检验批混凝土立方体抗压强度的标准差应按下式计算：

$$S_{f_{cu}} = \sqrt{\dfrac{\sum\limits_{i=1}^{n} f_{cu,i}^2 - n m_{f_{cu}}^2}{n-1}}$$

式中 $S_{f_{cu}}$——同一检验批混凝土立方体抗压强度的标准差（N/mm²），精确到 0.01（N/mm²）；当检验批混凝土强度标准差 $S_{f_{cu}}$ 计算值小于 2.5N/mm² 时，应取 2.5N/mm²；

λ_1、λ_2——合格评定系数，按表 8-53 取用；

混凝土强度的合格评定系数　　　　　　　　　　　　　表 8-53

试件组数	10~14	15~19	≥20
λ_1	1.15	1.05	0.95
λ_2	0.90	0.85	

n——本检验期内的样本容量。

（3）当用于评定的样本容量小于 10 组时，应采用非统计方法评定混凝土强度。按非统计方法评定混凝土强度时，其强度应同时符合下列规定：

$$m_{f_{cu}} \geqslant \lambda_3 \cdot f_{cu,k}$$
$$f_{cu,min} \geqslant \lambda_4 \cdot f_{cu,k}$$

式中　λ_3、λ_4——合格评定系数，应按表 8-54 取用。

混凝土强度的非统计法合格评定系数　　　　　表 8-54

混凝土强度等级	＜C60	≥C60
λ_3	1.15	1.10
λ_4	0.95	

当检验结果满足 1 或 2 或 3 的规定时，则该批混凝土强度应评定为合格；当不能满足上述规定时，该批混凝土强度应评定为不合格。对评定为不合格批的混凝土，可按国家现行的有关标准进行处理。

混凝土试块强度统计、评定工作由施工单位依据检测单位提供的混凝土抗压强度试验报告进行统计、评定，施工单位填写砌筑混凝土试块强度统计、评定应一式三份，并应由建设单位、施工单位、城建档案馆各保存一份。砌筑砂浆试块强度统计、评定记录宜采用表 8-55 的格式。

混凝土试块强度统计、评定记录（C.6.6）　　　　　表 8-55

工程名称	×××工程			编号		×××			
施工单位	×××建筑公司			强度等级		C40			
统计期	××年×月 ×日至××年×月 ×日			结构部位		主体结构 1～4 柱、梁和板			
试块组 n	强度标准 $f_{cu,k}$ （MPa）		平均值 $m_{f_{cu}}$ (MPa)		标准差 $S_{f_{cu}}$ （MPa）		最小值 $f_{cu,min}$ （MPa）		合格判定系数 λ_1	λ_2
16	40		42.3		3.48		34.0		1.05	0.85
每组强度值 （MPa）	34.0	44.9	39.4	45.9	41.4	46.3	42.5	47.3	40.8	46.4
	40.5	44.9	40.5	40.1	40.2	41.3				
	☑统计方法（二）						□非统计方法			
评定界限	$m_{f_{cu}}$		$S_{f_{cu}}$		$f_{cu,min}$		$\lambda_3 f_{cu,k}$		$\lambda_4 f_{cu,k}$	
	42.3		3.48		34.0					
判定式	$m_{f_{cu}} \geqslant f_{cu,k} - \lambda_1 \times S_{f_{cu}}$		$f_{cu,min} \geqslant \lambda_2 \times f_{cu,k}$				$m_{f_{cu}} \geqslant \lambda_3 f_{cu,k}$		$f_{cu,min} \geqslant \lambda_4 f_{cu,k}$	
结果	42.4＜43.7		34.0＝34.0							

结论：
　　根据《混凝土强度检验评定标准》（GB/T 50107—2010），该统计结果评定为不合格。

签字栏	批　准	审　核	统　计
	×××	×××	×××
	报告日期	××××年×月 ×日	

15. 抗渗试验报告

《混凝土结构工程施工质量验收规范》（GB 50204—2015）规定：有抗渗要求的混凝土

结构，其混凝土试件应在浇筑地点见证取样，随机抽取。同一工程、同一配合比的混凝土，取样不应少于一次，留置的组数根据实际需要确定。混凝土试件一组6块。

抗渗试验由检测单位进行，检测单位出具混凝土抗渗试验报告，报告一式三份，并应由施工单位、建设单位和城建档案馆各保存一份。抗渗试验报告如表8-56所示。

抗渗试验报告（参考用表）   表 8-56

试验编号：××× 委托编号：×××

工程名称及部位	×××工程		基础底板	试件编号	×××
委托单位	×××建筑公司			试验委托人	×××
抗渗等级	P8			配合比编号	×××
强度等级	C30	养护条件	标养	收件日期	××××年×月×日
成型日期	××年×月×日	龄期(d)	33	试验日期	××××年×月×日

试验情况：

    由 0.1MPa 顺序加压至 0.9MPa，保持 8h，试件表面无渗水。试验结果：>P8。

结论：

    根据《普通混凝土长期性能和耐久性能试验方法标准》(GB/T 50082—2009)标准，该抗渗混凝土符合 P8 设计要求。

批准	×××	审核	×××	试验	×××
试验单位	×××试验室				
报告日期	××××年×月×日				

注：表8-54由试验单位提供，建设单位、施工单位、城建档案馆各保存一份。

16. 砂、石、水泥放射指标报告

《民用建筑工程室内环境污染控制规范》(GB 50325—2010（2013 版）) 规定：民用建筑工程中，建筑主体采用的无机非金属建筑材料和建筑装修用的花岗石、瓷质砖、磷石膏制品必须有放射性指标检测报告并应符合其要求。其中，建筑主体采用的无机非金属建筑材料包括：砂、石、砖、瓦、水泥、商品混凝土和预制构件等，其放射性指标限量为内照射指数 I_{ra} 和外照射指数 I_r 均≤1.0。

砂、石、水泥放射指标由检测单位进行，检测单位出具砂、石、水泥放射指标报告，报告一式三份，并应由施工单位、建设单位和城建档案馆各保存一份。

17. 混凝土碱含量计算书

混凝土中氯化物、碱的总含量过高，可能引起钢筋锈蚀和碱骨料反应，严重影响结构构件受力性能和耐久性能。《混凝土结构工程施工质量验收规范》(GB 50204—2015) 规定：混凝土中氯化物和碱的总含量应符合现行国家标准《混凝土结构设计规范》(GB 50010—2010) 和设计要求。结构混凝土材料的耐久性基本要求中对最大碱含量的限制是：环境等级为二、三级的不超过 3kg/m³、环境等级为一级和使用非碱活性骨料的不做限制。检验方法是检查原材料试验报告和氯化物、碱含量计算书。

由检测单位检测原材料水泥、砂、石等的碱含量，并对混凝土碱含量进行计算，检测单位出具混凝土碱含量计算书，计算书一式三份，并应由施工单位、建设单位和城建档案馆各保存一份。

18. 外墙饰面砖样板粘结强度试验报告

外墙饰面砖粘贴前和施工过程中，均应在相同基层上做样板件，并对样板件的饰面砖

粘结强度进行检验。其检验方法和结果判定应符合《建筑工程饰面砖粘结强度检验标准》（JGJ 110—2008）规定。外墙饰面砖样板件粘结强度检测取样规定：

（1）对现场镶贴的外墙饰面砖工程每 300m² 同类墙体取 1 组试样，每组 3 个，每层楼不得少于 1 组，不足 300m² 同类墙体，每两层取 1 组试样，每组 3 个

（2）对带饰面砖的预制墙板，每生产 100 块取 1 组试样，每组在 3 块板中各取 1 个试样，预制墙板不足 100 块按 100 块计。

由检测单位检测外墙饰面砖样板粘结强度，检测单位出具外墙饰面砖样板粘结强度试验报告，报告一式三份，并应由施工单位、建设单位和城建档案馆各保存一份。外墙饰面砖样板粘结强度试验报告如表 8-57 所示。

饰面砖粘结强度试验报告（参考用表）　　　　　　表 8-57

试验编号：×××委托编号：×××

工程名称及部位		×××工程　外立面			试件编号		×××
委托单位		×××建筑公司			试验委托人		×××
饰面砖品种及牌号		彩色釉面陶瓷墙砖　×××牌			粘贴层次		外层
饰面砖生产厂及规格		×××厂　100×100mm			粘贴面积(mm²)		300
基本材料			粘贴材料	砂浆	粘结剂		
抽样部位	一层外墙		龄期(d)	28	施工日期		××年×月×日
检验类型			环境温度(℃)	19	试验日期		××年×月×日
仪器及编号				×××			

序号	试件尺寸(mm)		受力面积 (mm²)	拉力 (kN)	粘贴强度 (MPa)	破坏状态 (序号)	平均强度 (MPa)
	长	宽					
1	100	100	1000	50	4.9		
2	100	100	1000	50	5.3		5.10
3	100	100	1000	50	5.1		

结论：
　依据《建筑工程饰面砖粘结强度检验标准》(JGJ 110—2008)，饰面砖粘结强度符合要求。

批准	×××	审核	×××	试验	×××
试验单位			×××试验室		
报告日期			××××年×月×日		

注：表 8-56 由试验单位提供，建设单位、施工单位、城建档案馆各保存一份。

19. 后置埋件抗拔试验报告

《砌体结构工程施工质量验收规范》（GB 50203—2011）规定：填充墙与承重墙、柱、梁的连接钢筋，当采用化学植筋的连接方式时，应进行实体检测。锚固钢筋拉拔试验的轴向受拉非破坏承载力检验值为 6.0kN。抽检钢筋在检验值作用下基材应无裂缝、钢筋无滑移宏观裂损现象；持荷 2min 期间荷载降低值不大于 5%。

检测单位进行后置埋件抗拔试验，并出具后置埋件抗拔试验报告，报告一式三份，并应由施工单位、建设单位和城建档案馆各保存一份。

20. 《超声波探伤报告、探伤记录》、《钢构件射线探伤报告》和《磁粉探伤报告》

《钢结构工程施工质量验收规范》（GB 50205—2001）规定：设计要求全焊透的一、二级焊缝应采用超声波探伤进行内部缺陷的检验，超声波探伤不能对缺陷做出判断时，应采用射线探伤，其内部缺陷分级及探伤方法应符合现场国家标准《焊缝无损检测　超

声检测 技术、检测等级和探伤结果分级》（GB/T 11345—2013）或《金属熔化焊焊接接头射线照相》（GB/T 3323—2005）的规定。焊接球节点网架焊缝、螺栓球节点网架焊缝及圆管 T、K、Y 形节点相关焊缝，其内部缺陷分级及探伤方法应符合国家相关标准规定。

由检测单位进行钢结构焊缝探伤，依据探伤方法不同出具《超声波探伤报告、探伤记录》、《钢构件射线探伤报告》或《磁粉探伤报告》，报告一式三份，并应由施工单位、建设单位和城建档案馆各保存一份。

21. 高强度螺栓抗滑移系数检测报告

《钢结构工程施工质量验收规范》（GB 50205—2001）规定：钢结构制作和安装单位应按规范的规定分别进行高强度螺栓连接摩擦面的抗滑移系数试验和复验，现场处理的构件摩擦面应单独进行摩擦面抗滑移系数试验，其结果应符合设计要求。

由检测单位进行高强度螺栓抗滑移系数检测，出具高强度螺栓抗滑移系数检测报告，报告一式三份，并应由施工单位、建设单位和城建档案馆各保存一份。

22. 网架节点承载力试验报告

《钢结构工程施工质量验收规范》（GB 50205—2001）规定：对于建筑结构安全等级为一级、跨度 40m 及以上的公共建筑钢网架结构，且设计有要求时，应按下列项目进行节点承载力试验，其结果应符合要求。焊接球节点应按设计指定规格的球及其匹配和钢管焊接成试件，进行轴心拉、压承载力试验，其试验破坏荷载值大于或等于 1.6 倍设计承载力为合格。螺栓球节点应按设计指定规格的球最大螺栓纹进行抗拉强度保证荷载试验，当达到螺栓的设计承载力时，螺孔、螺纹及封板仍完好无损为合格。

由检测单位进行网架节点承载力试验，出具网架节点承载力试验报告，报告一式三份，并应由施工单位、建设单位和城建档案馆各保存一份。

23. 钢结构防腐、防火涂料厚度检测报告

《钢结构工程施工质量验收规范》（GB 50205—2001）规定：用作防腐作用的涂料、涂装、涂层厚度均应符合设计要求，当设计对涂层厚度无要求时，涂层干漆膜总厚度室外为 $150\mu m$、室内为 $125\mu m$，其允许偏差为 $-25\mu m$，每遍涂层干漆膜厚度的允许偏差为 $-5\mu m$；用于防火的薄涂型防火涂料的涂层厚度应符合有关耐火极限的设计要求；厚涂型防火涂料的厚度，80% 及以上面积应符合有关耐火极限的设计要求，且最薄处厚度不应低于耐火极限的设计要求的 85%。

由检测单位进行钢结构防腐、防火涂料厚度检测，出具钢结构防腐、防火涂料厚度检测报告，报告一式三份，并应由施工单位、建设单位和城建档案馆各保存一份。

24. 《幕墙双组分硅酮结构胶混匀性及拉断试验报告》、《幕墙的抗风压性能、空气渗透性能、雨水渗透性能及平面内变形性能检测报告》

根据《建筑装饰装修工程质量验收规范》（GB 50210—2011）规定：打胶、养护环境的测试、湿度记录；双组分硅酮结构胶的混匀性试验记录及拉断试验记录；幕墙的抗风压性能、空气渗透性能、雨水渗透性能及平面内变形性能（当设计未对平面位移性能提出要求时，不检测）检测报告等施工文件资料属于幕墙验收需查验的文件资料。

由检测单位进行双组分硅酮结构胶的混匀性试验记录及拉断试验和幕墙的抗风压性能、空气渗透性能、雨水渗透性能及平面内变形性能检测，出具双组分硅酮结构胶的混匀性试验记录及拉断试验和幕墙的抗风压性能、空气渗透性能、雨水渗透性能及平面内变形性能检测报告，报告一式三份，并应由施工单位、建设单位和城建档案馆各保存一份。

25. 外门窗抗风压性能、空气渗透性能、雨水渗透性能检测报告

《建筑装饰装修工程质量验收规范》规定：建筑外墙金属窗、塑料窗的抗压性能、空气渗透性能、雨水渗透性能指标进行检验。检验可采用试验室试验或现场检测方法。由检测单位进行外门窗抗风压性能、空气渗透性能、雨水渗透性能检测，出具外门窗抗风压性能、空气渗透性能、雨水渗透性能检测报告，报告一式三份，并应由施工单位、建设单位和城建档案馆各保存一份。

26. 墙体节能工程保温板材与基层粘结强度现场拉拔试验报告

《建筑节能工程施工质量验收规范》（GB 50411—2007）的要求，保温板与基层及各构造层之间的粘结或连接必须牢固。粘结强度和连接方式应符合设计要求和相关标准的规定。保温板材与基层的粘结强度应做现场拉拔试验，试验结果应符合要求。

由检测单位进行墙体节能工程保温板材与基层粘结强度现场拉拔试验，出具墙体节能工程保温板材与基层粘结强度现场拉拔试验报告，报告一式三份，并应由施工单位、建设单位和城建档案馆各保存一份。

27. 外墙保温浆料同条件养护试件试验报告

《建筑节能工程施工质量验收规范》（GB 50411—2007）要求，当外墙采用保温浆料做保温层时，应在施工中制作同条件试件，检测其导热系数、干密度和压缩强度。保温浆料同条件试件应见证取样送检。

由检测单位进行外墙保温浆料同条件养护试件试验，出具外墙保温浆料同条件养护试件试验报告，报告一式三份，施工单位、建设单位和城建档案馆各保存一份。

28. 结构实体混凝土强度验收记录

《混凝土结构工程施工质量验收规范》（GB 50204—2015）规定：结构实体检验的内容应包括混凝土强度、钢筋保护层厚度及工程合同约定的项目，必要时可检验其他项目。对混凝土强度的检验，应以在混凝土浇筑地点制备并与结构实体同条件养护的试件强度为依据。同条件养护试件的留置方式和取样的数量应符合下列要求：

（1）同条件养护试件所对应的结构构件或结构部位，应由监理（建设）单位、施工等各方共同选定。

（2）对混凝土结构工程中的各混凝土强度等级，均应留置同条件养护试件。

（3）同一强度等级的同条件养护试件，其留置的数量应根据混凝土工程量和重要性确定，不宜小于 10 组，且不应少于 3 组。

（4）同条件养护试件拆模后，应放置在靠近相应结构构件或结构部件和适当位置，并采取相同的养护条件。

同条件养护试件应在达到等效养护龄期时进行强度试验。等效养护龄期可取按日平均温度逐日累计达到 600℃·d 时所对应的龄期，0℃及以下的龄期不计入，等效养护龄期不应小于 14d，也不宜大于 60d。同条件养护试件的强度代表值应根据强度试验结果按现行国家标准《混凝土强度检验评定标准》（GB/T 50107—2010）的规定确定后，乘折算系数 1.10，也可根据当地的试验统计结果作适当调整。冬期施工、人工加热养护的结构构件，其同条件养护试件的等效养护龄期可按结构构件的实际养护条件，由监理（建设）、施工等各方根据规定共同确定。

当无同条件养护试件或试压不合格时应进行结构实体检验（回弹法、取芯法），按批进行检测的构件，抽检数量不得少于同批构件总数的30％且构件数量不得小于10件。检测结论直接反映结构或构件的混凝土抗压强度推定值。

结构实体检验应在监理工程师（建设单位项目专业技术负责人）见证下，由施工项目技术负责人组织实施，承担结构实体检验的试验室具有相应的资质。

施工单位收集、整理由检测单位提供的结构实体混凝土强度试验报告，填写结构实体混凝土强度检验记录，结构实体混凝土强度检验记录应一式四份，并应由建设单位、监理单位、施工单位、城建档案馆各保存一份。结构实体混凝土强度检验记录宜采用表8-58的格式。

结构实体混凝土强度检验记录（C.6.7） 表8-58

工程名称	×××工程									编　号	×××
										结构类型	钢筋混凝土框架结构
施工单位	×××建筑公司									验收日期	××××年×月×日
强度等级	试件强度代表值 MPa									强度评定结果	监理/建设单位验收结果
C20	21.0	22.1	19.8	20.8	20.4	23.3	22.9	21.8	22.0	21.2	合格	
C30	30.6	31.3	32.0	33.2	30.8	31.6	31.2	30.2	30.9	31.1	合格	合格

结论：
混凝土强度评定合格，符合《混凝土结构工程施工质量验收规范》（GB 50204—2015）规定。

签字栏	项目专业技术负责人	专业监理工程师或建设单位项目专业技术负责
	×××	×××

29. 结构实体钢筋保护层厚度验收记录

《混凝土结构工程施工质量验收规范》（GB 50204—2015）规定：结构实体检验的内容应包括混凝土强度、钢筋保护层厚度及工程合同约定的项目，必要时可检验其他项目。钢筋的混凝土保护层厚度对其粘结锚固性能及结构的耐久性和承载能力都有重大影响，对钢筋保护层厚度进行实体检测是保证结构安全所必需的。

检测可采用非破损或局部破损的方法，也可采用非破损方法并用局部破损方法进行校准。钢筋保护层厚度检验的结构部位，应由监理（建设）、施工等各方根据结构构件的重要性共同选定。

抽检方法：对梁、板类构件，应各抽取构件数量的2％且不少于5个构件进行检验；当有悬挑构件时，抽取的构件中悬挑梁、板类构件所占比例均不宜小于50％；对选定的梁类构件，应对全部纵向受力钢筋的保护层厚度进行检验；对选定的板类，应对不少于6根纵向受力钢筋的保护层厚度进行检验。对每根钢筋应在有代表性的部位测量 1 点。

纵向受力钢筋保护层厚度的允许偏差：梁类构件为＋10mm，－7mm；板类构件为＋8mm，－5mm。

合格判定：当全部钢筋保护层厚度的检验的合格点率为 90％及上时，钢筋保护层厚度的检验结果应判定为合格；当全部钢筋保护层厚度的检验的合格点率为小于 90％但不小于 80％，可再抽取相同数量的构件进行检验，当按两次抽样总和计算的合格点率为 90％及以上时，钢筋保护层厚度的检验结果仍应判定为合格；每次抽样检验结果中不合格点的最大偏差不应大于规定允许偏差的 1.5 倍。

施工单位收集、整理由检测单位提供的钢筋保护层厚度实测表，填写结构实体钢筋保护层厚度验收记录，结构实体钢筋保护层厚度检验记录应一式四份，并应由建设单位、监理单位、施工单位、城建档案馆各保存一份。结构实体钢筋保护层厚度检验记录宜采用表 8-59 的格式。

结构实体钢筋保护层厚度检验记录（C. 6. 8）　　　　　　　　表 8-59

工程名称		×××工程						编　号	×××
								结构类型	混凝土框架结构
施工单位		×××建筑公司						验收日期	××××年×月 ×日
构件类别	序号	钢筋保护层厚度(mm)						合格点率	评定结果	监理/建设单位验收结果
		设计值	实测值							
板	①～②,A～B板	15	21	20	23	24	22	21	90％	合格	符合规定
			21	20	21	22	20	21			
	⑤～⑥,A～B板	15	15	14	13	12	10	15			
			11	12	13	14	14	9			
梁	A～B板,③梁	25	34	33	32	31	32	34	90％	合格	符合规定
			33	36	34	35	33	33			
	A～B板,⑧梁	25	20	21	19	17	18	20			
			19	20	22	23	25	19			

结论：

经现场检查,符合设计及《混凝土结构工程施工质量验收规范》（GB 50204—2015）规定。

签字栏	项目专业技术负责人	专业监理工程师或建设单位项目专业技术负责
	×××	×××

30. 围护结构现场实体检验

《建筑节能工程施工质量验收规范》（GB 50411—2007）规定：建筑围护结构施工完成后，应对围护结构的外墙节能构造和严寒、寒冷、夏热冬冷地区的外窗气密性进行现场实体检测。当条件具备时，也可直接对围护结构的传热系数进行检测。

外墙节能构造和外窗气密性的现场实体检验，其抽样数量可以在合同中约定，但合同中约定的抽样数量不应低于规范的要求。当无合同约定时应按照下列规定抽样：每个单位工程的外墙至少抽查 3 处，每处一个检查点。当一个单位工程外墙有 2 种以上节能保温做法时，每种节能做法的外墙应抽查不少于 3 处；每个单位工程的外窗至少抽查 3 樘。当一个单位工程外窗有 2 种以上品种、类型和开启方式时，每种品种、类型和开启方式的外窗均应抽查不少于 3 樘。

外墙节能做法的现场实体检验在监理（建设）人员见证下实施，可委托有资质的检测机构实施，也可由施工单位实施。外窗气密性的现场实体检测应在监理（建设）人员见证下抽样，委托有资质的检测机构实施。对围护结构的传热系数进行检测时，应由建设单位委托具备检测资质的检测机构承担，其检测方法、抽样数量、检测部位和合格判定标准等可在合同中约定。当外墙节能构造或外窗气密性现场实体检验出现不符合设计要求和标准规定的情况时，应委托有资质的检测机构扩大一倍数量抽样，对不符合要求的项目或参数再次检验。仍然不符合要求时应给出"不符合设计要求"的结论。由进行围护结构现场实体检验单位出具检验报告。

31. 室内环境检测报告

室内环境污染物主要为由建筑材料和装修材料所引入的放射性及化学污染物，包含氡、甲醛、氨、苯和总挥发性有机化合物（TVOC）。民用建筑工程交付使用后，对室内环境进行现场检测抽样。抽检有代表性的房间室内环境污染物浓度，抽检数量不得少于 5%，并不得少于 3 间；房间总数少于 3 间时，应全数检测。凡进行了样板间室内环境污染物的浓度检测且检测结果合格的，抽检数量减半，并不得少于 3 间。由检测单位提供室内环境检测报告。

32. 节能性能检测报告

《建筑节能工程施工质量验收规范》（GB 50411—2007）规定：采暖、通风与空调、配电与照明工程安装完成后，应进行系统节能性能的检测，且应由建设单位委托具有相应资质的检测机构检测并出具报告。受季节影响未进行节能性能检测项目，应在保修期内补做。其检测方法应按国家现行有关标准规定执行。系统节能性能检测的项目和抽样数量也可以在工程合同中约定，必要时可增加其他检验项目，但合同中约定的检验项目和抽样数量不应低于本规范的规定。由检测单位提供检测报告。采暖、通风与空调、配电与照明系统节能性能检测的主要项目及要求见表 8-60 所示。

系统节能效果检验的主要项目及要求 　　　　　　　　　　　　表 8-60

序号	检验项目	抽样数量
1	室内温度	居住建筑每户抽测卧室或起居室 1 间,其他建筑按采暖房间总数抽测 10%
2	供热系统室外管网的水力平衡度	每个热源与换热站均不少于 1 个独立的供热系统
3	供热系统的补水率	每个热源与换热站均不少于 1 个独立的供热系统
4	室外管网的热输送效率	每个热源与换热站均不少于 1 个独立的供热系统
5	各风口的风量	按风管系统数量抽查 10%,且不得少于 1 个系统
6	通风与空调系统的总风量	按风管系统数量抽查 10%,且不得少于 1 个系统

序号	检验项目	抽样数量
7	空调机组的水流量	按系统数量抽查10%,且不得少于1个系统
8	空调系统冷热水、冷却水总流量	全数
9	平均照度与照明功率密度	按同一功能区不少于两处

33. 灌(满)水试验记录

非承压管道系统和设备、在安装完毕后,以及暗装、埋地、有绝热层的室内外排水管道进行隐蔽前,应进行灌水、满水试验。

施工单位填写的灌水、满水试验记录应一式三份,并应由建设单位、监理单位、施工单位各保存一份。灌水、满水试验记录宜采用表8-61的格式。

灌水、满水试验记录 (C.6.9) 表8-61

工程名称	×××工程	编　号	×××
		试验日期	××××年×月 ×日
分项工程名称	室内排水	材质、规格	UPVC D160

试验标准及要求:

　　排水管道在隐蔽前必须做灌水试验,其灌水高度不低于底层卫生器具的上边缘或底层地面高度,满水15min水面下降后,再灌满观察5min,液面不降,管道及接口无渗漏为合格。

试验部位	灌(满)水情况	灌(满)水持续时间(min)	液面检查情况	渗漏检查情况
地下一层	水面与地漏上口平	15	无下降	合格

试验结论:

　　试验结果,符合设计及《建筑给水排水及采暖工程施工质量验收规范》(GB 50242—2002)规定,合格。

签字栏	施工单位	×××建筑公司	专业技术负责人	专业质检员	专业工长
			×××	×××	×××
	监理或建设单位	×××监理公司	专业工程师	×××	

34. 强度严密性试验记录

室内外输送各种介质的承压管道、承压设备在安装完毕后,进行隐蔽之前,应进行强度严密性试验。强度严密性试验记录应符合现行国家标准《建筑给水排水及采暖工程施工质量验收规范》(GB 50242—2002)、《通风与空调工程施工质量验收规范》(GB 50243—2002)的有关规定。

《建筑给水排水及采暖工程施工质量验收规范》(GB 50242—2002)规定如下:

（1）室内给水管道系统安装后应进行水压试验。管道水压试验必须符合设计要求。当设计未注明时,各种材质的给水管道系统试验压力均为工作压力的1.5倍,但不得小于0.6MPa。

（2）室内消火栓系统安装完成后应取吊顶层或水箱间内试验消火栓和首层取两处消火栓做试射试验,达到设计要求为合格。

（3）室内热水供应系统安装完毕，管道保温之间前应进行水压试验。试验压力应符合设计要求。当设计未注明时，热水供应系统水压试验压力应为系统顶点的工作压力加 0.1MPa，同时在系统顶点的试验压力不小于 0.3MPa。

（4）室内热水供应系统在安装太阳能集热器玻璃前，应对集热排管和上、下集管做水压试验，试验压力为工作压力的 1.5 倍。

（5）室内热水供应系统中太阳能热交换器应以工作压力的 1.5 倍做水压试验。蒸汽部分应不低于蒸汽供汽压力加 0.3MPa；热水部分应不低于 0.4MPa。

（6）室内采暖系统中低温热水地板辐射系网系统安装。盘管隐蔽前必须进行水压试验，试验压力为工作压力的 1.5 倍，但不小于 0.6MPa。

（7）室内采暖系统安装的散热器组对后，以及整组出厂的散热器在安装之前应做水压试验。试验压力如设计无要求时应为工作压力的 1.5 倍；但不小于 0.6MPa。

（8）室内采暖系统中辐射板在安装前应做水压试验，如设计无要求时试验压力应为工作压力 1.5 倍，但不小于 0.6MPa。

（9）室内采暖系统安装完毕，管道保温之前应进行水压试验。试验压力应符合设计要求。当设计未注明时，应符合下列规定：蒸汽、热水采暖系统，应以系统顶点工作压力加 0.1MPa 做水压试验，同时在系统顶点的试验压力不小于 0.3MPa；高温热水采暖系统，试验压力应为系统顶点工作压力加 0.4MPa；使用塑料管及复合管的热水采暖系统，应以系统顶点工作压力加 0.2MPa 做水压试验，同时在系统顶点的试验压力不小于 0.4MPa。

（10）室外给水管网必须进行水压试验，试验压力为工作压力的 1.5 倍，但不得小于 0.6MPa。

（11）室外给水管网中消防水泵接合器及室外消火栓安装系统必须进行水压试验，试验压力为工作压力的 1.5 倍，但不得小于 0.6MPa。

（12）供热锅炉的汽、水系统安装完毕后，必须进行水压试验。水压试验的压力应符合规范的规定。

（13）供热锅炉的分汽缸（分水器、集水器）安装前应进行水压试验，试验压力为工作压力的 1.5 倍，但不得小于 0.6MPa。

（14）供热锅炉的地下直埋油罐在埋地前应做气密性试验，试验压力降不应小于 0.03MP。

（15）供热中连接锅炉及辅助设备的工艺管道安装完毕后，必须进行系统的水压试验，试验压力为系统中最大工作压力的 1.5 倍。

《自动喷水灭火系统施工及验收规范》（GB 50261—2005）规定：

（16）自动喷水灭火系统中当系统设计工作压力等于或小于 1.0MPa 时，水压强度试验压力应为设计工作压力的 1.5 倍，并不应低于 1.4MPa；当系统设计工作压力大于 1.0MPa 时，水压强度试验压力为该工作压力加 0.4MPa。

（17）自动喷水灭火系统水压严密度试验应在水压强度试验和管网冲洗合格后进行，试验压力应为设计工作压力，稳压 24h，应无渗漏。

（18）自动喷水灭火系统气压严密性试验的试验压力应为 0.28MPa，且稳压 24h，压力降不应大于 0.01MPa。

施工单位填写的强度严密性试验记录应一式四份，并应由建设单位、监理单位、施工单位、城建档案馆各保存一份。强度严密性试验记录宜采用表 8-62 的格式。

强度严密性试验记录（C.6.10）　　　　　　　　　　表 8-62

工程名称	×××工程	编　号	×××
		试验日期	××××年×月 ×日
分项工程名称	室内给水	试验部位	地下室
村质、规格	镀锌衬钢管　D70～D80	压力表编号	Y100PNO-1.0MPa

试验要求：
　　室内给水管道系统安装后应进行水压试验。管道水压试验必须符合设计要求。当设计未注明时,各种材质的给水管道系统试验压力均为工作压力的 1.5 倍,但不得小于 0.6MPa。在实验压力下观测 10min 压力降不应大于 0.02MPa,然后降到工作压力进行检查,应不渗不漏。

试验记录		试验介质	水
		试验压力表设置位置	地下室给水泵房
	强度试验	试验压力(MPa)	1.0
		试验持续时间(min)	10
		试验压力降(MPa)	—
		渗漏情况	无渗漏
	严密性试验	试验压力(MPa)	0.7
		试验持续时间(min)	10
		试验压力降(MPa)	—
		渗漏情况	无渗漏

试验结论：
　　试验结果,符合设计及《建筑给水排水及采暖工程施工质量验收规范》(GB 50242—2002)规定,合格。

签字栏	施工单位	×××建筑公司	专业技术负责人	专业质检员	专业工长
			×××	×××	×××
	监理或建设单位	×××监理公司	专业工程师	×××	

35. 通水试验记录

室内外给水、中水及游泳池水系统、卫生洁具、地漏及地面清扫口及室内外排水系统在安装完毕后，应进行通水试验。通水试验记录应符合现行国家标准《建筑给水排水及采暖工程施工质量验收规范》(GB 50242—2002) 的有关规定。

施工单位填写的通水试验记录应一式三份，并应由建设单位、监理单位、施工单位各保存一份。通水试验记录宜采用表 8-63 的格式。

36. 冲（吹）洗试验记录

室内外给水、中水及游泳池水系统、采暖、空调水、消火栓、自动喷水等系统管道，以及设计有要求的管道在使用前做冲洗试验及介质为气体的管道系统做吹洗试验时，应填写冲洗、吹洗试验记录。冲洗、吹洗试验记录应符合现行国家标准《建筑给水排水及采暖工程施工质量验收规范》(GB 50242—2002)、《通风与空调工程施工质量验收规范》(GB 50243—2002) 的有关规定。

通水试验记录 (C. 6. 11) 表 8-63

工程名称		×××工程	编 号		×××
			试验日期		××××年×月×日
分项工程名称		给排水管道、卫生洁具	试验部位		一层

试验系统简述：
　　试验项目为室内一层给排水管道、卫生洁具等。

试验要求：
　　室所有给排水管道、卫生洁具等交工前应做通水试验，观察和开启阀门、水嘴等放水，出水、排水畅通。

试验记录：
　　将一层全部的给水阀门开启，同时开放 1/3 配水点，供水压力流量正常。然后逐个检查各配水点，出水均畅通，接口无渗漏，各处排水畅通。

试验结论：
　　试验结果，符合设计及《建筑给水排水及采暖工程施工质量验收规范》(GB 50242—2002)规定，合格。

签字栏	施工单位	×××建筑公司	专业技术负责人	专业质检员	专业工长
			×××	×××	×××
	监理或建设单位	×××监理公司	专业工程师		×××

　　《建筑给水排水及采暖工程施工质量验收规范》(GB 50242—2002) 规定：生产给水系统管道在交付使用前必须冲洗和消毒，并经有关部门取样检验，符合国家《生活饮用水标准检验方法》方可使用；热水供应系统竣工后必须进行冲洗；采暖系统试压合格后，应对系统进行冲洗并清扫过滤器及除污器；消防水泵接合器及室外消火栓系统消防管道在竣工前，必须对管道进行冲洗；供热管道试压合格后，应进行冲洗；自动喷水灭火系统管网冲洗。

　　施工单位填写的冲洗、吹洗试验记录应一式三份，并应由建设单位、监理单位、施工单位各保存一份。冲洗、吹洗试验记录宜采用表 8-64 的格式。

冲洗、吹洗试验记录 (C. 6. 12) 表 8-64

工程名称		×××工程	编 号		×××
			试验日期		××××年×月×日
分项工程名称		室内给水系统	试验部位		一层

试验要求：
　　给水系统交付使用前必须进行冲洗，单向冲洗，各配水点水色透明度与进水目测一致且无杂物时，停止冲洗。

试验记录：
　　从下午 13：00 开始对一层供水点进行冲洗，单向冲洗，至下午 15：00 各配水点水色透明、无杂物时，停止冲洗。

试验结论：
　　试验结果，符合设计及《建筑给水排水及采暖工程施工质量验收规范》(GB 50242—2002)规定，合格。

签字栏	施工单位	×××建筑公司	专业技术负责人	专业质检员	专业工长
			×××	×××	×××
	监理或建设单位	×××监理公司	专业工程师		×××

37. 通球试验记录

室内排水水平干管、主立管应按有关规定进行通球试验，并进行记录。记录应符合现行国家标准《建筑给水排水及采暖工程施工质量验收规范》（GB 50242—2002）规定。规定要求：通球球径不小于排水管道管径的 2/3，通球率必须达到 100%。

施工单位填写的冲洗、吹洗试验记录应一式三份，并应由建设单位、监理单位、施工单位各保存一份。

38. 补偿器安装记录

各类补偿器安装时应按要求进行补偿器安装记录。

39. 消火栓试射记录

室内消火栓系统在安装完成后，应按设计要求及规范规定进行消火栓试射，并进行记录。

40. 安全附件安装检查记录

锅炉的高、低水位报警器和超温、超压报警器及联锁保护装置必须按设计要求安装齐全，并进行启动、联动试验，并进行记录。

41. 锅炉烘炉试验记录

锅炉安装完成后，在试运行前，应进行烘炉试验，并进行记录。

42. 电气接地装置平面示意图表

电气接地电阻检测包括设备（或系统）的防雷接地、保护接地、工作接地、防静电接地等设计有要求的各种接地检测。电气接地电阻测试应必须在接地装置敷设后隐蔽之前及时进行，并进行记录，记录应附电气接地装置平面示意图表。检测由监理（建设）单位和施工单位共同实施，并由施工单位绘制电气接地装置平面示意图表。电气接地装置平面示意图表一式三份，并应由建设单位、监理单位、施工单位各保存一份。

43. 电气设备空载试运行记录

建筑电气设备安装完毕应进行耐压及调试试验，主要包括低压电器动力设备和低压配电箱。试验应符合《建筑电气工程施工质量验收规范》（GB 50303—2002）规定。电气设备空载试运行由监理（建设）单位和施工单位共同实施，并由施工施工填写电气设备空载试运行记录。电气设备空载试运行记录一式四份，并应由建设单位、监理单位、施工单位和城建档案馆各保存一份。电气设备空载试运行记录宜采用表 8-65 的格式。

44. 建筑物照明通电试运行记录

建筑照明工程包括照明配电箱、线路、开关、插座和灯具等。安装结束后要做通电试验，以检验施工质量和设计的预期功能。试运行应符合《建筑电气工程施工质量验收规范》（GB 50303—2002）规定。公用建筑照明系统通电连续试运行时间为 24h，民用住宅为 8h。所有照明灯具均应开启，且每 2h 记录运行状态 1 次，连续试运行时间内无故障。建筑物照明通电试运行由监理（建设）单位和施工单位共同实施，并由施工单位填写建筑物照明通电试运行记录。建筑物照明通电试运行记录一式四份，并应由建设单位、监理单位、施工单位和城建档案馆各保存一份。

表 8-65

电气设备空载试运行记录（C. 6. 13）

工程名称	×××工程			编 号	×××
设备名称	电动机	设备型号	YH系列 H28020kW	设计编号	×××
额定电流	50A	额定电压	380V	填写日期	××年×月×日
试运时间	由××日 13 时 00 分开始　　至××日 15 时 00 分线束				

运行负荷记录	运行时间	运行电压(V)			运行电流(A)			温度(℃)
		L1-N (L1-L2)	L2-N (L2-L3)	L3-N (L3-L1)	L1 相	L2 相	L3 相	
	13:00	381	380	383	46	48	44	32
	14:00	380	382	380	47	43	45	34
	15:00	381	383	379	45	48	46	35

试运行情况记录：

　　经过 2h 电动机空载试运行，开关无拒动和误动，线压接点和线路无过热现象，电机运转正确，符合设计要求及《建筑电气工程施工质量验收规范》(GB 50303—2002)规定。

签字栏	施工单位	×××建筑公司	专业技术负责人	专业质检员	专业工长
			×××	×××	×××
	监理或建设单位	×××监理公司	专业工程师		×××

45. 大型照明灯具承载试验记录

　　大型照明灯具承载试验记录应符合现行国家标准《建筑电气工程施工质量验收规范》(GB 50303—2002) 的有关规定。施工单位填写的大型照明灯具承载试验记录应一式三份，并应由建设单位、监理单位、施工单位各保存一份。大型照明灯具承载试验记录宜采用表8-66 的格式。

大型照明灯具承载试验记录（C. 6. 1 4）　　　　表 8-66

工程名称	×××工程		编 号	×××
楼层部位	二层		试验日期	××年×月 ×日
灯具名称	安装部位	数量	灯具自重(kg)	试验载重(kg)
花灯	大厅	1	60	120
花灯	大厅	5	40	80

检查结论：

　　花灯经过载试验，过载为 2 倍于花灯的自重，牢固可靠，符合《建筑电气工程施工质量验收规范》(GB 50303—2002)规定。

签字栏	施工单位	×××建筑公司	专业技术负责人	专业质检员	专业工长
			×××	×××	×××
	监理或建设单位	×××监理公司	专业工程师		×××

46. 漏电开关模拟试验记录

　　漏电保护装置也称残余（冗余）电流保护装置，是当用电设备发生电气故障形成电气设备可接近裸露导体带电时，为避免造成电流伤害人或动物而迅速切断电源的保护装置，故在安装前或安装后要做模拟动作试验，以保证其灵敏度和可靠性。漏电开关模拟试验行由监理（建设）单位和施工单位共同实施，并由施工单位填写漏电开关模拟试验记录。漏电开关模拟试验记录一式三份，并应由建设单位、监理单位、施工单位各保存一份。

47. 子系统检测记录

智能建筑工程子系统检测记录应符合现行国家标准《智能建筑工程施工质量验收规范》（GB 50339—2013）的有关规定。智能建筑工程强制措施条文检测项目及检查内容，如表 8-67 所示。

智能建筑工程强制措施条文检测的项目及检查内容 表 8-67

项　目	检查内容
防火墙和防病毒软件	检查产品销售许可证及符合相关规定
智能建筑网络安全系统	防火墙和防病毒软件的安全保障功能及可靠性
检测消防控制室向建筑设备监控系统传输,显示火灾报警信息的一致性和可靠性	1. 检测与建筑设备监控系统的接口 2. 对火灾报警的响应 3. 火灾运行模式
新型消防设施的设置及功能检测	1. 早期烟雾,火灾报警系统 2. 大空间早期火灾智能检测系统 3. 大空间红外图像矩阵火灾报警及灭火系统 4. 可燃气体泄漏报警及联动控制系统
安全防范系统对火灾自动报警的响应及火灾模式的功能检测	1. 视频安防监控系统的录像,录音响应 2. 门禁系统的响应 3. 停车场(库)的控制响应 4. 安全防范管理系统的响应
电源与接地系统	1. 引接验收合格的电源和防雷接地装置 2. 智能化系统的接地装置 3. 防过流与防过压元件的接地装置 4. 防电磁干扰屏蔽的接地装置 5. 防静电接地装置

施工单位填写的智能建筑工程子系统检测记录应一式四份，并应由建设单位、监理单位、施工单位、城建档案馆各保存一份。智能建筑工程子系统检测记录宜采用表 8-68 的格式。

48. 风管漏光检测记录

风管系统安装完成后，应进行风管漏光、漏风检测。风管漏光检测记录应符合现行国家标准《通风与空调工程施工质量验收规范》（GB 50243—2002）的有关规定。施工单位填写的风管漏光检测记录应一式三份，并应由建设单位、监理单位、施工单位各保存一份。风管漏光检测记录宜采用表 8-69 的格式。

智能建筑工程子系统检测记录 （C.6.15）

表 8-68

系统名称	安全防范	子系统名称	停车管理	序号	×	检测部位	停车场
施工总承包单位		×××建筑公司				项目经理	×××
执行标准名称及编号		《智能建筑工程施工质量验收规范》（GB 50339—2013）					
专业承包单位		×××智能化公司				项目经理	×××

	系统检测内容	检测规范的规定	系统检测评定记录	检测结果		备注
				合格	不合格	
主控项目	车辆探测器的探测灵敏度 抗干扰性能	抽检100％合格为系统合格	×××	✓		
一般项目						
强制性条文						

检测机构的检测结论：

经检测，符合设计要求和《智能建筑工程施工质量验收规范》（GB 50339—2013）的有关规定。

检测负责人 ×××　　　　　　　　　　　××××年×月 ×日

注：1. 在检测结果栏，左列打"✓"视为合格，右列打"✓"视为不合格。
　　2. 备注栏内填写检测时出现的问题。

风管漏光检测记表 （C.6.16）

表 8-69

工程名称	×××工程	编　号	×××
		试验日期	××××年×月 ×日
系统名称	通风系统	工作压力(Pa)	500
系统接缝总长度(m)	40	每10m接缝为一检测段的分段数	4
检测光源	100W		

分段序号	实测漏光点数（个）	每10m接缝的允许漏光点数(个/10m)	结论
1	0	1	合格
2	0	1	合格
3	1	1	合格
4	0	1	合格
5			
合计	总漏光点数（个）	每10m接缝的允许漏光点数（个/10m）	结论
	1	4	合格

检查结论：

经检测，符合设计要求和《通风与空调工程施工质量验收规范》（GB 50243—2002）的有关规定。

签字栏	施工单位	×××建筑公司	专业技术负责人	专业质检员	专业工长
			×××	×××	×××
	监理或建设单位	×××监理公司	专业工程师		×××

49. 风管漏风检测记录

风管系统安装完成后，应进行风管漏光、漏风检测。风管漏风检测记录应符合现行国家标准《通风与空调工程施工质量验收规范》（GB 50243—2002）的有关规定。施工单位填写的风管漏光检测记录应一式三份，并应由建设单位、监理单位、施工单位各保存一份。风管漏光检测记录宜采用表 8-70 的格式。

风管漏风检测记录 （C. 6. 17）　　　　　　　　　　　　　　　　表 8-70

工程名称		×××工程	编　号		×××
			试验日期		××××年×月×日
系统名称		新风系统	工作压力(Pa)		500
系统总面积(m²)		200	试验压力(Pa)		800
试验总面积(m²)		200	系统检测分段数		1
检测区段图示： 略			分段实测数值		
		序号	分段表面积 (m²)	试验压力 (Pa)	实际漏风量 (m³/h)
		1	200	800	250
		2			
系统允许漏风量 [m³/(m²·h)]		6.00	实测系统允许漏风量 [m³/(m²·h)]		2.0

检查结论：

经检测,符合设计要求和《通风与空调工程施工质量验收规范》(GB 50243—2002)的有关规定。

签 字 栏	施工单位	×××建筑公司	专业技术负责人	专业质检员	专业工长
			×××	×××	×××
	监理或建设单位	×××监理公司	专业工程师		×××

50. 现场组装除尘器、空调机组漏风量检验记录

现场组装的除尘器壳体、组合式空气调节机组应做漏风量检验。现场组装除尘器、空调机组漏风量检验记录应符合现行国家标准《通风与空调工程施工质量验收规范》（GB 50243—2002）的有关规定。施工单位填写的现场组装除尘器、空调机组漏风量检验记录应一式三份，并应由建设单位、监理单位、施工单位各保存一份。风管漏光检测记录如表 8-71 的所示。

8.1.8　施工质量验收记录

建筑工程施工质量划分为单位工程、分部工程、分项工程、检验批进行验收。建筑工程施工质量验收合格条件是：符合工程勘察、设计文件的规定；符合相关标准和专业验收规范的规定。《建筑工程施工质量验收统一标准》（GB 50300—2013）3.0.6 条，建筑工程施工质量验收要求是：

（1）工程质量验收均应在施工单位自检合格的基础上进行。

（2）参加工程施工质量验收的各方人员应具备相应的资格。

现场组装除尘器、空调机组漏风量检验记录（参考用表）　　　表 8-71

工程名称	×××工程		分项、分部工程名称	通风空调 除尘
施工单位	×××安装公司		专业施工员	×××
设备名称	×××除尘器		型号、规格	×××
额定风量（m³/h）	6000		允许漏风率（%）	6
工作压力（Pa）	800		测试压力（Pa）	1000
允许漏风量（m³/h）	400		测试漏风量（m³/h）	230
检测区段图示：略	序号	分段表面积（m²）	试验压力（Pa）	实际漏风量（m³/h）
	Ⅰ		800	230
	Ⅱ			
试验人员	×××		试验日期	××××年×月×日

施工单位检查意见

　　除尘器组装后，漏风检测设备测试打压至工作压力，漏风量在设计允许范围内，证明安装严密。

项目专业质量检查员：×××

　　　　　　　　　　　　　　　　　　　　　　　　　　　　　　××××年×月×日

监理（建设）单位验收结论

　　符合设计要求及《通风与空调工程施工质量验收规范》(GB 50243—2002)规定。

专业监理工程师（建设单位专业技术负责人）：×××

　　　　　　　　　　　　　　　　　　　　　　　　　　　　　　××××年×月×日

（3）检验批的质量应按主控项目和一般项目验收。

（4）对涉及结构安全、节能、环境保护和主要使用功能的试块、试件及材料，应在进场时或施工中按规定进行见证检验。

（5）隐蔽工程在隐蔽前应由施工单位通知监理单位进行验收，并应形成验收文件，验收合格后方可继续施工。

（6）对涉及结构安全、节能、环境保护和使用功能的重要分部工程应在验收前按规定进行抽样检验。

（7）工程的观感质量应由验收人员现场检查，并应共同确认。

1. 检验批质量验收

（1）检验批质量验收程序

检验批是工程验收的最小单位，是分项工程乃至整个建筑工程质量验收的基础。检验批的验收由专业监理工程师组织施工单位项目专业质量检查员、专业工长等进行验收。检验批验收的流程如图 8-4 所示。

（2）检验批质量验收合格规定

检验批质量验收合格应符合下列规定：

1）主控项目的质量经抽样检验均应合格。

2）一般项目的质量经抽样检验合格。当采用计数抽样时，合格点率应符合有关专业验收规范的规定，且不得存在严重缺陷。

3）具有完整的施工操作依据、质量验收记录。

检验批验收时应进行资料检查和实物检验。资料检查主要是检查原材料进场、各施工

314

整改 → 施工单位根据图纸、施工技术标准、规范、施工方案、交底等组织施工 → 形成 → 施工测量记录 / 施工物资资料 / 施工试验及见证检测报告 / 隐蔽工程验收记录 / 施工记录 / 其他资料

施工单位负责进行过程质量控制检查、检验

不合格 → 施工单位完成施工自检

合格 → 监理工程师组织项目专业质量检查员等进行验收

不合格 ↑

合格 → 施工单位进入下一道工序施工 → 形成 → 检验批施工质量验收记录

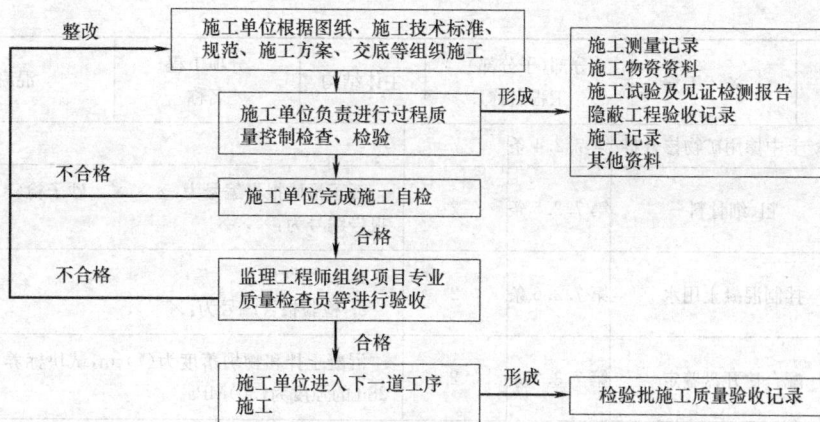

图 8-4　检验批质量验收流程

工序的操作依据、检验批验收、质量检查和质量控制的各项管理制度等。实物检查按主控制项目和一般项目检查。主控项目是建筑工程中的对安全、卫生、环境保护和公众利益起决定作用的检验项目，一般项目是除主控项目以外的检验项目，具体按各专业质量验收规范逐项检查验收。

（3）检验批质量验收记录

检验批质量验收记录包括表名及编号、表头部分、验收项目部分、施工单位检查结果、监理单位验收结论等内容。检验批质量验收记录如表 8-72 所示。

混凝土原材料、配合比设计检验批质量验收记录　　　　　　表 8-72

编号：×××

单位（子单位）工程名称		×××工程	分部（子分部）工程名称	主体结构	分项工程名称	混凝土
施工单位		×××建筑公司	项目负责人	×××	检验批容量	2
分包单位		/	分包单位项目负责人	/	检验批部位	二层柱 A～C 轴①～⑥轴柱、梁、板
施工依据		《江苏省建筑安装工程施工技术操作规程》（DGJ 32/J30—2009）		验收依据	《混凝土结构工程施工质量验收规范》（GB 50204—2015）	

		验收项目	设计要求及规范规定	最小/实际抽样数量	检查记录	检查结果
主控项目	1	水泥进场检验	第7.2.1条	2	使用(P.O42.5)水泥。质保书编号为：×××。复试报告编号为：×××	符合规范要求
	2	外加剂的质量	第7.2.2条	2	使用(减水剂)外加剂。质保书编号为：×××。检测报告编号为：×××	符合规范要求
	3	氯化物和碱的总含量	第7.2.3条	2	检测报告编号：×××	符合规范要求
	4	混凝土的配合比设计	第7.3.1条	2	1. 有配合比设计资料，有试配及混凝试块配强度记录，有配合比单，配合比为：(1：2：4,W/C=0.6)；2. 使用预拌混凝土	符合规范要求

单位(子单位)工程名称		×××工程	分部(子分部)工程名称	主体结构	分项工程名称		混凝土	
一般项目	1	混凝土中掺用矿物掺合料	第7.2.4条	/	/			
	2	粗、细骨料	第7.2.5条	2	石子检验报告编号为:×××。砂子检验报告编号为:×××		符合规范要求	
	3	拌制混凝土用水	第7.2.6条	2	1. 使用饮用水。2. 检验报告编号为:×××		符合规范要求	
	4	配合比开盘鉴定	第7.3.2条	2	混凝土拌和物坍落度为(7)cm,试块标养28d的强度为(30)MPa。		符合规范要求	
	5	测定砂、石含水率,调整材料用量,提出施工配合比	第7.3.3条	2	施工配合比为:1:2.2:4.2 W/C=0.6		符合规范要求	
施工单位检查结果		符合《混凝土结构工程施工质量验收规范》(GB 50204—2015)的规定,质量合格。 专业工长:××× 项目专业质量检查员(盖章):×××　　×××年××月××日						
监理单位验收结论		符合规范及设计要求,同意验收。 专业监理工程师:×××　　　　×××年××月××日						

1) 表名及编号的填写

表名依据《建筑工程施工质量验收统一标准》(GB 50300—2013)检验批划分原则,按工程的具体情况进行检验批划分并填写,如混凝土原材料、配合比设计检验批。编号根据《建筑工程资料管理规格规程》(JGJ/T 185—2009)的要求填写,也可根据所处地区要求的不同进行填写。

2) 表头部分的填写

"单位(子单位)工程名称"按合同文件上的单位工程名称填写,子单位工程写出该部分的具体位置。"分部(子分部)工程名称"、"分项工程名称"根据《建筑工程施工质量验收统一标准》(GB 50300—2013)分部(子分部)工程、分项工程划分原则,按工程的具体情况进行划分并填写,如某框架结构教学楼划分为地基与基础、主体结构、建筑装饰装修、屋面和建筑给水排水及供暖、建筑电气、建筑节能等分部,其中主体结构划分为混凝土结构和砌体结构子分部,混凝土结构子分部划分为模板、钢筋、混凝土和现浇结构等分项。"施工单位"和"分包单位"填写单位的全称,与合同上公章名称一致。"项目负责人"和"分包单位项目负责人"是合同中指定的项目负责人。"检验批容量"填写检验批的大小。"检验批部位"是指检验批的抽样范围,要标注清楚,如二层①~②轴线砖砌体。"施工依据"填写各专业施工技术规范,有企业标准可填写企业标准名称及编号,没有企业标准可填写地方标准(如《江苏省建筑安装工程施工技术操作规程》(DGJ 32/J30—2009))或国家各专业的施工技术规范。"验收依据"填写各专业质量验收规范,如《混凝土结构工程施工质量验收规范》(GB 50204—2015),若企业标准高于国家标准规定的,应填写企业标准的相关指标,并按此标准进行质量验收。

3）验收项目

"主控项目"和"一般项目"是"验收依据"中所列的专业质量验收规范中有关验收条款，在制表时就应填写好全部内容。"设计要求及规范规定"是各专业质量验收规范条款的具体要求，由于表格的可填写空间小，有些指标不能将全部内容写全，所以只将质量指标归纳、简化描述或标题及条文号填写，作为检查内容提示，以便查对验收规范的原文。"最小/实际抽样数量"填写最小（实际）抽样数量。抽样数量应符合有关专业验收规范规定，当采用计数抽样时，最小抽样数量应符合《建筑工程施工质量验收统一标准》（GB 50300—2013）表 3.0.9 的要求。"检查记录"填写方法分为以下几种情况：对有数量可填的项目，直接填写检查获得的数据；对定性项目，可根据实际检查情况填写；对于包含有混凝土、砂浆强度等级的检验批，在按规定制取试件后，可填写试件编号，待试件试验报告出来后，对检验批进行判定，并在分项工程验收时进一步进行强度评定及验收。

"检查结果"是将"检查记录"所得数据与规范中"主控项目"和"一般项目"的具体"设计要求及规范规定"逐项进行验收，符合验收规范规定的项目，填写"合格"或"符合要求"，对不符合验收规定的项目，可暂不填写，待处理后再验收，但应做标记或直接做出不合格的结论，待返工后再重新验收。

4）施工单位检查结果填写

"施工单位检查结果"是施工单位以"检查记录"栏内相关记录数据为依据，自行做出质量评定，结论为"合格"或"符合要求"。专业质量检查员逐项检查评定合格，填好表格并写明结论，由专业工长和项目专业质量检查好签字后交监理工程师验收。

5）监理单位验收结论填写

监理单位应按要求进行抽样复验，并依据自己验收记录中相关数据为依据，独立做出质量评定，而不应以施工单位提供的自检记录为依据。结论为"同意验收"。对不符合验收规定的项目，可暂不填写，待处理后再验收，但应做标记或直接做出不合格的结论，待返工后再重新验收。

2. 分项工程质量验收

（1）分项工程质量验收程序

分项工程的质量检查是在检验批检验的基础上进行，两者具有相同或相近的性质，只是批量的大小不同而已，将检验批汇集构成分项工程。分项工程质量检查由专业监理工程师组织施工单位项目专业技术负责人等进行检查，并做好记录。分项工程质量验收流程如图 8-5 所示。

（2）分项工程质量验收合格规定

分项工程质量验收合格应符合下列规定：

1）所含检验批的质量均应验收合格。

2）所含检验批的质量验收记录应完整。

（3）分项工程质量验收记录

分项工程质量验收记录表通常包括表名部分及编号、表头部分、验收项目部分、施工单位检查评定结果和监理单位验收结论等内容。分项工程质量验收记录如表 8-73 所示。

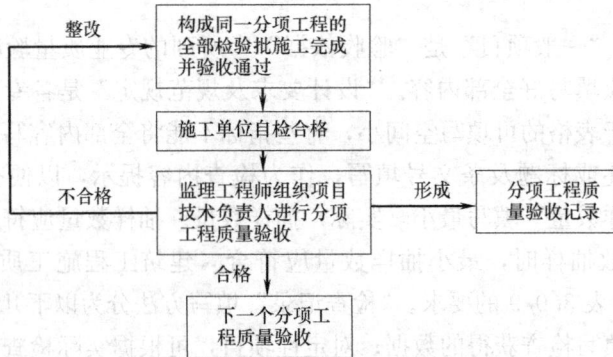

图 8-5 分项工程质量验收流程

混凝土分项工程质量验收记录   表 8-73

编号：×××

单位（子单位）工程名称	×××工程	分部（子分部）工程名称		混凝土结构	
分项工程数量	2	检验批数量		14	
施工单位	×××建筑公司	项目负责人	×××	项目技术负责人	×××
分包单位	/	分包单位项目负责人	/	分包内容	/

序号	检验批名称	检验批容量	部位、区段	施工单位检查结果	监理单位验收结论
1	原材料、配合比	2	一层	合格	验收合格
2	混凝土施工	2	一层	合格	验收合格
3	原材料、配合比	2	二层	合格	验收合格
4	混凝土施工	2	二层	合格	验收合格
5	原材料、配合比	2	三层	合格	验收合格
6	混凝土施工	2	三层	合格	验收合格
7	原材料、配合比	2	四层	合格	验收合格
8	混凝土施工	2	四层	合格	验收合格
			以下略		

说明：

施工单位检查结果	所含检验批均符合合格质量的规定，质量验收记录完整。 项目专业技术负责人：××× ×××年××月×日
监理单位验收结论	检查合格，同意验收。 监理工程师：××× ×××年××月×日

1) 表名部分及编号的填写

表名依据《建筑工程施工质量验收统一标准》（GB 50300—2013）分项工程划分原则，按工程的具体情况进行划分并填写。编号根据《建筑工程资料管理规程》（JGJ/T 185—2009）的要求填写，也可根据所处不同地区的要求进行填写。

2) 表头部分的填写

"单位（子单位）工程名称"按合同文件上的单位工程名称填写，子单位工程写出该部分的具体位置。"分部（子分部）工程名称"根据《建筑工程施工质量验收统一标准》（GB 50300—2013）分项工程划分原则，按工程的具体情况进行划分并填写。"分项工程数量"是指一个分部（子分部）工程中验收几个分项，如：框架结构教学楼的主体结构分部包括混凝土结构子分部和砌体结构子分部。其中混凝土结构子分部包括模板、钢筋、混凝土和现浇结构 4 个分项工程。"检验批数量"是指一个分项工程中验收几个检验批数，如：某框架结构教学楼的混凝土子分部中的混凝土分项工程按楼层划分为若干个检验批。"施工单位"、"分包单位"填写单位的全称，与合同上公章名称一致。"项目负责人"应是合同中指定的项目负责人，"分包单位项目负责人"应是合同中指定的项目负责人，这些人员由填表人填写，不要本人签字。"分包内容"是指分包单位的工作内容，如墙面抹灰等施工任务。

3) 验收项目部分的填写

"检验批的名称"按照《建筑工程施工质量验收统一标准》（GB 50300—2013）检验批划分原则，依据工程的具体情况进行划分并填写，如混凝土原材料、配合比设计检验批。"检验批容量"填写检验批的大小。"部位和区段"填写检验批验收的具体部位和区段，如：一层混凝土原材料、配合比设计检验批。"施工单位检查结果"由施工单位项目专业质量检查员检查填写，交施工单位的项目专业技术负责人检查后给出评价，结论为"合格"或"符合要求"，签字后交监理单位验收。"监理单位验收结论"是监理单位的专业监理工程师对施工单位检查结果进行逐项验收，同意施工单位意见的检查项的结论为"合格"或"符合要求"，对于不同意施工单位意见的检查项，暂不填写，待处理后再验收，但应做标记。"说明"项填写检查时需说明的情况。

施工单位的检查和监理单位的验收中应注意以下几点：检验批是否将整个分项工程覆盖，是否有漏掉的部位；混凝土、砂浆强度等一些有龄期要求的检验批，到龄期后能否达到规范规定；检验批的资料是按顺序进行登记整理，是否与所例内容统一。

4) 施工单位检查结果和监理单位验收结论部分填写

"施工单位检查结果"由施工单位的项目专业技术负责人检查项目专业质量检查员的检查结果和相关施工资料给出评价，结论为"合格或符合要求"。"监理单位验收结论"监理单位的专业监理工程师应逐项审查施工单位填报的分项工程质量验收记录和施工资料，给出评价，同意项填写结论"合格"或"符合要求"，不同意项暂不填写，待处理后再验收，但应做标记并说明具体意见。验收结论应注明"同意验收"或"不同意验收的意见"。

3. 分部工程质量验收

（1）分部工程质量验收程序

分部工程的验收由总监理工程师（建设单位项目专业技术负责人）组织施工单位项目负责人和项目技术、质量负责人等进行验收，勘察、设计单位项目负责人和施工单位技术、质量部门负责人应参加地基与基础分部工程的验收，设计单位项目负责人和施工单位技术、质量部门负责人应参加主体结构、节能分部工程的验收，并做好记录。分部（子分部）工程质量验收流程如图 8-6 所示。

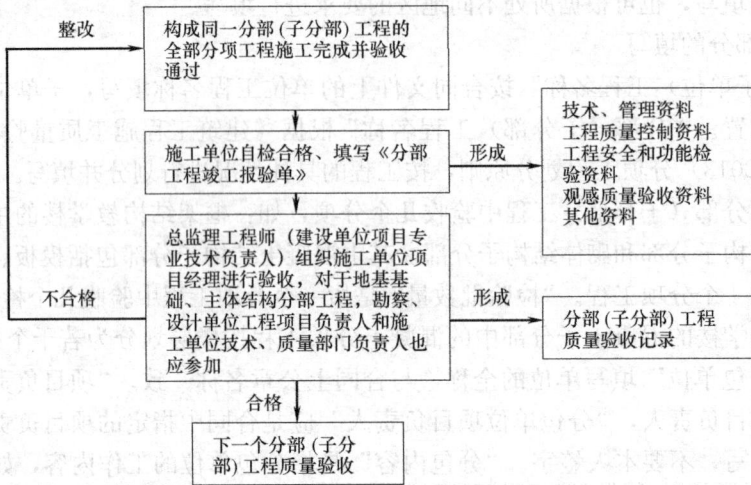

图 8-6　分部（子分部）工程质量验收流程

（2）分部工程质量验收合格规定

分部工程质量验收合格应符合下列规定：

1）所含分项工程的质量均应验收合格。

2）质量控制资料应完整。

3）有关安全、节能、环境保护和主要使用功能的抽样检验结果应符合相应规定。

4）观感质量应符合要求。

（3）分部（子分部）工程质量验收表

分部（子分部）工程质量验收记录表通常包括表名部分及编号、表头部分、验收项目部分、综合验收结论部分和验收单位等内容，分部（子分部）工程质量验收表如表 8-74 所示。

1）表名部分及编号填写

表名根据《建筑工程施工质量验收统一标准》（GB 50300—2013）分部（子分部）工程划分原则，按工程的具体情况进行划分并填写，并与分项工程和检验批中的名称相一致。分部（子分部）工程的名称填写要具体，写在分部工程前。编号根据《建筑工程资料管理规程》（JGJ/T 185—2009）的要求填写，也可根据所处不同地区的要求进行填写。

2）表头部分填写

"单位（子单位）工程名称"按合同文件上的单位工程名称填写，子单位工程写出该部分的具体位置。"分项工程数量"是指一个分部（子分部）工程中验收几个分项，如：框架结构教学楼的主体结构分部包括混凝土结构子分部和砌体结构子分部，其中混凝土结构子分部包括模板、钢筋、混凝土和现浇结构 4 个分项工程。"施工单位"和"分包单位"填写单位的全称，与合同上公章名称一致。"项目负责人"应是合同中指定的项目负责人，"分包单位项目负责人"应是合同中指定的项目负责人。"技术（质量）负责人"多数情况下填写项目的技术及质量负责人，只有地基与基础、主体结构及重要安装分部（子分部）工程应填写施工单位的技术部门及质量部门负责人并签字。"分包内容"是指分包单位的工作内容，有分包单位时才填写，没有时就不填写。

主体结构分部工程验收记录

表 8-74

编号：×××

单位（子单位）工程名称		×××工程	子分部工程数量		2	分项工程数量	5
施工单位		×××建筑公司	项目负责人		×××	技术（质量）负责人	×××
分包单位		/	分包单位负责人		/	分包内容	/

序号	子分部工程名称	分项工程名称	检验批数量	施工单位检查结果	监理单位验收结论
1	混凝土结构	模板	16	合格	验收合格
2		钢筋	16	合格	验收合格
3		混凝土	16	合格	验收合格
4		现浇结构	16	合格	验收合格
5	砌体结构	填充墙砌体	16	合格	验收合格
6					
	质量控制资料			质量控制资料×××共×× 份,完整	验收合格
	安全和功能检验结果			结构实体检验报告及试验报告汇总表的编号为×××,共× ××份,符合有关规定	验收合格
	观感质量检查结果			表面无缺陷;观感质量为好	观感质量为好
	综合验收结论		经对本分部工程检查,所含各分项的质量全部合格,质量控制资料完整,安全和功能检验和抽样检测结果符合有关规定,观感质量为好,同意验收。		

施工单位	勘察单位	设计单位	监理单位
项目负责人：×××	项目负责人：×××	项目负责人：×××	总监理工程师：×××
×××年××月××日	×××年××月××日	×××年××月××日	×××年××月××日

3）验收项目部分填写

验收项目包括所含分项工程、质量控制资料、安全和功能检验结果和观感质量检验结果。

"分项工程名称"填写时，按检验批施工先后顺序，将分项工程名称填写。"检验批数"分别填写各分项工程实际的检验批数量，即分项工程验收表上的检验批数量。"施工单位检查结果"填写施工单位自行检查评定的结果。核查每个分项工程验收是否正确；核对所含分项工程有没有漏缺或有没有进行验收；核查分项工程的资料完整性，每个验收资料的内容是否有缺漏，签字是否齐全及符合规；有龄期试件的合格评定是否达到要求等。自检符合要求的在"施工单位检查结果"栏填写"合格"，不符合要求的进行返工处理。"监理单位检查结果"由总监理工程师审查符合要求后，在"监理单位验收结论"栏内填写"同意验收"。

质量控制资料检查内容如表 8-75 所示。检查时应注意核查和归纳各检验批的验收记录资料，核对其是否完整；核查和归纳各检验批的施工操作依据、质量检查记录，核对其是否配套完整，包括有关的试验资料的完整程度。核对各种资料的内容、数据及验收人员签订是否规范等。若能基本反映工程质量情况，达到保证结构安全和使用功能完备的要求，施工单位在"施工单位检查结果"栏填写"合格"，总监理工程师组织审查符合要求后，在"监理单位验收结论"栏内填写"同意验收"。

安全和功能检验结果是指竣工抽样检测的项目，能在分部（子分部）工程中检测的，应放在分部（子分部）工程中检测，检测内容如表 8-76 所示。在核查时要注意，在开工之前确定的项目是否都进行了检测，不能检测的项目应说明原因；逐一检查每个检测报告检测项目内容，所遵循的检测方法标准、检测结果的数据是否达到规定的标准；核查检测报告是否由有资质的机构出具，检测程序、有关取样人、审核人、试验负责人以及签字盖章是否齐全等。每个检测项目都通过审查，由施工单位检验人员在"施工单位检查结果"栏内填写"合格"，总监理工程师组织审查符合要求后，在"监理单位验收结论"栏内填写"同意验收"。

观感质量验收实际不单单是外现质量，在专业施工质量验收规范中列入基本规定、一般规定的内容，能检查的都要检查，能启动或运转的要启动或试运转，能打开看的要打开看，有代表性的房间、部位都应走到。经检查符合要求后，由施工单位在"施工单位检查结果"栏内填写"合格"，由总监理工程师组织验收，听取参加检查人员意见的基础上，共同确定质量评价，在"监理单位验收结论"栏内填写"好"、"一般"或"差"的结论。对评价为"差"的点应通过返修处理等补救。

4）综合验收结论部分填写

由参加验收的人员，根据对分项工程、质量控制资料、安全和功能检验结果和观感质量检查验收，符合要求后，由总监理工程在"综合验收结论"栏内填写"同意验收"。

5）验收单位填写

施工单位、勘察单位、设计单位和监理单位等参加验收的单位及责任人应签字盖章。其中，地基基础分部工程的验收是由施工单位、勘察单位、设计单位项目负责人和总监理工程师签字。主体结构、节能等分部工程的验收应由施工单位、设计单位项目负责人和总监理工程师签字。

8.1.9 施工验收文件

1. 单位（子单位）工程质量验收程序

单位工程完工后，施工单位应组织有关人员进行自检。总监理工程师应组织各专业监理工程师对工程质量进行竣工预验收。存在施工质量问题时，应由施工单位及时整改。整改完毕后，由施工单位向建设单位提交工程竣工报告，申请工程竣工验收。建设单位收到工程竣工报告后，应由建设单位项目负责人组织监理、施工、设计、勘察等单位项目负责人进行单位工程验收，并做好记录。单位（子单位）工程竣工验收流程如图 8-7 所示。

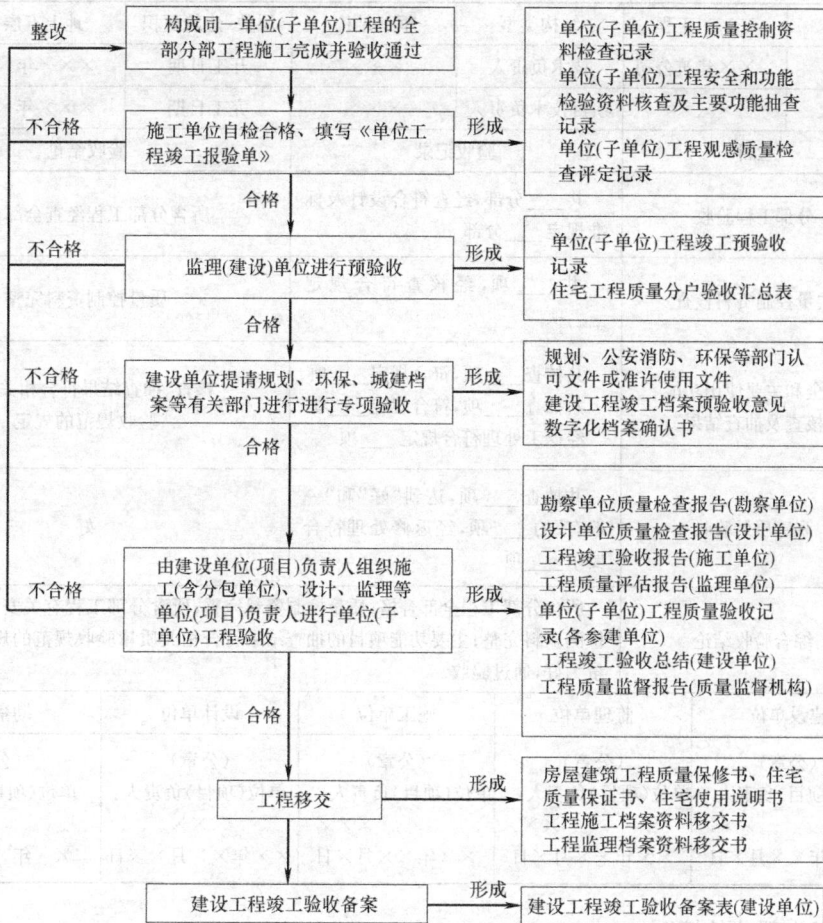

图 8-7　单位工程竣工验收质流程

2. 单位工程质量合格规定

单位工程质量验收合格应符合下列规定：

（1）所含分部工程的质量均应验收合格。

（2）质量控制资料应完整。

（3）所含分部工程中有关安全、节能、环境保护和主要使用功能的检验资料应完整。

（4）主要使用功能的抽查结果应符合相关专业验收规范的规定。

（5）观感质量应符合要求。

3. 单位工程质量验收表

单位工程质量竣工验收记录表包括表名部分、表头部分、验收项目部分、综合验收结论和验收单位签名部分等内容。单位工程质量验收表如表 8-75 所示。

（1）表名部分填写及编号

表名为单位工程，预先打印在表格上。编号根据《建筑工程资料管理规程》（JGJ/T 185—2009）的要求填写，也可根据所处不同地区的要求进行填写。

编号：×××

工程名称	×××工程	结构类型	框架结构	层数/建筑面积	地上五层/5000m²
施工单位	×××建筑公司	技术负责人	×××	开工日期	×××年××月×日
项目负责人	×××	项目技术负责人	×××	完工日期	×××年××月×日

序号	项目	验收记录	验收结论
1	分部工程验收	共____分部，经查符合设计及标准规定____分部	所含分部工程经查全部合格
2	质量控制资料核查	共____项，经核查符合规定____项	质量控制资料完整
3	安全和主要使用功能核查及抽查结果	共核查____项，符合规定____项 共抽查____项，符合规定____项 经返工处理符合规定____项	核查、抽查结果符合相关质量验收规范的规定
4	观感质量验收	共抽查____项，达到"好"和"一般有"的____项，经返修处理符合要求____项	好
5	综合验收结论	所含分部工程全部合格；质量控制资料完整；所含分部工程有关安全和功能的检测资料完整；主要功能项目的抽查结果符合相关质量验收规范的规定；观感质量为好，通过验收。	

参加验收单位	建设单位	监理单位	施工单位	设计单位	勘察单位
	（公章） 单位(项目)负责人： ××× ××年××月×日	（公章） 单位(项目)负责人： ××× ××年××月×日	（公章） 单位(项目)负责人： ××× ××年××月×日	（公章） 单位(项目)负责人： ××× ××年××月×日	（公章） 单位(项目)负责人： ××× ××年××月×日

（2）表头部分的填写

"工程名称"按合同文件上的单位工程名称填写，与检验批、分项工程、分部工程验收表上的工程名称一致。"结构类型"按设计文件中注明的结构类型填写，如钢筋混凝土框架结构等。"层数/面积"按设计文件中注明的建筑面积、层数填写。"施工单位"按合同中注明的施工单位全称填写，与检验批、分项工程验收表上的名称一致。"技术负责人"填写施工单位的技术负责人，如企业总工程师等。填写项目负责人及项目技术负责人。"项目负责人"按合同中注明的施工单位项目负责人，如项目经理等。"项目技术负责人"填写施工单位的项目部技术负责人，如项目主任工程师等。"开工日期"填写施工单位提交开工报告中，总监理工程师（或建设单位技术负责人）批准的开工日期。"完工日期"填写单位工程竣工验收合格的日期。

（3）验收项目部分的填写

验收项目部分包括分部工程验收、质量控制资料核查、安全和使用功能核查及抽查结果、观感质量验收、验收记录和验收结论等内容。

分部工程验收是由竣工验收组的成员共同对前面已完成的分部工程再次进行综合性检查验收。施工单位将验收情况记录在"验收记录"中，注明总共验收几个分部，经验收符合标准及设计要求的几个分部。若验收组审查验收的分部全部符合要求，由监理单位在"验收结论"栏内，写上"同意验收"的结论。

质量控制资料核查有专门的验收表格，如表 8-76 所示。质量控制资料的核查应先由施工单位检查符合要求后，再提交验收组验收。施工单位将检查情况记录在"验收记录"中，注明工程共有几项，经检查符合规定的有几项，各分部资料全部符合要求，由监理单位在"验收结论"栏内填写"同意验收"的结论。核查时需注意的几点是，若一个分部只有一个子分部工程时，子分部工程就是分部工程；若一个分部有多个子分部工程时，可一个一个地检查和审查，也可按分部检查和审查；每个子分部、分部工程检查审查后，也不必再整理分部工程的质量控制资料，只将其依次装订起来，前边的封面写上分部工程的名称，并将所含子分部工程的名称依次填写在下边就行，然后将各子分部审查的资料逐项进行统计，填入验收记录栏内。

安全和功能核查及抽查结果有专门的验收表格，如表 8-77 所示。"安全和功能核查及抽查结果"这个项目包括两个方面的内容。一是在分部（子分部）工程中进行了安全和功能检测的项目，其核查的重点是资料的完整性，以及其项目是否与设计合同及规范要求一致；二是在单位工程进行的安全和功能抽测项目，要核查其检测报告结论是否符合设计要求，抽测的程序、方法是否符合有关规定，抽测报告的结论是否达到设计要求及规范规定，如有经返工处理后才符合要求的，也应填写清楚。这两部分项目可能有些重复，但侧重点不同，应分别填写清楚。"安全和功能核查及抽查结果"这个栏目也是由施工单位检查评定符合要求后再提交验收，由总监理工程师组织审查，按项目逐个进行核查验收。然后统计核查的项数和抽查的项数，填入验收记录栏内，并分别统计符合要求的项数。通常两个项数是一致的，如果个别项目的抽测结果达不到设计要求，则可以进行返工处理达到要求，然后由总监理工程师在验收结论栏内填写"同意验收"。如果返工处理后仍达不到设计要求，就要按不合格处理程序进行处理。

观感质量验收表格，如表 8-78 所示。观感质量验收的方法同分部（子分部）工程，单位工程观感质量检查验收不同的是项目比较多，是一个综合性验收。实际是复查一下各分部（子分部）验收后，到单位工程竣工时的质量变化、成品保护以及分部（子分部）工程验收时，还没有形成部分的观感质量等。这个项目也是先由施工单位检查，记录质量状况，然后提交验收。施工单位填写"抽查质量状况"栏时，对检查项目检查点数和合格点数进行记录；"在质量评价"栏内，可在"好"、"一般"、"差"三栏内选择其中一栏打"√"，对这个项目作出综合评价。由总监理工程师或建设单位项目负责人组织审查。以总监理工程师为主导，综合各方意见，得出观感质量的综合评价，结论为"好"、"一般"、"差"。不论评价为"好"、"一般"、"差"，只要建设单位认可，都可认为符合要求，由总监理工程师或建设单位项目负责人在验收结论栏内填写"同意验收"的结论。如果有不符合要求的项目，就应按合同规定进行处理。

（4）综合验收结论填写

综合验收是指在前几项内容验收符合要求后进行的验收。验收时，在建设单位组织下，由建设单位相关专业人员及监理单位专业监理工程师和勘察、设计、施工单位相关人员分别核查验收有关项目，并由总监理工程师组织进行现场观感质量复查。各项目经审查符合要求后，由建设单位在"综合验收结论"栏内填写"通过验收"。

（5）参加验收单位签名

勘察单位、设计单位、施工单位、监理单位、建设单位验收意见一致时，其各单位的项目负责人要亲自签字，以示对工程质量负责，并加盖单位公章，注明签字验收的年月日。验收意见不一致时，各方应进行协商，或请当地建设行政主管部门或工程质量监督机构协调处理。五方签字盖章不齐，视为未通过竣工验收，或验收达不到合格标准。

单位工程质量控制资料核查记录 表8-76

编号：×××

工程名称		×××工程	施工单位		×××建筑公司		
序号	项目	资料名称	份数	施工单位		监理单位	
				核查意见	核查人	核查意见	核查人
1	建筑与结构	图纸会审记录、设计变更通知单、工程洽商记录	7	设计变更、洽商记录齐全	×××	合格	×××
2		工程定位测量、放线记录	10	定位测量准确、放线记录齐全	×××	合格	×××
3		原材料出厂合格证书及进场检验、试验报告	17	水泥、钢筋、防水材料等有出厂合格证及复试报告	×××	合格	×××
4		施工试验报告及见证检测报告	16	钢筋连接、混凝土抗压强度试验报告符合要求，且按30%进行见证取样	×××	合格	×××
5		隐蔽工程验收记录	23	隐蔽工程检查记录齐全	×××	合格	×××
6		施工记录	45	地基验槽、钎探、预检等齐全	×××	合格	×××
7		地基、基础、主体结构检验及抽样检测资料	35	基础、主体结构经监督部门检验，其抽样检测资料符合规范要求	×××	合格	×××
8		分项、分部工程质量验收记录	16	质量验收符合规范规定	×××	合格	×××
9		工程质量事故调查处理资料					
10		新技术论证、备案及施工记录					
1	给水排水与供暖	图纸会审记录、设计变更通知单、工程洽商记录	6	洽商记录齐全、清楚		合格	×××
2		原材料出厂合格证书及进场检验、试验报告	32	合格证齐全、有进场检验报告	×××	合格	×××
3		管道、设备强度试验、严密性试验记录	15	强度试验记录齐全符合要求	×××	合格	×××
4		隐蔽工程验收记录	36	隐蔽工程检查记录齐全	×××	合格	×××
5		系统清洗、灌水、通水、通球试验记录	9	灌水、通水等试验记录齐全	×××	合格	×××

工程名称		×××工程		施工单位		×××建筑公司		
序号	项目	资料名称	份数	施工单位			监理单位	
				核查意见	核查人	核查意见	核查人	
6	给水排水与供暖	施工记录	45	各种预检记录齐全	×××	合格	×××	
7		分项、分部工程质量验收记录	8	质量验收符合规范规定	×××	合格	×××	
8		新技术论证、备案及施工记录						
1	通风与空调	图纸会审记录、设计变更通知单、工程洽商记录						
2		原材料出厂合格证书及进场检验、试验报告						
3		制冷、空调、水管道强度试验、严密性试验记录						
4		隐蔽工程验收记录						
5		制冷设备运行调试记录						
6		通风、空调系统调试记录						
7		施工记录						
8		分项、分部工程质量验收记录						
9		新技术论证、备案及施工记录						
1	建筑电气	图纸会审记录、设计变更通知单、工程洽商记录	16	洽商记录齐全、清楚	×××	合格	×××	
2		原材料出厂合格证书及进场检验、试验报告	31	材料、主要设备出厂合格证书齐全,有进场检验报告	×××	合格	×××	
3		设备调试记录	12	设备调试记录齐全	×××	合格	×××	
4		接地、绝缘电阻测试记录	52	接地、绝缘电阻测试记录齐全符合要求	×××	合格	×××	
5		隐蔽工程验收记录	9	隐蔽工程检查记录齐全	×××	合格	×××	
6		施工记录	17	各种预检记录齐全	×××	合格	×××	
7		分项、分部工程质量验收记录	11	质量验收符合规范规定	×××	合格	×××	
8		新技术论证、备案及施工记录						

工程名称		×××工程	施工单位		×××建筑公司		
序号	项目	资料名称	份数	施工单位		监理单位	
				核查意见	核查人	核查意见	核查人
1	智能建筑	图纸会审记录、设计变更通知单、工程洽商记录					
2		原材料出厂合格证书及进场检验、试验报告					
3		隐蔽工程验收记录					
4		施工记录					
5		系统功能测定及设备调试记录					
6		系统技术、操作和维护手册					
7		系统管理、操作人员培训记录					
8		系统检测报告					
9		分项、分部工程质量验收记录					
10		新技术论证、备案及施工记录					
1	建筑节能	图纸会审记录、设计变更通知单、工程洽商记录					
2		原材料出厂合格证书及进场检验、试验报告					
3		隐蔽工程验收记录					
4		施工记录					
5		外墙、外窗节能检验报告					
6		设备系统节能检测报告					
7		分项、分部工程质量验收记录					
8		新技术论证、备案及施工记录					
1	电梯	图纸会审记录、设计变更通知单、工程洽商记录					
2		设备出厂合格证及开箱检验记录					
3		隐蔽工程验收记录					
4		施工记录					

工程名称	×××工程		施工单位	×××建筑公司			
序号	项目	资料名称	份数	施工单位		监理单位	
				核查意见	核查人	核查意见	核查人
5	智能建筑	接地、绝缘电阻试验记录					
6		负荷试验、安全装置检查记录					
7		分项、分部工程质量验收记录					
8		新技术论证、备案及施工记录					

结论:通过工程质量控制资料检查,该工程资料齐全、有效,各种施工试验、系统调试记录等符合有关规范规定,同意竣工验收。

施工单位项目负责人:×××　　　　　　　　　　　　　　　　　总监理工程师:×××

×××年××月×日　　　　　　　　　　　　　　　×××年××月×日

单位工程安全和功能检验资料核查及主要功能抽查记录　　　　表 8-77

编号:×××

工程名称		×××工程		施工单位	×××建筑公司		
序号	项目	安全与功能检查项目	份数	核查意见		抽查结果	核查(抽查)人
1	建筑与结构	地基承载力检验报告	4	检验报告齐全,符合要求		合格	×××
2		桩基承载力检验报告					×××
3		混凝土强度试验报告	8	试验报告齐全,符合要求		合格	×××
4		砂浆强度试验报告	8	试验报告齐全,符合要求		合格	×××
5		主体结构尺寸、位置抽查记录	6	抽查记录齐全,符合要求		合格	×××
6		建筑物垂直度、标高、全高测量记录	4	记录符合测量规范要求		合格	×××
7		屋面淋水或蓄水试验记录	3	试验记录齐全		合格	×××
8		地下室渗漏水试验记录	8	检查记录齐全		合格	×××
9		有防水要求的地面蓄水试验记录	17	厕浴间防水记录齐全		合格	×××
10		抽气(风)道检查记录	3	检查记录齐全		合格	×××
11		外窗气密性、水密性、耐风压检测报告	1	"三性"试验报告符合要求		合格	×××
12		幕墙气密性、水密性、耐风压检测报告					
13		建筑物沉降观测测量记录	4	符合要求		合格	×××
14		节能、保温测试记录	5	保温测试记录符合要求		合格	×××
15		室内环境检测报告	5	有害物指标满足要求		合格	×××
16		土壤氡浓度检测报告	3	浓度满足要求		合格	×××

工程名称		×××工程		施工单位	×××建筑公司		
序号	项目	安全与功能检查项目	份数	核查意见		抽查结果	核查(抽查)人
1	给水排水与供暖	给水管道通水试验记录	18	通水试验记录齐全		合格	×××
2		暖气管道、散热器压力试验记录	32	压力试验记录齐全		合格	×××
3		卫生器具满水试验记录	15	满水试验记录齐全		合格	×××
4		消防管道、燃气管道压力试验记录	36	压力试验符合要求		合格	×××
5		排水干管通球试验记录	19	试验记录齐全		合格	×××
6		锅炉试运行、安全阀及报警联运测试记录	16	联运测试记录齐全		合格	×××
1	通风与空调	通风、空调系统试运行记录					
2		风量、温度测试记录					
3		空气能量回收装置测试记录					
4		洁净室洁净度测试记录					
5		制冷机组试运行调试记录					
1	建筑电气	建筑照明通电试运行记录	6	符合要求		合格	×××
2		灯具固定装置及悬吊装置的载荷强度试验记录	4	强度试验记录符合要求		合格	×××
3		绝缘电阻测试记录	6	测试记录符合要求		合格	×××
4		剩余电流动作保护器测试记录	4	测试记录符合要求		合格	×××
5		应急电源装置应急持续供电记录	10	试验记录符合要求		合格	×××
6		接地电阻测试记录	3	记录齐全符合要求		合格	×××
7		接地故障回路阻抗测试记录	30	检测记录齐全		合格	×××
1	智能建筑	系统试运行记录					
2		系统电源及接地检测报告					
3		系统接地检测报告					
1	建筑节能	外墙节能构造检查记录或热工性能检验报告					
2							
3		设备系统节能性能检查记录					
1	电梯	运行记录					
2		安全装置检测报告					

结论:

对本工程安全、功能资料进行核查,符合要求。对单位工程的主要功能进行抽查,其抽查结果合格,满足使用功能,同意竣工验收。

施工单位项目负责人:×××　　　　　　　　　　总监理工程师:×××

×××年××月×日　　　　　　　　　　　　×××年××月×日

注:抽查项目由验收组协商确定。

单位工程观感质量检查记录　　　　　　　　　　　　　　　　　表 8-78

工程名称		×××工程	施工单位	×××建筑公司
序号		项目	抽查质量状况	质量评价
1	建筑与结构	主体结构外观	共检查10点,好8点,一般2点,差 点	好
2		室外墙面	共检查10点,好7点,一般3点,差 点	好
3		变形缝、雨水管	共检查10点,好10点,一般 点,差 点	好
4		屋面	共检查10点,好10点,一般 点,差 点	好
5		室内墙面	共检查10点,好9点,一般1点,差 点	好
6		室内顶棚	共检查10点,好8点,一般2点,差 点	好
7		室内地面	共检查10点,好10点,一般 点,差 点	好
8		楼梯、踏步、护栏	共检查10点,好10点,一般 点,差 点	好
9		门窗	共检查10点,好9点,一般1点,差 点	好
10		雨罩、台阶、坡道、散水	共检查10点,好10点,一般 点,差 点	好
1	给排水与供暖	管道接口、坡度、支架	共检查10点,好9点,一般1点,差 点	好
2		卫生器具、支架、阀门	共检查10点,好10点,一般 点,差 点	好
3		检查口、扫除口、地漏	共检查10点,好10点,一般 点,差 点	好
4		散热器、支架	共检查10点,好8点,一般2点,差 点	好
1	通风与空调	风管、支架	共检查10点,好 点、一般 点,差 点	
2		风口、风阀	共检查10点,好 点、一般 点,差 点	
3		风机、空调设备	共检查10点,好 点、一般 点,差 点	
4		管道、阀门、支架	共检查10点,好 点、一般 点,差 点	
5		水泵、冷却塔	共检查10点,好 点、一般 点,差 点	
6		绝热	共检查10点,好 点、一般 点,差 点	
1	建筑电气	配电箱、盘、板、接线盒	共检查10点,好10点,一般 点,差 点	好
2		设备器具、开关、插座	共检查10点,好9点,一般1点,差 点	好
3		防雷、接地、防火	共检查10点,好10点,一般 点,差 点	好
1	智能建筑	机房设备安装及布局	共检查10点,好10点,一般 点,差 点	好
2		现场设备安装	共检查10点,好10点,一般 点,差 点	好
1	电梯	运行、平层、开关门	共检查10点,好 点,一般 点,差 点	
2		层门、信号系统	共检查10点,好 点,一般 点,差 点	
3		机房	共检查10点,好 点,一般 点,差 点	
观感质量综合评价			好	

结论：

　　工程观感质量综合评价为好,验收合格。

施工单位项目负责人：×××　　　　　　　　　　　　　　总监理工程师：×××

×××年××月×日　　　　　　　　　　　　　　　　　　×××年××月×日

注：1. 对质量评价为差的项目应进行返修

　　2. 观感质量检查的原始记录应作为本表附件

8.1.10 市政基础设施工程施工资料规定介绍

1. 施工组织设计

施工单位在施工之前，必须编制施工组织设计；大中型的工程应根据施工组织总设计编制分部位、分阶段的施工组织设计。施工组织设计必须经上一级技术负责人进行审批加盖公章方为有效，并须填写施工组织设计审批表（合同另有规定的，按合同要求办理）。在施工过程中发生变更时，应有变更审批手续。

施工组织设计应包括下列主要内容：

（1）工程概况：工程规模、工程特点、工期要求、参建单位等。

（2）施工平面布置图。

（3）施工部署和管理体系：施工阶段、区划安排；进度计划及工、料、机、运计划表和组织机构设置。组织机构中应明确项目经理、技术责任人、施工管理负责人及其他各部门主要责任人等。

（4）质量目标设计：质量总目标、分项质量目标，实现质量目标的主要措施、办法及工序、部位单位工程技术人员名单。

（5）施工方法及技术措施（包括冬、雨期施工措施及采用的新技术、新工艺、新材料、新设备等）。

（6）安全措施。

（7）文明施工措施。

（8）环保措施。

（9）节能、降耗措施。

（10）模板及支架、地下沟槽基坑支护、降水、施工栈桥、构筑物顶（推）进、沉井、软基处理、预应力筋张拉工艺、大型构件吊运、混凝土浇筑、设备安装、管道吹洗等专项设计。

2. 施工图设计文件会审、技术交底

工程开工前，应由建设单位组织有关单位对施工图设计文件进行会审并按单位工程填写施工图设计文件会审记录。

设计单位应按施工程序或需要进行设计交底。设计交底应包括设计依据、设计要点、补充说明、注意事项等，并做交底纪要。

施工单位应在施工前进行施工技术交底。施工技术交底包括施工组织设计交底及工序施工交底。各种交底的文字记录，应有交底双方签认的手续。

3. 原材料、成品、半成品、构配件、设备出厂质量合格证书、出厂检（试）验报告及复试报告

（1）一般规定

1）必须有出厂质量合格证书和出厂检（试）验报告，并归入施工技术文件。

2）合格证书、检（试）验报告为复印件的必须加盖供货单位印章方为有效，并注明使用工程名称、规格、数量、进场日期、经办人签名及原件存放地点。

3）凡使用新技术、新工艺、新材料、新设备的，应有法定单位鉴定证明和生产许可证。产品要有质量标准、使用说明和工艺要求。使用前应按其质量标准进行检（试）验。

4）进入施工现场的原材料、成品、半成品、构配件，在使用前必须按现行国家有关标准的规定抽取试样，交由具有相应资质的检测、试验机构进行复试，复试结构合格方可使用。

5）对按国家规定只提供技术参数的测试报告，应由使用单位的技术负责人依据有关技术标准对技术参数进行判别并签字认可。

6）进场材料凡复试不合格的，应按原标准规定的要求再次进行复试，再次复试的结果合格方可认为该批材料合格，两次报告必须同时归入施工技术文件。

7）必须按有关规定实行有见证取样和送检制度，其记录、汇总表纳入施工技术文件。

8）总含碱量有要求的地区，应对混凝土使用的水泥、砂、石、外加剂、掺合料等的含碱量进行检测，并按规定要求将报告纳入施工技术文件。

（2）水泥

1）水泥生产厂家的检（试）验报告应包括后补的28d强度报告。

2）水泥使用前复试的主要项目为：胶砂强度、凝结时间、安定性、细度等。试验报告应有明确结论。

（3）钢材（钢筋、钢板、型钢）

1）钢材使用前应按有关标准的规定，抽取试样做力学性能试验；当发现钢筋脆断、焊接性能不良或力学性能显著不正常等现象时，应对该批钢材进行化学成分检验或其他专项检验；如需焊接时，还应做可焊接性试验，并分别提供相应的试验报告。

2）预应力混凝土所用的高强钢丝、钢绞线等张拉钢材，除按上述要求检验外，还应按有关规定进行外观检查。

3）钢材检（试）验报告的项目应填写齐全，要有试验结论。

（4）沥青

沥青使用前复试的主要项目为：延度、针入度、软化点、老化、黏附性等（视不同的道路等级而定）。

（5）涂料

防火涂料应具有经消防主管部门的认定证明材料。

（6）焊接材料

应有焊接材料与母材的可焊性试验报告。

（7）砌块（砖、料石、预制块等）

用于承重结构时，使用前复试项目为：抗压、抗折强度。

（8）砂、石

工程所使用的砂、石应按规定批量取样进行试验。试验项目一般有：筛分析、表观密度、堆积密度和紧密密度、含泥量、泥块含量、针状和片状颗粒的总含量等。结构或设计有特殊要求时，还应按要求加做压碎指标值等相应项目试验。

（9）混凝土外加剂、掺合料

各种类型的混凝土外加剂、掺合料使用前，应按相关规定中的要求进行现场复试并出具试验报告和掺量配合比试配单。

（10）防水材料及粘接材料

防水卷材、涂料、填缝、密封、粘结材料，沥青马蹄脂、环氧树脂等应按国家相关规定进行抽样试验，并出具试验报告。

（11）防腐、保温材料

其出厂质量合格证书应标明该产品质量指标、使用性能。

（12）石灰

石灰在使用前应按批次取样，检测石灰的氧化钙和氧化镁含量。

（13）水泥、石灰、粉煤灰类混合料

1）混合料的生产单位按规定，提供产品出厂质量合格证书。

2）连续供料时，生产单位出具合格证书的有效期最长不得超过 7d。

（14）沥青混合料

沥青混合料生产单位应按同类型、同配比、每批次至少向施工单位提供一份产品质量合格证书。连续生产时，每 2000t 提供一次。

（15）商品混凝土

1）商品混凝土生产单位应按同配比、同批次、同强度等级提供出厂质量合格证书。

2）总含碱量有要求的地区，应提供混凝土碱含量报告。

（16）管材、管件、设备、配件

1）厂（场）、站工程成套设备应有产品质量合格证书、设备安装使用说明等。工程竣工后整理归档。

2）厂（场）、站工程的其他专业设备及电气安装的材料、设备、产品按现行国家或行业相关规范、规程、标准要求进行进场检查、验收，并留有相应文字记录。

3）进口设备必须配有相关内容的中文资料。

4）上述 1）、2）两项供应厂家应提供相关的检测报告。

5）混凝土管、金属管生产厂家应提供有关的强度、严密性、无损探伤的检测报告。施工单位应依照有关标准进行检查验收。

（17）预应力混凝土张拉材料

1）应有预应力锚具、连接器、夹片、金属波纹管等材料的出厂检（试）验报告及复试报告。

2）设计或规范有要求的桥梁预应力锚具，锚具生产厂家及施工单位应提供锚具组装件的静载锚固性能试验报告。

（18）混凝土预制构件

1）钢筋混凝土及预应力钢筋混凝土梁、板、墩、柱、挡墙板等预制构件生产厂家，应提供相应的能够证明产品质量的基本质量保证资料。如：钢筋原材复试报告、焊（连）接检验报告；达到设计强度值的混凝土强度报告（含 28d 标养及同条件养护的）；预应力材料及设备的检验、标定和张拉资料等。

2）一般混凝土预制构件如栏杆、地袱、挂板、防撞墩、小型盖板、检查井盖板、过梁、缘石（侧石）、平石、方砖、树池砌件等，生产厂家应提供出厂合格证书。

3）施工单位应依照有关标准进行检查验收。

（19）钢结构构件

1）做为主体结构使用的钢结构构件，生产厂家应依照本规定提供相应的能够证明产品质量的基本质量保证资料。如：钢材的复试报告、可焊性试验报告；焊接（缝）质量检验报告；连接件的检验报告；机械连接记录等。

2）施工单位应依照有关标准进行检查验收。

（20）井圈、井盖、踏步等

各种地下管线的各类井室的井圈、井盖、踏步等，应有生产单位出具的质量合格证书。

（21）支座、变形装置、止水带等

支座、变形装置、止水带等产品应有出厂质量合格证书和设计有要求的复试报告。

4. 施工检（试）验报告

（1）见证记录、有见证试验汇总表

凡有见证取样及送检要求的，应有见证记录、有见证试验汇总表。

（2）压实度（密度）、强度试验资料

1）填土、路床压实度（密度）资料

① 有按土质种类做的最大干密度与最佳含水量试验报告。

② 有按质量标准分层、分段取样的填土压实度试验记录。

2）道路基层压实度和强度试验资料

① 石灰类、水泥类、二灰类等无机混合料基层的标准击实试验报告。

② 有按质量标准分层分段取样的压实度试验记录。

③ 道路基层强度试验报告：石灰类、水泥类、二灰类等无机混合料应有石灰、水泥实际剂量的检测报告；石灰、水泥等无机稳定土类道路基层应有 7d 龄期的无侧限抗压强度试验报告；其他基层强度试验报告。

3）道路面层压实度资料

① 有沥青混合料厂提供的标准密度。

② 有按质量标准分层取样的实测干密度。

③ 有路面弯沉试验报告。

（3）水泥混凝土抗压、抗折强度，抗渗、抗冻性能试验资料

1）应有试配申请单和有相应资质的试验室签发的配合比通知单。施工中如果材料发生变化时，应有修改配合比的通知单。

2）应有按规范规定组数的试块强度试验资料和汇总表。

① 标准养护试块 28d 抗压强度试验报告。

② 水泥混凝土桥面和路面应有 28d 标养的抗压、抗折强度试验报告。

③ 结构混凝土应有同条件养护试块抗压强度试验报告作为拆模、卸支架、预应力张拉、构件吊运、施工临时荷载等的依据。

④ 冬期施工混凝土，应有检验混凝土抗冻性能的同条件养护试块抗压强度试验报告。

⑤ 主体结构，应有同条件养护试块抗压强度试验报告，以验证结构物实体强度。

⑥ 当强度未能达到设计要求而采取实物钻芯取样试压时，应同时提供钻芯试压报告和原标养试块抗压强度试验报告。如果混凝土钻芯取样试压强度仍达不到设计要求时，应由设计单位提供经设计负责人签署并加盖单位公章的处理意见资料。

3）凡设计有抗渗、抗冻性能要求的混凝土，除应有抗压强度试验报告外，还应有按规范规定组数标养的抗渗、抗冻试验报告。

4）商品混凝土应以现场制作的标养 28d 的试块抗压、抗折、抗渗、抗冻指标作为评定的依据，并应在相应试验报告上标明商品混凝土生产单位名称、合同编号。

5）应有按现行国家标准进行的强度统计评定资料。（水泥混凝土路面、桥面要有抗折强度评定资料）

（4）砂浆试块强度试验资料

1）有砂浆试配申请单、配比通知单和强度试验报告。

2）预应力孔道压浆每一工作班留取不少于 3 组的 7.07cm×7.07cm×7.07cm 试件，其中一组作为标准养护 28d 的强度资料，其余 2 组做移运和吊装时强度参考值资料。

3）有按规定要求的强度统计评定资料。

4）使用沥青马蹄脂、环氧树脂砂浆等粘结材料，应有配合比通知单和试验报告。

（5）钢筋焊、连接检（试）验资料

1）钢筋连接接头采用焊接方式或采用锥螺纹、套管等机械连接接头方式的，均应按有关规定进行现场条件下连接性能试验，留取试验报告。报告必须对抗弯、抗拉试验结果有明确结论。

2）试验所用的焊（连）接试件，应从外观检查合格后的成品中切取，数量要满足现行国家规范规定。试验报告后应附有效的焊工上岗证复印件。

3）委托外加工的钢筋，其加工单位应向委托单位提供质量合格证书。

（6）钢结构、钢管道、金属容器等及其他设备焊接检（试）验资料

钢结构、钢管道、金属容器等及其他设备焊接检（试）验资料应按国家相关规范执行。

（7）桩基础

桩基础应按有关规定，做检（试）验并出具报告。

（8）检（试）验报告

检（试）验报告应由具由相应资质的检测、试验机构出具。

5. 施工记录

（1）地基与基槽验收记录

1）地基与基槽验收时，应按下列要求进行记录：

① 核对其位置、平面尺寸、基底标高等内容，是否符合设计规定。

② 核对基底的土质和地下水情况，是否与勘察报告相一致。

③ 对于深基础，还应检查基坑对附近建筑物、道路、管线等是否存在不利影响。

2）地基需处理时，应由设计、勘察部门提出处理意见，并绘制处理的部位、尺寸、标高等示意图。处理后，应按有关规范和设计的要求，重新组织验收。

一般基槽验收记录可用隐蔽工程验收记录代替。

（2）桩基施工记录

1）桩基施工记录应附有桩位平面示意图。分包桩基施工的单位，应将施工记录全部移交给总包单位。

2）打桩记录

① 有试桩要求的应有试桩或试验记录。

② 打桩记录应记入桩的锤击数、贯入度、打桩过程中出现的异常情况等。

3）钻孔（挖孔）灌注桩记录

① 钻孔桩（挖孔桩）钻进记录。

② 成孔质量检查记录。

③ 桩混凝土灌注记录。

（3）构件、设备安装与调试记录

1）钢筋混凝土大型预制构件、钢结构等吊装记录。内容包括：构件类型、编号、型号、位置、连接方法、实际安装偏差等，并附简图。

2）厂（场）、站工程大型设备安装调试记录。

内容包括：

① 设备安装设计文件。

② 设备安装记录：设备名称、编号、型号、安装位置、简图、连接方法、允许安装偏差和实际偏差等。特种设备的安装记录还应符合有关部门及行业规范的规定。

③ 设备调试记录。

（4）施加预应力记录

1）预应力张拉设计数据和理论张拉伸长值计算资料。

2）预应力张拉原始记录。

3）预应力张拉设备——油泵、千斤顶、压力表等应有由法定剂量检测单位进行校验的报告和张拉设备配套标定的报告并绘有相应的 P-T 曲线。

4）预应力孔道灌浆记录。

5）预留孔道实际摩阻值的测定报告书。

6）孔位示意图，其孔（束）号、构件编号与张拉原始记录一致。

（5）沉井

沉井下沉时，应填写沉井下沉观测记录。

（6）混凝土浇筑记录

凡现场浇筑 C2O（含）强度等级以上的结构混凝土，均应填写混凝土浇筑记录。

（7）管道、箱涵

管道、箱涵顶推进记录。

（8）构筑物沉降观测记录

构筑物沉降观测的应有构筑物沉降观测记录（设计有要求的要做沉降观测记录）。

（9）施工测温记录

大体积混凝土施工应有施工测温记录。

（10）其他

有特殊要求的工程，如厂（场）、站工程的水工构筑物，防水、钢结构及管道工程的保温等工程项目，应按有关规定及设计要求，提供相应的施工记录。

6. 测量复核及预检记录

（1）测量复核记录

1）施工前建设单位应组织有关单位向施工单位进行现场交桩。施工单位应根据交桩记录进行测量复核并留有记录。

2）施工设置的临时水准点、轴线桩及构筑物施工的定位桩、高程桩的测量复核记录。

3）部位、工序的测量复核记录。

4）应在复核记录中绘制施工测量示意图，标注测量与复核的数据及结论。

（2）预检记录

1）主要结构的模板预检记录，包括几何尺寸、轴线、标高、预埋件和预留孔位置、模板牢固性和模内清理、清理口留置、脱模剂涂刷等检查情况。

2）大型构件和设备安装前的预检记录应有预埋件、预留孔位置、高程、规格等检查情况。

3）设备安装的位置检查情况。

4）非隐蔽管道工程的安装检查情况。

5）补偿器预拉情况、补偿器的安装情况。

6）支（吊）架的位置、各部位的连接方式等检查情况。

7）油漆工程。

7. 隐蔽工程检查验收记录

凡被下道工序、部位所隐蔽的，在隐蔽前必须进行质量检查，并填写隐蔽工程检查验收记录。隐蔽检查的内容应具体，结论应明确。验收手续应及时办理，不得后补。需复验的要办理复验手续。

8. 工程质量检验评定资料

（1）施工完毕后，应按照质量检验评定标准进行质量检验与评定，及时填写工程质量评定表。表中内容应填写齐全，签字手续完备规范。

（2）工程完成后应汇总该部位所有工序质量评定结果。进行部位工程质量等级评定。签字手续完备、规范。

（3）位工程完成后，由工程项目负责人主持，进行单位工程质量评定，填写单位工程质量评定表。由工程项目负责人和项目技术负责人签字，加盖公章作为竣工验收的依据之一。

9. 功能性试验记录

（1）一般规定

功能性试验是对市政基础设施工程在交付使用之前所进行的使用功能的检查。功能性试验按有关标准进行，并有有关单位参加，填写试验记录，由参加各方签字，手续完备。

（2）基础设施工程功能性试验主要项目一般包括：

1）道路工程的弯沉试验。

2）无压力管道严密性试验。

3）桥梁工程设计有要求的动、静载试验。

4）水池满水试验。

5）消化池气密性试验。

6）压力管道的强度试验、严密性试验和通球试验等。

7）其他施工项目如设计有要求，按规定及有关规范做使用功能试验。

10. 质量事故报告及处理记录

发生质量事故，施工单位应立即填写工程质量事故报告，质量事故处理完毕后须填写质量事故处理记录。工程质量事故报告及质量事故处理记录必须归入施工技术文件。

11. 设计变更通知单、洽商记录

设计变更通知单、洽商记录是施工图的补充和修改，应在施工前办理。内容应明确具体，必要时附图。

1）变更通知单，必须由原设计人和设计单位负责人签字并加盖设计单位印章方为有效。

2）记录必须由参建各方共同签认方为有效。

3）变更通知单、洽商记录应原件存档。如用复印件存档时，应注明原件存放处。

4）工程的设计变更、洽商，由工程总包单位统一办理。

12. 竣工总结与竣工图

（1）竣工总结

竣工总结主要应包括下列内容：工程概况；竣工的主要工程数量和质量情况；使用了何种新技术、新工艺、新材料、新设备；施工过程中遇到的问题及处理方法；工程中发生的主要变更和洽商；遗留的问题及建议等。

（2）竣工图

1）工程竣工后应及时进行竣工图的整理。绘制竣工图须遵照以下原则：

① 凡在施工中，按图施工没有变更的，在新的原施工图上加盖"竣工图"的标志后，可作为竣工图。

② 无大变更的，应将修改内容按实际发生的描绘在原施工图上，并注明变更或洽商编号，加盖"竣工图"标志后作为竣工图。

③ 凡结构形式改变、工艺改变、平面布置改变、项目改变以及其他重大改变；或虽非重大变更，但难以在原施工图上表示清楚的，应重新绘制竣工图。

2）改绘竣工图，必须使用不褪色的黑色绘图墨水。

13. 竣工验收

（1）竣工报告

工程竣工报告是由施工单位对已完工程进行检查，确认工程质量符合有关法律、法规和工程建设强制性标准，符合设计及合同要求而提出的工程告竣文书。该报告应经项目经理和施工单位有关负责人审核签字加盖单位公章。实行监理的工程，工程竣工报告必须经总监理工程师签署意见。

（2）竣工验收证书

工程竣工合格后，由建设单位颁布竣工验收证书。

8.2 竣工图验收资料、竣工图管理

8.2.1 竣工图

竣工图作为对已完工工程的如实写照，是进行工程竣工验收必备条件，也是工程交付使用后进行日常管理、维修、改建、扩建的依据。竣工图的编制由建设单位组织，可委托施工单位、监理单位、设计单位或其他单位来绘制。

1. 竣工图的编制及审核

(1) 新建、改建、扩建的建设工程均应编制竣工图。

(2) 竣工图的专业类别应与施工图对应。

(3) 竣工图应依据审核后的施工图、图纸会审记录、设计变更通知单、工程洽商记录等编制，并应真实反映竣工工程的实际情况。

(4) 当施工图没有变更时，可直接在施工图上加盖竣工图章形成竣工图。

2. 竣工图的绘制

当图纸变更内容较多时，应重新绘制竣工图。竣工图可以利用电子版施工图改绘竣工图、利用施工蓝图改绘竣工图、利用翻晒硫酸纸底图改绘的竣工图、重新绘制的竣工图等方式。

(1) 利用施工图蓝图改绘的竣工图应符合下列规定：

① 应使用新晒制的蓝图，不得使用复印图纸。

② 应采用杠（划）改或叉改法进行绘制。

(2) 利用翻晒硫酸纸图改绘的竣工图应符合下列规定：

① 应使用刀片将需更改部位刮掉，再将变更内容标注在修改部位，在空白处做修改内容备注表；修改内容备注表样式可按表 8-79 执行。

② 宜晒制成蓝图后，再加盖竣工图章。

(3) 利用电子版施工图改绘的竣工图应符合下列规定：

① 将图纸变更结果直接改绘到电子版施工图中，用云线圈出修改部位，按表 8-79 的形式做修改内容备注表。

修改内容备注表 表 8-79

设计变更、洽商编号	简要变更内容
设计变更×××	基础混凝土强度等级由 C20 变更为 C30
设计变更×××	一层~二层间楼梯休息平台的标高由 +1.500m，更改为 +1.620m

② 竣工图的比例应与原施工图一致。

③ 设计图签中应有原设计单位人员签字。

④ 委托本工程设计单位编制竣工图时，应直接在设计图签中注明"竣工阶段"，并应有绘图人、审核人的签字；

⑤ 竣工图章可直接绘制成电子版竣工图签，出图后应有相关责任人的签字。

3. 竣工图的图章

(1) 所有竣工图应由编制单位逐张加盖、签署竣工图章。竣工图章中签名必须齐全，不得代签。

(2) 竣工图章的基本内容应包括："竣工图"字样、施工单位、编制人、审核人、技术负责人、编制日期、监理单位、现场监理、总监，见图 8-8。

(3) 竣工图章应使用不易褪色的红印泥，应盖在图签附近空白处。

4. 竣工图的折叠

(1) 折叠要求

① 图纸折叠应按裁图线裁剪整齐，其图纸幅面应符合图 8-9 的要求：

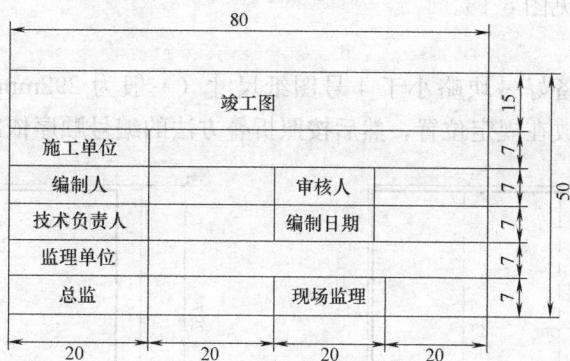

图 8-8　竣工图章示例

② 图面应按国家标准《技术制图　复制图的折叠方法》（GB/T 10609.3—2009）折成手风琴风箱式。

③ 折叠后幅面尺寸以 4 号图纸基本尺寸（210mm×297mm）为标准。

④ 图纸及竣工图章露在外面。

⑤ 3 号～0 号图纸应在装订边 297mm 处折一三角或剪一缺口，折进装订边。

（2）折叠方法

① 4 号图纸不折叠。

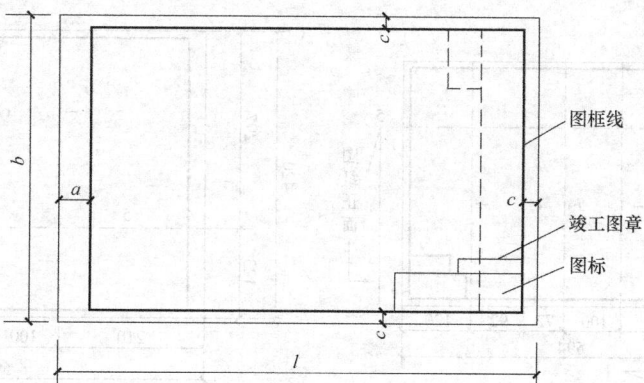

基本幅面代号	0	1	2	3	4
$b \times l$	841×1189	594×841	420×594	297×420	210×297
c		10		5	
c			25		

注：1.尺寸代号见；
　　2.尺寸单位为毫米。

图 8-9　图纸幅面要求

② 3 号图纸折叠见图 8-10（图中序号表示折叠次序，虚线表示折起的部分，以下同）。

③ 2 号图纸折叠见图 8-11。

④ 1 号图纸折叠见图 8-12。

⑤ 0 号图纸折叠见图 8-13。

(3) 工具使用

图纸折叠前，准备好一块略小于 4 号图纸尺寸（一般为 292mm×205mm）的模板。折叠时，应先把图纸放在规定位置，然后按照折叠方法的编号顺序依次折叠。

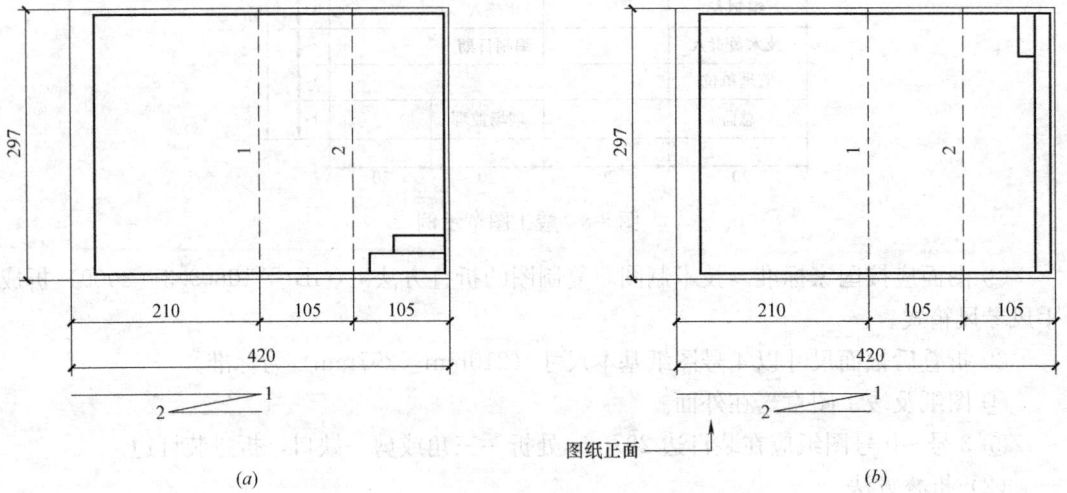

图 8-10　3 号图纸折叠示意

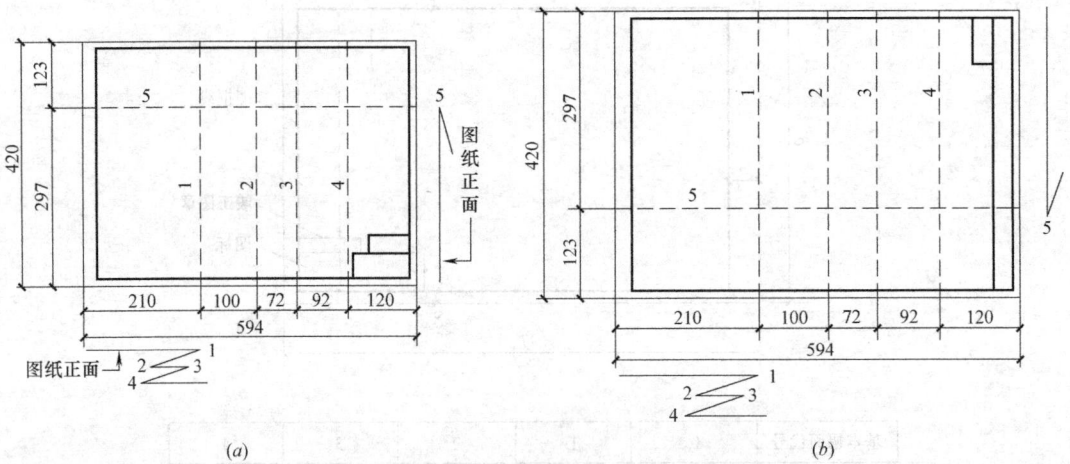

图 8-11　2 号图纸折叠示意

8.2.2　工程竣工验收文件

工程竣工验收文件包括竣工验收与备案文件、竣工决算文件、工程声像资料和其他工程文件。工程竣工验收程序和工程文件资料形成步骤如图 8-14 所示。

1. 竣工验收与备案文件

（1）勘察（设计）单位工程质量检查报告

勘察（设计）单位对勘察（设计）文件及施工过程中由设计单位签署的设计变更通知

图 8-12　1 号图纸折叠示意

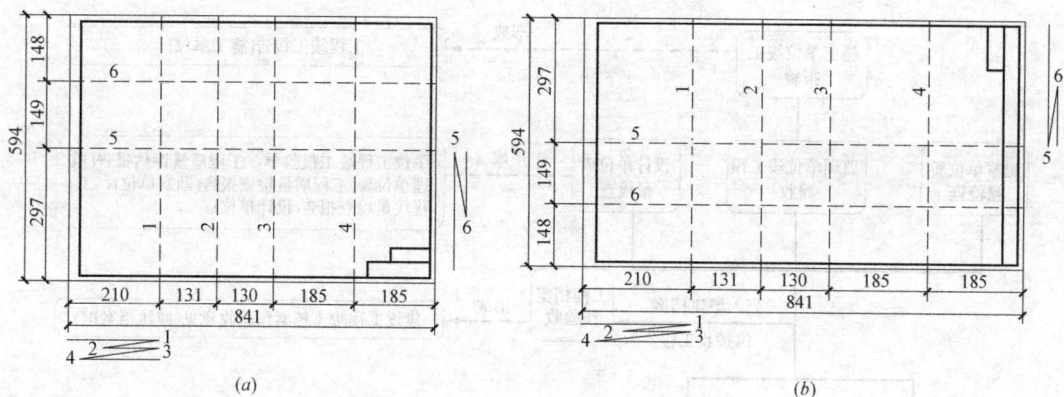

图 8-12　1 号图纸折叠示意

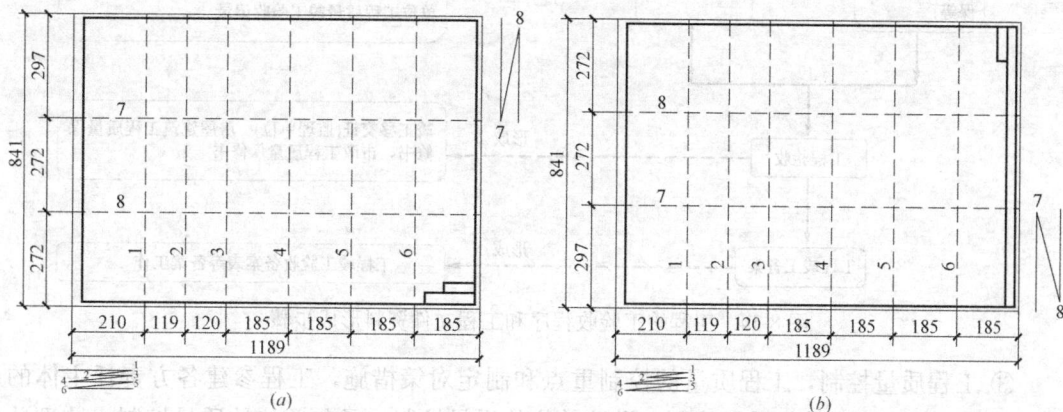

图 8-13　0 号图纸折叠示意

书进行检查，并提出质量检查报告。质量检查报告应经该项目勘察、设计负责人和勘察、设计单位有关负责人审核签字。

（2）施工单位工程竣工报告

施工单位在工程完工后对工程质量进行检查，确认工程质量符合有关法律、法规和工程建设强制性标准，符合设计文件及合同要求，提出工程竣工报告。工程竣工报告应经项目负责人和施工单位有关负责人审核签字。

（3）监理单位工程质量评估报告

工程质量评估报告为项目监理机构依据有关法律法规、工程建设强制性标准、设计文件及施工合同对承包单位报送的竣工资料进行审查，并组织有关单位对工程质量进行预验收，承包单位对预验收发现的问题整改合格后，在总监理工程师签署工程竣工报验单的基础上提出的工程质量评估报告。

工程质量评估报告主要包括以下内容：

① 工程验收（预验收）的工作情况介绍（验收的时间、地点、参加验收的单位及相关人员）；

② 工程概况和工程特点，工程质量目标和质量控制依据；工程实施概况。

343

施工单位竣工报验 ---形成---> 工程竣工报告(施工单位)

勘察单位质量检查　监理单位竣工预验收　设计单位质量检查 ---形成---> 单位工程竣工报验单、工程质量评估报告(监理单位)、工程质量检查报告(勘察单位)、工程质量检查报告(设计单位)

列入城建档案馆接收工程　工程档案预验收 ---形成---> 建设工程竣工档案预验收意见(城建档案馆)

规划验收及其他专项验收(消防、人防、环保等)　工程质量竣工验收 ---形成---> 建设工程规划验收合格文件(建设工程规划许可证附件上加盖规划验收章)、专项验收合格书或备案证明、工程竣工验收报告(建设单位)、单位工程质量竣工验收记录

工程验收 ---形成---> 竣工移交证(监理单位)、房屋建筑工程质量保修书、市政工程质量保修书

工程竣工备案 ---形成---> 工程竣工验收备案表等备案工作

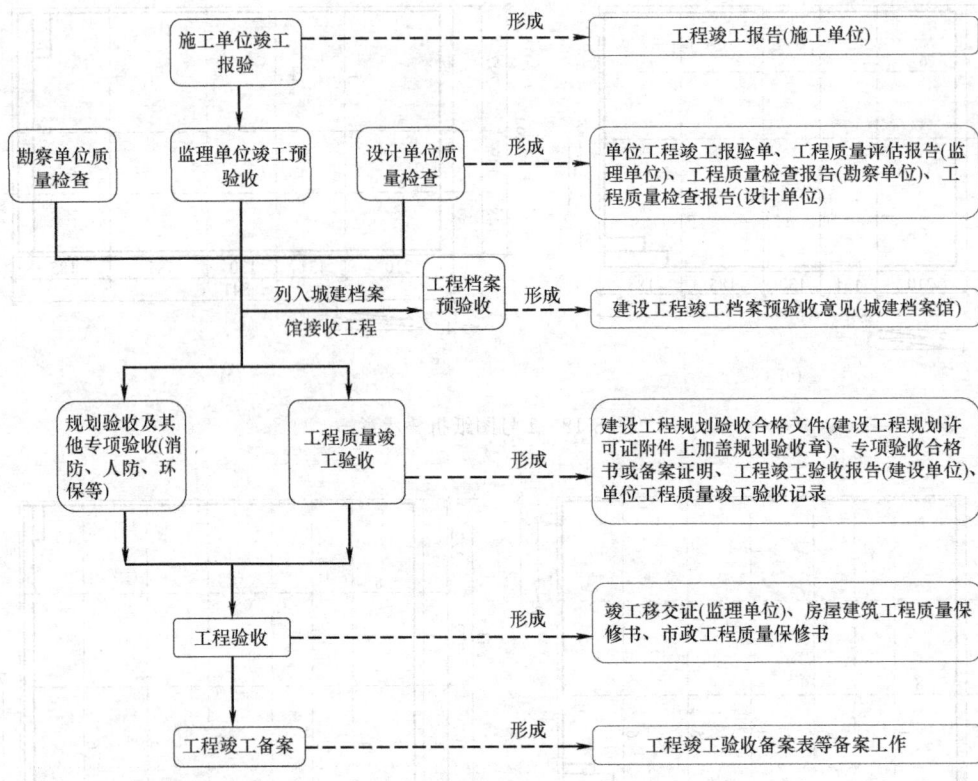

图 8-14　工程竣工验收程序和工程文件资料形成步骤

③ 工程质量控制，工程质量的控制重点和制定对策措施，工程参建各方责任主体的质量行为，包括建设单位质量控制，设计单位的质量控制，承包单位的质量控制，监理单位的质量控制。

④ 施工质量概况，主要有设计文件，施工组织设计及施工技术措施，原材料、成品半成品，辅助材料，施工质量过程控制、外观质量、工程实体质量检验，使用安全及使用功能检测；施工中存在的问题及处理。

⑤ 工程质量评价等。

在建设工程监理过程中，对分部（子分部）工程、重要的分项工程，项目监理机构应及时编制相应工程的质量评估报告。

（4）工程竣工验收报告、工程竣工验收会议纪要和专家组竣工验收意见

建设单位组织工程竣工验收方式为：

① 参加工程建设单位分别汇报工程合同履约情况和执行法律、法规和强制性标准的情况。

② 审阅各参建单位的工程档案资料。

③ 实地查验工程质量。

④ 对工程质量和各管理环节作出全面评价，形成全面评价，形成经验收组人员签署的工程竣工验收意见，形成《工程竣工验收会议纪要》和《专家组竣工验收意见》。

工程竣工验收合格后，建设单位提出《工程竣工验收报告》。竣工验收报告内容包括：

工程概况，建设单位执行基本建设程序情况，对工程勘察、设计、施工、监理等方面的评价，工程竣工验收时间、程序、内容和组织形式，工程竣工验收意见等内容。工程竣工验收报告还应附有下列文件：施工许可证；施工图设计文件审查意见；组成验收组制定验收方案、通知质量监督机构的书面文件（包括验收时间、地点、人员）、工程竣工验收意见和工程质量监督报告等。

（5）规划、消防、环保、民防、防雷等部门出具的认可文件或准许使用文件

工程竣工验收前，按法律、法规需办理专项验收的内容，如规划验收及其他专项验收（消防、民防、环保等），需由规划、消防、环保、民防、防雷等部门出具的认可文件或准许使用文件。规划、消防、环保、民防、防雷等部门出具认可文件或准许使用文件。

（6）房屋建筑工程质量保修书

建设单位和施工单位根据《建筑法》、《建设工程质量管理条例》和《房屋建筑工程质量保修办法》签订《房屋建筑工程质量保修书》。《房屋建筑工程质量保修书》内容包括：质量保修期、质量保修责任和其他内容等。

（7）住宅质量保证书、住宅使用说明书

对于住宅工程尚需提供《住宅质量保证书》和《住宅使用说明书》。

（8）建设工程竣工验收备案表

建设工程竣工验收备案系指建设工程竣工验收合格后，建设单位在指定的期限内（工程竣工验收合格之日起15日内），将与工程有关的文件资料送交备案部门查验的过程。

建设单位办理工程竣工验收备案应当提交的文件有：工程竣工验收备案表；工程竣工验收报告；法律、行政法规规定应当由规划、环保等部门出具的认可文件或者准许使用文件；法律规定应当由公安消防部门出具的对大型的人员密集场所和其他特殊建设工程验收合格的证明文件；施工单位签署的工程质量保修书；法规、规章规定必须提供的其他文件。住宅工程还应当提交住宅质量保证书和住宅使用说明书。

（9）建设工程档案预收集意见、城市建设档案移交书

工程竣工验收前，由城市建设档案馆对工程档案进行预验收，形成《建设工程档案预收集意见书》如表8-80所示。工程竣工后三个月内，由建设单位向城建档案馆移交工程档案，形成《城市建设档案移交书》如表8-81所示。

2. 竣工结算、决算文件

竣工结算是指在工程竣工验收之后由施工单位根据工程实施过程中所发生的工程变更情况，调整工程的施工图预算价格，确定工程项目最终结算价格的文件。

竣工决算是项目竣工验收后，由建设单位编制的反映建设项目从筹建到竣工投入使用全过程中全部实际支出费用的文件。竣工结算由竣工决算报表、竣工决算报告说明书、竣工工程平面示意图、竣工工程财务决算总表、移交使用的资产清册、工程造价比较分析等部分组成，全面综合地反映工程项目的建设成果和财务情况。由建设单位和施工单位即合同的双方编制并认可后形成，由建设单位负责收集、整理。

3. 工程声像资料

工程声像资料包括：开工前原貌、施工阶段、竣工新貌照片和工程建设过程的录音、录像资料（重大工程）。工程声像资料由拍摄、录制单位提供。

建设工程档案预验收意见书

表 8-80

监督注册号：×××

验收编号：×××

工程名称	×××工程		工程地点		×××	
开工日期	××××年××月×日		竣工日期		××××年××月×日	
建设单位	×××房地产有限公司					
勘察单位	×××勘察单位		设计单位		×××设计院	
施工单位	×××建筑公司		监理单位		×××监理公司	
建设工程规划许可证号	×××		建设工程施工许可证号		×××	
建筑面积	10000m²	层数	四层		结构类型	钢筋混凝土框架结构
基建负责人	×××		电话		××××××××	
档案员姓名	×××		电话		××××××××	

预验收意见：

经查验，该项建设工程档案基本符合《建设工程文件归档规范》(GB/T 50328—2014)，《建设电子文件与电子档案管理规范》(CJJ/T 117—2007)以及《房屋建筑和市政基础设施工程档案资料管理规范》(DGJ32/TJ 143—2012)等标准、文件规定，验收合格，特此证明。

请按规定抓紧向城建档案管理机构报送工程档案。

城建档案管理机构（盖章）

专项验收责任人签字：×××　　　　　　　　　　　　　　　　　　　××××年××月××日

建设工程档案接收和移交证明书

表 8-81

编号×××

报送建设工程档案单位	×××房地产公司	
建设工程项目名称	×××工程	
建设工程规划许可证号	×××	
工程地点	×××	
工程总投资（万元）	1000	工程建筑面积（长度）　120×60
开工日期	××××年××月×日	竣工日期　××××年××月×日
报送建设工程档案情况	建设工程档案总数＿×＿卷(盒)，其中： 文字材料＿×＿卷；图纸＿×＿卷； 照片＿×＿张；录像带＿＿＿盒； 其他材料＿-＿。 附：移交档案目录＿×＿份；共＿×＿页。	

报送单位（单位印章）：×××房地产公司　　　　接收单位（单位印章）：×××城建档案馆

报送单位法定代表人：×××　　　　　　　　　　接收人（签字）：×××

报送人（签字）：×××　　　　　　　　　　　　接收时间：×××

说明：本证明书为城建档案管理机构接收城建档案的凭证，房产权属登记管理机构验证此证明书后办理产权证。

8.3 施工现场安全资料的收集、审查、整理

施工现场安全资料是施工资料的重要组成部分，需真实反映现场安全生产和文明施工的情况。施工单位施工现场安全资料通常包括：安全控制资料；文明施工安全资料；脚手架安全资料；基坑支护与模板工程安全资料；"三宝"、"四口"及"临边"防护安全资料；临时用电安全资料；施工升降机安全资料；塔式起重机及起重吊装安全资料；施工机具安全资料；施工现场文明生产（现场料具堆放、生活区）安全资料等。

8.3.1 安全控制资料

1. 施工现场安全生产管理概况表

项目经理部应根据工程基本信息、相关单位情况和施工现场安全管理组织及主要安全管理人员情况，填写施工现场安全生产管理概况表，报当地住房和城乡建设主管部门施工安全监督机构备案。该表经备案返回后，再报建设单位、监理单位备案。

2. 施工现场重大危险源识别汇总表

项目经理部应对施工现场存在的重大危险源进行识别汇总，填写施工现场重大危险源识别汇总表，并报建设单位、监理单位备案。

3. 施工现场重大危险源控制措施表

项目经理部对施工过程中可能出现的重大危险源进行事前评价，制定重大危险源控制措施，填写施工现场重大危险源控制措施表，每张表格只记录一种危险源，由项目经理批准实施，并报建设单位、监理单位备案。

4. 施工现场危险性较大的分项分部工程专项施工方案表

项目经理部对施工过程中可能出现的危险性较大的分项分部工程编制专项施工方案，填写施工现场危险性较大的分项分部工程专项施工方案表。专项施工方案经施工单位技术负责人批准，报项目监理部审查认可后，报项目所在地住房和城乡建设主管部门施工安全监督机构。

专项施工方案编制应包括的下列内容：工程概况：危险性较大的分部分项工程概况、施工平面布置、施工要求和技术保证条件；编制依据：有关法律、法规、规范性文件、标准、规范及图纸（图集）、施工组织设计；施工计划：施工进度、人员进场、材料及设备计划；施工工艺技术：技术参数、工艺流程、施工方法、检查验收等；施工安全保证措施：组织保障、技术措施、应急预案、监测监控等；劳力计划：专职安全生产管理人员、特种作业人员等；计算书及相关图纸。

5. 施工现场超过一定规模危险性较大的分部分项工程专家论证表

项目经理部对施工过程中可能出现的超过一定规模危险性较大的分项分部工程编制专项施工方案，同时需组织专家组进行论证，并按施工现场超过一定规模危险性较大的分部分项工程专家论证表进行记录。作为专项安全施工方案的附件，一并报项目监理部核查确认后，报项目所在地住房和城乡建设主管部门施工安全监督机构备案。

专家论证应包括下列内容：方案内容是否完整、可行；方案计算书和验算依据是否符合有关标准；安全施工的基本条件是否满足现场实际情况。

6. 施工现场安全生产检查汇总表

项目经理部定期对施工现场进行专项检查，专项检查的内容包括：安全管理；文明施工（消防、保卫）；脚手架；基坑支护与模板工程；"三宝"、"四口"、"临边"防护；施工用电；物料提升机与外用电梯；塔式起重机；施工机具、起重吊装等内容。各专项检查用各专项检查评分表进行评分，如《施工现场安全生产管理检查评分表》、《施工现场文明施工检查评分表》和《施工现场施工机具检查评分表》等。专项检查评分表中，保证项目为60分，一般项目为40分。当保证项目中有一项不得分或保证项目小计得分不足40分时，此项检查表不应得分。

《施工现场安全生产检查汇总表》是对各专项检查评分表的汇总，汇总时根据各专项检查在汇总表中所占权数的计算出的分值汇总得出汇总表的分值，根据汇总表的得分情况和保证项目达标情况，评定为优良、合格、不合格三个等级。

优良的条件为：保证项目达标，汇总表分值达80分及其以上。

合格的条件为：保证项目达标，汇总表分值达70分及其以上。

不合格条件为：汇总表得分不足70分；有一份表未得分，且汇总表得分在75分以下；当起重吊装或施工机具分表未得分，且汇总表得分在80分以下。

7. 施工现场安全技术交底汇总表

项目经理部应将各项安全技术交底按照作业内容不同顺序依次汇总，存放施工现场，以备查验，并报项目监理部备案。

8. 施工现场安全技术交底表

分部分项工程施工前及有特殊风险项目作业前，应由项目技术负责人对施工作业人员进行书面安全技术交底，并填写表施工现场安全技术交底表且附后接受交底人签到表。存放施工现场，以备查验。

9. 施工现场作业人员安全教育记录表

项目经理部对新入场、转场及变换工种的施工人员进行安全教育，经考试合格后方准上岗作业；同时应对施工人员每年至少进行两次安全生产培训，并对被教育人员、教育内容、教育时间等基本情况按表施工现场作业人员安全教育记录表进行记录。该记录表需注明接受教育人员的工种，并需在记录表后附参加培训人员名单将签到表。

10. 施工现场安全事故原因调查表

施工现场凡发生生产安全事故，应按照施工现场安全事故原因调查表的要求进行原因调查与分析并记录。报项目监理部备案。

11. 施工现场特种作业人员登记表

特种作业人员包括：电工、焊（割）工、架子工、起重机械作业工（包括司机、安装/拆卸、信号指挥等）、场内机动车驾驶等，均需持证上岗。

项目经理部应审查特种作业人员的操作证，核对资格证原件后在复印件上盖章并由项目经理部存档，填入施工现场特种作业人员登记表。并报项目监理部核查。

12. 施工现场地上、地下管线保护措施验收记录表

施工现场应在平整场地、槽、坑、沟土方开挖前，编制地上、地下管线保护措施，由项目技术负责人组织相关人员进行审查，填写表施工现场地上、地下管线保护措施验收记录表。并报项目监理部核查。

13. 施工现场安全防护用品合格证及检测资料登记表

项目经理部对采购和租赁的安全防护用品和涉及施工现场安全的重要物资应认真审核生产许可证、产品合格证、检测报告等相关文件，填写施工现场安全防护用品合格证及检测资料登记表予以登记存档。

14. 施工现场施工安全日志表

现场专职安全员按照日常安全活动和安全检查情况逐日记载施工现场施工安全日志表。施工安全日志应装订成册（防拆的），页次、日期应连续，不得缺页缺日，填写错可划"╳"作废，但不能撕掉。工程项目部安全负责人应定期对安全日志进行检查，并签名示以负责。

15. 施工现场班（组）班前讲话记录表

各作业班（组）长于每班工作开始前必须对本班（组）全体人员进行班前安全交底，并填写施工现场班（组）班前讲话记录表。本表可以班（组）为单位或工程项目为单位装订成册。由安全员将班（组）活动记录，以天装订，然后按日期顺序成册。定期对其内容、活动情况进行讲评。

16. 施工现场安全检查隐患整改记录表

项目安全负责人组织检查过程中，针对存在的安全隐患，及时进行整改，填写《施工现场安全检查隐患整改记录表》。该表记录的内容包括：检查情况及安全隐患、整改要求、整改后复查情况等内容，并由负责签字。

17. 监理通知回复单

项目负责人接到监理通知后应积极组织整改，整改自行检查符合要求后，填写此表，报项目监理部复查。

18. 施工现场安全生产责任制

项目经理部应将现场安全机构设置、制度、生产安全目标、管理责任书形成文字，并公布在施工现场。并报项目监理部备案。

19. 施工现场总分包安全管理协议书

施工现场总分包应签订安全管理协议书，落实有关安全事项，并形成文件。并报项目监理部备案。

20. 施工现场施工组织设计及专项安全技术措施

项目经理部应针对工程项目编制施工组织设计及专项安全技术措施。并报项目监理部备案。

21. 施工现场冬雨风季施工方案

项目经理部应对冬（雨）期、台风季节施工的项目，制定针对性的专项施工方案，即冬季施工方案、雨期防雨防涝方案、防台风方案等，并应有检查记录，以保证工程质量和施工正常进行。并报项目监理部备案。

22. 施工现场安全资金投入记录

项目经理部应在工程开工前编制安全资金投入计划，并取得项目监理部的认可，并以月为单位对项目安全资金使用情况进行小结，并报项目监理部备案。

23. 施工现场生产安全事故应急预案

项目经理部应编制生产安全事故应急预案，成立应急救援组织，配备必要的应急救援器材和物资。对全体施工人员进行培训，定期组织演练，并有相应的记录，并报建设单位、项目监理部备案。

24. 施工现场安全标识

施工现场各类安全标识发放、使用情况应进行登记；现场安全标识设置应与施工现场安全标识布置平面图相符，使安全标识起到应有的效果。

25. 施工现场自身检查违章处理记录

施工现场的违章作业、违章指挥及处理整改情况应及时进行记录，建立违章处理记录台账。

26. 本单位上级管理部门、政府主管部门检查记录

本单位上级管理部门、政府主管部门来施工现场检查的有关情况，检查出的不足之处，整改建议等。

8.3.2 施工现场消防保卫安全资料

1. 施工现场消防重点部位登记表

项目经理部消防安全员应根据施工总平面图中消防设施布置将施工现场消防重点部位进行登记，并注明部位名称、消防器材配备情况和防火责任人，经项目安全负责人审核。如施工现场消防重点部位发生变化后，应重新进行登记，登记表应保持与现场实际情况一致。并报建设单位、项目监理部备案。

2. 施工现场用火作业审批表

作业人员每次用火作业前，必须到项目经理部办理用火申请，并填写表《施工现场用火作业审批表》，并需注明用火部位；用火作业级别及种类（用火、气焊、电焊等）；用火作业起止时间；用火原因、防火的主要安全措施和配备的消防器材；监控人员等内容，经项目经理部审批同意后，方可用火作业。用火证当日有效，更改日期及变换用火部位时应重新申请。

3. 施工现场消防保卫定期检查表

项目经理部安全负责人应根据施工消防的要求，定期组织有关人员对施工现场消防、保卫设施进行检查，并填写施工现场消防保卫定期检查表。检查内容包括：消防设施平面布置保持情况；消防设施的器具配置及完好情况；经过培训消防人员组织及配备情况；经过培训消防人员组织及配备情况；重点部位消防通道的畅通情况；危险品消防防护管理情况；保卫制度及保卫人员的配置管理情况和检查结果等内容。

4. 施工现场居民来访记录

施工现场应设置居民来访接待室，对居民来访内容进行登记，并记录处理结果。

5. 施工现场消防设备平面图

施工现场消防设施、器材平面图应明确现场各类消防设施、器材的布置位置和数量。并报项目监理部核查。

6. 施工现场消防保卫制度及应急预案

项目经理部应制定施工现场的保卫消防制度、现场消防保卫管理方案、重大事件、重大节日管理方案、现场火灾应急就预案和消防安全操作规程等相关技术文件，并将文件向相关人员进行交底。并报项目监理部审查。

7. 施工现场消防保卫协议

建设单位与总包单位、总包单位与分包单位必须签订现场保卫消防协议，明确各方相关责任，协议必须履行签字、盖章手续。并报项目监理部备案。

8. 施工现场消防保卫组织机构及活动记录

施工现场应设立消防保卫组织机构，成立义务消防队，定期组织教育培训和消防演练，各项活动应有文字和图片记录。并报项目监理部备案。

9. 施工现场消防审批手续

项目经理部应在工程施工前，到当地消防部门进行申报登记，以便消防部门了解施工现场的消防布置，取得审批手续。并将消防安全许可证存档，以备查验。并报项目监理部核查。

10. 施工现场消防设施、器材维修记录

施工现场各类消防设施、器材，应经项目经理部验收合格，并应定期对消防设施、器材进行检查。以及按使用期限及时更换、补充、维修等。并应形成文字记录。

11. 施工现场防火等高温作业施工安全措施及交底

施工现场防火等高温作业施工时，应制定相关的防中暑、防火灾的安全防范技术措施，并对所有参与防火作业的施工人员进行书面交底，所有被交底人必须履行签字手续。并报项目监理部备案。

12. 施工现场警卫人员值班、巡查工作记录

施工现场警卫人员应在每班作业后填写警卫人员值班、巡查工作记录，对当班期间主要事项进行登记。

8.3.3 脚手架安全资料

脚手架搭设完成后，需经验收合格方准使用，使用中需做好日常的检查，发现问题及时处理。如脚手架遇六级以上大风及大雨后或停用超过一个月均要进行相应的检查验收，合格后方准使用。脚手架的验收由施工单位项目技术负责人组织，相关单位人员参加，并将验收情况填写在相应的表格中，并报项目监理部备案。

1. 施工现场钢管扣件式脚手架支撑体系验收表

验收内容包括：安全施工方案、构造要求、剪刀撑等。

2. 施工现场落地式（悬挑）脚手架搭设验收表

验收内容包括：施工方案；立杆基础；钢管、扣件要求；架体与建筑结构拉结；剪刀撑设置；立杆、大横杆、小横杆的设置要求；脚手板及密目网的设置；悬挑设置情况和其他情况等。

3. 施工现场工具式脚手架安装验收表

该表适用于门式外挂脚手架、吊篮脚手架、附着式升降脚手架、卸料平台等的验收。验收内容包括：施工方案；立杆基础；钢管、钢管扣件要求；架体与建筑结构拉结；剪刀撑设置；立杆、大横杆、小横杆的设置要求；脚手板及密目网的设置；悬挑设置情况和其他情况等内容。

4. 施工现场脚手架、卸料平台和支撑体系设计及施工方案

落地式钢管扣件式脚手架、工具式脚手架、卸料平台及支撑体系等应在施工前编制相应专项施工方案。应按施工方案进行搭设、安装，保证脚手架安全。施工方案应存放施工现场备查。并报项目监理部备案。

8.3.4　基坑支护与模板工程安全资料

1. 施工现场基坑支护验收表

基坑开挖中常采用排桩、地下连续墙、水泥土墙、土钉墙和逆作拱墙等方式对土壁进行支护，以保证边坡的稳定。

基坑支护结构施工完成后，需经验收合格，才能进入下道工序施工。基坑支护结构的验收，是由施工单位组织相关单位按照设计文件、施工组织设计、施工专项方案及相关规范进行验收，并填写施工现场基坑支护验收表，并报项目监理部审查。验收内容包括：各类管线保护、基坑支护、基坑支护变形、临边防护及排水措施、基坑边物料堆放和其他内容。

2. 施工现场基坑支护沉降观测记录表和施工现场基坑支护水平位移观测记录表

开挖基坑土方时，需对基坑支护结构进行沉降观测和水平位移观测。变形观测由施工单位和专业承包单位按规定指派专人对基坑、土方、护坡开挖及开挖后的支护结构进行监测，并进行数据记录，填写施工现场基坑支护沉降观测记录表和施工现场基坑支护水平位移观测记录表。项目监理部对监测的程序进行审核。如发现监测数据异常，应立即采取必要的措施纠正。

3. 施工现场人工挖孔桩防护检查表

人工挖孔桩工程属于危险性较大的工程，施工前应编制专项施工方案，若桩深超过16m 时，方案尚需经专家论证。施工中，项目经理部应每天派专人对人工挖孔桩作业进行安全检查，并用施工现场人工挖孔桩防护检查表进行记录。

4. 施工现场特殊部位气体检测记录

对有可能存在有害气体的场所，如人工挖孔桩或密闭空间施工，施工前应编制专项施工方案。施工中，应在每班作业前进行气体检测，按施工现场特殊部位气体检测进行记录。并报项目监理部备案。

5. 施工现场模板工程验收表

模板工程应按工程施工质量验收规范进行验收。对一些特殊的模板工程：高度大于8m，如跨度18m 以上梁的模板、施工总荷载 15kN/m² 及以上，集中荷载 20kN/m² 及以上；及大面积满堂红支模等，在施工组织设计、专项施工方案中应明确进行稳定性、强度等安全验收时，除按规范验收外，还应专门对安全性进行验收，按《施工现场模板工程验收表》进行记录。并报项目监理部审查。

6. 施工现场基坑、土方、护坡及模板施工方案

基坑、土方、护坡、模板施工必须按有关规定做到有方案、有审批；模板工程还应有设计计算书。方案报项目监理部审查认可。

8.3.5　"三宝"、"四口"及"临边"防护安全管理资料

1. 施工现场"三宝"、"四口"及"临边"防护检查记录

施工现场"三宝"、"四口"及"临边"防护应按当地住房和城乡建设主管部门的规定

定期进行检查。当地没有具体规定的，每周至少应检查一次。凡出现风、雨天气过后及每升高一层施工时，都应及时进行检查。并报项目监理部备案。

每发现一个人、一处存在安全防护措施不到位的情况应及时做出处理，并责成立即改正。

2. 施工现场"三宝"、"四口"及"临边"防护措施方案

项目经理部应在施工组织设计或有关专项安全技术方案中对"三宝"、"四口"及"临边"防护做出详细规定，包括材料器具的品种、规格、数量、安装方式、质量要求及安装时间、责任人等。

8.3.6 临时用电安全管理资料

1. 施工现场施工临时用电验收表

施工现场临时用电架设安装完成后必须由总包单位组织验收，合格后方可使用，验收时可根据施工进度分项、分回路进行。项目监理部对验收资料及实物进行核查。

2. 施工现场电气线路绝缘强度测试记录表

电气线路绝缘测试包括临时用电动力、照明线路等绝缘强度测试，可按系统回路进行测试，测试结果报项目监理部备案。

3. 施工现场临时用电接地电阻测试记录表

临时用电接地电阻测试包括临时用电系统、设备的重复接地、防雷接地、保护接地以及设计有要求的接地电阻测试。将测量结果报项目监理部备案。

4. 施工现场电工巡检维修记录表

施工现场电工应按有关要求进行巡检维修，并由值班电工每日填写记录表。项目安全负责人要定期进行检查，以保证巡检维修的到位有效。

5. 施工现场临时用电施工组织设计及变更资料

临时用电设备在 5 台及以上或设备总容量在 50kW 及以上者，均应编制临时用电施工组织设计，并按《施工现场临时用电安全技术规范》（JGJ 46—2005）的要求进行审批手续。如发生变更应重新办理审批手续。并报项目监理部备案。

6. 施工现场总、分包临时用电安全管理协议

总包单位、分包单位必须订立临时用电管理协议，明确各方相关责任，协议必须履行签字、盖章手续。并报项目监理部备案。

7. 施工现场电气设备测试、调试技术资料

电气设备的测试、检验单和精度记录应由设备生产者或专业维修者提供。

8.3.7 施工升降机安全管理资料

1. 施工现场施工升降机安装/拆卸任务书

施工升降机械安装/拆卸均应有明确的任务书，以保证安装质量和落实安装/拆卸的安全责任。

2. 施工现场施工升降机安装/拆卸安全和技术交底记录表

施工升降机安装/拆卸任务书下达后，安装/拆卸单位安全负责人、技术负责人应对升降机安装/拆卸的安全、技术措施进行详细的安全技术交底，以保证安装/拆卸质量和安全。

3. 施工现场施工升降机基础验收表

施工升降机基础验收应根据升降机安装技术要求的承载力、强度、基础尺寸、底脚螺栓规格数量等进行。基础完工后达到一定强度，升降机安装前应进行全面验收。

4. 施工现场施工升降机安装/拆卸过程记录表

施工升降机安装/拆卸施工中，应对各安装/拆卸环节情况进行记录，包括各项工作的分工，每个施工人员的工作内容以及周围环境安装/拆卸过程中的一些情况。以便验收时了解安装/拆卸全过程的情况。

5. 施工现场施工升降机安装验收记录表

施工升降机安装验收是在升降机安装完毕，由安装单位组织有关单位负责人进行全面验收，判定是否符合标准。特别是试运行及坠落实验以及安全装置，应经过实地实验和检查。报项目监理部核查。日常和定期检查参照此表执行。

6. 施工现场施工升降机接高验收记录表

施工升降机每次接高都应经过验收后才能运行使用。在接高过程中应按《施工现场施工升降机安装/拆卸过程记录表》进行记录，接高完成后应按《施工现场施工升降机接高验收记录表》的内容检查验收记录。并报项目监理部核查。

7. 施工现场施工升降机运行记录

施工升降机在使用过程中，每日应对运行情况进行记录，并对发生的事项详细记录。每周使用单位的负责人应检查记录。

8. 施工现场施工升降机维修保养记录

施工升降机应由产权单位负责定期维修保养。

9. 施工现场机械租赁、使用、安装/拆卸安全管理协议书

出租和承租双方应签订租赁合同和安全管理协议书，明确双方安全责任和义务。并报项目监理部备案。

10. 施工现场施工升降机安装/拆卸方案

施工升降机安装前，应编制设备的安装/拆卸方案，经安装/拆卸单位技术负责人审核批准后方可进行作业。

11. 施工现场施工升降机安装/拆卸报审报告

施工升降机安装/拆卸报审报告，按当地住房和城乡建设主管部门规定执行。

12. 施工现场施工升降机使用登记台账

施工单位应建立施工升降机使用台账，每台机械使用情况应详细记录。

13. 施工现场施工升降机登记备案记录

内容有设备登记编号、使用情况登记资料、安装告知手续等。

8.3.8 塔式起重机及起重吊装安全管理资料

1. 施工现场塔式起重机安装/拆卸任务书

塔式起重机安装/拆卸均应有专项任务书，以保证安装质量和落实安装/拆卸的安全责任。

2. 施工现场塔式起重机安装/拆卸安全和技术交底

塔式起重机安装/拆卸任务下达后，安装/拆卸单位的安全负责人、技术负责人应对塔式起重机安装/拆卸的安全和技术措施进行详细交底。以确保安装/拆卸的质量和安全。

3. 施工现场塔式起重机基础验收记录表

塔式起重机基础验收应根据塔式起重机安装技术要求的承载力、场地环境、固定支脚、基础的尺寸、平整度及预埋螺栓情况、接地电阻等，在塔式起重机安装前进行一次全面验收，以保证塔式起重机安装和使用期间的安全。

4. 施工现场塔式起重机轨道验收记录表

轨道行走式塔式起重机轨道验收应根据安装技术要求进行全面检查验收。对其路基碎石厚度、钢轨接头、轨距、轨顶面倾斜度及接地装置等在钢轨铺设完成塔式起重机安装前进行全面检查验收。

5. 施工现场塔式起重机安装/拆卸过程记录表

塔式起重机安装/拆卸过程中，应对安装/拆卸过程中的有关环节情况进行记录，包括各项工作的分工、每个人员的工作内容、重点环节的检查等一些情况，以便验收检查时了解安装/拆卸过程的情况。

6. 施工现场塔式起重机附着检查记录表

塔式起重机安装过程或安装后，或每次提升后增加的附着都应进行全面检查合格。

7. 施工现场塔式起重机顶升检验记录表

塔式起重机需要顶升的委托原安装单位或具有相应资质的安装单位按照专项施工方案实施。每次顶升完毕，使用单位组织有关人员进行检查验收，合格后才能投入使用。并报项目监理部备案。

8. 施工现场塔式起重机安装验收记录表

塔式起重机安装完成后，安装/拆卸单位应先自行检查合格。总包单位应组织施工单位、有关分包单位等有关人员进行全面检查验收，须进行检测的应委托有相应资质的检测单位检测合格后才能投入使用。并报项目监理部审查。日常和定期检查参照此表执行。

9. 施工现场塔式起重机安装垂直度测量记录表

由安装单位测量，按《施工现场塔式起重机安装垂直度测量记录表》记录，报施工单位及租赁单位。

10. 施工现场塔式起重机运行记录表

这是一张通用表格。施工现场使用的塔式起重机、施工电梯、移动式起重机、物料提升机等起重机械操作人员应在每班作业后填写，运行中如发现设备有异常情况，应立即停机检查报修，排除故障后方可继续运行。运行记录通常是装订成册，连续编页码，不得缺页数，起重机械运行记录每个台班都必须填写。产权单位安全负责人至少应每周审查一次，签字负责。运行记录由设备产权单位和使用单位存档。

11. 施工现场塔式起重机维修保养记录表

塔式起重机在使用过程中，应按设备使用说明书要求定期请专业人员对设备进行维修保养。维修保养工作应由设备租赁单位或产权单位负责按期进行。机械设备都应在维修保养的有效期内使用。

12. 施工现场塔式起重机检查记录表

由施工单位组织有关人员定期或雨、风天、停用一周之后进行检查。

13. 施工现场塔式起重机租赁、使用、安装/拆卸安全管理协议书

租赁的塔式起重机等施工机具，出租和承租双方应签订租赁合同，并签订使用、安装/拆卸过程中的安全管理协议书，明确双方在租赁、使用期间、安装/拆卸过程中的安全责任和义务。委托安装/拆卸单位安装/拆卸塔式起重机时，还应签订安装/拆卸合同，也应明确安装/拆卸安全责任。塔式起重机的安装/拆卸单位资质、相关人员的资格证书，及设备统一编号存档备查。并报项目监理部备案。

14. 施工现场塔式起重机安装/拆卸方案及群塔作业方案、起重吊装作业的专项施工方案

塔式起重机安装/拆卸、起重吊装作业等必须编制专项施工方案，涉及群塔（2台及以上）作业时必须制定相应的方案和措施，确保每个相邻塔式起重机之间的安全距离。制定起重作业的安全措施，并绘制平面布置图。并报项目监理部核查。

15. 施工现场塔式起重机安装/拆卸报审报告

报审报告按当地住房和城乡建设主管部门规定执行。

16. 施工现场塔式起重机机组与信号工安全技术交底

塔式起重机使用前，总承包单位与机械出租单位应共同对塔式起重机机组人员和信号工进行联合安全技术交底，并做好记录。

8.3.9 施工机具安全管理资料

1. 施工现场施工机具（各类）检查验收记录表

施工机具有物料提升机械、电动吊篮、龙门吊、打桩及钻孔机械、挖掘机、装载机、混凝土泵、混凝土搅拌机、钢筋机械、木工机械等中小型机械。

施工机具检查验收由租赁单位主动向施工单位提供有关资料，提供已经过检查的有关资料及必须现场检查的部位情况。并按《施工现场施工机具（各类）检查验收记录表》进行记录，签字负责。报监理项目部。

2. 施工现场施工机具安装验收记录表

为保证施工机具正常运行和使用安全，凡进入施工现场需安装的机具都应根据实际情况进行安装验收。

3. 施工现场施工机具维修保养记录表

施工单位自有施工机具，由项目经理部负责；租赁的由出租单位负责，建立机械设备的检查、维修和保养制度，编制设备保修计划。

4. 施工现场施工机具使用单位与租赁单位租赁、使用、安装/拆卸安全管理协议

施工机具凡是租赁来的，使用单位与租赁单位签订租赁、使用、安装/拆卸过程中的安全管理协议，明确双方责任和义务。

凡由租赁单位负责维修保养及责任安全管理的，由租赁单位建立施工机具检查、维修和保养制度，编制保修计划，保证施工机具的安全使用。

5. 施工现场施工机具安装/拆卸方案

施工机具凡需安装/拆卸的，都必须由安装单位编制安装/拆卸施工方案。并经技术负责人批准，按施工方案进行安装/拆卸。

8.3.10 施工现场文明生产（现场料具堆放、生活区）安全管理资料

1. 施工现场施工噪声监测记录表

施工现场作业过程中，各类设备产生的噪声在场界边缘应符合国家有关标准。项目经理部应定期在施工现场地边界对噪声进行监测，将监测结果填入《施工现场施工噪声监测记录表》，并报项目监理部备案。

2. 施工现场文明生产定期检查表

项目经理部项目安全负责人应根据施工安全制度及施工现场文明施工的情况，组织有关人员定期对各项内容等进行检查。并按《施工现场文明生产定期检查表》记录。

3. 施工现场办公室、生活区、食堂等卫生管理制度

办公区、生活区、食堂等各类场所应制定相应的卫生管理制度、卫生设施布置图，明确各区域负责人。

4. 施工现场应急药品、器材的登记及使用记录

施工现场应配备必要的急救药品和器材，并对药品、器材的配备品种、数量及使用情况进行登记。

5. 施工现场急性职业中毒应急预案

施工现场应编制急性中毒应急预案，发生中毒事故时，应定期演练，保证有效启动。

6. 施工现场食堂卫生许可证及炊事人员的卫生、培训、体检证件

施工现场设置食堂时，必须办理卫生许可证和炊事人员的健康合格证、培训证，并将相关证件在食堂明示，复印件存档备案。

7. 施工现场各阶段现场存放材料堆放平面图及责任区域划分，材料保存、保管制度

施工现场应绘制材料堆放平面图，现场内各种材料应按照平面图进行堆放，并明确各责任区的划分，确定责任人。

8. 施工现场成品保护措施

施工现场应制定各类成品、半成品的保护措施，并将措施落实到相关管理部门和作业人员。并报项目监理部审查。

9. 施工现场各种垃圾存放、消纳管理制度

项目经理部应对施工现场的垃圾、建筑渣土建立处理制度，并对处理结果进行检查，并及时对运输和处理情况进行记录。并报项目监理部审查。

10. 施工现场环境保护管理方案

项目经理部应识别和评价作业过程中可能出现的环境危害因素，制定环境污染控制措施，编制项目环境保护管理方案。成立由项目经理负责的环境保护管理机构，制定相关责任制度，明确控制对象及责任人。并报项目监理部审查。

第9章 处理、存储、检索、传递、追溯、应用施工资料

施工单位需对施工过程中形成的施工资料进行收集并做好收集施工资料的管理工作。施工资料管理的基本环节包括：处理、存储、检索、传递、追溯和应用等。

9.1 施工资料的处理、存储

施工资料的处理主要是施工单位将得到的施工资料进行鉴别、选择、核对、合并、排序、更新、汇总、转储，生成不同形式的数据和信息，及时提供给不同需求的各类单位、部门和相关人员使用。

9.1.1 施工资料的收文与登记

收集的施工文件资料应按类别在收文登记表上进行登记。登记时应记录施工文件资料名称、摘要信息、提供单位（部门）、编号以及收文日期、必要时应注明接收文件的具体时间，最后由负责收文人员签字。收文登记后应将施工文件资料交给相应的人员进行处理，重要的文件内容应在工程日记中记录或专栏内予以公布。施工资料的归档范围按《建筑工程文件归档规范》（GB/T 50328—2014）或工程所在地的要求执行，声像资料的归档范围和质量要求应符合《城建档案业务管理规范》（CJJ/T 158—2011）的要求。

施工文件资料有追溯性要求情况下，应注意核查所填部分内容是否可追溯。提供的复印件应标明原件保存处等，不同类型的工程文件资料之间存在相互对照或追溯关系时，在分类存放的情况下，应在文件和记录上注明相关工程文件资料的编号和存放处。收集的施工文件资料应检查各项内容填写规范性和记录真实完整性，签字认可人员应为符合相关规定的责任人员。施工文件档案资料以及相关存储介质质量应符合要求，所有施工文件档案资料必须使用符合归档要求的碳素墨水填写或打印生成，以适应长时间保存的要求。有关工程建设照片及声像资料应注明拍摄日期及所反映工程建设部位等摘要信息。

9.1.2 施工资料的传阅与登记

需要传阅的施工资料应确定传阅人员名单和范围，并注明在文件传阅纸上，随同文件和记录进行传阅。也可按文件传阅纸样式刻制图章，盖在文件空白处，代替文件传阅纸。每位传阅人员阅后应在文件传阅纸上签名，并注明日期。文件和记录传阅期限不应超过该文件的处理期限。传阅完毕后，文件原件应归档。

9.1.3 施工资料的发放与登记

发文应按施工文件资料分类和编号要求进行分类编号，并在发文登记表上登记。登记内容包括：施工文件资料的分类编码、文件名称、摘要信息、接收文件单位（部门）名

称，发文日期（强调时效性的文件应注明发文的具体时间）。收件人收到文件后应签名。发文应留有底稿，并附一份文件传阅纸，根据文件签发人指示确定文件责任人和相关传阅人。文件传阅过程中，每位传阅人员阅后应签名并注明日期。发文的传阅期限不应超过其处理期限。重要的发文内容应在工程日记中予以记录。

9.1.4　施工资料的分类存放

施工文件资料经收/发文、登记和传阅工作程序后，必须使用科学的分类方法进行存放，这样既可满足项目实施过程查阅、求证需要，又方便项目竣工后施工文件档案资料的归档和移交。施工资料应分类组织、存储，通常按单位工程、分部工程、分项工程组织在一起，每一个单位工程、分部工程、分项工程又分为施工管理文件；施工技术文件；进度造价文件；施工物资文件（进厂质量证明文件及检测报告、进场检验、进场复试报告）、施工记录文件、施工试验记录及检测文件、施工质量验收文件、施工验收文件等，具体按《建设工程文件归档规范》（GB/T 50328—2014）或工程所在地的要求执行。存储时，为了便于施工资料的检索和利用，要规范施工资料的名称；协调建设各方存储方式，尽可能采用统一代码；有条件时可以通过网络数据库形式存储数据达到数据共享。存储的施工资料要随工程的进展，不断充实、完善和更新。

施工单位应具备存放工程文件资料的专用资料柜和用于分类归档存放的专用资料夹，并可采用计算机对工程文件资料进行辅助管理。

资料员应根据项目规模、资料柜和资料夹内容多少对工程文件资料进行适当存放，当内容较少时可合并存放在一个文件夹内，当内容较多时可单独存放在一个文件夹内，若一个文件夹不够存放时，可在文件夹内附目录说明文件编号和存放地点，然后将有关文件保存在指定位置。资料夹装满或工程项目某一部分或单位结束时，资料应转存到档案袋，袋面应以相同编号标识。如资料缺项时，类号、分类号不变，资料可空缺。

施工文件档案资料应保持清晰，不得随意涂改记录，保存过程中应保持记录介质的清洁和不破损。资料员应注意建立适宜的施工文件档案资料存放地点，防止文件档案资料受潮霉变或虫害侵蚀。

9.1.5　施工资料的借阅、更改

施工文件档案资料原则上不得外借，如政府部门、相关单位需求，应经单位（部门）负责人同意，并办理传阅手续。单位内部工作人员在项目实施过程中需要借阅施工文件档案资料时，应填写文件借阅单，并明确归还时间。办理有关借阅手续后，应在文件夹的内附目录上作特殊标记，避免其他人员查阅该文件时，因找不到文件引起工作混乱。

工程文件档案资料的更改应由原制定部门相应责任人执行，涉及审批程序的，由原审批责任人执行。若指定其他责任人进行更改和审批时，新责任人必须获得所依据的背景资料。施工资料更改后，资料员填写文件档案更改通知单，并负责发放新版本文件。发放过程中必须保证项目参建单位中所有相关部门都得到相应文件的有效版本。

9.1.6　施工资料的销毁

涉密的载体除正在使用或按照有关规定留存、存档外，应及时销毁。销毁工作要指定

专人负责，不定期将需要销毁载体进行登记、造册并经领导签字后，派专人送至指定地点统一销毁。

9.2　资料的传递和检索

收集的施工资料经处理和分类存储后，应及时提供需要施工资料的部门和人员，施工资料的传递和检索要根据需要来传递和检索。施工资料在传递和检索过程中应遵循的原则是有权得到施工资料的部门（人）能及时、方便地得到相应资料，不向不该知道施工资料的部门（人）提供任何资料。

9.2.1　施工资料的传递

施工资料的传递过程中，主要考虑的内容有：

（1）了解使用部门（或人）的使用目的、使用周期、使用频率、得到时间、数据的安全要求。

（2）决定分发的项目、内容、分发量、范围、数据来源。

（3）决定分发信息和数据结构、类型、精度和如何组合成规定的格式。

（4）决定提供的信息和数据介质（纸张、显示器显示、磁盘或其他形式）。

9.2.2　施工资料的检索

施工资料的检索是指对收集的施工资料进行系统存储和根据需要进行查找的工作。施工单位的资料管理部门（资料室）应制定本单位检索方法，并做好日常施工资料的检索工作，在进行资料检索设计时要考虑的内容有：

（1）允许检索的范围、检索的密级划分、密码的管理。

（2）检索的信息和数据能否及时、快速地提供、采用什么手段实现（网络、通信、计算机系统）；

（3）提供检索需要的数据和信息输出形式、能否根据关键字实现智能检索。

施工资料检索的工作内容主要包括：存储阶段的著录标引、组织检索工具；查找阶段的确定查找内容、查找操作等。

1.存储阶段的著录

施工资料的著录是指在编制施工资料目录时，对施工资料的内容和形式特征进行分析、选择和记录的过程。著录包括著和录两种。著，即标引，将其内容的主题的自然语言转化成检索的标准语言的过程。录，即抄录，是将文案文献的形式特征例如作者、时间等著录在著录条目上。标引时针对档案的内容而言，而抄录则是其形式特征，是文献本身固有的自然语言。标引是著录的核心。

根据《档案著录规则》（DA/T 18—1999）的规定，档案的著录项目有以下七项：题名与责任说明项；稿本与文种项；密级与保管期限项；时间项；载体形态项；附注与提要项；排检与编号。著录格式有段落符号式条目格式和表格式条目格式。段落符号式条目格式，如图 9-1 所示。表格式条目格式为卡片式时，卡片尺寸一般为 12.5cm×7.5cm，著录时卡片四周均应留 1cm 空隙，如卡片正确著录不完，可接背面连续著录。

```
┌─────────────────────────────────────────────────────────────────┐
│ 分类号                              档案馆代号                      │
│ 档  号              电子文档号           缩 微 号                    │
│ 正题名＝并列题名：副题名及说明题名文字：文件编号/责任者              │
│ ＋附件—稿本：文种．—密级：保管期限．—时间．载体类型              │
│ 数量及单位：规格．—附件                                            │
│ 提要                                                               │
│ 主题词或关键词                                                     │
└─────────────────────────────────────────────────────────────────┘
```

图 9-1 段落符号式条目格式

2. 组织检索工具

检索工具是指按照一定的标准组合制作的，用于快速查找档案文件及其内容的指引性目录和信息工具，是记录、报道、查找档案文件的手段。记录是指资料管理部门（资料室）登记保存施工资料的内容和外形特征、档号、存址等，介绍所存施工资料的内容和成分，向利用者提供鉴别，确认施工资料的依据。报道是指资料管理部门（资料室）通过一条条记录，向相关人员介绍本资料管理部门（资料室）保存什么样的档案材料，供利用者选择和使用。查找是根据每个条目上记载的项目和提供的检索途径，把利用者所需要的材料迅速、准确地提供出来，记录是基础，报道、查找是手段，目的是识别施工资料和检索施工资料。检索工具的种类有卡片式（活页式）、书本式和机读式检索工具。

（1）卡片式（活页式）检索工具

卡片式（活页式）检索工具就是将档案的内容和信息记录在卡片纸上的一种离散式检索式具。它的特点是一张卡片记录一个档案的内容和信息单元，随编随排，插取方便，可任意组合，机动灵活，同时多人使用，但体大量多，占用空间大，不便携带和交流，管理较为麻烦，并逐步被书本式和机读式检索工具所代替。

（2）书本式检索工具

书本式检索工具就是将档案的内容和信息记录在单页纸上，再按一定的分类顺序排列组合，装订成册的一种聚合式检索工具。它是特点是编排紧凑、性能稳定，实用、美观、整齐，体积相对要小，便于传递、携带和阅读，但比较死板，档案内容和条目增减较为困难，须重编重排。

（3）机读式检索工具

机读式检索工具就是用一定的机器设备记录和读取档案内容和信息的现代化检索工具。它的特点是系统、全面，体积小、速度快，查准、查全率高，检索效果好。

3. 确定查找内容、查找操作

施工资料的查找，即根据需要，通过有关的检索手段，查出并提供施工资料信息。

9.3 施工资料的追溯、应用

9.3.1 施工资料的追溯

施工资料的追溯是指资料的来源和记录的数据均有确定的出处，通过逆向追溯可以查找到：工程材料提供者和使用者、材料的质量；工程技术文件的编制者和审批者；工程施工者和施工质量；工程检测者和检测的数据；工程质量验收者和验收的质量等。建立施工资料和工程实际的可追溯性对保证工程质量和做好工程后续维修是至关重要的。

9.3.2 施工资料的应用

施工资料反映了工程建设过程，是现场组织生产活动的真实记录，直接或间接地记录了与工程施工相关信息，如：所用材料的品种、数量和质量；采用的技术方案和技术措施；劳动力的安排和使用；工程量的更改和变动；质量评定等级；工程项目管理等内容。因此，施工资料在现实工程中的应用体现在以下几个方面：

(1) 是工程验收的重要内容。工程竣工验收包括两个方面内容，一是实体质量，要保证达到或超过国家验收规范的要求；二是工程验收资料，《中华人民共和国建筑法》第六十条规定："交付竣工验收的建筑工程，必须符合规定的建筑工程质量标准，有完整的工程技术资料……"、《房屋建筑和市政基础设施工程竣工验收规定》（建质［2013］171号）第五条第（五）款规定："有完整的技术档案和施工管理资料"。因此，对工程进行竣工验收，必须进行工程资料的验收。

(2) 为事故调查处理提供追溯。施工资料是随着工程建设同步产生，记录了施工准备、施工和验收的全过程，是工程施工的真实写照，为事故原因的查找提供了逆向追溯，同时事故处理过程记录本身也是施工资料的重要组成部分。

(3) 是提高施工技术、效益需要。施工资料中的技术方案、技术措施和施工方法，使用材料的品种、数量、质量和劳动量等经济、技术指标，是施工单位与建设单位进行承、发包和合同结算的依据，同时也对为后续工程的建设提供了重要的参考和借鉴作用。

(4) 是城市建设的需要。交付使用的房屋建筑和市政基础设施工程的日常维修、保养，以及对其进行改建、扩建和拆建等，都离不开反映其真实状况的竣工图及其施工技术资料。如果少了这一重要依据，就会对我们的工作带来极大的盲目性，甚至对国家财产和城市建设带来严重后果。

第 10 章　安全保管施工资料

10.1　建设工程电子档案的管理

10.1.1　建设工程电子档案

建设电子档案是具有参考和利用价值并作为档案保存的建设电子文件及相应的支持软件、参数和其他相关数据。主要包括建设系统业务管理电子档案和建设工程电子档案。主要介绍建设工程电子档案。建设工程电子档案的管理涵盖了工程建设的全过程，要经过收集与积累、整理、鉴定、归档、验收与移交等环节。

1. 建设电子文件的收集与积累

施工单位收集与积累的建设工程电子文件的范围应是记录与工程建设有关的重要活动、记载工程建设主要过程和现状的具有重要凭证、依据和参考价值的电子文件和相关数据等，具体收集范围应按照《建设工程文件归档规范》(GB/T 50328—2014)、《建设电子文件与电子档案管理规范》CJJ/T 117—2007 规定或工程建设所在地的规定执行。记录了重要文件的主要修改过程和办理情况，有参考价值的建设电子文件的不同稿本均应保留。

归档的电子文件的质量要求是归档的电子文件应采用表 10-1 所列的开放式文件格式或通用格式进行存储；对通用软件产生的建设电子文件，应同时收集其软件型号、名称、版本号和相关参数手册、说明资料等；专用软件产生的建设电子文件应转换成通用型建设电子文件；对内容信息是由多个子电子文件或数据链接组合而成的建设电子文件，链接的电子文件或数据应一并归档，并保证其可准确还原；当难以保证归档建设电子文件的完整性与稳定性时，可采取固化的方式将其转换为一种相对稳定的通用文件格式；对采用统一套用格式的建设电子文件，在保证能恢复原格式形态的情况下，其内容信息可不按原格式存储。计算机系统运行和信息处理等过程中涉及与建设电子文件处理有关的著录数据、元数据等必须与建设电子文件一同收集。与建设电子文件的真实性、完整性、有效性、安全性等有关的管理控制信息（如电子签章等）必须与建设电子文件一同收集。"电子签章"的含义是，泛指所有以电子形式存在，依附在电子文件并与其逻辑关联，可用以辨识电子文件签署者身份，保证文件的完整性，并表示签署者同意电子文件所陈述事实的内容。目前，最成熟的电子签章技术就是"数字签章"，它是以公钥及密钥的"非对称型"密码技术制作的电子签章。电子文件的内容必须与纸质档案相一致；离线归档的建设工程电子档案载体，应采用一次性写入光盘，当盘不应有磨损、划伤；存储移交电子档案的载体应经过检测，应无病毒、无数据读写故障，并应确保接收方能通过适当设备读出数据。

电子文件存储格式表 表 10-1

文 件 类 别	格　式
文本(表格)文件	PDF、XML、TXT
图像文件	JPEG、TIFF
图形文件	DWG、PDF、SVG
影像文件	MPEG2、MPEG4、AVI
声音文件	MP3、WAV

施工单位收集与积累的建设电子文件，均应进行登记并应符合以下规定：工作人员应按本单位文件归档和保管期限的规定，从电子文件生成起对需归档的电子文件性质、类别、期限等进行标记；运用建设电子文件归档与管理系统对每份建设电子文件进行登记，电子文件登记表应与电子文件同时保存。登记时，对于案卷（或项目）级登记宜采用案卷（或项目）级登记表，如表 10-2 所示；对于建设电子文件（档案）文件级登记宜采用建设电子文件（档案）文件级登记表，如表 10-3 所示；对于积累过程中更改建设工程电子文件应按建设电子文件更改记录表填写，如表 10-4 所示。

案卷（或项目）级登记表 表 10-2

文件特征	内容					
	工程地点					
	单位	名称				
		联系方式				
	归档时间					
	载体类型			载体编号		
设备环境特征	硬件环境(主机、网络服务器型号、制造厂商等)					
	软件环境(型号、版本等)	操作系统				
		数据库系统				
		相关软件(文字处理工具、浏览器、压缩或解密软件等)				
文件记录特征	记录结构(物理、逻辑)		记录类型	□定长 □可变长 □其他	记录总数	
					总字节数	
	记录字符、图形、音频、视频文件格式					
	文件载体	型号：数量：备份数：		□一件一盘 　□多件一盘 □一件多盘 　□多件多盘		
制表审核	填表人(签名)		年　月　日			
	审核人(签名)		年　月　日			

建设电子文件（档案）文件级登记表 表 10-3

文件编号	文件名	文件稿本代码	文件类别代码	形成时间	载体编号	保管期限	备注

建设电子文件更改记录表 表 10-4

序号	电子文件名	更改单号	更改者	更改日期	备注

施工单位收集与积累的建设电子文件，应按业务案件或工程项目来组织存储。存储的建设电子文件的命名，宜由三位阿拉伯数字或三位阿拉伯数字加汉字组成，数字是本文件保管单元内电子文件编排顺序号，汉字部分则体现本电子文件的内容及特征或图纸的专业名称和编号。建设电子文件保管单元的命名规则可按照建设电子文件的命名规则进行。建设电子文件与相应的纸质文件应建立关联，在内容、相关说明及描述上应保持一致。应定期备份建设电子文件，并存储于能够脱机保存的载体上。对于多年才能完成的项目，应实行分段积累，宜一年拷贝一次。

2. 建设工程电子文件的整理、鉴定与归档

（1）建设电子文件的整理

建设工程电子文件，业务案件办理完结或工程项目完成后，应在收集积累的基础上，对该案件或项目的电子文件进行整理。整理应遵循建设工程电子文件的自然形成规律，保持案件或项目内建设电子文件间的有机联系，便于建设电子档案的保管和利用。同一个保管单元内建设电子文件的组织和排序可按相应的建设纸质文件整理要求进行。

（2）建设工程电子文件的鉴定

鉴定工作应贯穿于建设工程电子文件归档与电子档案管理的全过程。归档前，建设工程电子文件形成单位应按照规定的项目，对建设工程电子文件的真实性、完整性和有效性进行鉴定。建设工程电子文件的归档范围、保管期限应按照国家关于建设工程纸质文件材料归档范围、保管期限的有关规定执行。建设工程电子文件元数据的保管期限应与内容信息的保管期限一致。

（3）建设工程电子文件的归档

建设工程电子文件形成单位应定期把经过鉴定合格的电子文件向本单位档案部门归档移交。归档的建设工程电子文件应符合下列要求：已按电子档案管理要求的格式将其存储到符合保管要求的脱机载体上；必须完整、准确、系统，能够反映建设活动的全过程。

建设工程电子文件的归档方式包括在线式归档和离线式归档，可根据实际情况选择其中的一种或两种方式进行电子文件的归档。建设系统业务管理电子文件的在线式归档可实时进行；离线式归档应与相应的建设系统业务管理纸质或其他载体形式文件归档同时进行。建设工程电子文件应与相应的工程纸质或其他载体形式的文件同时归档。

建设工程电子文件形成单位在实施在线式归档时，应将建设工程电子文件的管理权从网络上转移至本单位档案部门，并将建设工程电子文件及其元数据等通过网络提交给档案部门。

建设工程电子文件形成单位在实施离线式归档时，应按下列步骤进行：

① 将已整理好的建设工程电子文件及其著录数据、元数据、各种管理登记数据等分案件（或项目）按要求从原系统中导出；

② 将导出的建设工程电子文件及其著录数据、元数据、各种管理登记数据等按照要求存储到耐久性好的载体上，同一案件（或项目）的电子文件及其著录数据、元数据、各种管理登记数据等必须存储在同一载体上。

③ 对存储的建设工程电子文件进行检验。

④ 在存储建设工程电子文件的载体或装具上编制封面。封面内容的填写应符合建设工程电子文件（档案）载体封面表 10-5 的要求，同时存储载体应设置成禁止写操作的状态。

建设电子文件（档案）载体封面　　　　　　　　　表 10-5

载体编号：	类别：
档　　号：	套别：
内　　容：	
地　　址：	
编制单位：	编制日期：
保管期限：	密级：
文件格式：	
软硬件平台说明：	

⑤ 将存储建设工程电子文件并贴好封面的载体移交给本单位档案部门。

⑥ 归档移交时，交接双方必须办理归档移交手续。档案部门必须对归档的建设工程

电子文件进行检验，填写建设电子档案移交、接收登记表，如表 10-6 所示。交接双方负责人必须签署审核意见。当文件形成单位采用了某些技术方法保证电子文件的真实性、完整性和有效性时，则应把其技术方法和相关软件一同移交给接收单位。

建设电子档案移交、接收登记表   表 10-6

载体编号		载体标识	
载体类型		载体数量	
载体外观检查	有无划伤		是否清洁
病毒检查	杀毒软件名称		版本
	病毒检查结果报告：		
载体存储电子文件检验项目	载体存储电子文件总数		文件夹数
	已用存储空间		字节
载体存储信息读取检验项目	编制说明文件中相关内容记录是否完整		
	是否存有电子文件目录文件		
	载体存储信息能否正常读取		
移交人（签名） 年　月　日		接收人（签名） 年　月　日	
移交单位审核人（签名） 年　月　日		接收单位审核人（签名） 年　月　日	
移交单位（印章） 年　月　日		接收单位（印章） 年　月　日	

3. 建设电子档案的验收与移交

（1）建设电子档案的验收

建设工程电子文件形成部门在向本单位档案部门移交电子文件之前，以及本单位档案部门在接收电子文件之前，均应对移交的载体及其技术环境进行检验，检验合格后方可进行交接。勘察、设计、施工、监理、测量等单位形成的工程电子档案应由建设单位进行检验，检验审查合格后向建设单位移交。建设单位应将勘察、设计、施工、监理、测量等单位移交的工程电子档案及相关数据与本单位形成的工程前期电子档案及验收电子档案一起按项目进行汇总，并对汇总后的工程电子档案进行检验。

在对建设电子档案进行检验时，应重点检查以下内容：建设电子档案的真实性、完整性、有效性；建设电子档案与纸质档案是否一致、是否已建立关联；载体有无病毒、有无划痕；登记表、著录数据、软件、说明资料等是否齐全。

（2）建设电子档案的移交

建设单位在组织工程竣工验收前，提请当地建设（城建）档案管理机构对工程纸质档案进行预验收时，应同时提请对工程电子档案进行预验收。列入城建档案馆（室）接收范围的建设工程，建设单位向城建档案馆（室）移交工程纸质档案时，应当同时移交一套工程电子档案。建设单位向城建档案馆（室）移交建设工程电子档案光盘时可只移交一套，城建档案馆在接收该建设工程电子档案后，应将其导入档案管理系统，补充有关著录数据，并及时刻录光盘三套。

停建、缓建建设工程的电子档案，暂由建设单位保管。对改建、扩建和维修工程，建设单位应当组织设计、施工单位据实修改、补充、完善原工程电子档案。对改变的部位，应当重新编制工程电子档案，并和重新编制的工程纸质档案一起向城建档案馆（室）移交。

城建档案馆（室）接收建设电子档案时，应对电子档案再次检验，检验合格后，将检验结果填入建设电子档案移交、接收登记表，交接双方签字、盖章。登记表应一式两份，移交单和接收单位各存一份。

10.1.2 建设工程电子档案的管理

1. 脱机保管

建设电子档案的保管单位应配备必要的计算机及软、硬件系统，实现建设电子档案的在线管理与集成管理。并将建设电子档案的转存和迁移结合起来，定期将在线建设电子档案按要求转存为一套脱机保管的建设电子档案，以保障建设电子档案的安全保存。脱机建设电子档案（载体）应在符合保管条件的环境中存放，一式3套，一套封存保管，一套异地保存，一套提供利用。脱机建设电子档案的保管，应符合下列条件：

(1) 归档载体应作防写处理，不得擦、划、触摸记录涂层；

(2) 环境温度应保持在17～20℃之间；相对湿度应保持在35%～45%之间；

(3) 存放时应注意远离强磁场，并与有害气体隔离；

(4) 存放地点必须做到防火、防虫、防鼠、防盗、防尘、防湿、防高温、防光；

(5) 单片载体应装盒，竖立存放，且避免挤压。

2. 有效存储

建设电子档案保管单位应每年对电子档案读取、处理设备的更新情况进行一次检查登记。设备环境更新时应确认库存载体与新设备的兼容性，如不兼容，必须进行载体转换。对所保存的电子档案载体，必须进行定期检测及抽样机读检验，如发现问题应及时采取恢复措施。对电子档案载体的定期检测及抽样机读检验应制定详细的计划和严格的制度，一般而言，磁性载体每满2年、光盘每满4年须进行一次抽样机读检验，抽样率不低于10%。应根据载体的寿命，定期对磁性载体、光盘载体等载体的建设电子档案进行转存。转存时必须进行登记，登记内容应建设电子档案转存登记表表10-7的要求填写。在采取各种有效存储措施后，原载体必须保留三个月以上。

表 10-7

建设电子档案转存登记表

存储设备更新 与兼容性检验 情况登记	
光盘载体转存 登记	
磁性载体 转存登记	
填表人(签名)： 年　月　日	审核人(签名)： 年　月　日	单位(盖章)： 年　月　日

3. 迁移

建设电子档案保管单位必须在计算机软、硬件系统更新前或电子文件格式淘汰前，将建设电子档案迁移到新的系统中或进行格式转换，保证其在新环境中完全兼容。转存和迁移都是保证电子档案永久保存的技术手段。在实际工作中，应将二者有机结合起来，以减少工作量，提高工作效率。

建设电子档案迁移时必须进行数据校验，保证迁移前后数据的完全一致。建设电子档案迁移时必须进行迁移登记，登记内容应按表 10-8 的要求填写。建设电子档案迁移后，原格式电子档案必须同时保留的时间不少于 3 年，但对于一些较为特殊必须以原始格式进行还原显示的电子档案，可采用保存原始档案的电子图像。

建设电子档案迁移登记表

表 10-8

原系统设备情况	硬件系统：
	系统软件：
	应用软件：
	存储设备：
目标系统设备情况	硬件系统：
	系统软件：
	应用软件：
	存储设备：
被迁移归档电子文件情况	原文件格式：
	目标文件格式：
	迁移文件数：
	迁移时间：
迁移检验情况	硬件系统校验：
	系统软件校验：
	应用软件校验：
	存储载体校验：
	电子文件内容校验：
	电子文件形态校验：
迁移操作者（签名）： 年 月 日	迁移校验者（签名）： 年 月 日	单位（盖章）： 年 月 日

4. 利用

建设电子档案保管单位应编制各种检索工具，提供在线利用和信息服务。利用时必须严格遵守国家保密法规和规定。凡利用互联网发布或在线利用建设电子档案时，应报请有关部门审核批准。对具有保密要求的建设电子档案采用联网的方式利用时，必须按照国家、地方及部门有关计算机和网络保密安全管理的规定，采取必要的安全保密措施，报经国家或地方保密管理部门审批，确保国家利益和国家安全。利用时应采取在线利用或使用拷贝件，电子档案的封存载体不得外借。脱机建设电子档案（载体）不得外借，未经批准，任何单位或人员不得擅自复制、拷贝、修改、转送他人。利用者对电子档案的使用应在权限规定范围之内。

5. 鉴定销毁

建设电子档案的鉴定销毁，应按照国家关于档案鉴定销毁的有关规定执行。销毁建设电子档案必须在办理审批手续后实施，并按表 10-9 的要求，填写《建设电子档案销毁登记表》。

建设电子档案销毁记录表　　　　　　　　　　　表 10-9

序号	文件名称	文件字号	归档日期	页次	销毁原因	销毁人签字	备注

10.2　信息安全管理制度和程序、保密制度及发布

施工文件档案资料的安全管理是指施工文件档案资料的形成单位、保存单位对施工文件档案资料的信息内容和物质承载体采取有效的保护措施，避免受到自然灾害或人为侵害，并使其处于安全状态的管理工作。

施工资料的形成、保管单位应根据信息化建设工作的需要配置计算机设备、软件与网络设施，设置相应的岗位和管理人员，并建立计算机网络、设备、软件和数据库的运行管理制度，以及计算机系统和数据的安全、保密制度。

信息安全管理的程序是：建立信息安全管理组织机构、明确信息安全管理职职责、制定信息安全管理制度、落实信息安全管理制度进行信息安全管理、定期检查信息安全管理工作、处置突发的信息安全事件等。

10.2.1　信息安全管理制度

采用计算管理施工资料的单位和部门，必须从组织制度、技术手段、管理手段上采取措施，保障施工资料的信息安全。

1. 组织和制度上保障信息安全

（1）设立计算机系统安全保密领导小组，对计算机系统安全保密工作进行领导、检查和监督。

（2）建立、健全计算机系统运行与安全保密管理制度，有应对突发事件的预案，对关键岗位和人员建立相应的管理办法。

（3）其他施工资料的管理制度。

2. 技术和管理手段确保信息安全

（1）计算机房建设应按国家有关标准进行设计、施工、安装，经有关部门验收合格后投入使用；计算机房应具备防盗、防水、防雷、防磁、防鼠害等措施。

（2）计算机房应有出入管理制度，非机房管理人员进出应履行相关手续。

（3）应对计算机及网络设备定期维护检修，有设备检修、维护记录，保证设备处于最佳状态；

（4）内部局域网与外部互联网要进行物理隔离，计算机应安装杀毒软件；

（5）软件使用前应进行全面的测试，软件应具备良好的容错能力，以确保发生错误操作时计算机系统数据不被破坏和数据不发生丢失；

（6）主要业务服务器宜双机热备份；数据定期进行多重备份和异地存放，保证在发生不可预见故障后能及时、完整地恢复；

（7）系统应能对提供利用过程跟踪监控，自动进行相关记录；

（8）对数据库的用户应实行权限等级管理，严禁越权操作；密码应定期更换，对数据库的所有操作应记录；机密数据应加密后传输；

（9）数据提供利用时不宜向利用者提供全部利用方式；制作拷贝时必须在有效的监控下进行，不完全开放的档案数据不宜以拷贝方式提供利用；

（10）系统安全管理人员应具有高度的责任意识和综合性知识，及时掌握新技术，提高处理计算机及网络故障的能力。

10.2.2 信息保密制度

（1）保守国家秘密关系国家的安全和利益，是每位工作人员的义务和职责，各部门工作人员必须严守党和国家的秘密，遵守保密守则，按照《保密法》规定程序依法办事。

（2）工作人员必须做到：不该说的秘密，绝对不说；不该问的秘密，绝对不问；不该看的秘密，绝对不看；不该记录的秘密，绝对不记录；不在非保密本上记录秘密；不在私人通信中涉及秘密；不在公共场所和家属、子女，亲友面前谈论秘密；不在不利于保密的地方存放秘密文件、资料；不在普通电话、明码电报、普通邮局传达秘密事项；不携带秘密材料游览、参观、探亲、访友和出入公共场所。

（3）建立健全收发文制度，要有专人负责履行文件登记、管理和清退工作，发现属于国家密级文件资料丢失、被窃、泄密时，必须立即报告，及时追查，力挽损失。

（4）年终清退与本部门无关的并无保存价值的文件和一些刊物，必须进行销毁或碎纸处理，不得擅自出售。

（5）档案专、兼职管理人员对秘密档案材料应严加管理，严格传递、借阅手续，如需借阅者，须经分管领导批准，并在档案阅览室内查阅，不准带出档案室，不准摘抄；档案人员未经批准，不得擅自扩大利用范围，以确保档案的安全。

（6）计算机房要建立健全各项管理制度，进入机房必须进行审批和登记制度，确定专人负责计算机的应用管理。凡秘密数据的传输和存贮均应采取相应的保密措施，录有文件的软盘信息要妥善保管，严防丢失。

10.2.3 公共信息网络发布信息保密管理制度

（1）在公共信息网络上发布的信息是指经本单位主要领导或分管领导审核批准，提供给公众信息网站，向社会公开、让公众了解和使用的信息。

（2）公共信息网络发布信息保密管理坚持"谁主管谁负责，谁运行谁负责，谁发布谁负责"和"涉密信息不上网，上网信息不涉密"的原则。凡向公共信息网络提供或者发布信息，必须经本单位主要领导或分管领导审查批准，并按照规定的工作程序，完善和落实信息登记、审批责任制。

（3）任何单位和个人不得利用网站、网页上开设的电子公告系统、聊天室、论坛等发布、谈论和传播国家秘密信息。

（4）严禁在公共信息网络上发布涉及国家秘密、国家安全、社会稳定等敏感信息，凡标注有"内部文件（资料）"和"注意保存"（保管、保密）等警示字样的信息，不得在公共信息网络上公开。

（5）提供信息发布的单位应对拟发布信息（即将向网络发布的信息）是否涉及国家秘密进行审查；对已发布信息进行定期保密检查，发现涉密信息的，立即采取补救措施，查清泄密渠道和原因，并及时向本单位领导或保密组织报告；接受上级机关和保密工作部门的监督检查。

（6）单位分管领导应履行的职责：定期对网络管理人员进行保密法规、保密纪律、保密常识教育，增强信息保密观念和防范意识，自觉遵守并执行有关保密规定，对上网信息进行保密审查；建立健全上网信息保密管理制度，落实各项安全保密防范措施；发现国家秘密在网上发布的，立即采取补救措施，并及时向有关部门报告；定期或不定期向保密工作部门通报网上发布信息保密管理情况。

（7）违反本制度造成泄密的，将根据情节进行批评教育、党纪政纪处分，构成犯罪的，由有关部门依法追究刑事责任。

第11章 对施工资料立卷、归档、验收与移交

11.1 立卷的原则、方法和要求

立卷是将建设工程文件资料按照一定的原则和方法，将有保存价值的建设工程文件资料分类整理成案卷的过程，亦称组卷。

工程文件作为是对工程建设活动的系统记录，真实地反映工程建设内在规律，立卷时应遵循的基本原则是：立卷应遵循工程文件的自然形成规律和工程专业的特点，保持卷内文件的有机联系，便于档案的保管和利用；工程文件应按不同的形成、整理单位及建设程序，按工程准备阶段文件、监理文件和施工文件、竣工图、竣工验收文件分别立卷，并可根据数量多少组成一卷或多卷；一项建设工程由多个单位工程组成时，工程文件应按单位工程立卷；不同载体的文件应分别立卷。

施工资料的立卷应按下列流程进行：对属于归档范围的工程文件进行分类，确定归入案卷的文件资料；对卷内文件材料进行排列、编目、装订（或装盒）；排列所有案卷后，形成案卷目录。

11.1.1 确定归入案卷的文件资料

1. 施工资料的立卷

施工资料应由施工单位负责收集、整理与组卷。施工资料应按单位工程组卷，并应符合下列规定：

（1）专业承包工程形成的施工资料应由专业承包单位负责，并应单独组卷；

（2）电梯应按不同型号每台电梯单独组卷；

（3）室外工程应按室外建筑环境、室外安装工程单独组卷；

（4）当施工资料中部分内容不能按一个单位工程分类组卷时，可按建设项目组卷；

（5）施工资料目录应与其对应的施工资料一起组卷。

2. 房屋建筑工程施工资料组卷排列顺序

施工资料的组卷按照单位工程、分部工程来划分，每卷再按照类别从 C1～C8 顺序排列，并根据数量多少组成一卷或多卷。对于专业化施工的部分单独组卷，如桩基础、钢结构和幕墙等，根据数量多少组成一卷或多卷。

某工程施工资料的组卷如下（供参考）：

第一册 土建部分

1 施工管理文件（详细内容略）

2 施工技术文件（详细内容略）

3 进度造价文件（详细内容略）

4 施工物资文件（详细内容略）

① 进厂质量证明文件及检测报告

② 进场检验（详细内容略）

③ 进场复试报告（详细内容略）

5 施工记录文件（详细内容略）

6 施工试验记录及检测文件（详细内容略）

7 施工质量验收文件（详细内容略）

8 施工验收文件（详细内容略）

第二册　桩基部分

1 施工管理文件（详细内容略）

2 施工技术文件（详细内容略）

3 进度造价文件（详细内容略）

4 施工物资文件（详细内容略）

① 进厂质量证明文件及检测报告

② 进场检验（详细内容略）

③ 进场复试报告（详细内容略）

5 施工记录文件（详细内容略）

6 施工试验记录及检测文件（详细内容略）

7 施工质量验收文件（详细内容略）

8 施工验收文件（详细内容略）

第三册　钢结构部分

1 施工管理文件（详细内容略）

2 施工技术文件（详细内容略）

3 进度造价文件（详细内容略）

4 施工物资文件（详细内容略）

① 进厂质量证明文件及检测报告

② 进场检验（详细内容略）

③ 进场复试报告（详细内容略）

5 施工记录文件（详细内容略）

6 施工试验记录及检测文件（详细内容略）

7 施工质量验收文件（详细内容略）

8 施工验收文件（详细内容略）

第四册　幕墙部分

1 施工管理文件（详细内容略）

2 施工技术文件（详细内容略）

3 进度造价文件（详细内容略）

4 施工物资文件（详细内容略）

① 进厂质量证明文件及检测报告

② 进场检验（详细内容略）

③ 进场复试报告（详细内容略）

5 施工记录文件（详细内容略）

6 施工试验记录及检测文件（详细内容略）

7 施工质量验收文件（详细内容略）

8 施工验收文件（详细内容略）

第五册　建筑结排水与采暖部分

1 施工管理文件（详细内容略）

2 施工技术文件（详细内容略）

3 进度造价文件（详细内容略）

4 施工物资文件（详细内容略）

① 进厂质量证明文件及检测报告

② 进场检验（详细内容略）

③ 进场复试报告（详细内容略）

5 施工记录文件（详细内容略）

6 施工试验记录及检测文件（详细内容略）

7 施工质量验收文件（详细内容略）

8 施工验收文件（详细内容略）

第六册　建筑电气部分

1 施工管理文件（详细内容略）

2 施工技术文件（详细内容略）

3 进度造价文件（详细内容略）

4 施工物资文件（详细内容略）

① 进厂质量证明文件及检测报告

② 进场检验（详细内容略）

③ 进场复试报告（详细内容略）

5 施工记录文件（详细内容略）

6 施工试验记录及检测文件（详细内容略）

7 施工质量验收文件（详细内容略）

8 施工验收文件（详细内容略）

第七册　智能建筑部分

1 施工管理文件（详细内容略）

2 施工技术文件（详细内容略）

3 进度造价文件（详细内容略）

4 施工物资文件（详细内容略）

① 进厂质量证明文件及检测报告

② 进场检验（详细内容略）

③ 进场复试报告（详细内容略）

5 施工记录文件（详细内容略）

6 施工试验记录及检测文件（详细内容略）

7 施工质量验收文件（详细内容略）

8 施工验收文件（详细内容略）

第八册　通风空调部分

1 施工管理文件（详细内容略）

2 施工技术文件（详细内容略）

3 进度造价文件（详细内容略）

4 施工物资文件（详细内容略）

① 进厂质量证明文件及检测报告

② 进场检验（详细内容略）

③ 进场复试报告（详细内容略）

5 施工记录文件（详细内容略）

6 施工试验记录及检测文件（详细内容略）

7 施工质量验收文件（详细内容略）

8 施工验收文件（详细内容略）

第九册　建筑节能部分

1 施工管理文件（详细内容略）

2 施工技术文件（详细内容略）

3 进度造价文件（详细内容略）

4 施工物资文件（详细内容略）

① 进厂质量证明文件及检测报告

② 进场检验（详细内容略）

③ 进场复试报告（详细内容略）

5 施工记录文件（详细内容略）

6 施工试验记录及检测文件（详细内容略）

7 施工质量验收文件（详细内容略）

8 施工验收文件（详细内容略）

第十册　电梯部分

1 施工管理文件（详细内容略）

2 施工技术文件（详细内容略）

3 进度造价文件（详细内容略）

4 施工物资文件（详细内容略）

① 进厂质量证明文件及检测报告

② 进场检验（详细内容略）

③ 进场复试报告（详细内容略）

5 施工记录文件（详细内容略）

6 施工试验记录及检测文件（详细内容略）

7 施工质量验收文件（详细内容略）

8 施工验收文件（详细内容略）

3. 市政基础设施工程施工资料组卷排列顺序

市政基础设施工程按专业不同分为道路工程、桥梁工程、地下管线工程等。

某市政基础设施工程施工资料的排列顺序如下（供参考）：

第一卷　道路工程

1 施工管理文件（详细内容略）

2 施工技术文件（详细内容略）

3 进度造价文件（详细内容略）

4 施工物资文件（详细内容略）

① 进厂质量证明文件及检测报告

② 进场检验（详细内容略）

③ 进场复试报告（详细内容略）

5 施工记录文件（详细内容略）

6 施工试验记录及检测文件（详细内容略）

7 施工质量验收文件（详细内容略）

8 施工验收文件（详细内容略）

第二卷　桥梁工程

1 施工管理文件（详细内容略）

2 施工技术文件（详细内容略）

3 进度造价文件（详细内容略）

4 施工物资文件（详细内容略）

① 进厂质量证明文件及检测报告

② 进场检验（详细内容略）

③ 进场复试报告（详细内容略）

5 施工记录文件（详细内容略）

6 施工试验记录及检测文件（详细内容略）

7 施工质量验收文件（详细内容略）

8 施工验收文件（详细内容略）

第三卷　地下管线工程

1 施工管理文件（详细内容略）

2 施工技术文件（详细内容略）

3 进度造价文件（详细内容略）

4 施工物资文件（详细内容略）

① 进厂质量证明文件及检测报告

② 进场检验（详细内容略）

③ 进场复试报告（详细内容略）

5 施工记录文件（详细内容略）

6 施工试验记录及检测文件（详细内容略）

7 施工质量验收文件（详细内容略）

8 施工验收文件（详细内容略）

11.1.2 竣工图

竣工图应按专业分类组卷。

房屋建筑工程竣工图分为建筑工程竣工图和室外各种设施竣工图。建筑工程竣工图按专业不同分为建筑竣工图、结构竣工图、钢结构竣工图、幕墙竣工图、建筑给排水与采暖竣工图、通风与空调竣工图、建筑电气竣工图、电梯竣工图、智能建筑竣工图等。室外各种设施竣工图地上部分的道路、绿化、庭院照明、喷泉喷灌等竣工图；地下部分的各种市政、电力、电信管线等竣工图。

市政基础设施工程竣工图按专业不同分为道路工程竣工图、桥梁工程竣工图、地下管线工程竣工图等。

11.1.3 施工资料的立卷要求

施工资料立卷要求有：不同幅面的工程图纸，应统一折叠成 A4 幅面。应图面朝内，首先沿标题栏的短边方向以 W 形折叠，然后再沿标题栏的长边方向以 W 形折叠，并使标题栏露在外面；案卷不宜过厚，文字材料卷厚度不宜超过 20mm，图纸卷厚度不宜超过 50mm；案卷内不应有重份文件。印刷成册的工程文件宜保持原状；建设工程电子文件的组织和排序可按纸质文件进行。

11.2 卷内文件排列和编号

11.2.1 卷内文件排列

案卷是由互有联系的若干文件组成的档案保管单位，卷内文件排列应遵循下列规则：

（1）卷内文件应按国家《建设工程文件归档规范》（GB/T 50328—2014）、行业标准或地方标准规定的类别和顺序排列。

（2）文字材料应按事项、专业顺序排列。同一事项的请求与批复、同一文件的印本与定稿、主体与附件不应分开，并应按批复在前、请示在后，印本在前、定稿在后，主体在前、附件在后的顺序排列。

（3）图纸应按专业排列，同专业图纸应按图号顺序排列。

（4）当案卷内既有文字材料又有图纸时，文字材料应排在前面，图纸应排在后面。

11.2.2 卷内文件编号

（1）卷内文件均应按有书写内容的页面编号。每卷单独编号，页号从"1"开始。

（2）页号编写位置：单面书写的文件在右下角；双面书写的文件，正面在右下角，背面在左下角。折叠后的图纸一律在右下角。

（3）成套图纸或印刷成册的科技文件材料，自成一卷的，原目录可代替卷内目录，不必重新编写页码。

（4）案卷封面、卷内目录、卷内备考表不编写页号。

11.3 案卷编目

案卷编目的工作内容包括：案卷封面、卷内文件编号、卷内目录、备考表和案卷脊背等。

11.3.1 案卷封面

案卷封面印刷在卷盒、卷夹的正表面，也可采用内封面形式。封面内容应包括：档号、档案馆代号、案卷题名、编制单位、起止日期、密级、保管期限，共几卷、第几卷。案卷封面如图 11-1 所示。

```
┌─────────────────────────────────┐
│          档    号               │
│                                 │
│          档案馆代号             │
│                                 │
│                                 │
│          案 卷 题 名            │
│                                 │
│                                 │
│   编 制 单 位                   │
│                                 │
│   编 制 日 期                   │
│                                 │
│   密    级         保管期限     │
│                                 │
│   共      卷    第      卷      │
└─────────────────────────────────┘
```

图 11-1 案卷封面

（1）档号应由分类号、项目号和案卷号组成。档号由档案保管单位填写。

（2）档案馆代号应填写国家给定的本档案馆的编号。档案馆代号由档案馆填写。

（3）案卷题名应简明、准确地提示卷内文件的内容。案卷题名应包括工程名称、专业名称、卷内文件的内容。

（4）编制单位应填写案卷内文件的形成单位或主要责任者。

（5）起止日期应填写案卷内全部文件形成的起止日期。

（6）保管期限分为永久、长期、短期三种期限。永久是指工程档案需永久保存。长期是指工程档案的保存期限等于该工程的使用寿命。短期是指工程档案保存 20 年以下。同一案卷内有不同保管期限的文件，该案卷保管期限应从长。

（7）密级分为绝密、机密、秘密三种。同一案卷内有不同密级的文件，应以高密级为本卷密级。案卷可采用装订与不装订两种形式。文字材料必须装订。既有文字材料，又有图纸的案卷应装订。装订应采用线绳三孔左侧装订法，要整齐、牢固，便于保管和利用。

11.3.2 卷内目录

卷内目录排列在卷内文件首页之前，卷内目录内容包括序号、责任者、文件编号、文件题名、日期、页次等，如表 11-1 所示。

序号	文件编号	责任者	文件题名	日期	页次	备注

1. 序号

以一份文件为单位编写，用阿拉伯数字从 1 依次标注。一份文件为单位的概念，工程档案认同的做法是同一文件题名的若干文件或同一文件题名内容性质相同的若干文件为一份工程文件，如隐蔽工程验收记录共 20 页，这 20 页虽然不是同时间形成的，但文件名称、内容性质相同，这 20 项的隐蔽工程验收记录认定为一份文件。

2. 责任者

填写文件的直接形成单位和个人。有多个责任者时，选择两个主要责任者，用"等"代替。

3. 文件编号

填写工程文件形成单位的发方号或图纸的图号。

4. 文件题名

填写文件标题的全称。当文件无标题时，应根据内容拟写标题，拟写标题外应加"[ ]"符号。

5. 日期

填写文件形成的日期或文件的起止日期，竣工图应填写编制日期。日期中"年"应用四位数字表示，"月"和"日"应分别用两位数字表示。

6. 页次

页次应填写文件在卷内所排起始页号，最后一份文件应填写起止页号。如为最后一份文件为 1 页时，也要填写起止页号。

7. 备注

没有需要说明的事项可不必填写说明。

11.3.3　卷内备考表

卷内备考表排列在卷内文件的尾页之后。卷内备考表主要标明卷内文件的总页数、各类文件页数（照片张数），以及立卷单位对案卷情况的说明。案卷备考表的说明，主要说明卷内文件复印件情况、页码错误情况、文件的更换情况等。没有需要说明的事项可不必填写说明。卷内备考表，如图 11-2 所示。

卷内备考表

本案卷共有文件资料______页，其中：

文字资料______页；图样资料______张；

照片______张。

说明：

立卷人：

年　　月　　日

审核人：

年　　月　　日

图 11-2　卷内备考表

11.3.4　案卷脊背

案卷脊背的内容包括档号、案卷题名，案卷脊背如图 11-3 所示。

保管期限
档　　号
案卷题名

图 11-3　案卷脊背

11.4　卷盒、卷夹与案卷装订

案卷装具一般采用卷盒、卷夹两种形式。卷盒的外表尺寸为 310mm×220mm，厚度分别为 20、30、40、50mm。卷夹的外表尺寸为 310mm×220mm，厚度一般为 20～30mm。卷盒、卷夹应采用无酸纸制作。卷内文件幅面统一采用 A4 幅面，如小于 A4 幅面，一律采用 A4 幅面的白纸衬托。图纸折叠对不同幅面的工程图纸应按《技术制图复制图的折叠方法》（GB/10609.3—89）统一折叠成 A4 幅面（297mm×210mm），图标栏露在外面。

案卷可采用装订与不装订两种形式。文字材料必须装订。既有文字材料，又有图纸的案卷应装订。装订应采用线绳三孔左侧装订法，要整齐、牢固，便于保管和利用。装订时必须剔除金属物。

11.5　施工资料归档的要求

11.5.1　归档时间

根据建设程序和工程特点，归档可以分阶段进行，也可以在单位或分部工程通过竣工验收后进行。勘察、设计单位应当在任务完成时，施工单位、监理单位应当在工程竣工验收前，将各自形成的有关工程档案向建设单位归档。

11.5.2　归档要求

施工资料归档的要求是：

（1）归档文件必须完整、准确、系统，能够反映工程建设活动的全过程。归档的文件必须经过分类整理，并应组成符合要求的案卷。

（2）勘察、设计、施工单位在收齐工程文件并整理立卷后，建设单位、监理单位应根据城建档案管理机构的要求对档案文件完整、准确、系统情况和案卷质量进行审查。审查合格后向建设单位移交。

（3）工程档案一般不少于两套，一套由建设单位保管，一套（原件）移交当地城建档案馆（室）。

（4）勘察、设计、施工、监理等单位向建设单位移交档案时，应编制移交清单，双方签字，盖章后方可交接。

（5）凡设计、施工及监理单位需要向本单位归档的文件按《建设工程文件归档规范》（GB/T 50328—2014）、《建筑工程施工资料管理规程》（JGJ/ 185—2009）或《房屋建筑和市政基础设施工程档案资料管理规范》（DGJ32/ T J143—2012）等执行，也可根据工程所在地的要求执行。

11.6　施工资料的验收

建设单位在组织工程竣工验收前，应提请城建档案管理机构对工程档案进行预验收。建设单位未取得城建档案管理机构出具的认可文件，不得组织工程竣工验收。进行档案预验收，形成建设工程档案预验收意见书。城建档案管理机构在进行工程档案预验收时，应重点验收以下内容：

（1）工程档案齐全、系统、完整；

（2）工程档案的内容真实、准确地反映工程建设活动和工程实际状况；

（3）工程档案已整理立卷，立卷符合规范的规定；

（4）竣工图绘制方法、图式及规格等符合专业技术要求，图面整洁，盖有竣工图章；

（5）文件的形成，来源符合实际，要求单位或个人签章的文件，其签章手续完备；

（6）文件材质、幅面、书写、绘图、用墨、托裱等符合要求。

第12章　施工资料计算机辅助管理平台

12.1　建立硬件、软件平台和局域网的设置

计算机作为项目施工资料信息化的重要管理工具，已被广泛应用到建筑工程资料管理的各个领域。包括施工前期、施工阶段、竣工验收等基于资料管理涉及各种条件和多种因素，如何发挥计算机则其准确、快速、系统的优势进行综合、系统的有效管理是施工资料信息化管理的重点。

目前，国内开发的各种版本施工企业资料管理软件均以国家现行的规范、标准及强制性条文为基础，结合国家与各省、市地区的有关规定和行政规章等，参照行政主管部门对工程资料管理的具体要求，在应用过程中规范了施工资料的收集和整理，确保了施工资料的完整性，有助于各施工企业实现工程项目管理目标水平。用信息化手段实现施工资料管理的规范化和标准化，加快了建设行业信息化发展进程。

12.1.1　建立硬件平台

1. 计算机硬件

计算机硬件系统主要由运算器、控制器、存储器、输入/输出设备等组成。目前市场上组成硬件系统的设备种类繁多，在计算机的选型上不但要考虑实际的使用情况，还要考虑采购成本等因素，以"适用为主、够用为度"的原则，根据资料管理岗位的计算机辅助管理平台的实际需要，来确定计算机的各项参数和配置。使其能够完全满足工程资料管理软件、绘图软件、办公软件等软件的运行。

2. 其他硬件设施

计算机与外部设备共同构成整个硬件系统。对于项目工程资料管理而言，要合理选择需要的外部设备，如打印机、扫描仪等。

12.1.2　建立软件平台

计算机软件是为运行、管理和维护计算机而编制的各种指令、程序和文档的总称。其中程序是指按照一定顺序执行的、能够完成某一任务的指令集合。程序设计语言由单词、语句、函数和程序文件等组成，它是计算机软件的基础和组成。

计算机的软件可分为系统软件和应用软件两大类。

工程资料管理软件平台主要包括计算机操作系统、杀毒软件、办公软件、绘图软件、项目管理软件（包括工程资料管理软件）等。

目前工程资料管理软件智能化很高，在软件中输入一些基本信息表格就会自动填写出来，极大的提高了填写资料的效率，摒弃了以前手写资料或者自己建表格填写资料的工作

模式。资料软件的应用特点是表格齐全，制作资料样式美观，填写方便，符合归档规范要求。

12.1.3 局域网设置

整个项目施工期间，各个部门、各个岗位会有很多的协同工作，并且有大量的数据及文件需要相互调用。越来越多的项目部管理软件实现了网络化，这些都需要项目部建立一个局域网来提供承载平台。为了简化网络的日常维护及项目部局域网应用较为简单的特点，通常都选择对等网络结构，以100M交换为核心，搭建局域网。

1. 设置计算机名称和工作组

在桌面"我的电脑"图标上单击右键，选择"属性"。在"系统属性"窗口单击"计算机名"选择"更改"。在"计算机名称更改"窗口中可以改写计算机名称和工作组。如图12-1所示。

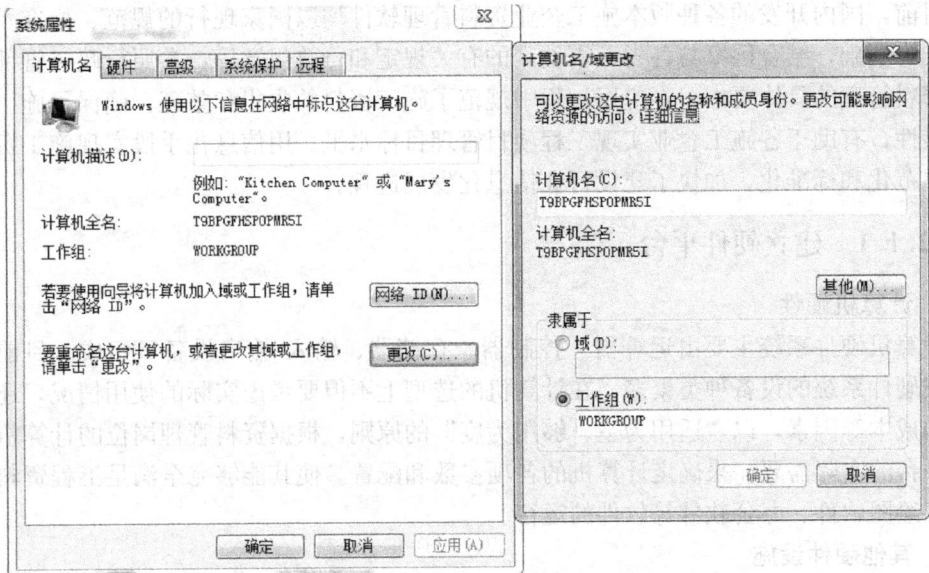

图 12-1

2. 设置 TCP/IP 协议

为了使网络上的计算机能够相互通信，必须制定统一的通信规则。这种通信规则是网络设备之间相互通信的语言和规则。

在桌面"网上邻居"图标上单击右键，选择"属性"。在"网络连接"窗口中右键单击"本地连接"图标，选择"属性"。出现"本地连接属性"窗口，"此连接使用下列项目"中"Microsoft 网络的文件和打印共享"和"Internet 协议（TCP/IP）"选项前要打勾，双击"Internet 协议（TCP/IP）"。在"Internet 协议（TCP/IP）属性"窗口中可以改写计算机 IP 地址、子网掩码、默认网关和 DNS 服务器等，如图 12-2所示。

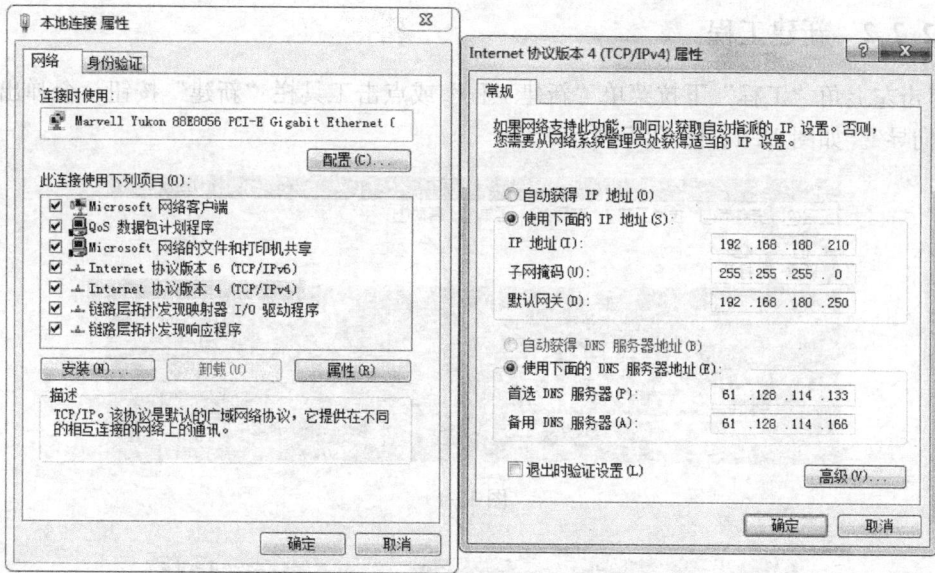

图 12-2

12.2　资料管理软件的操作与管理

目前国内工程资料管理软件产品很多，基本都是以国家现行的规范、标准及强制性条文为基础，结合国家与各省、市地区的有关法律、法规和行政规章等，参照行政主管部门对工程资料管理的具体要求而开发的。施工企业都是依据各级建设行政主管部门上报资料的格式要求选择软件产品。下面我们仍以筑业建筑工程资料管理软件为例进行说明软件的应用。

12.2.1　操作界面

软件安装完成后，将在桌面上自动生成一个"筑业建筑工程资料"快捷图标，双击此图标，进入建筑工程资料软件操作界面。如图 12-3 所示。

图 12-3

12.2.2 新建工程

点击左上角"工程"下拉菜单"新建工程"或点击工具栏"新建"按钮，会弹出新建"工程向导"。如图 12-4、图 12-5 所示

图 12-4

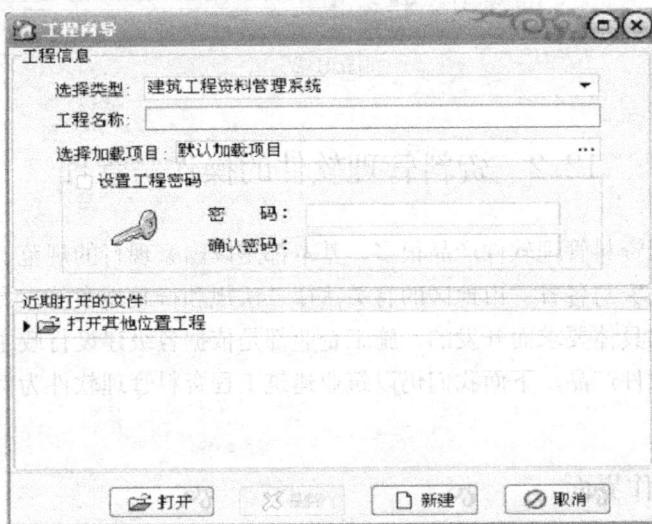

图 12-5

填写"工程名称"后，软件会弹出"设置-工程信息"窗口，用户可根据实际的工程情况填写工程的基本信息。如图 12-6 所示

一份规范的工程资料，在填写工程基本信息时应注意以下几点：

（1）工程信息必须填写正确，完整。

（2）在同一项中有多条内容时，可按回车键换行加入多条内容。

在填写工程信息退出后，若需要再次编辑可在【系统维护】菜单下"工程信息"项或点击工具栏中"信息"按钮对工程信息进行再次修改。"工程信息"修改完成后可点击"表格同步"按钮来更新表格中错误的工程信息。"工程信息"中主要包括："工程基本信息"和"相关单位信息"，这些信息都是填写表格时所必需的，可在以后新建表格时将您所填的信息自动导入表格中。因此，完整、规范地输入这些信息将会极大地提高填表效率。

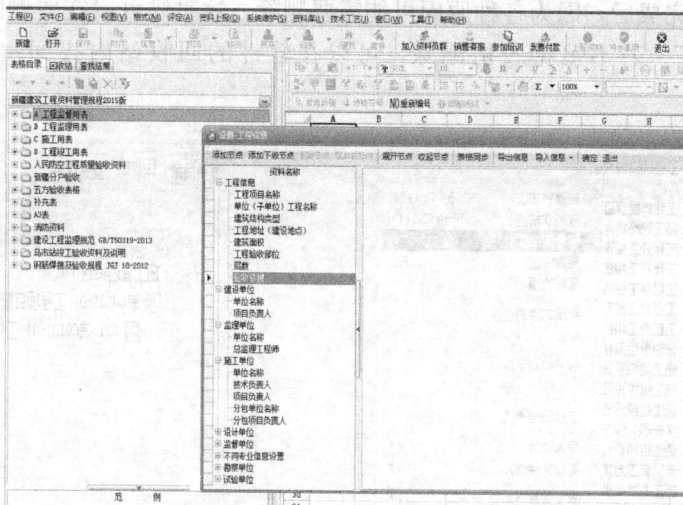

图 12-6

12.2.3 工程资料的编辑

（1）标准模板目录

资料软件自带的表格模板目录，想要查找表格首先确认表格所属编制单位（工程监督用表、工程监理用表、施工用表、工程竣工用表等）找到相应的目录，然后展开该级目录进行查找。如图 12-7、图 12-8 所示

（2）新建与删除表格

在模板目录中查找实际工程所需要的表格，右击鼠标选择"新建表格"或在所需的表格模板上双击即可新建表格。如图 12-9 所示

图 12-7

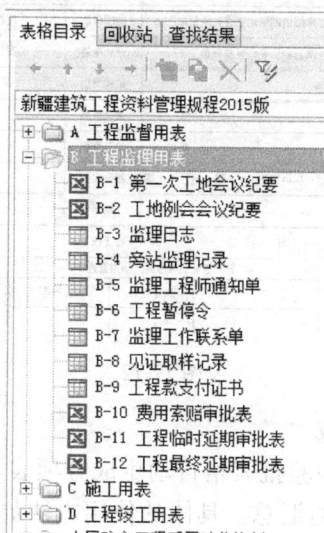

图 12-8

图 12-9

在新建表格完成后，因为各种原因可能需要删除，这时候可以在要删除的表格上右击选择"删除表格"。若不慎将表格删除，可以在软件的回收站内找回。如图 12-10、图12-11所示。

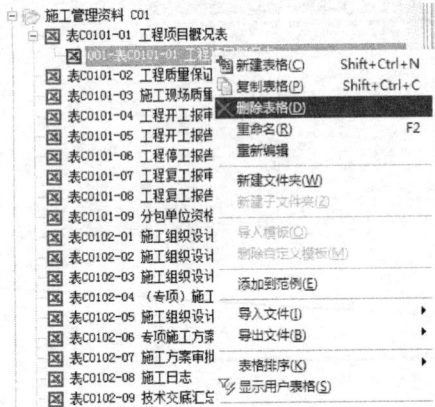

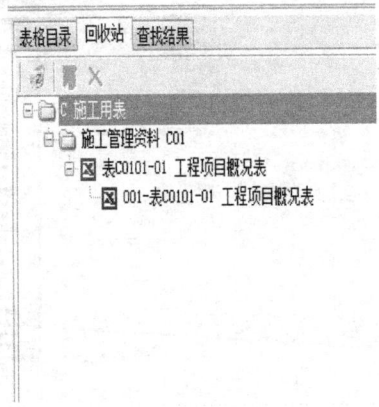

图 12-10

图 12-11

（3）填写表格

新建表格后，软件自动将您所设置的基本信息和相关单位信息导入该表格中。如：工程名称、分部（子分部）工程名称、施工单位等。其他需要根据工程实际情况填写工程信息。如图 12-12 所示

图 12-12

（4）分部分项表格自动生成

工程资料管理软件可根据检验批表格自动生成分项表，由分项表格生成子分部表格，再由子分部表格生成分部表格的汇总。具体的使用方法如下：首先新建一张检验批表格（以主体结构的模板工程为例）。在左边的目录树中找到模板工程安装检验批表格，右击选择"新建表格"弹出对话框。如图 12-13、图 12-14 所示

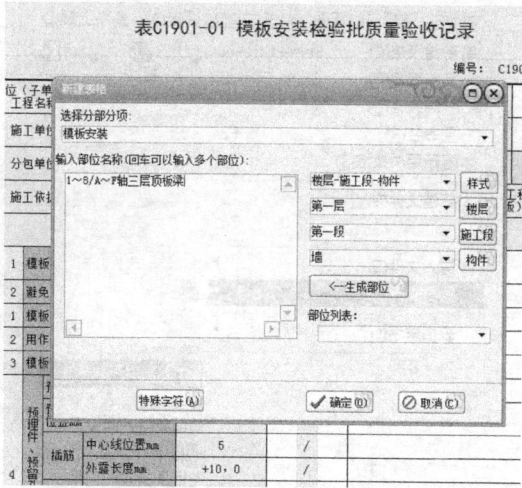

图 12-13

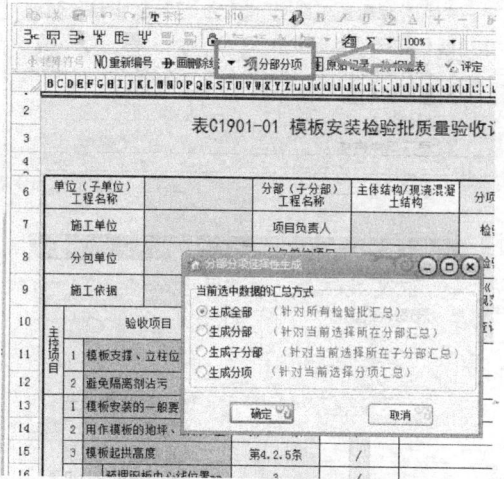

图 12-14

所有的检验批表格填写完毕后，单击"分部分项"按钮进行汇总。

12.2.4 工程资料软件图片的插入

软件菜单栏的"编辑"命令下选择"插入图片"，可以插入图片的格式有 bmp、jpg、gif、wmf、emf 等，也可以直接将 AutoCAD 图直接插入到资料软件中。如图 12-15 所示

12.2.5 工程资料软件的导入和导出文件

在软件菜单栏"文件"命令下可以对文件进行导入、导出，导入的文件包括文本文件、Excel 文件、Word 文件等；导出的文件包括文本文件、Excel 文件、PDF 文件等。如图 12-16、图 12-17 所示。

12.2.6 工程资料软件的打印

工程资料填写完成后应对资料进行打印输出，在"工程"下拉菜单下有：打印预览、页面设置、打印表格、表格套打、打印工程目录、自定义打印工程。如图 12-18 所示

打印文件时应首先进行"页面设置"和"打印预览"。如图 12-19、图 12-20 所示

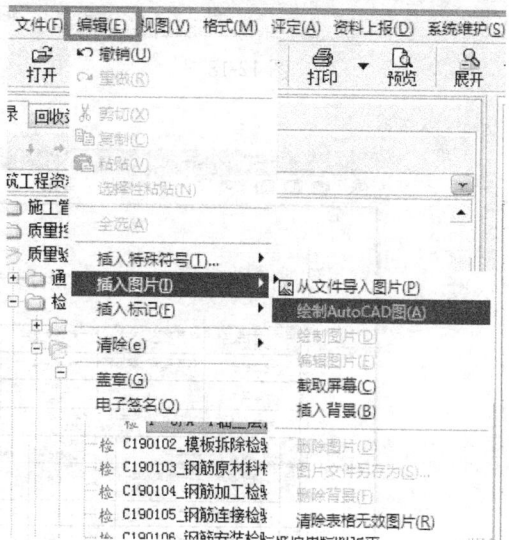

图 12-15

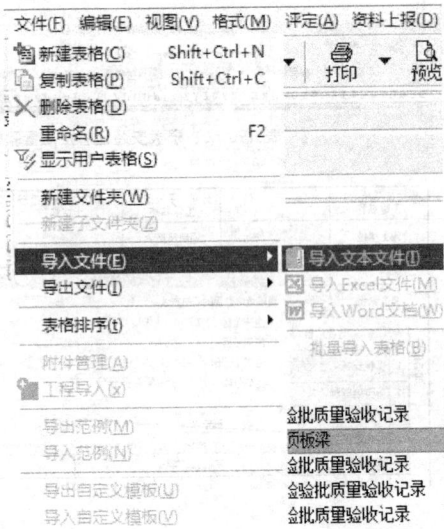
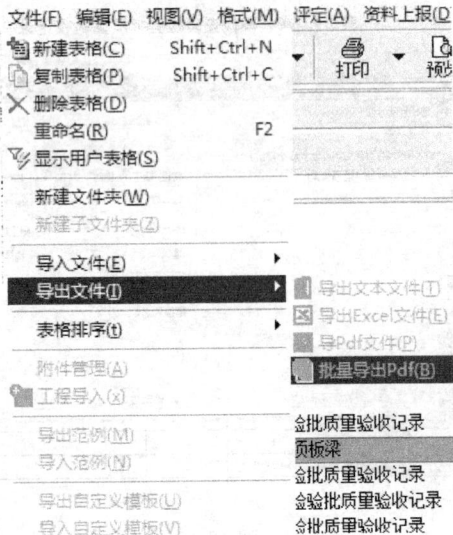

图 12-16　　　　　　　　　　　　　　　　　图 12-17

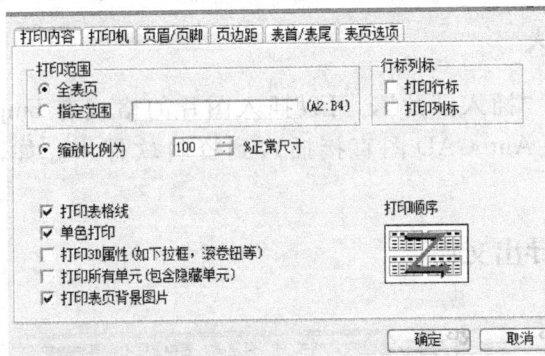
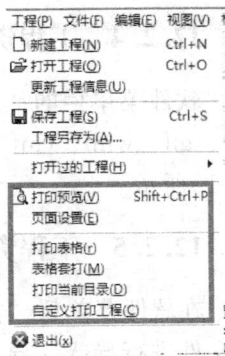

图 12-18　　　　　　　　　　　　　　　　　图 12-19

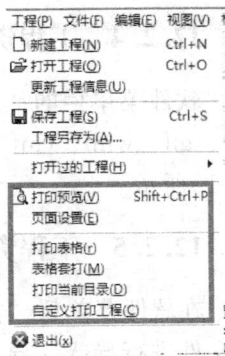

图 12-20

12.3 进行项目施工资料的录入和整理

项目施工资料的录入与整理，是建筑施工管理过程中的一项重要内容。齐全的项目施工资料，是建设工程竣工验收的必备条件，也是对工程进行检查、维护、管理、使用、改建和扩建的原始依据。施工资料的录入与整理工作，贯穿整个工程项目的施工建设过程，牵涉到参建的方方面面，是一项繁杂的系统工程。在这以筑业建筑工程资料管理软件为例进行说明施工资料的录入和整理。

12.3.1 施工资料的录入

（以砖砌体检验批质量验收记录表为例。）

如"表 C1904-01 砖砌体检验批质量验收记录"，如图 12-21 所示双击画圈部位，会弹出如图 12-22 所示界面，填写"单位（子单位）工程名称"

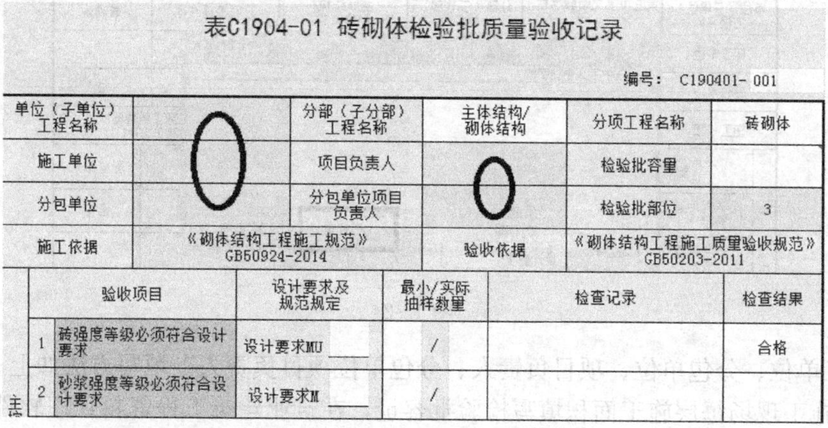

图 12-21

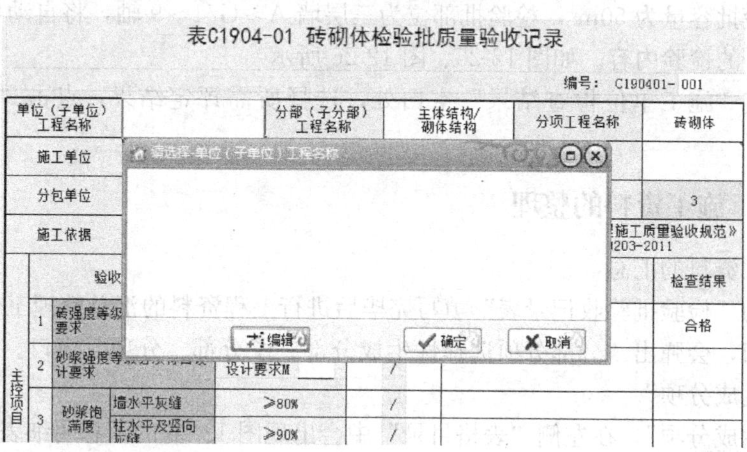

图 12-22

点击"编辑"，弹出如图 12-23 所示窗口，输入单位（子单位）工程名称，点击"确定"：

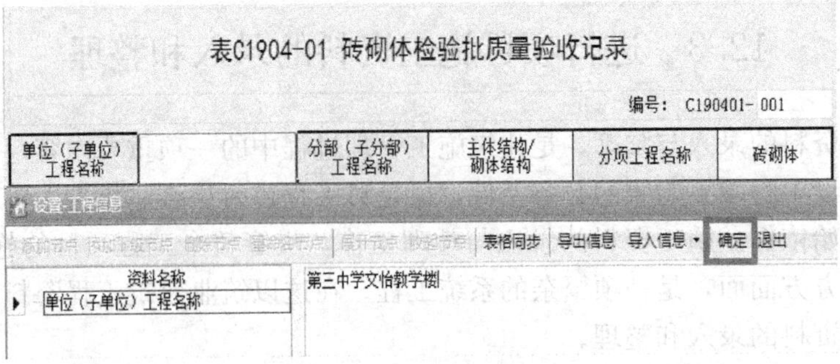

图 12-23

选中所输入的工程名称点击"确定"。见图 12-24。

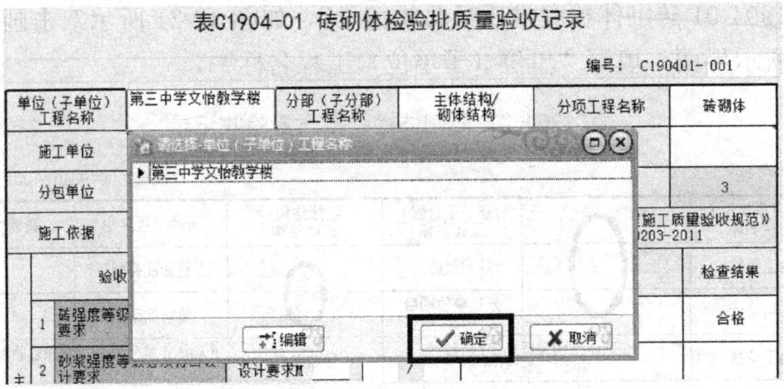

图 12-24

"施工单位、分包单位、项目负责人、分包单位项目负责人"填写方法如上。

根据施工现场每层施工面积填写检验批容量，在筑业建筑工程资料管理软件为提示最大容量为 250m³，输入检验批容量及检验批部位。

例：检验批容量为 50m³，检验批部位为三层墙 A~G/1~9 轴，将自动显示出主控项目及一般项目的检验内容。如图 12-25、图 12-26 所示

双击评定"施工单位检查结果"空白处，选择所需评定结果，点击"确定"。如图 16-22。

12.3.2 施工资料的整理

（1）施工资料的汇总

将所有的"检验批验收记录表"填写完毕后进行工程资料的汇总整理工作，单击"分部分项"按钮，会弹出"分部分项选择性生成分部、子分部、分项"窗口。如图 12-27 所示。选择"生成分项"。

选择"生成分项"，在左侧"表格目录"中会出现图 12-28 的汇总明细表。

（2）施工资料的打印

项目施工资料汇总完成后，进行资料的打印输出。软件打印之前应进行资料打印的"页面设置"，见图 12-29。根据具体的打印需要进行"页面设置"。

表C1904-01 砖砌体检验批质量验收记录

编号: C190401- 001

单位（子单位）工程名称	第三中学文怡教学楼	分部（子分部）工程名称	主体结构/砌体结构	分项工程名称	砖砌体
施工单位	中建集团第四建筑工程有限公司	项目负责人	周双杰	检验批容量	50m³
分包单位	/	分包单位项目负责人	/	检验批部位	三层墙A~G/1~9轴
施工依据	《砌体结构工程施工规范》GB50924-2014		验收依据	《砌体结构工程施工质量验收规范》GB50203-2011	

		验收项目	设计要求及规范规定	最小/实际抽样数量	检查记录	检查结果
主控项目	1	砖强度等级必须符合设计要求	设计要求MU____	/	见证试验合格，报告编号	合格
	2	砂浆强度等级必须符合设计要求	设计要求M____	/	见证试验合格，报告编号	合格
	3	砂浆饱满度 墙水平灰缝	≥80%	5 / 5	抽查5处，全部合格	合格
		柱水平及竖向灰缝	≥90%	5 / 5	抽查5处，全部合格	合格
	4	转角、交接处	5.2.3条	5 / 5	抽查5处，全部合格	合格
	5	斜槎留置	5.2.3条	5 / 5	抽查5处，全部合格	合格
	6	直槎拉结钢筋及接槎处理	5.2.4条	5 / 5	抽查5处，全部合格	合格
	1	组砌方法	5.3.1条	5 / 5	抽查5处，合格5处	合格
	2	水平灰缝厚度	8~12mm	5 / 5	抽查5处，合格5处	合格
	3	竖向灰缝宽度	8~12mm	5 / 5	抽查5处，合格5处	合格
	4	轴线位移	10mm	全	抽查 处，合格 处	
	5	基础、墙、柱顶面标高	±15mm	5 / 5	抽查5处，合格5处	合格

图 12-25

项	7	表面平整度	清水墙柱	5mm	5 / 5	抽查5处，合格5处	合格
			混水墙柱	8mm	5 / 5	抽查5处，合格5处	合格
	8	水平灰缝平直度	清水墙				合格
			混水墙				不合格
	9	门窗洞口高、宽(后塞口)					合格
	10	外墙上下窗口偏移					合格
	11	清水墙游丁走缝					合格

> 合格
> 主控项目全部合格，一般项目满足规范规定要求
> 符合要求
> 不合格
> 主控项目有不合格的项目
> 允许偏差项目的偏差值偏差过大，大于规范要求的1.5倍
> 主控项目合格，一般项目中的允许偏差项目的合格率低于80%
>
> 编辑　　确定　　取消

施工单位检查结果		项目专业质量检查员： 年　月　日
监理单位验收结论		专业监理工程师： 年　月　日

	9	门窗洞口高、宽(后塞口)	±10mm以内	5 / 5	抽查5处，合格5处	合格
	10	外墙上下窗口偏移	≤20mm	5 / 5	抽查5处，合格5处	合格
	11	清水墙游丁走缝	≤20mm	5 / 5	抽查5处，合格5处	合格

施工单位检查结果	合格	专业工长：王晨 项目专业质量检查员：孔凡民 2014年××月××日
监理单位验收结论	合格	专业监理工程师：刘东 2014年××月××日

图 12-26

393

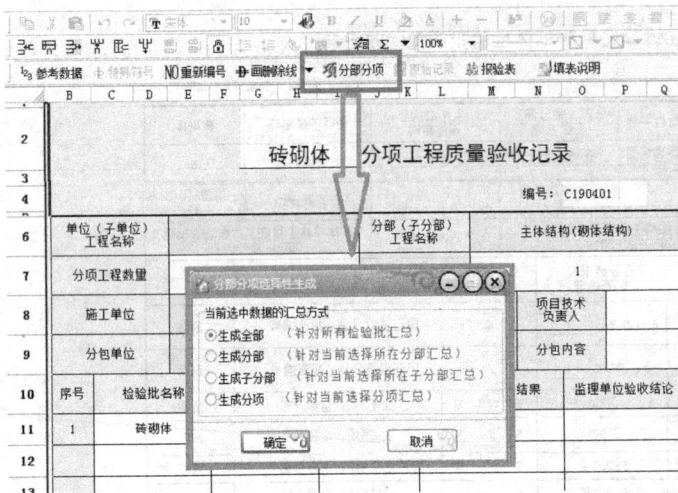

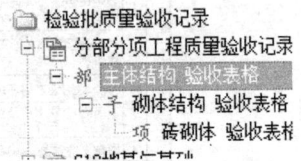

图 12-27

图 12-28

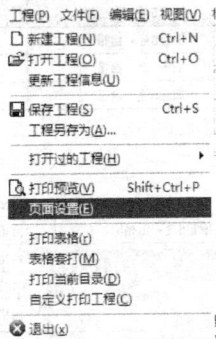

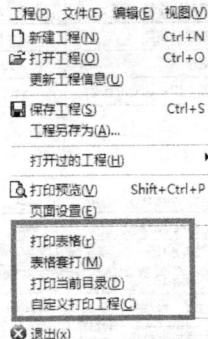

图 12-29

软件提供了不同的打印方式，可以根据使用者的需要进行选择不同的打印，见图12-30。

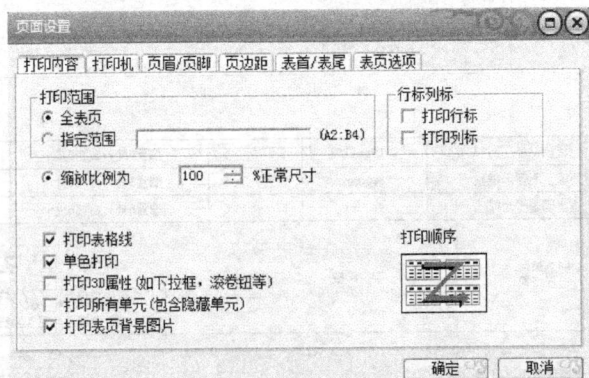

图 12-30

在"自定义打印工程"时，可以根据实际的需要选择是否打印的表格。如"砖砌体检验批质量验收记录"打印完成后，可以选择是否打印"砖砌体分项、子分部、分部验收表格"。见图 12-31。

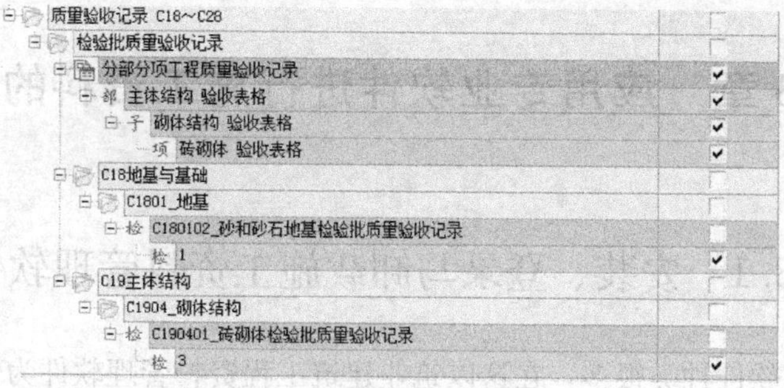

图 12-31

第13章 应用专业软件进行施工资料的处理

13.1 安装、登录与卸载施工资料管理软件

施工资料管理软件种类很多,在这以筑业建筑工程资料管理软件为例进行说明。

13.1.1 安装

(1)强光盘放入光驱后,安装程序自动运行或以手动方式运行光盘根目录下的CMIS. exe应用程序,进入安装界面。选择安装,用鼠标点击"筑业建筑系列软件"后进入安装欢迎界面,点击"下一步",见图13-1所示。

图13-1 许可协议界面

(2)必须选择"是"才能继续安装,如图13-2、图13-3所示。

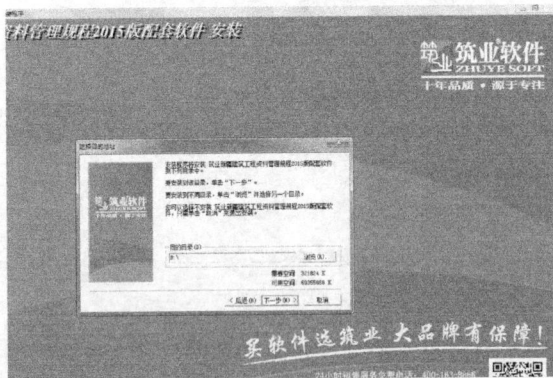

图13-2 选择安装的类型

图13-3 准备安装

(3)点击"下一步"进入软件安装,软件安装完成后,可根据实际的工程需要选择"筑业宝"的安装,如图13-4、图13-5所示。

396

图 13-4　安装进度

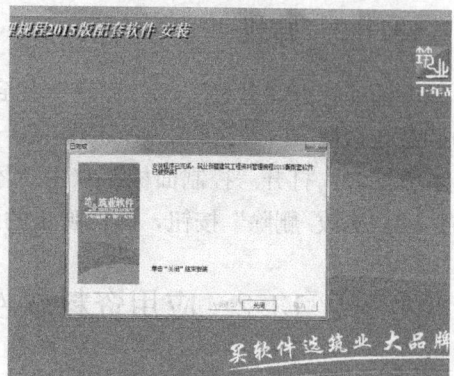

图 13-5　安装完成

（4）软件安装后，安装交底软件和资料库，安装步骤同上，如图 13-6、图 13-7 所示。

图 13-6　交底软件

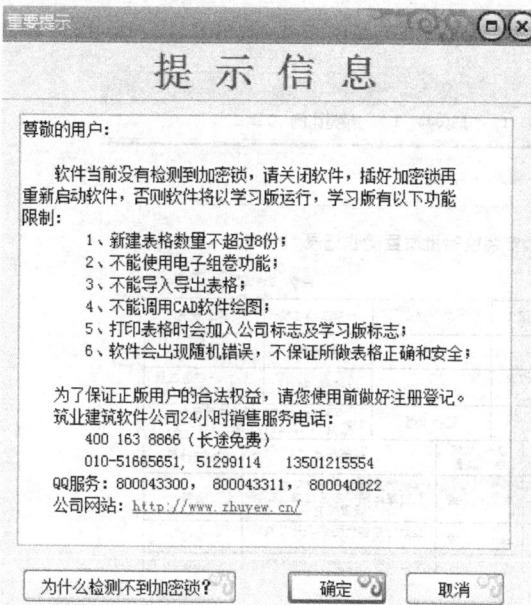

图 13-7　资料库

（5）安装结束后提示重启计算机，用户必须重新启动计算机才能保证软件的正常运行。

13.1.2　登录

软件安装完成后，桌面上自动生成一个"筑业建筑资料"的快捷图标，双击图标，软件当前没有检测到加密锁，请关闭软件，插好加密锁再重新启动软件，如图 13-8 所示。

图 13-8　提示信息

13.1.3　卸载

方法一：点“开始”－“程序”找到筑业建筑系列文件夹，选择“卸载”，确认弹出的卸载对话框。

方法二：打开“控制面板”双击“添加或删除程序”，找到筑业建筑系列软件，点击右边的“更改/删除”按钮，确认弹出的卸载对话框。

13.2　应用资料软件处理施工资料常见的问题

使用计算机专业软件来实现建筑工程资料管理过程中，会出现各种各样的问题，给使用者带来很多的不便，大大降低了工作的效率，甚至会影响到建筑工程资料管理的进度。现将软件常见的问题及解决方法简单举例如下：

1. 软件运行速度较慢，或运行中死机。

解决方法：在安装软件时，要注意在选择安装目录时不能指定为根目录，如C：\或D：\等。这样安装的过程会将文件安装在根目录，从而引起软件运行速度慢或死机。要指定目录名称，如D：\筑业。

2. 在进入软件后，部分软件功能打不开，软件变为学习版。

解决方法：看软件锁是否插好。

3. 最新的资料软件安装完成后，软件没有显示资料库、技术交底、安全交底等。

答：这个是因为你没有安装，在光盘里面带有资料库和交底软件的安装程序你只要安装上就有了。

注意：要安装在跟资料软件同一目录，如：资料软件装在D盘，那资料库和交底库也安装在D就可以了。

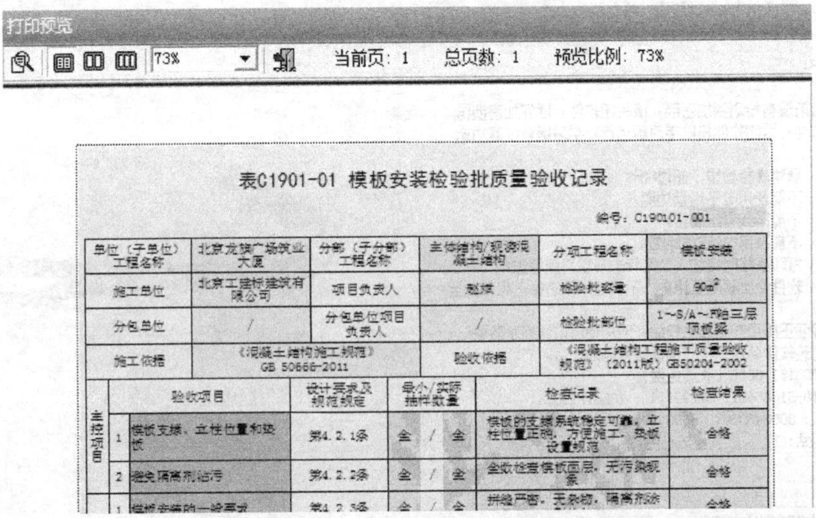

表C1901-01 模板安装检验批质量验收记录

编号：C190101-001

单位（子单位）工程名称		北京龙旗广场筑业大厦	分部（子分部）工程名称	主体结构/现浇混凝土结构		分项工程名称	模板安装
施工单位		北京工建标建筑有限公司	项目负责人	赵斌		检验批容量	90m²
分包单位		/	分包单位项目负责人	/		检验批部位	1～5/A～F轴三层顶板梁
施工依据		《混凝土结构施工规范》GB 50666-2011		验收依据		《混凝土结构工程施工质量验收规范》（2011版）GB50204-2002	
主控项目		验收项目	设计要求及规范规定	最小/实际抽样数量	检查记录		检查结果
主控项目	1	模板支撑、立柱位置和垫板	第4.2.1条	全/全	模板的支撑系统稳定可靠，立柱位置正确，方便施工，垫板设置规范		合格
主控项目	2	避免隔离剂沾污	第4.2.2条	全/全	全数检查模板面层，无污染现象		合格
	1	模板安装的一般要求	第4.2.5条	全/全	拼缝严密，无杂物，隔离剂涂		合格

图 13-9

4. 打印表格时部分单元格出现灰色背景，不符合规范要求，预览时如图 13-9 所示：

解决方法：出现上图现象是因为在打印设置时没有选择"单色打印"。按照图 13-10
操作：

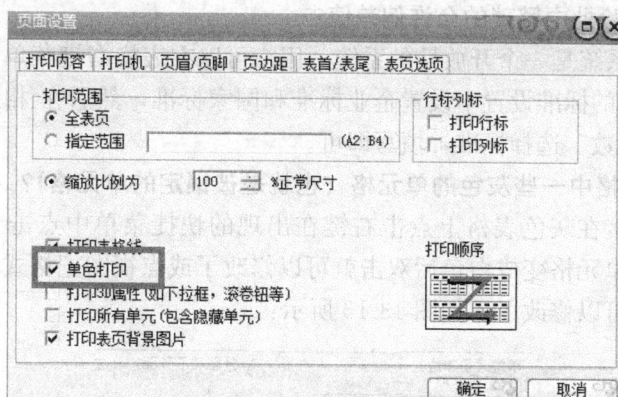

图 13-10

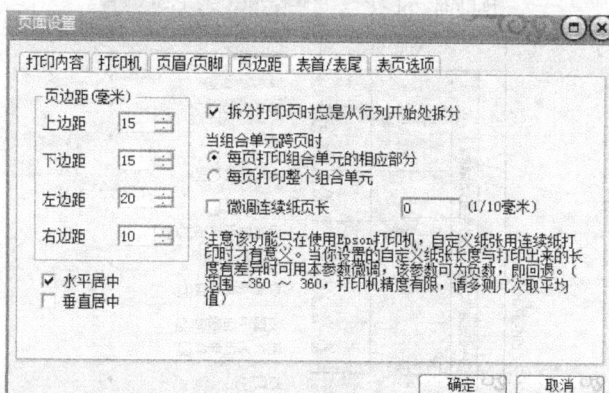

图 13-11

5. 打印表格时发现表头没有打印出来，或者下部签字栏处没有打印出来。

解决方法：进行"页面设置"的"页边距"调整。如图 13-11 所示：

6. 如何让批量打印表格。

解决方法：点击菜单栏打印中的"自定义打印工程"，然后在"是否打印"列中把要
打印的表格选中即可，如图 13-12 所示。

图 13-12

7. 如何调整文字的大小及对齐方式？

解决方法：可以利用单元格的设置单元格格式设置字体与字号调整文字的大小；可以调整字体的对齐方式。

8. 如何填写检验批中繁琐的允许偏差值？

解决方法：本系统是一个开放性的系统，用户可以在表格右键菜单中单击"设置评定标准窗口"，在出现的标准设置中设置企业标准和国家标准，然后在 相应的表格中点右键"填充"选择"随机数"选择标准，填写即可。

9. 怎么修改表格中一些灰色的单元格（也就是被锁定的单元格)？

解决方法：直接在灰色表格上点击右键在出现的快捷菜单中点击"单元格锁定 \ 解锁"要点两次，当单元格变成白色后双击就可以修改了或点视图把格式工具栏调出来通过黄色小锁解锁后就可以修改了。如图 13-13 所示：

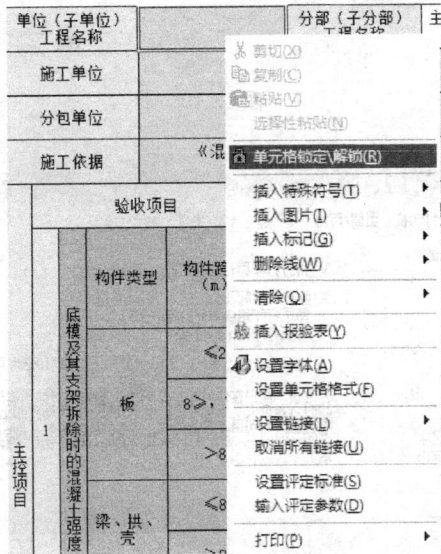

图 13-13

参 考 文 献

［1］ 建设部城建档案工作办公室. GB/T 50328—2014《建设工程文件归档规范》［S］. 北京：中国建筑工业出版社，2002.

［2］ 中建一局集团建设发展有限公司. JGJ/T 185—2009《建筑工程资料管理规程》［S］. 北京：中国建筑工业出版社，2010.

［3］ 《房屋建筑和市政基础设施工程档案资料管理规范》DGJ 32/TJ 143—2012

［4］ 《市政基础设施工程施工技术文件管理规定》建设部文件［2002］（221 号）

［5］ 中国建设监理协会. GB 50319—2013《建设工程监理规范》 ［S］. 北京：中国建筑工业出版社，2013.

［6］ 中国建筑科学研究院. GB 50300—2013 建筑工程施工质量验收统一标准［S］. 北京：中国建筑工业出版社，2014.

［7］ 中国建设教育协会组织编写. 资料员专业管理实务［M］. 北京：中国建筑工业出版社，2009.

［8］ 中国建设监理协会. 建设工程信息管理［M］. 北京：中国建筑工业出版社，2007.

［9］ 本书编委会编. 建筑工程资料填写与组卷范例［M］. 北京：中国建筑工业出版社，2008.

［10］ 戴成元. 资料员［M］. 武汉：华中科技大学出版社，2009.

［11］ 本书编委会. 资料员一本通（第二版）［M］. 北京：中国建筑工业出版社，2012.

［12］ 广州市城建档案馆. CJJ/T 117—2007 建设电子文件与电子档案管理规范［S］. 北京：中国建筑工业出版社，2008.

［13］ 《中华人民共和国建筑法》等相关法律法规.

［14］ 教育部考试中心. 全国计算机等级考试一级教程：计算机基础及 MS Office 应用（2013 年版）［M］. 北京：高等教育出版社，2013.

［15］ 张福炎，孙志挥. 大学计算机信息技术教程（第 5 版修订本）［M］. 南京：南京大学出版社，2011.

［16］ 雷颖占，董祥，胡爱宇. 土木工程概论［M］. 北京：中国电力出版社，2009.

［17］ 江苏省职称计算机考试教材编写组. 信息化基础知识与 WindowsXP 应用［M］. 南京：江苏人民出版社，2010.